KB001461

아이들을 행복하게 하는 진짜 놀이를 시작해보자!

세상의 모든 신나는 놀이 369

김지영·김윤정·이선희·이윤영
이인숙·이희중·정재은·조상진

아이북

아이들을 행복하게 하는 진짜 놀이를 시작해보자!

세상의 모든 신나는 놀이 369

초판 1쇄 인쇄일 | 2021년 6월 15일
초판 2쇄 발행일 | 2021년 9월 25일

지은이 | 김지영/김윤정/이선희/이윤영/
이인숙/이회중/정재은/조상진
책임교정 | 심은정
그림 | 김태형　　디자인 | 정서현
마케팅 | 김리하

펴낸이 | 권성자
펴낸곳 | 도서출판 아이북
주　소 | 04016 서울 마포구 희우정로13길 10-10, 1F 도서출판 아이북
전　화 | 02-338-7813~7814　　팩　스 | 02-6455-5994
출판등록번호 | 10-1953호　　등록일자 | 2000년 4월 18일
이메일 | ibookpub@naver.com

값 | 25,000원　　ISBN | 979-11-90715-03-4　13370

책학교몰 www.makingbook.info　인스타그램 '책만들며크는학교' 검색

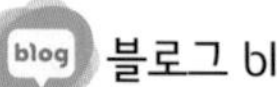

블로그 blog.naver.com/makingbooks　유튜브 '책학교TV' 검색

아이들을 행복하게 하는 진짜 놀이를 시작해보자!
세상의 모든
신나는 놀이
369

이 책을 펴내며

"아이들이 신이 나서 달려오게 하고 싶은 교실을 만들고 싶다.
아이들이 호기심에 가득 차 똘망똘망한 눈으로 나를 쳐다보게 하고 싶다.
어떻게 하면 되지? 어떻게 하면 될까?"

이 책은 이런 질문에서 시작되었습니다.

우리 아이들을 더 행복하게 해주고 싶은 마음, 교실을 더 활기차게 하고 싶은 마음으로요.

그렇다면 '진짜 놀이'밖에 없다는 결론을 내렸지요.

"진짜 놀이, 찐 놀이를 아주 제대로 해보자!"

그 마음 하나로 전국에서 8명의 선생님이 의기투합하여 연구회를 만들었습니다. 서울의 동서남북, 경기, 전북, 세종, 부산 선생님들이 주축이 되다 보니 거리가 멀어 모이기도 힘들었지만 한 번 만나면 밤을 지새우며 뜨겁게 토론하였습니다. 그러고 각자의 학교로 돌아가 아이들과 직접 놀아보면서 다양하고 창의적인 놀이와 지도 방법을 찾으려 애썼습니다. 그 결실을 맺고자 노력을 기울인 끝에 이렇게 한 권의 책으로 완성되어 세상에 내어놓습니다.

이 책을 만들며 가장 중점을 둔 것은 세 가지입니다.

- 주변에서 흔히 볼 수 있는 재료를 이용하여 쉽게 접근할 수 있도록 하자.

- 놀이법은 간단하게 하되 선생님들이 응용해 다양하게 놀도록 하자.

- 생생한 과정을 사진으로 잘 담아서 이해를 돕자.

그렇게 해 이 책에 8개의 큰 주제 아래 369가지의 놀이 활동을 담았습니다. 모든 활동에 앞서 놀이의 중요성을 한 번 더 되새기며 놀이 활동 대상인 초등학생의 발달 단계도 간단히 알아보았습니다.

1장에서는 진정한 삶의 주인은 바로 자신임을 알고, 남을 의식하지 않으며 주체적인 나로 살기 위해 나에게 집중하여 자존감을 쑥쑥 키우는 12가지 '나에게 집중 놀이'로 구성하였습니다.

2장에서는 위험한 상황을 알고 스스로 보호하는 능력을 키우며, 공동체 의식과 바른 인성을 기르기에 적합한 활동으로 '안전·인성 놀이'를 각각 24가지 활동으로 정리했습니다.

3장에서는 아이들이 건강하게 땀을 흘리며 신나게 뛰어놀아 마음 깊은 곳의 두려움과 불안, 공격성 같은 감정을 표출하고 스트레스를 해소하는 것은 물론 민첩성과 협응력 등을 발달시켜 균형 잡힌 어린이로 성장하도록 '신체 놀이' 48가지 활동을 넣었습니다.

4장에서는 간단한 재료와 도구로 다양하게 꾸미고, 만들고, 그리는 등 자유롭게 자신의 개성을 살리고 욕구를 발산하게 하는 '미술 놀이' 48가지 활동을 통해 예술성을 키우도록 하였습니다.

5장에서는 어휘력은 물론 언어 유창성, 독해력을 키워주어 진정한 읽기 독립을 도와주는 15가지 '말놀이' 활동을 소개하였습니다. 또 따분한 독후 활동이 아닌 참신한 아이디어로 책의 주제에 맞게 흥미진진한 '책 놀이' 48가지를 넣어 책과 친해지고 언어 표현력을 키워주려 하였습니다.

6장에서는 자극적인 게임이나 휴대전화를 찾는 아이들을 진정한 놀이로 끌어들여 제대로 놀 줄 알도록 새로운 것, 신기한 것, 재미난 것을 직접 경험하게 했습니다. 놀다 보면 남다른 사고로 문제를 해결하며 창의성까지 키워주는 '창의 놀이' 48가지 활동을 수록하였습니다.

7장에서는 예로부터 전해 내려오는 민속 놀이가 시간의 흐름에 따라 조금씩 변화하면서 아이들이 좋아하는 활동으로 진화한 '전래 놀이' 48가지 활동을 소개해 배려와 협동심 등 공동체 의식까지 싹트게 하였습니다.

마지막으로 8장에서는 계절이나 해당하는 달에 맞는 이벤트를 계획하여 아이들이 설레는 마음으로 학교 가기를 기다리게 만들고, 가끔은 값이 나가는 재료들을 준비해 흥미진진한 교실이 되도록 했습니다. '월별·계절별 이벤트와 특별 놀이' 54가지 활동은 우리 아이들을 한층 행복하게 만들 것입니다.

아이들의 DNA에는 '놀이 생존 전략'이 들어 있다고 합니다. 그만큼 아이들에게 놀이는 선택이 아닌 필수죠. 그래서 놀이가 필요한 모든 교실(일반 학급, 돌봄교실, 키움센터, 지역아동센터 등)에서 활용되었으면 합니다. 그냥 책꽂이에 꽂아놓기만 하는 장식용 책이 아니라 책의 어느 부분을 펼쳐도 바로 신나는 놀이가 시작되는 능동적인 책으로 말이죠. 우리 연구회 선생님들이 이 책을 만드는 과정에서 아이들과 함께하며 얻은 밝고 힘찬 에너지를 이제 여러 선생님들께서도 느끼시면 좋겠습니다. 369가지 활동을 담았지만 각각의 교실에서는 훨씬 더 창의적으로 이 책의 놀이를 응용해 한층 재미난 시간이 펼쳐질 것이라 믿어 의심치 않습니다.

끝으로 이 책을 만드는 데 처음부터 끝까지 함께 고민하고 도움을 주신 많은 분께 감사드립니다. 특히 놀이 활동에 모델로 활약해준 전국의 어린이들에게 고마움을 전합니다. 온 마음으로 사랑합니다!

엄지를 세우고, 양팔을 흔들며 "369, 369"를 외치듯이 경쾌하게 이 책을 펼쳐 우리 아이들과 이제 '진짜 놀이'를 시작해봅시다!

신나는 세모놀이 연구회 올림

전 체 차 례

1장 자존감 쑥쑥, 나에게 집중 놀이 12가지

: 다른 사람 말고 나에게 집중해보자, 바로 나!

2장 기본기 튼튼, 안전·인성 놀이 48가지

안전: 안전 교육은 기본 중의 기본입니다

인성: 서로를 존중하며 함께 성장하는 힘을 길러줍니다

3장 건강미 팡팡, 신체 놀이 48가지

: 아이들의 모든 신체 움직임은 놀이입니다

4장 예술성 훨훨, 미술 놀이 48가지

: 선생님의 공감과 격려, 칭찬이 가장 좋은 미술 도구입니다

5장 표현력 뿜뿜, 말·책 놀이 63가지

말 놀이: 알쏭달쏭 신기하고 재미나요

책 놀이: 책이랑 친해져요

: 아이들에게 즐겁고 재미있는 기억을 심어주세요

7장 전통미 솔솔, 전래 놀이 48가지

: 전래 놀이는 서로 어울려 놀면서 공동체 의식을 심어줍니다

8장 호기심 퐁퐁, 월별·계절별 특별 놀이 54가지

: 매달, 계절 따라 색다른 이벤트와 특별 놀이로 다채롭게 놀아보아요

아이들의 놀이는 세끼 식사만큼 중요해요

"노는 게 제일 좋아!"

아이들의 대통령인 뽀통령의 말씀입니다. 아이들만 노는 게 제일 좋을까요?

아니요! 어른들도 노는 게 제일 좋아요.

인간은 놀면서 스트레스를 해소하는 것은 물론 놀면서 세상의 모든 이치를 알아가지요. 아이들이 놀아야 할 이유는 백만 스물한 가지가 넘습니다. 놀이의 좋은 점 또한 백만 스물두 가지 정도는 되지 않을까요? 하지만 어른인 우리는 종종 잊습니다. 아이들을 가슴이 뛰게 놀려야 한다는 사실을요…. 숙제도 시켜야 하고, 학습지도 풀려야 하며 학원도 보내야 해서요.

최초로 놀이의 개념을 학문의 연구 대상으로 설정한 네덜란드의 역사학자 요한 하우징아(Johan Huizinga)는 인간을 '호모 루덴스(Homo Ludens)'라고 했어요. 유희하는 인간 또는 놀이하는 인간이란 뜻으로 인간은 즐거움을 추구하는 자발적인 행위로 놀이를 하며, 놀이는 실제의 삶을 벗어난 자유로운 활동으로 상상력을 전제로 한다고 했지요. 놀이는 시간을 낭비하는 것이라는 기존의 편견을 뒤집은 거예요. 놀이를 통해 이기고 지는 것, 성취와 실패를 배우기 때문에 인간의 놀이야말로 법과 정치, 예술, 전쟁 등 모든 것에 영향을 미친다고도 하였어요.

거창한 이론이나 유명한 교육학자가 아니더라도 아이들에게 놀이가 얼마나 중요한지는 우리 모두 이미 알고 있지요. 부모나 교사가 얼마나 풍부한 놀이 환경을 제공하는지에 따라서 아이들의 성장과 발달은 크게 달라지지요. 다시 한 번 아이들을 왜 놀려야 하는지 교육적 가치를 살펴보면서 우리 아이들을 놀리고, 놀리고, 또 놀립시다.

놀이를 통해서 몸과 마음이 건강해집니다

아이들의 놀이는 신체 성장을 촉진해요. 양적·질적 성장은 물론 조작 능력을 발달시켜 행동을 점차 정교하게 변화시켜요. 또 다양한 동작을 통해 근육을 키우고 운동 능력을 증진시키지요. 놀이를 통해 불안, 적대심은 물론 공격성과 신경질적이고 불안정한 마음을 해소시켜 마음까지 건강하게 만듭니다.

놀이를 통해서 사회적 기술을 배웁니다

아이들은 함께 어울려 놀면서 '관계'가 쌓여요. 이를 통해 즐거울 수도 있고, 마음이 상할 수도 있지만 사이좋게 계속 놀기 위해서는 참아야 할 때도 있으며 내 목소리를 내야 할 때도 있다는 것을 은연중에 알게 되지요. 또한 나와 다른 사람의 차이점을 알게 되고, 자신의 행동을 통제하는 등 사회적 기술을 배워요. 즉 배려하기와 협동하기, 협력과 타협은 물론 도덕적 기준이나 규칙, 질서와 같은 소중한 가치들까지 저절로 깨닫게 됩니다.

놀이는 인지 발달을 돕습니다

아이들은 재미있게 놀기 위해서 생각하고, 실험하며, 시행착오를 겪는 등 다양한 경험을 통해서 새로운 개념을 습득해요. 또한 문제 해결력을 키우는 것은 물론 가작화의 과정을 통해 점점 고급화된 추론 능력과 상징적 사고, 추상적 사고 능력을 자연스럽게 습득하게 되지요.

놀이는 언어 발달을 돕습니다

아이들은 놀이를 하면서 자기 또래와 또는 성인들과 계속적으로 이야기를 주고받습니다. 놀이의 여러 가지 상황, 행동, 사물을 놓고 대화하는 과정에서 상대방의 이야기를 들음으로써 듣기 능력이 향상되고 자신의 의견을 이해시키고 설명하기 위한 말하기 능력이 커집니다.

이 책에서는 '놀이 7계명'을 만들어 모든 놀이 활동의 기본이 되도록 하였습니다.

1. 안전하게 놀자!

위험한 장소와 행동을 알고, 스스로를 지킬 수 있도록 해주세요.

2. 자유롭게 놀자!

놀이 규칙을 따라도 좋지만 자신만의 방식으로 놀아도 인정해주세요.

3. 창의적으로 놀자!

세상의 모든 물건은 아이들의 놀잇감이니 탐구하며 색다르게 놀도록 허용해주세요.

4. 신나게 놀자!

걱정은 훌훌 날려버리고, 땀이 뻘뻘 나도록 열심히 뛰어놀게 해주세요.

5. 함께 놀자!

혼자 놀아도 좋지만 친구, 선생님, 부모님이 함께 참여하는 시간도 마련해주세요.

6. 다양하게 놀자!

체육, 독서, 미술, 음악, 과학 등 다양한 활동으로 놀이 시간을 구성해주세요.

7. 매일 놀자!

짧은 시간이라도 매일 놀 수 있도록 놀이 시간을 꼭 확보해주세요.

초등학생의 발달 단계 특성을 알아봐요

이 책에서 다루는 초등학생 시기는 신체적·사회적·정서적·지적 발달의 속도가 매우 빨라요. 보통 6~8세를 아동 전기, 9~12세는 아동 후기, 아동기 이후 12~14세를 청소년 전기로 발달 단계를 구분해요. 초등학교는 6년이라는 긴 기간에 걸쳐 있기 때문에 학년에 따라 발달 수준의 차이가 현저하지요.

여기서는 초등학생의 발달 특성을 구체적으로 이해하기 위해 초등 저학년(1~2학년), 중학년(3~4학년), 고학년(5~6학년)으로 구분해서 살펴보려고 합니다.

1. 초등 저학년(1~2학년)의 발달 특성

수업이나 생활 면에서 각별한 관심과 지도가 필요한 시기입니다. 초등학교 저학년은 '전조작기'에서 '구체적 조작기'로 이행하는 시기입니다. 상대방의 생각을 이해하고 배려하며 창의적인 사고를 하기는 아직 힘든 때입니다. 아이들은 다른 사람의 관점에서 사물을 보기 어려우므로 다른 사람의 관점이나 위치에서 무엇이 어떻게 보이겠는지를 묻기보다는 아이가 무엇을 보았는지 질문해야 하며, 관찰을 통해 차츰 이해와 배려를 배우도록 지도해야 합니다.

신체 발달의 특징을 살펴봅시다

운동 신경이 발달하기 시작하지만 아직은 눈과 손의 협응력이 약해서 자주 실수하므로 미리 알고 대처해야 합니다.

또 손가락의 미세 근육이 덜 발달해 종이를 자르거나 접을 때 정확성이 떨어지며 작은 글씨 쓰는 것을 어려워합니다. 연필을 사용하기 전에 색연필이나 크레파스로 연습시키는 것도 좋은 방법입니다. 처음에는 글씨보다 다양한 선 긋기나 일정 간격으로 선 긋기를 연습하게 하거나 연하게 혹은 진하게 색칠하는 훈련도 도움이 됩니다.

바른 자세로 40분 동안 앉아 있기가 어려우므로 수업 중간에 모둠 활동, 발표, 신체 활동 등을 다양하게 넣어 아이들이 집중력을 유지할 수 있도록 해야 합니다.

인지 발달의 특징은 다음과 같습니다

이 시기는 자기중심성이 강하고 상상력이 풍부해 질문이 많으며 새로운 것을 추구합니다. 선생님이 아이의 말을 귀담아 듣고 존중받는다는 느낌이 들도록 질문에 성심성의껏 대답해주어야 합니다.

구체적 조작기의 아이들에게는 사물을 직접 경험하고 조사하고 조작해보도록 기회를 주어야 합니다.

아이들은 역할 놀이를 특히 좋아하고 실제로 만져보거나 체험하기를 원하지만 아직 상하좌우의 구별에 미숙합니다. 놀이 활동을 하는 경우, 실제 시범을 보여 규칙을 명확히 이해시키고 말과 행동으로 다시 지시사항을 확인시키는 것이 필요합니다. 주의집중 시간이 10~15분 정도이므로 신체 활동을 적절히 구성해야 합니다.

정서, 사회성 발달의 특징을 알아볼까요

유아기와는 달리 집단의 규모가 확대되어 혼자만의 놀이에서 벗어나 협동이 필요한 조직적인 놀이를 할 수 있습니다. 또래 집단이 형성되는 초기 단계로 친구 관계가 넓어지면서 친구와 관련한 고자질이 많아집니다. 아직은 자기중심적이고 배려가 서툴기 때문에 사소한 문제로 다툼이 자주 발생하기도 합니다. 다툼이 발생했을 때 선생님이 편이 되어주기를 바라서 자꾸 이르러 오는 아이의 경우 중립적이고 객관적인 태도를 유지하는 것이 중요합니다. 다툼을 중재할 때는 아이 스스로 상대방에게 무엇을 잘못했는지 인식하도록 '입장 바꾸어 생각하기'를 통해 지도할 수 있습니다.

초등 저학년의 경우, 감정 조절이 미숙해 화를 잘 내고 잘 우는 반면 잘 웃기도 합니다. 불안을 잘 느껴서 성인에게 의지하려는 경향을 보이기도 하는데, 아이가 실수를 저지르더라도 정서적 불안을 겪지 않도록 칭찬과 격려를 아끼지 말아야 합니다. 학교는 엄격한 규칙을 강요하는 곳이 아니라 재미있는 경험을 다양하게 제공해주는 즐거운 곳이라는 생각을 가지도록 관심과 노력을 기울여야 합니다.

2. 초등 중학년(3~4학년)의 발달 특성

3~4학년은 저학년에 비하면 말도 잘 알아듣고 교사의 지시 없이도 스스로 무엇이든 할 수 있는 시기입니다. 이때의 아이들은 규칙을 잘 지키므로 생활습관이나 공부 습관 등 좋은 습관이 잘 형성될 수 있도록 지도해야 합니다.

3학년은 학기 초 타율적이고 융통성이 부족한, 여전히 저학년 같은 모습을 보이기도 하지만 시간이 지날수록 조금씩 자율적인 모습이 나타납니다.

4학년은 규칙을 잘 지키고 모둠이나 단체 활동을 할 때 함께 행동하는 데 능숙해집니다. 또래 친구에게 관심이 많고 인정받고 싶은 욕구가 강해지는 시기이며 발달 정도에 따라 사춘기의 특성을 보이기도 합니다.

대화로 행동을 변화시킬 수 있는 시기이므로 아이의 감정을 읽어주고 아이의 편에서 이해하고 칭찬과 격려를 통해 지지해주는 것이 필요합니다.

신체 발달의 특징을 살펴봅시다

영구치와 유치의 교체가 끝날 무렵으로 저학년에 비하면 손의 협응 능력이 우수해서 작은 글씨도 잘 쓰고 가위질, 바느질까지 할 수 있습니다. 장기, 바둑, 오목, 손동작 게임 등 손으로 하는 놀이 역시 좋아하게 됩니다. 신체 활동이 왕성하며 모든 운동에 흥미를 보이고 체육 시간을 좋아합니다. 저학년에 비하면 또래 친구들과 함께하는 것을 좋아하며 친구들과 장난이 심해지고 몰려다니는 아이들도 생겨납니다.

인지 발달의 특징은 다음과 같습니다

3학년은 언어 능력이 발달하면서 표현하려는 의욕이 왕성해지는 시기입니다. 일기나 글짓기의 분량이 많아지며 자기 생각이나 느낌을 자세히 표현할 수 있습니다. 수 개념과 기억력이 상승하는 시기로 문제 해결력, 창조적 사고가 발달합니다.

4학년은 스스로 판단하는 능력을 키워나가며 어느 정도 자신을 평가할 수 있습니다. 주의력이 깊어지고 관심사가 넓어지며 전보다 더 현실적인 사고를 하게 됩니다. 지식에 대한 열망도 증가해서 객관적인 정보를 수집하고 분류하기를 좋아합니다.

정서, 사회성 발달의 특징을 알아볼까요

정서적으로 저학년보다 울음과 화를 잘 참을 줄 알게 되고 친구들 사이에서도 신체적 공격보다는 언쟁이 많아집니다. 유머가 풍부해지고 재미있는 일은 반복해서 하고 싶어 합니다. 외부 세계에 관심이 높아져 독서량이 늘어나고 과학에도 흥미를 보입니다.

4학년은 정서적 표현이 강렬해지지만 동시에 외적 표현을 통제하려는 강한 동기를 갖게 됩니다. 학급에서 너무 똑똑하거나 어수룩한 아이들은 소외감을 느끼게 되거나 '왕따' 현상이 발생하기도 합니다.

사회적 발달 측면에서 4학년은 관계의 중요한 대상이 부모에서 친구로 옮겨지며 교사, 그 외 지역 사회 다른 사람들과 관계를 형성해갑니다. 고학년으로 가는 과도기적 시기로 또래보다 성숙한 행동을 하는 아이들도 나타납니다. 아이들이 그룹 지향적이 되기 때문에 집단에 참여해 서로 경쟁하고 협력할 기회를 마련해주어야 합니다. 자신은 저학년이 아니라는 생각이 강하고 신뢰받는 것을 좋아합니다.

3. 초등 고학년(5~6학년)의 발달 특성

고학년 아이들은 저학년이나 중학년 아이들에 비하면 다루기가 까다롭습니다. 어른스러운 대화가 가능하며 사려 깊은 모습을 보이기도 하고 때로는 거칠고 반항적이며 교묘한 모습을 보이기도 합니다.

신체 발달의 특징을 살펴봅시다

키가 커지고 체중이 급격하게 증가하는 등 신체 성장이 왕성해지며 2차 성징이 나타나 아이들은 혼란을 겪습니다. 여학생들은 생리통이라는 신체적 고통을 겪기도 하고, 남학생들은 성욕이라는 감정을 느끼며 여성의 몸에 관심이 높아집니다.

이러한 신체 변화와 낯선 감성들 때문에 부끄러워하고 불안해하는 아이들에게, 이는 사춘기 학생이라면 누구나 겪는 자연스러운 현상임을 알려주세요. 특히 아이를 따뜻한 시선으로 바라보고 마음을 헤아리며 안심시켜 주어야 합니다.

인지 발달의 특징은 다음과 같습니다

초등 고학년은 구체적 조작기의 끝과 형식적 조작기의 시작 사이에 있는 시기입니다. 직접 경험하거나 조작해보면 그 안의 논리를 파악하고 이해할 수 있습니다. 이런 구체적 조작 경험이 없더라도 추상적 사고를 통해 가설을 설정하고 추리하고 논리적 결정을 할 수 있습니다. 형식적 조작기에 있는 학생이 많더라도 사고력으로 습득한 지식을 논리정연하게 전달하는 표현 능력은 대부분 부족합니다.

정서, 사회성 발달의 특징을 알아볼까요

사춘기가 시작되는 고학년 아이들은 이유 없는 반항, 교우 관계에 대한 집착, 이성 교제의 시작 등 갑작스럽고 충동적이며 변덕스러운 모습을 보여줍니다. 특히 또래 집단에 높은 충성심을 보이고 자신이 원하는 또래 집단에 소속되는 것을 가장 중요하게 생각합니다. 또래 문화가 다른 어떤 가치보다 더 큰 영향력을 발휘하기 때문에 아이들의 교우 관계를 유심히 지켜보고 적절한 도움을 제공해야 합니다.

또 외모에 관심이 부쩍 늘어나 화장을 하거나 치장하려고 합니다. 외모에 집착하는 아이들의 모습이 어른의 시선으로는 꼴불견이거나 과해 보일 수 있다고 해도 넓은 마음으로 이해해주는 것이 필요합니다. 또한 자신의 외모에 대해 부정적인 자아상을 보이는 아이들이 있다면 이를 바로잡아주고 심리적으로 격려하고 지지해주어야 합니다.

이성에 대한 관심과 성적 호기심이 충만해져서 건전한 이성 교제에 대한 교육이 필요합니다. 성적 욕구나 스킨십, 피임 등과 관련된 성교육을 해주어야 합니다.

자아정체성이 형성되면서 자신의 의견이 존중받기를 원하는 시기이기도 합니다. 어른의 말을 곧이곧대로 받아들이기보다는 스스로 평가하고 판단하기를 바라므로, 권위적인 말보다는 납득이 가능한 근거를 가지고 설득해야 합니다.

아동 발달에 따른 초등학생의 특성을 크게 살펴보았습니다. 변화가 많고 개별 차이가 큰 시기인 만큼 아이마다 각기 다른 인지 발달 상태와 신체·정서·사회성 발달 특성이 잘 조화를 이루도록 지도해야 합니다. 또한 아이들을 총체적으로 이해하고 존중하면서 학교생활에서 겪는 문제들을 스스로 해결해나가도록 배려해주고 지지해주는 노력이 요구됩니다. 무엇보다 아이들을 한 사람의 인격체로서 존중해주어야 합니다.

1

자존감 쑥쑥,

나에게 집중 놀이 12가지

다른 사람 말고 나에게 집중해보자, 바로 나!

'인간은 사회적 동물'이기 때문에 어린아이라고 할지라도 가정에서부터 내가 다니는 학교, 속해 있는 지역 사회의 일원으로 적응하면서 살아가야 합니다. 그래서 어릴 때부터 친구는 물론 다른 사람들과 잘 지내기 위해 사회성 교육을 꾸준히 받지만 항상 조화롭게 살아간다는 게 결코 쉽지 않습니다. 아이들의 입장에서 보면 마음에 드는 친구와 친해지기 위해서 기다릴 줄 알아야 하고, 양보도 해야 하는 등 여러 가지 기술이 필요합니다. 가족과 다르게 선생님이나 이웃 어른들은 조심해서 대해야 하고요.

그런데 이건 누가 대신해줄 수 있는 것이 아니어서 스스로 배우고 깨우쳐야만 합니다. '착한 아이'가 되기 위해 억울한 일이 있어도 말하지 못하고 가슴에 묻고 지나가기도 하고, 기쁜 일이 있어도 혹시나 친구들에게 잘난 척하는 것처럼 보일까 봐 조용히 참고 혼자서만 기뻐할 때도 있지요. 다른 사람과 함께 지낸다는 것은 어떤 의미에서 긴장 상태의 연속이라 할 수 있습니다.

거기에다 요즘 아이들은 대부분 굉장히 바쁩니다. 부모님과 함께 정한 일과라고 할지라도 아침에 눈뜨면서부터 잠자리에 드는 순간까지 스케줄이 짜여 있어요. 예전에는 따로 배우지 않았던 것들까지 학원에 다니거나 시간을 비워 놓고 배워야 하니까요. 그 일정을 지키지 못하면 어른들에게 혼이 나지는 않더라도 아이 스스로 만족한 하루라고 여기지 못하게 됩니다.

아이들도 알게 모르게 스트레스를 많이 받고 있습니다. 이렇게 자기를 억제하고 바쁘게 살다 보면 막상 자유 시간이 생겨도 그 시간을 어떻게 보내야 할지 어쩔 줄 몰라 하게 됩니다. 그러다가 어느 틈에 휴대전화에 매달리는 일상에 빠집니다.

'진정한 내 삶의 주인은 바로 나'가 되기 위해 먼저 나를 알고, 나와 잘 지내야 합니다. 그러기 위해서 조용한 가운데 '나에게 집중하는 시간'이 꼭 필요하지요. 내가 어떨 때 마음이 편안해지는지, 무엇을 좋아하는지 여러 가지 방법으로 알아봐야 합니다. 정기적으로 시간을 마련할 수도 있지만 마음이 들떠 있거나 상해 있을 때 '주체적인 나'로 살기 위해 차분히 몸과 마음을 가라앉히는 활동을 알려주세요. 편안하고 기분 좋은 상태를 스스로 유지할 수 있도록 말이에요. 우리 모두는 행복하게 살아야 할 권리가 있으니까요.

행복도 연습이 필요하다!!

* '나에게 집중 놀이'는 시간이 허락되거나 필요하다고 생각될 때 언제든 할 수 있으므로 따로 '연간 활동 계획'이 없습니다.

나에게 집중·1

나에게 빠져들어요, 명상하기

'명상'이란 마음을 고요히 해서 깊이 생각하는 것을 말해요. 기본적으로 에너지가 넘치는 우리 아이들에게 명상은 힘들게 느껴지기도 하지만 조용하게 명상할 수 있는 분위기가 만들어지면 의외로 차분해진답니다. 요즘은 '마음 챙김'이라는 표현도 많이 쓰는데 고요히 나를 살펴보고, 나를 위로할 수 있다면 마음 치료까지 되는 것이지요.

준비물 명상 음악

놀이 방법
1 먼저 조용한 명상 음악을 튼다.
2 자리에 앉아 허리를 펴고 눈을 지그시 감는다.
3 숨을 들이쉬고 내쉬는 것에만 주의를 기울인다.
4 명상 자세는 정해져 있지 않으니 본인이 편한 자세를 취하면 된다.
- 기도할 때 모습처럼 양쪽 손바닥을 마주 대고 가슴 앞에 두는데 이때 팔꿈치를 수평으로 맞춘다.
- 손바닥을 위로 향해 펼쳐서 무릎 위에 편안히 놓고 엄지와 검지를 맞댄다.
5 호흡에 집중하면서 몸에서 힘을 빼고 나를 힘들게 하는 일, 즐거웠던 일 등을 차분히 생각한다.

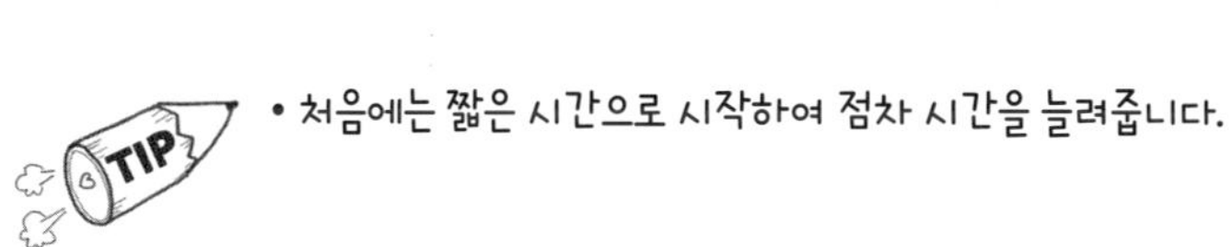

• 처음에는 짧은 시간으로 시작하여 점차 시간을 늘려줍니다.

인형과 나, 하나가 돼요

알게 모르게 받은 스트레스와 불안으로부터 몸과 마음을 편안하게 하기 위해서 자신의 호흡에만 집중하는 방법이 있어요. 호흡은 자율신경에 의해 움직이므로 평소에는 전혀 신경 쓰지 않아도 되는 자연스러운 현상이지만 긴장하거나 흥분했을 때는 호흡이 가빠지지요. 그때 의식적으로 숨을 천천히 내쉬면 쌓였던 긴장이 풀리면서 서서히 편안한 상태가 돼요. 좋아하는 인형을 이용해 자신의 호흡에 집중하게 해보세요.

준비물 인형

놀이 방법
1. 너무 푹신하거나 딱딱하지 않은 바닥에 편안히 눕는다.
2. 배 전체를 등 쪽으로 당기면서 숨을 내뱉는데 이때 어깨가 올라가지 않도록 몸에서 힘을 뺀다.
3. 편안한 상태가 되면 숨을 천천히 들이마시고 내쉬는 것에 집중한다.
4. 평소 좋아하는 인형을 배 위에 올려놓는다. 내가 천천히 숨을 내뱉고 들이마실 때 인형이 어떻게 움직이는지 느낀다.

• 깊게 숨을 쉬면 몸에 많은 산소가 들어와 긴장이 풀리고 혈액순환이 좋아져 몸도 따뜻해집니다.

나에게 집중·3

우리는 골라 읽을 권리가 있어요

책을 읽다 보면 몸과 마음이 편안하고 차분해져요. 그래서 독서는 스트레스를 해소하고, 평정심을 유지하는 데 좋은 방법 중 하나이지요. 하지만 아이들은 스스로 책을 선택하여 깊숙이 빠져들 기회를 자주 잃어버려요. 어른들이 책을 선택해주는 것은 물론 범위를 지정해주고, 책을 읽고 난 후에는 독후 활동까지 하라고 하거든요. 그러면 아이들의 독서 흥미도가 떨어지는 것은 자명한 일이지요. 편독이 오히려 아이들에게 독서의 재미와 깊이를 준다는 것을 잊지 않으셨으면 해요.

준비물 아이가 좋아하는 책

놀이 방법

1 프랑스 작가 다니엘 페나크가 《소설처럼》에서 밝힌 '독자의 권리 10가지'를 알려준다. 독자들은 누구나 '책을 읽지 않을 권리, 건너뛰며 읽을 권리, 끝까지 읽지 않을 권리, 다시 읽을 권리, 아무 책이나 읽을 권리, 마음대로 상상하며 빠져들 권리, 아무 데서나 읽을 권리, 군데군데 골라 읽을 권리, 소리 내서 읽을 권리, 읽고 나서 아무 말도 하지 않을 권리'가 있다.

2 아이들이 좋아하는 책을 자신이 원하는 대로, 자유롭게 읽을 권리를 준다.

마음을 그림에 담아요

아이들의 모습이 제각각이듯 좋아하는 것도 모두 다르지요. 인형 놀이나 축구를 즐기는 아이들이 있고, 그림 그리기를 좋아하면서 남다른 소질을 보이는 아이들도 있어요. 자신의 감정을 표현하는 방법도 생김새만큼이나 달라요.

우리는 모든 아이들을 화가로 키우고자 그림을 그리게 하는 것이 아니에요. 그러니 때로는 어떤 제약도 없이 자유롭게 그림을 그리면서 상상의 날개를 마음껏 펼치도록 시간을 충분히 주세요. 아이가 그림 그리기를 어려워한다면 좋아하는 주제의 컬러링 책을 색칠하게 하는 것도 좋은 방법이에요. 자신만의 색을 선택하여 여백을 채우다 보면 색채 하나하나가 주는 매력에 빠져 힐링을 경험하게 되니까요.

준비물 도화지, 컬러링 책, 색칠 도구 등

놀이 방법
1. 도화지(스케치북) 또는 컬러링 책과 색연필 등의 색칠 도구를 준비한다.
2. 도화지 위에 원하는 도구를 선택하여 그리고 싶은 것을 자유롭게 그린다.
3. 컬러링 책은 첫 장부터 할 필요가 없으니 원하는 그림을 골라 색칠한다.

005 세상의 모든 놀이

나에게 집중·5

더 크게, 활짝 웃어봐요

'웃으면 복이 와요, 웃음이 보약!'이라는 건 잘 알지만 오늘 얼마나 웃었나요? '웃음 치료'의 효과(신체적·정서적 고통과 스트레스 감소, 상호 의사소통 증진 등)가 입증되어 일부러 웃으려고 시간을 내어 모임을 갖기도 하는데, 무표정한 아이들의 얼굴을 보면 속이 상해요. 기분이 나쁘면 나쁘다, 힘들면 힘들다고 말하면 좋으련만 인상을 쓰고 있거나 아무 표정 없이 멍하니 있으면 정말 안타깝지요.

이제 아이들과 함께 웃어보세요. 영화나 오디오 자료, 유머가 있는 짧은 글 등 웃음을 유발할 수 있는 자료를 사용하기도 하지만 '웃음'을 일종의 운동으로 보고, 반복적으로 "하하하" 크게 소리를 내기 시작하여 진짜 웃음으로 넘어가 보세요. 웃음 속에는 엔도르핀(endorphin)은 물론 우리가 감동 받았을 때 솟아나는 호르몬 다이놀핀(dynorphin)도 있으니까요.

준비물 거울

놀이 방법
1 얼굴이 잘 보일 만한 크기의 거울을 앞에 둔다.
2 찡그린 얼굴, 바보 같은 얼굴, 뽐내는 얼굴 등 다양한 표정을 짓는다.
3 "웃는 얼굴이 최고야! 하하하!" 거울 속 나를 보며 더 활짝 웃는다.

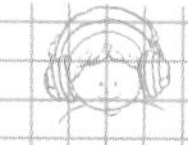

보자기맨, 슈퍼히어로가 돼요

누구나 한 번쯤은 슈퍼히어로(superhero)가 되어보는 상상을 하지요. 아이언맨, 원더우먼, 슈퍼맨, 배트맨 같은 초인적인 능력을 가진 사람들을 우리는 왜 좋아할까요? 강력하고 엄청난 힘, 그리고 특별한 재능을 가져서요? 물론 외모도 멋지고 사람들을 구하는 영웅적 매력도 있지만 그보다는 그들이 가슴 깊이 인간에 대한 사랑, 친절함, 용기, 자신감, 패기, 너그러움을 지녔기 때문일 거예요. 자, 오늘은 우리 아이들과 함께 어떤 슈퍼히어로가 되어볼까요?

준비물 커다란 보자기 1장

놀이 방법
1. 어떤 슈퍼히어로가 될지 정한다.
2. 멋진 보자기를 어깨에 두르고 목이 조이지 않도록 매듭 짓는다.
3. 슈퍼히어로가 된 듯 자세를 취하고 논다.

• 딱 한 가지만 주의시킵니다. 바로 높은 곳에서 뛰어내리지 않기!

인형아, 내 이야기를 전해주렴

이제 여자아이들만 인형을 좋아한다는 편견은 버려야 해요. 또 요즘은 손가락 인형, 막대 인형, 종이 인형 등 형태와 재질까지 다양하지요.

아이들이 마음껏 이야기하면서 놀 수 있도록 다양한 인형을 준비하세요. 인형을 보고 동화가 생각났으면 동화의 주인공이 될 수 있고, 비슷한 친구가 떠올랐다면 그 친구에게 할 말을 인형을 통해 할 수도 있어요. 새로운 이야기를 꾸며 인형 놀이를 하면 상상력과 창의력을 키울 수 있지요. 소극적이거나 말수가 적은 아이들에겐 인형 놀이가 소통의 창구가 되기도 해요. 인형과 한마음이 되어 웃고 화를 내는 등 감정을 쏟아내면, 자신도 모르는 사이에 쌓였던 응어리들이 풀어져 안정감을 찾게 되지요.

준비물 인형

놀이 방법
1. 화가 났던 상황이나 제대로 대꾸를 못해 답답했던 상황을 떠올리며 인형에게 차근차근 속마음을 털어놓는다.
2. 인형을 친구 삼아 함께 신나게 논다.

와우, 나 혼자 완성했어요

집에만 있는 걸 심심해하거나 휴대전화에만 빠져 사는 아이가 걱정이라면 퍼즐을 갖고 놀게 해 주세요. 퍼즐은 어린이들의 지능 발달을 위한 교구로 영국에서 처음 개발되었는데 현재는 전 세계 아이들에게 인기 있는 놀잇감 중 하나이지요. 산만하거나 참을성이 부족한 아이들에겐 집중력과 인내심을 키워주는 교육적인 놀이 도구예요. 퍼즐은 조각의 개수에 따라 난이도를 조절하면 누구나 쉽게 집중하면서 혼자 놀 수 있어요. 좋아하는 만화 캐릭터나 동화 속 주인공을 한 조각씩 맞추어 퍼즐을 완성하면 진정한 성취감과 몰입의 기쁨을 알게 되지요.

준비물 아이 나이와 발달 단계에 맞는 퍼즐

놀이 방법
1 좋아하는 그림 또는 적당한 개수의 퍼즐을 선택한다.
2 먼저 퍼즐의 완성된 그림을 천천히 살펴본다.
3 책상 위나 바닥에 퍼즐을 쏟은 후 퍼즐 조각들을 잘 섞는다.
4 퍼즐 조각을 하나씩 맞추며 전체 그림을 완성한다.

보물 상자에 추억을 담아요

누구에게나 소중한 추억이 있어서 기분이 우울할 때는 그 기억의 조각들을 꺼내어 생각에 잠기곤 하지요. 아직 어린 우리 아이들도 마찬가지예요. 소중한 추억들을 기념할 수 있도록 작은 흔적을 보관한다면 어떨까요? 책상이나 침대, 다른 사람들에게 들키지 않을 곳에 나만의 보물 상자를 만들어 보관하게 하세요. 기분이 우울할 때 꺼내 보면 아이들의 얼굴에 저절로 미소가 번질 거예요.

준비물 사용하지 않는 블록 상자, 구두 상자, 꾸미기 도구 등

놀이 방법
1 원하는 대로 상자에 여러 가지 장식을 한다. 물론 원치 않는다면 안 해도 된다.
2 나만의 보물을 상자에 넣어 보관한다.
예: 부모님과 즐겁게 본 영화 표, 친구와 본 인형극 표, 우정 카드, 선생님이나 어른들께 받은 생일 축하 카드, 지금은 놀지 않지만 예전에 좋아했던 장난감, 애착 인형 등

인내심 끝판왕, 도미노 게임

도미노 게임은 여러 명이 협동하여 놀 수도 있고, 혼자서 집중하며 놀 수도 있어요. 다른 놀이는 중간에 틀려도 쉽게 다시 시작하지만 도미노 게임은 한번 쓰러지면 처음부터 다시 시작해야 해요. 도미노 블록을 하나하나 간격에 맞춰 조심히 세우면서 아이들은 자연스럽게 참을성과 인내심을 기를 수 있어요. 그만큼 산만하고 끈기가 부족한 아이들에게 좋은 놀이이지요. 끝까지 참을성을 갖고 완성했을 때의 뿌듯함과, 도미노가 한꺼번에 연속적으로 넘어지는 모습을 보며 느끼는 통쾌함은 아이들의 스트레스를 한 방에 날려보내는 데 부족함이 없답니다.

준비물 도미노 놀이 세트

놀이 방법
1. 도미노 블록을 하나씩 간격에 맞춰 세운다.
2. 원하는 모양으로 대열을 바꿔가며 배치한다.
3. 완성되면 맨 마지막 도미노 블록을 살짝 민다. 그러면 차례대로 넘어진다.

• 빨리 하려고 서두르다가 도미노 한 개가 쓰러지면 모두 넘어질 수 있으므로 주의해요.

자전거 타고 동네 한 바퀴

요즘은 놀이터에 가도 나와서 뛰어노는 친구들이 별로 없지만 아이들에게 몸 놀이는 신체 발달은 물론 정서 발달을 위해서도 반드시 필요해요. 그중 자전거 타기는 심폐 지구력을 향상시키며 건강과 즐거움을 동시에 주는 활동이에요. 자전거를 타고 신나게 씽씽 달리면서 동네를 한 바퀴 돌다 보면 그동안 쌓였던 스트레스가 저 멀리 날아가버릴 거예요.
단, 안전을 위해 자전거 반사판 등 안전장치 장착은 필수라는 사실, 잊지 마세요!

준비물 자전거, 안전모와 반사판 등 보호 장비

놀이 방법
1 자전거 권장 속도 20km를 지키면서 동네를 한 바퀴 돈다.
2 자전거도로가 아닌 횡단보도, 공원 등지에서는 반드시 자전거에서 내려 끌고 가도록 한다.

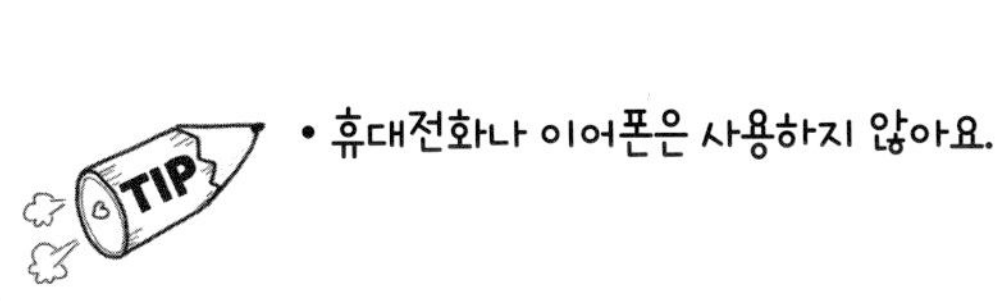

• 휴대전화나 이어폰은 사용하지 않아요.

릴렉스, 몸에 집중하는 요가

고대 인도에서 전해 내려온 심신 단련법인 '요가'는 몸만 건강하게 하는 것이 아니라 마음까지 편안하게 해주는 운동이에요. 척추를 중심으로 하는 스트레칭이라서 모든 동작이 아이들의 성장 발달에 도움을 주지요. 또한 혈액순환을 돕고 신경세포를 강화시켜 두뇌 발달은 물론 각종 질병을 예방하고 치료하는 데도 효과가 큽니다. 아이들과 쉬운 동작부터 따라 해보세요.

준비물 요가 매트

놀이 방법

1. 요가 매트(또는 너무 딱딱하거나 푹신하지 않은 곳) 위에 편안히 앉는다.
2. 요가는 아주 천천히 하는 운동이니 편안하고 느긋한 마음으로 시작한다.
3. 준비 동작(스트레칭)으로 목, 팔, 다리, 손목, 발목 등을 충분히 풀어준다.
4. 어린이 요가 동영상 또는 사진을 보고 호흡에 주의하며 쉬운 동작부터 따라 한다.

- 활 자세: 배를 바닥에 대고 누운 뒤 다리를 뒤로 접어 올려 양손으로 발목을 잡는다.
- 강아지 자세: 허리를 숙여서 손바닥으로 바닥을 짚고 엉덩이를 위로 올린다.
- 보트 자세: 다리를 펴고 앉아 손을 등 뒤로 짚은 후 무릎을 곧게 펴서 들어 올린다.
- 비행기 자세: 양팔을 어깨 높이로 올려 펴고 몸은 앞으로 기울이면서 한쪽 다리를 뒤로 뻗는다.
- 낙타 자세: 무릎을 꿇은 채 윗몸을 천천히 뒤로 젖히고 양손으로 발뒤꿈치를 잡는다.
- 나무 자세: 한쪽 발을 들어 서 있는 다리에 붙이고, 두 손을 모아 머리 위로 올린다.
- 토끼 자세: 엉덩이를 양발 뒤꿈치 위에 올리고 앉아 양손을 등 뒤에서 깍지를 끼운다.
- 키가 쑥쑥 크는 자세: 두 다리를 벌려 똑바로 서서 손바닥을 아래로 향하도록 해 양팔을 쭉 펴 어깨 높이로 올린다. 몸을 옆으로 기울여 손이 바닥에 닿도록 한다. 반대쪽도 반복한다.

활 자세	강아지 자세

보트 자세 | 비행기 자세 | 낙타 자세 | 나무 자세 | 토끼 자세 | 키가 쑥쑥 크는 자세

TIP • 네이버 카페 〈신나는 세모 놀이터〉 '나에게 집중 놀이-어린이 요가' 동영상을 참고하세요.

정지
STOP

2

기본기 튼튼,

안전•인성 놀이 48가지

안전: 안전 교육은 기본 중의 기본입니다

2019년 한국소비자원의 소비자위해감시시스템(CISS)을 통해 접수된 어린이 안전사고 발생 건수가 전체 사고 중 2만 4,971건(34.2%)으로 전 연령층 대비 가장 높게 나타났습니다. 어린이 안전사고 발생 장소로는 '주택'이 1만 6,749건(67.1%)으로 최고였으며 교육시설 1,602건(6.4%), 여가문화와 놀이시설 1,500건(6.0%), 도로와 인도 1,147건(4.6%) 순입니다. 즉 어린이들이 활동하는 일상생활 장소에서 안전사고가 빈번하게 발생한다는 말입니다. 그러나 맞벌이 가정의 증가로 부모와 자녀가 함께하는 시간이 현저하게 부족한 상태라 체계적인 안전 교육을 실행하기가 어려운 상황입니다.

앞에서도 말했지만 아이들은 타인의 입장을 이해하지 못하고, 자기중심적 사고의 특성으로 자신의 관점에서 사물을 바라보는 경향이 있습니다. 아이들은 위험한 상황을 구별하고 명확히 판단할 수 있는 능력과 스스로를 보호하는 능력이 미숙합니다. 신체 발달과 운동 능력 발달의 측면에서도 대·소근육의 조절과 협응력의 발달 차이가 심하여 뛰어가다 부딪치거나 넘어지는 등의 안전사고에 노출되기 쉽습니다.

따라서 아이들이 안전하게 생활할 물리적 환경을 제공함과 동시에 안전 지식과 안전 문제 해결 능력을 향상시켜야 합니다. 안전 지식은 안전사고를 예측하게 하고 다양한 위험 상황에서 사고의 예방과 대처 행동을 결정짓는 매우 중요한 역할을 합니다. 또 안전 문제 해결 능력은 위험과 관련한 새로운 상황에 직면했을 때 발생하는 갈등이나 문제를 해결하는 데 적용 가능한 반성적 사고로, 안전한 방법으로 상황을 해결하도록 돕습니다.

이러한 능력을 향상시키는 데도 놀이가 매우 효과적입니다. 일상생활에서 아이는 놀이를 통해 안전에 대한 지식, 기술, 태도 등을 습득하고 경험할 수 있습니다.

안전 놀이 경험을 통해 아이들은 위험한 상황을 스스로 인식하고 예방하거나 안전 지식과 안전 문제 해결 능력을 바탕으로 대처력을 갖추게 됩니다. 이는 위험한 상황에서 자신을 보호할 능력을 키워주며, 나아가 다른 사람도 도울 수 있습니다.

이번 장에서는 교육부의 학교 안전 교육 7대 표준안에 근거해 다양한 유형의 사건·사고를 예방할 24가지 통합 놀이를 제시하였습니다. 아이들은 실천을 통해 안전한 생활습관을 형성할 수 있습니다.

연간 활동 계획 - 안전

월	시기	주제	놀이명
3월	봄	생활 안전	전화번호를 기억해요
		생활 안전	우리 동네 안전지도를 만들어요
4월		교통 안전	나는야 어린이 신호등
		폭력 예방	문자도 폭력이에요
5월		재난 안전	안전하게 대피해요
		응급처치	골든 타임 4분의 기적
6월	여름	생활 안전	냄비야, 건강을 지켜주렴
		교통 안전	미션! 안전 복장을 입혀요
7월		폭력 예방	나쁜 손을 조심해요
		약물 오남용 예방	함부로 먹지 않아요
8월		재난 안전	우리 집 비상 대피도를 그려요
		직업 안전	오늘도 안전하게 보내세요
9월	가을	생활 안전	그림으로 안전을 말해요
		생활 안전	정글짐을 설계해요
10월		교통 안전	신호등을 지켜요
		교통 안전	교통 표지판, 내가 알려줄게요
11월		재난 안전	환경보호 대장들, 출동
		재난 안전	불조심, OX 퀴즈대회를 열어요
12월	겨울	생활 안전	감전을 조심해요
		교통 안전	같은 것을 찾아요
1월		사이버 중독 예방	꼭꼭 약속해요
		재난 안전	지구를 지켜요
2월		직업 안전	안전 공 전달해요
		응급처치	삐뽀삐뽀, 안전 X파일 퀴즈대회

안전·1

전화번호를 기억해요

실종이나 유괴 등 언제 생길지 모르는 위험 상황에 대비하기 위해 전화번호를 기억하는 놀이예요. 커다란 전화기 버튼을 누르며 번호를 외우게 하세요. 연습을 많이 할수록 아이들은 위급한 상황에서도 당황하지 않고 대처할 수 있습니다.

준비물 숫자와 기호가 적힌 종이(전화기 버튼), 색 전지, 종이접시 12개, 가위, 풀, 투명 테이프

놀이 방법
1 숫자와 기호가 적힌 종이를 오린다.
2 종이접시를 뒤집어 바닥에 숫자와 기호를 붙인다.
3 벽면에 색 전지를 붙이고 그 위에 전화기 버튼 모양으로 종이접시를 배열하여 붙인다.
4 1명씩 나와 버튼을 누르며 긴급 전화번호와 부모님 전화번호를 익힌다.

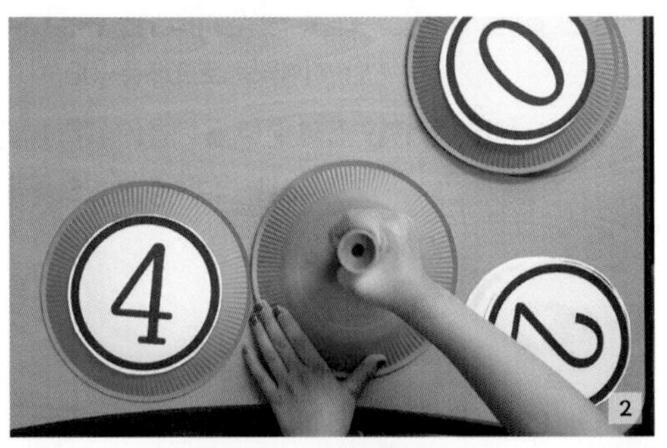

- 공을 던져서 전화번호를 맞히는 신체 활동으로 활용할 수 있습니다.
- 부모님의 전화번호나 긴급 전화번호를 모르는 친구들을 위해 전화번호 카드를 제시하여 놀이를 통해 외우도록 지원합니다.

014 세상의 모든 놀이

안전·2

우리 동네 안전지도를 만들어요

위험한 상황에 처했을 때 아이들을 보호해줄 안전한 장소는 어디일까요? 동네에 있는 여러 기관들의 위치와 역할을 살펴보고, 가장 안전한 장소를 알아보세요. 친구들과 함께 쉽게 찾아가도록 안전지도도 만들어요.

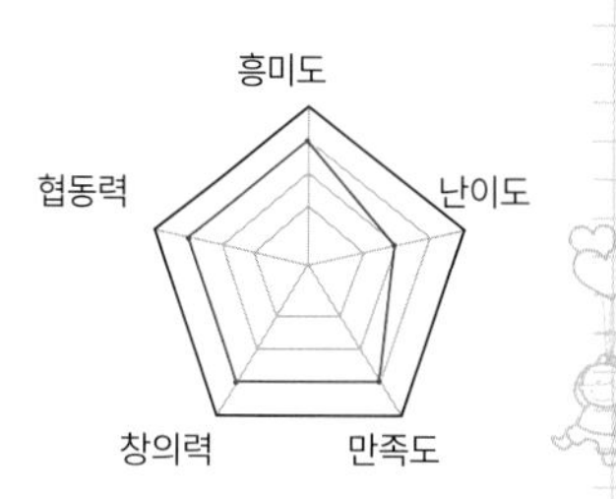

준비물 다양한 종이류(색지, 전지 등), 라면 상자, 가위, 풀, 필기 도구, 색칠 도구

놀이 방법
1. 우리 동네의 안전한 곳(예: 파출소)을 찾고 각자 장소를 맡아 색지, 색칠 도구 등으로 꾸민다.
2. 역할을 나눠 꾸민 것을 모아 라면 상자에 붙여 안전한 곳을 입체적으로 표현한다.
3. 우리 동네의 안전한 곳을 각자 맡아서 그림으로 그린다.
4. 그림을 모아 우리 동네 안전지도를 완성시킨다.

1

2

3

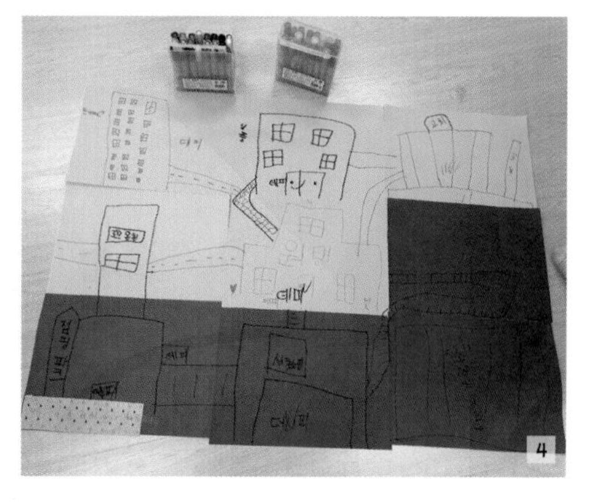
4

- 다양한 표현 도구를 활용하도록 지원합니다.
- 친구들과 함께 활동하면서 협력과 배려하는 마음을 기르도록 격려합니다.

나는야 어린이 신호등

우리 주변에서 쉽게 만나는 신호등! 색종이로 신호등을 만들며 신호등 색의 의미와 기능을 살펴보고, 신호등 놀이를 통해 안전 규칙을 배워 봅니다.

준비물 색종이(빨간색, 초록색), 나무젓가락, 마스킹 테이프 등

놀이 방법

1 색종이와 나무젓가락을 이용해 신호등 깃발을 만들고 마스킹 테이프로 바닥에 원을 표시한다. 원을 중심으로 원 안의 신호등 역할과 원 밖의 걷는 사람으로 역할을 나눈다.
- 신호등 역할은 색종이 신호등 깃발을 들고 원 안에 선다.
- 원 밖에서 안전하게 걸을 수 있도록 간격을 두고 선다.

2 원 밖에서 걷다가 신호등 깃발의 색깔에 따라 멈추거나 움직인다.
- 초록색 깃발을 들면 원 밖으로 돌며 걷는다.
- 빨강색 깃발을 들면 동작을 멈춘다.
- 별도의 신호 없이 신호등 깃발을 바꿀 수 있으니 주의 깊게 잘 봐야 한다.
- 동작이 틀려 걸렸을 경우 신호등 역할이 되어 놀이를 지속한다.

- 참여 인원에 따라 동그라미의 크기와 도형의 모양을 바꿀 수 있습니다.
- 원을 따라 걸을 때, 동작(손벽 치며 걷기, 한쪽 발로 뛰기 등)을 지정할 수 있습니다.

문자도 폭력이에요

요즘 SNS를 이용한 폭력 문제가 새롭게 떠오르고 있어요. 건전한 소통을 위하여 상대방을 배려하고 존중하는 태도가 필요합니다. 우리 아이들과 함께 다른 사람에게 상처 주지 않고 긍정적으로 소통하는 방법을 알아보아요.

준비물 색지, 풀, 가위, 필기 도구, 색칠 도구

놀이 방법

1. 색지와 풀을 이용해 종이 휴대전화를 만든다. 문자 때문에 상처받았던 경험을 이야기 나눈 뒤 종이 휴대전화에 적는다.
   - 상처받았던 말은 주황색 종이에 적고 빨간 색연필로 X를 표시한다.
   - 부정적인 이야기는 남에게 상처를 줄 수 있어 장난으로라도 보내지 않도록 약속한다.
2. 행복을 느꼈던 말은 노란색 종이에 적는다.
3. 배경 화면을 꾸며 문자 폭력이 없는 종이 휴대전화를 완성한다.

1

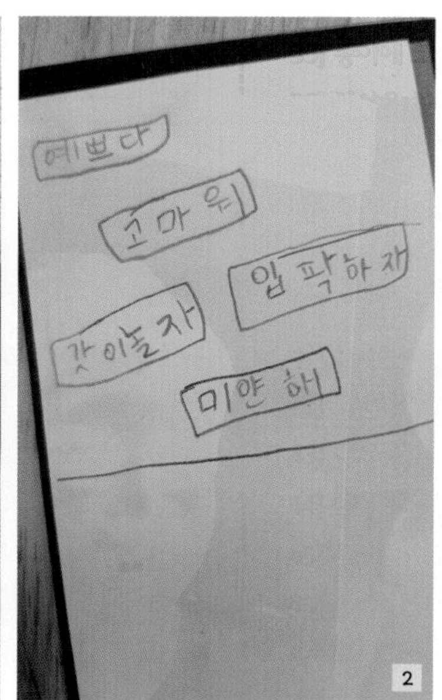

2

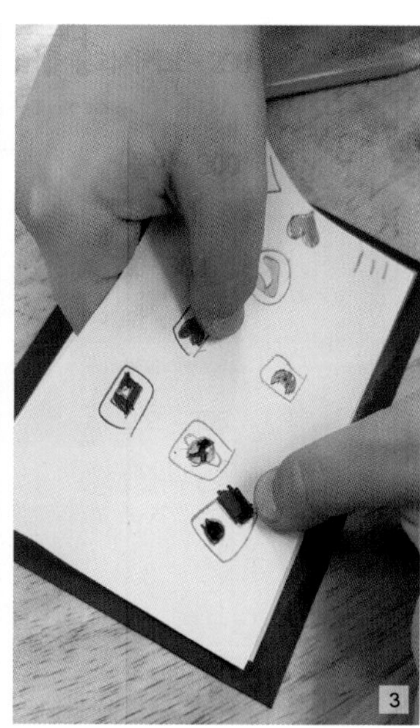
3

- 네이버 카페 <신나는 세모 놀이터> '안전 놀이-내 마음이 들리니' 동영상을 참고하세요.
- 남에게 문자를 보내기 전에 한 번 더 생각할 시간을 가지도록 알려주세요.

안전하게 대피해요

위험한 상황에서 신속하게 자신을 보호하기 위해서는 안전 대피 훈련이 필요해요. 대피 방법과 주의할 점 등을 배우고, 반복 연습을 통해 안전 생활습관을 길러요.

준비물　지정된 안전 대피 장소

놀이 방법
1. 경보 사이렌 소리가 나면 머리를 보호하며 몸을 낮추고 관련 상황을 큰 소리로 알린다. (“불이야! 지진이다!”)
2. 실내에서는 코와 입을 막으며 밖으로 이동한다.
3. 계단에서 친구들을 밀지 않도록 조심하며 빠르게 대피한다.
4. 탈출 후 지정된 대피 장소에 모여 기다린다.

- 안전 대피 요령을 몸에 익히도록 정기적으로 훈련합니다.
- 외부로 대피할 경우 함께 모이는 장소를 미리 지정하는 것이 좋습니다.

골든 타임 4분의 기적

골든 타임 4분의 기적을 아시나요? 신속한 심폐소생술로 소중한 생명을 구한 초등학생의 이야기를 통해 심폐소생술의 중요성을 알게 됩니다. 올바른 심폐소생술 방법을 배우고 연습하면 위급한 상황에서 도움을 줄 수 있어요.

준비물 심폐소생술용 모형, 매트

놀이 방법

1. 쓰러진 사람의 양어깨를 가볍게 흔들면서 의식을 확인한다. ("여보세요!")
2. 큰 소리로 주변 사람 1명을 지명해 119에 연락을 요청한다. ("119에 신고해주세요!")
3. 심폐소생술을 실시한다.
   - 양쪽 젖꼭지를 연결한 가로선의 중앙에 한 손을 얹고, 그 위에 나머지 한 손을 올려 깍지를 낀다.
   - 양쪽 팔꿈치를 쭉 펴고 엉덩이를 들어 어깨가 쓰러진 사람의 가슴 바로 위에 오도록 한다.
   - 팔과 바닥이 직각이 되도록 유지하며 1분당 100~120회 속도로 흉부를 30회 압박한다.
   - 성인은 5~6cm, 소아 5cm, 영아 4cm 깊이로 압박한다.
   - 구급대가 올 때까지 심폐소생술을 다른 사람과 번갈아서 계속한다.

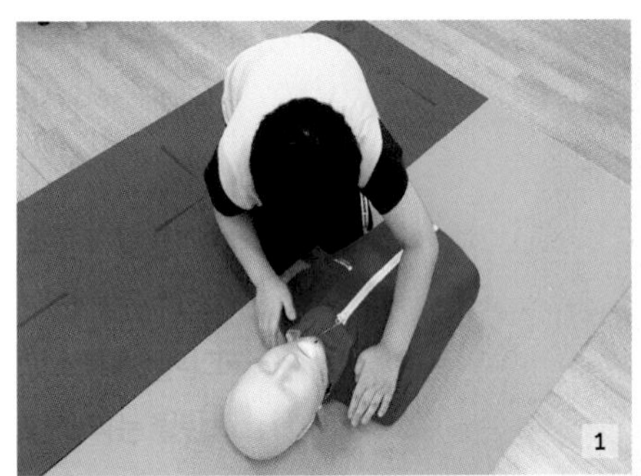

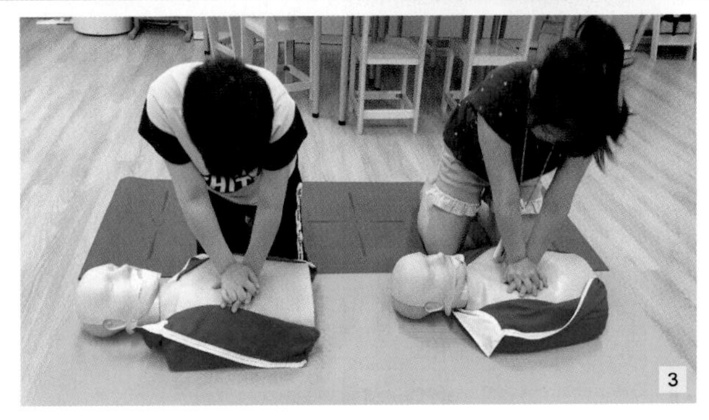

- 네이버 카페 <신나는 세모 놀이터> '안전 놀이-올바른 심폐소생술' 동영상을 참고하세요.
- 학교 보건실의 심폐소생술용 모형을 지원받아 직접 시행하게 합니다.

냄비야, 건강을 지켜주렴

여름철 식중독을 예방하기 위한 안전 놀이예요. 건강하게 여름을 나도록 식중독 예방의 3원칙인 손 씻기, 음식 익혀 먹기, 물 끓여 먹기 등의 안전 생활습관을 익힙니다.

준비물 4절 색 도화지, 프린트물, A4 용지, 종이접시, 낚싯줄, 풀, 가위, 양면 테이프

놀이 방법

1. 4절 색 도화지를 반으로 잘라 냄비의 원통을 만든다.
2. A4 용지에 냄비 바닥원을 그려 오린 후 붙인다. 냄비 손잡이도 만들어 붙인다.
3. 종이접시에 손잡이를 달아 냄비 뚜껑을 만들고 식중독 관련 내용을 안쪽에 테이프와 낚싯줄로 연결하여 붙인다.
4. 냄비 뚜껑을 들면 식중독 예방과 관련된 내용이 펼쳐지도록 완성한다.

• 네이버 카페 <신나는 세모 놀이터> '안전 놀이–식중독 예방 동영상 및 식중독 관련 활동지'를 참고하세요.

미션! 안전 복장을 입혀요

'따르릉따르릉, 비켜나세요.' 동요 노랫말처럼 자전거 타기는 안전사고 발생률이 높아요. 자전거를 탈 때는 반드시 안전 복장을 갖추어야 합니다. 귀찮고 번거롭다고 그냥 자전거를 타나요? 예상하지 못한 사고에서 몸을 보호하도록 안전 복장 착용을 연습해요.

준비물 자전거 안전 복장 2세트

놀이 방법

1. 출발선에서 일정 거리 떨어진 곳에 자전거 안전 복장을 두고 2명씩 짝을 이뤄 출발선에 선다.
2. 출발 신호가 울리면 짝과 함께 안전 복장이 있는 곳으로 달려간다.
3. 1명의 아이가 짝에게 자전거 안전 복장을 입힌다.
4. 안전 복장을 다 입은 팀은 함께 손을 잡고 출발선으로 돌아온다.

- 놀이를 통해 안전 복장의 필요성을 배워 평상시 실천할 수 있도록 격려합니다.
- 안전 복장을 착용하면서 서로 배려하고 협력하는 능력을 기르도록 합니다.
- 2명이 함께 들어와야 이긴 것으로 인정됩니다. 꼭 친구와 함께 들어오게 하세요.

안전·9

나쁜 손을 조심해요

좋은 느낌과 싫은 느낌의 차이를 아시나요? 원하지 않는 나쁜 손으로부터 스스로 자기 몸을 지킬 수 있는 방법을 알아보아요. 역할극 놀이를 통해 위험한 상황에서 안전하게 보호할 수 있는 방법을 배우고, 대처하는 능력을 키워주세요.

준비물 마분지, 가위, 고무줄, 색칠 도구

놀이 방법

1 마분지에 사람 얼굴을 그려 색칠한 뒤 오려서 가면을 완성한다.

2 가면극 역할을 나누고 상황을 정한다.
- 나쁜 사람과 착한 사람을 구별하는 방법을 찾아본다.
- 좋은 느낌과 싫은 느낌의 차이를 알아본다.
- 지켜야 할 비밀과 지키지 않아도 되는 비밀을 구별해본다.

3 상황에 맞춰 위험한 상황에서 어떻게 대처할지 자기만의 방법을 표현한다.

4 위험한 순간을 벗어나는 친구들의 상황극을 감상한다.

1

2

3

4

- 유괴나 성폭력에 대처하는 방법에 대해 생각과 느낌을 이야기 나눕니다.
- 나와 같이 다른 사람의 몸도 소중히 여기는 태도를 기르도록 합니다.

안전·10

함부로 먹지 않아요

주변에서 쉽게 접할 수 있는 다양한 약물의 안전한 복용법과 주의사항을 살펴보아요. 극 놀이로 올바른 약물의 사용설명서를 표현하며 약의 기능과 보관법 등 약품 관리 방법을 익혀보세요.

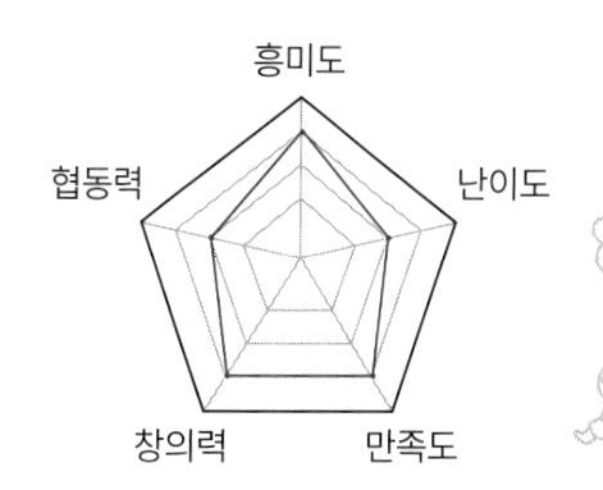

준비물 극 놀이 무대(간식 이동용 카트), 종이컵, 색칠 도구

놀이 방법

1. 종이컵에 인형극 놀이 등장인물을 꾸민다.
2. 종이컵 인형을 활용하여 극 놀이 이야기를 꾸민다.
   - 약물의 안전한 복용법과 주의할 내용
   - 의약품 사용설명서의 기능과 내용
   - 약물의 오남용으로 인한 위험한 상황에 대처하는 방법과 내용
3. 올바른 약물 사용을 극 놀이로 표현해보고 생활 속에서 안전 규칙을 지키도록 약속한다.

1

2

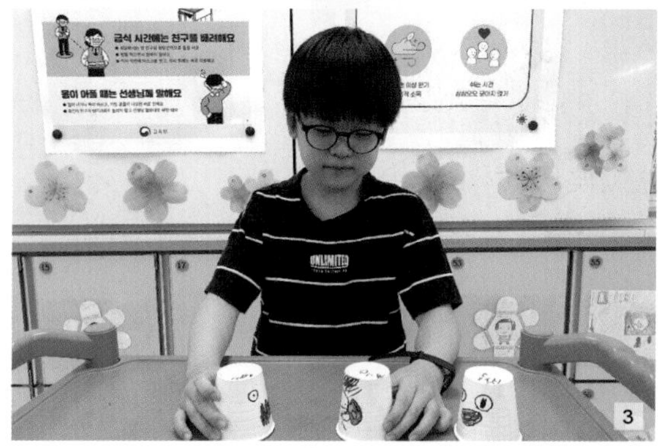
3

- 사전 활동으로 약물 사용법과 보관법, 주의점 등을 함께 살펴봅니다.
- 나와 다른 친구들의 표현 차이를 인정하고 존중하도록 지도합니다.
- 안전한 생활습관을 실천할 수 있도록 격려해줍니다.

우리 집 비상 대피도를 그려요

뜻밖의 재난이 생겼을 때 안전하게 몸을 피할 수 있는 비상 대피 공간! 가족의 안전을 위하여 방의 위치와 출입문, 비상구, 계단 등 집의 구조를 떠올리며 비상 대피도를 그려보세요. 대피도를 보며 신속하게 움직이는 훈련을 통해 안전 생활습관을 기를 수 있어요.

준비물 도화지, 색칠 도구

놀이 방법

1. 8절 도화지에 집의 구조(출입구, 방의 위치, 계단 등)를 그린다.
   - 가장 안전하게 탈출할 수 있는 방법을 그림 위에 표시한다.
2. 활동 작품을 전시하여 감상하고, 안전 대피에 대한 친구들의 생각과 느낌을 이야기 나눈다.
   - 집에 가져가 가족과 함께 대피도를 보며 이야기하고, 대피 훈련을 하도록 안내한다.

1

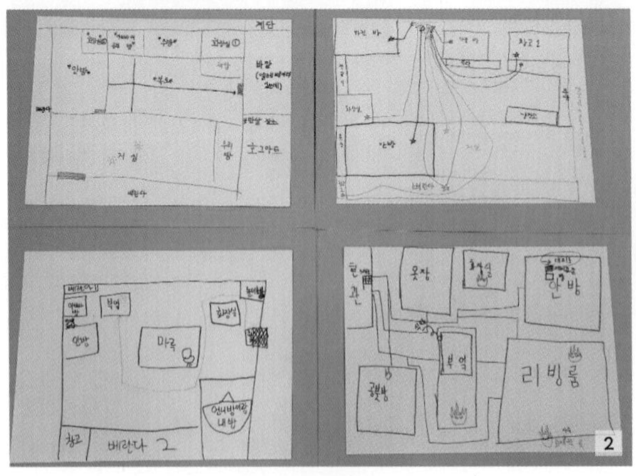
2

- 위험한 상황에서 신속하고 안전하게 탈출한 다음에는 112나 119에 연락하여 도움을 받을 수 있도록 안내합니다.

안전·12

오늘도 안전하게 보내세요

직업에 따라 일하는 곳이 달라요. 그래서 일하는 곳마다 지켜야 할 안전도 달라요. 아이들과 함께 일하는 곳의 안전에 대해서 알아보아요. 그리고 그 일을 하는 직업을 가진 사람들에게 오늘도 안전하게 지낼 수 있도록 일터 안전편지를 써보아요.

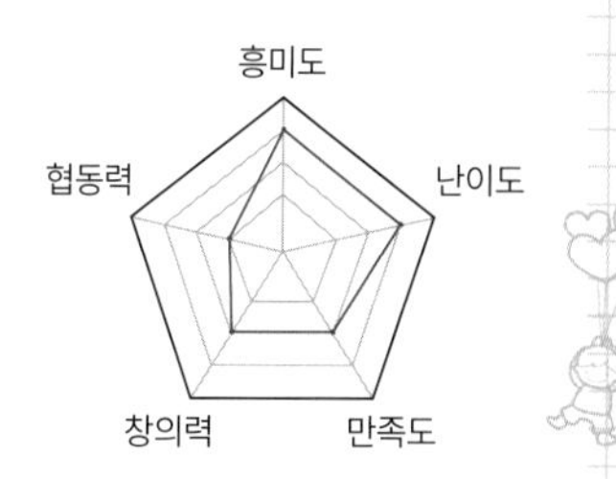

준비물 직업 카드, 편지지, 필기 도구

놀이 방법
1 직업 카드를 보며, 다양한 직업에 대해 알아본다.
2 다양한 일터 중 관심이 있는 직업의 안전 편지지를 선택한다.
3 일터에서 안전하게 보낼 수 있도록 안전 편지를 쓴다.
4 친구들과 함께 일터 안전 편지 쓰기 작품을 감상한다.

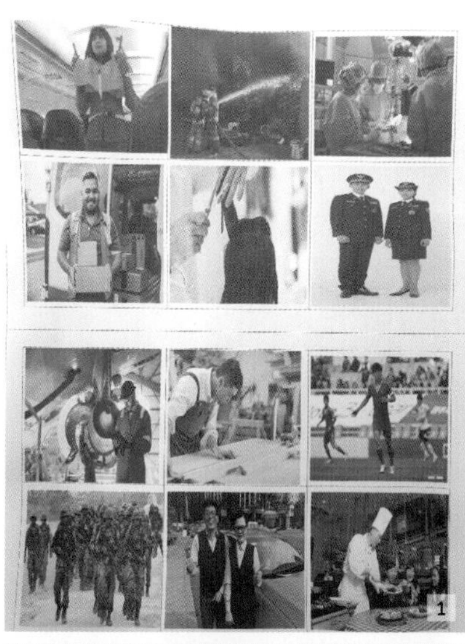
1

3

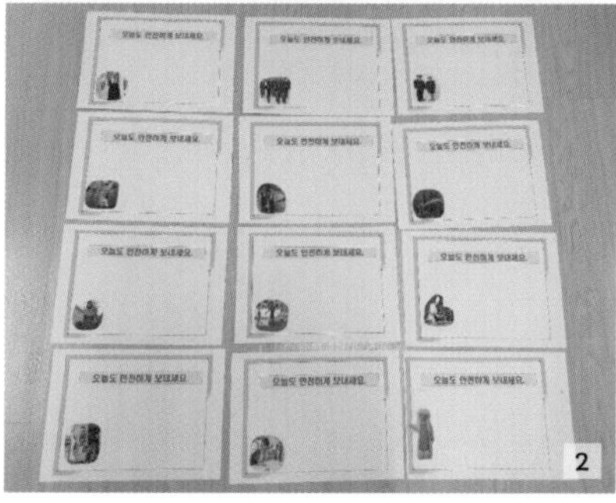
2

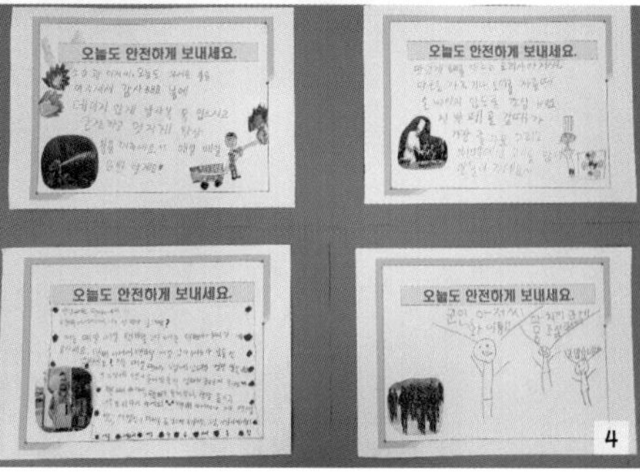

4

- 우리 부모님의 일터 안전에 대해서도 알아볼 수 있어요.
- 여러 시청각 자료를 활용하여 다양한 일터 안전에 대해 살펴보아요.
- 네이버 카페 <신나는 세모 놀이터> '안전 놀이-직업 카드'를 참고하세요.

그림으로 안전을 말해요

그림문자인 픽토그램에는 어떤 이야기가 숨겨져 있을까요? 일상생활에서 흔히 볼 수 있지만 그냥 지나치기 쉬운 표지판 속의 이야기들을 알아보고, 직접 픽토그램을 만들어보세요.

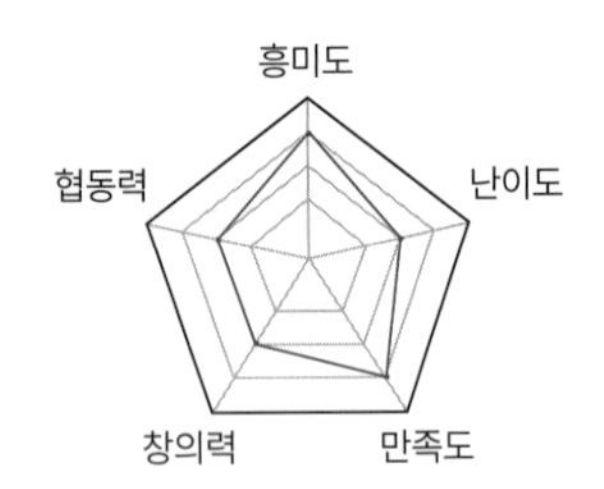

준비물 도화지, 필기 도구, 색칠 도구

놀이 방법
1 다양한 픽토그램의 종류와 의미를 함께 살펴본다.
2 교실에서 발생할 수 있는 위험한 상황을 이야기 나눈다.
3 우리 교실에 필요한 안전 픽토그램을 친구들과 함께 만든다.
4 안전 픽토그램을 교실 곳곳에 붙인다.

1

2

3

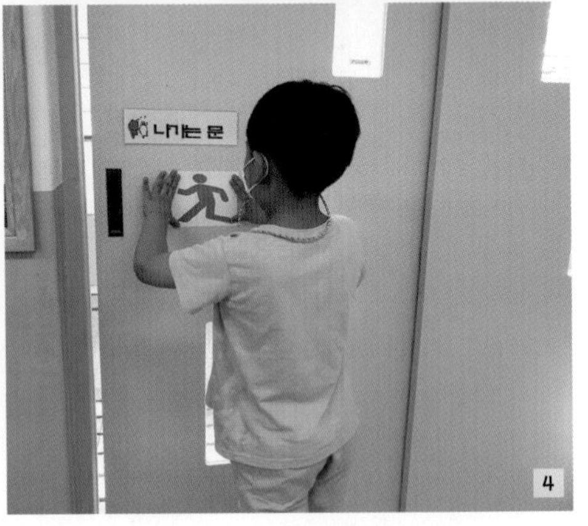

4

- 네이버 카페 <신나는 세모 놀이터> '안전 놀이-픽토그램 스토리' 동영상을 참고하세요.
- 아이들이 교실 어디에 위험 표시를 붙일지 충분히 탐색하도록 시간을 넉넉하게 주세요.

안전·14

정글짐을 설계해요

운동장에서 일어나는 안전사고는 주로 놀이 기구 위에서 장난을 치거나 질서를 지키지 않아서 발생해요. 클레이와 이쑤시개를 이용하여 정글짐을 만들어 안전 규칙을 알아보고 실천해보아요. 자, 이제 운동장으로 고고~ 씽.

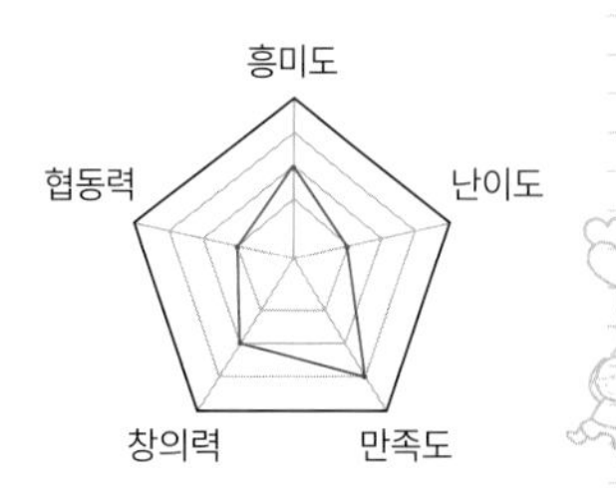

준비물 종이접시, 칼라 클레이, 이쑤시개

놀이 방법
1 클레이를 떼어 동그랗게 굴려서 새알심처럼 만든다.
2 동그란 클레이에 이쑤시개를 꽂아 정글짐을 설계한다.
3 다양한 모양의 정글짐을 종이접시 위에 올려 전시한다.
4 정글짐의 안전한 사용법에 대해 알아본다.
- 정글짐 외 다른 실외 놀이 기구도 만들고 안전사고 유형에 대해 알아본다.

1

2

3

4

- 이쑤시개는 클레이가 조금 마른 후 꽂아주세요(클레이가 너무 말랑하면 이쑤시개가 자꾸 빠진답니다).
- 즐거운 신체 활동이 될 수 있도록 안전 규칙을 꼭 지키기로 약속해요.

신호등을 지켜요

가끔 뉴스에서 신호등 위반 사고 기사를 접할 때마다 참 안타까워요. 안전의 중요성은 아무리 강조해도 지나치지 않은 것 같습니다. 간단하게 신호등을 만들어 친구들과 함께 신호등을 보고 안전하게 횡단보도를 건너는 방법을 연습해보아요.

준비물 검은색 도화지(8절), 신호등 그림, 나무젓가락, 풀, 가위, 투명 테이프, 색칠 도구

놀이 방법

1. 프린트물의 신호등 그림을 각각 빨강색과 초록색으로 칠한 후 자른다.
   - 검은색 도화지를 4등분 한 다음 크기에 맞게 자른다.
2. 4등분 한 도화지에 색칠한 그림을 1장씩 붙인다.
3. 뒷면에 나무젓가락을 테이프로 붙여서 손잡이를 만든다.
4. 친구들과 신호등 놀이를 하며 안전하게 신호등을 보고 건너는 연습을 한다.

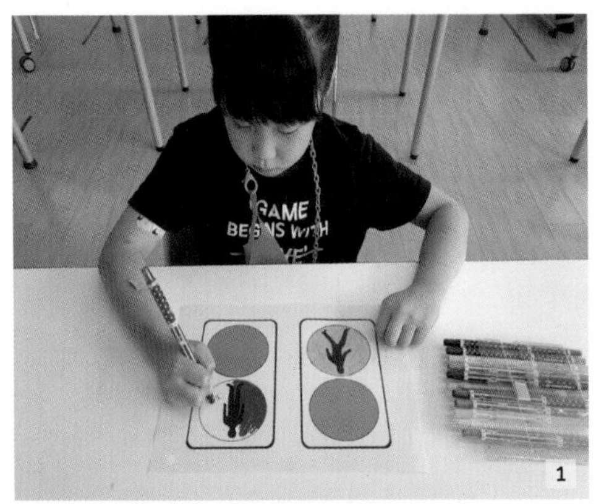

- 네이버 카페 <신나는 세모 놀이터> '안전 놀이-신호등 그림'을 참고하세요.

028 세상의 모든 놀이

안전·16

교통 표지판, 내가 알려줄게요

교통 표지판은 사람들과의 안전 약속이에요. 우리에게 위험을 경고하고, 바른 길을 안내하는 교통 표지판. 주변에서 쉽게 만날 수 있는 다양한 교통 표지판의 종류와 의미를 알아보아요.

준비물 다양한 교통 표지판 도안, 코팅지, 아이스크림 막대, 가위, 투명 테이프

놀이 방법

1 표지판 도안을 오려 코팅한 후 자른다.
- 다양한 교통 표지판, 안내 표지판의 의미를 알아본다.

2 자른 표지판 뒷면에 아이스크림 막대를 붙여 손잡이를 만든다.

3 완성된 교통 표지판을 활용하여 표지판 이름과 의미를 맞히며 놀이한다.

1

2

3

- 네이버 카페 <신나는 세모 놀이터> '안전 놀이-교통표지판 도안'을 참고하세요.
- 교통 표지판을 교실에 부착하여 지시대로 이동하도록 놀이를 확장합니다(우회전, 좌회전, 손 들고 건너기 등).

029 세상의 모든 놀이

안전·17

환경 보호 대장들, 출동

지구온난화와 환경 오염으로 변한 주변 환경을 함께 살펴보아요. 환경 보호 대장이 되어 환경을 지키기 위해 우리가 할 수 있는 활동을 알아봅니다. 놀이를 통해 쓰레기 양 줄이기, 재활용 분리수거와 리사이클링, 아나바다(아껴 쓰고 나눠 쓰고 바꿔 쓰고 다시 쓰기) 등을 경험해볼까요?

준비물 일상 생활용품, 안전 매트, 재활용 바구니

놀이 방법
1. 두 팀으로 나누고 일정 거리에 다양한 생활용품들을 바구니에 담아둔다.
2. 출발 신호에 맞춰 1명씩 달려가 바구니 속 물건을 꺼내 재활용 바구니에 분리수거한다.
3. 팀원이 다 돌아오면 바구니의 물건이 제대로 분리수거되었는지 살펴본다.
   - 재활용품을 제대로 분리수거한 팀이 이긴다.

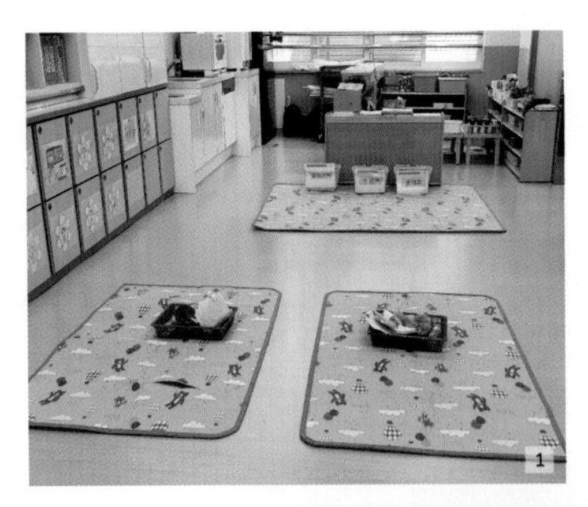
1

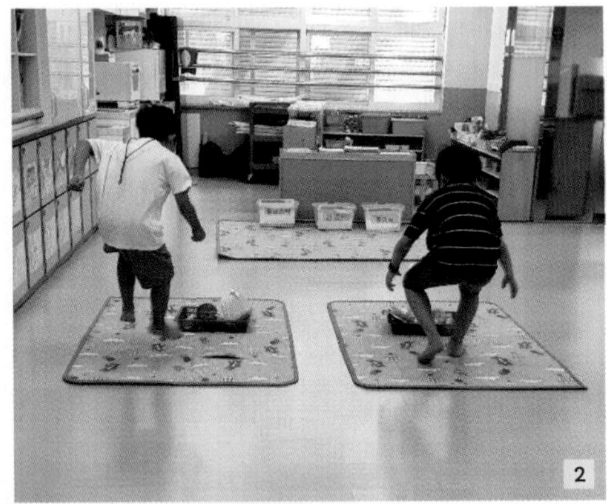
2

3

- 재활용 분리수거를 통해 환경 오염을 줄이도록 지도합니다.
- 재활용품을 이용해 물건을 만드는 리사이클 놀이로 확장할 수 있습니다
- 아나바다 놀이로 필요한 물건을 서로 나누면 환경 보호는 물론이고 긍정적 사회성이 길러집니다.

불조심, OX 퀴즈대회를 열어요

화재 사고를 직접 경험했거나 본 적이 있나요? 화재 안전 OX 퀴즈를 통해 화재 사고 예방법을 알아보고, 주변을 살펴서 위험한 곳은 미리 점검하는 습관을 기르도록 합니다.

준비물 색지, OX 상자 혹은 OX 팻말 2개, 마스킹 테이프

놀이 방법 '화재가 일어났을 때 안전한 대피 방법'에 대한 문제를 내고 답을 찾아 OX 자리로 이동한다.
- 모든 문제를 다 통과한 아이들은 어린이 소방관으로 임명한다.

- 네이버 카페 <신나는 세모 놀이터> '안전 놀이-불조심, 안전 OX 퀴즈 문제지'를 참고하세요.
- 참여 인원과 수준에 따라 안전 퀴즈 문제와 난이도를 조정할 수 있습니다.

안전·19

감전을 조심해요

우리 생활에 없어서는 안 되는 소중한 전기! 잘 사용하면 매우 편리하지만 조심하지 않으면 목숨까지 잃게 돼요. 올바른 전기 사용법을 알아보고, 직접 콘센트 안전 덮개를 만들어보아요.

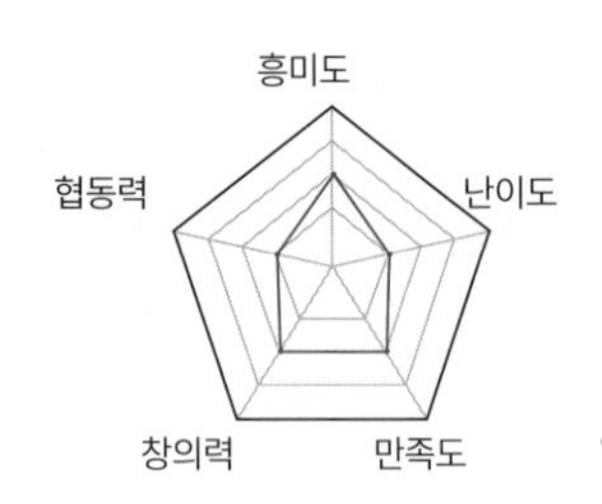

준비물 색종이, 예쁜 도안, 물티슈 뚜껑, 뽕뽕이, 목공 풀, 색칠 도구 등

놀이 방법 다 쓴 물티슈 뚜껑을 재활용하여 콘센트 안전 덮개를 만든다.

- 감전의 위험성에 대해 알아본다.
- 안전 덮개의 기능과 안전한 전기 사용법을 배운다.
- 도안 자료는 색칠 도구를 활용하여 칠한다.
- 다양한 색칠 도구와 비즈, 뽕뽕이, 스티커 등으로 물티슈 뚜껑을 꾸민다.
- 교실의 콘센트에 안전 덮개를 붙여 사고를 예방한다.

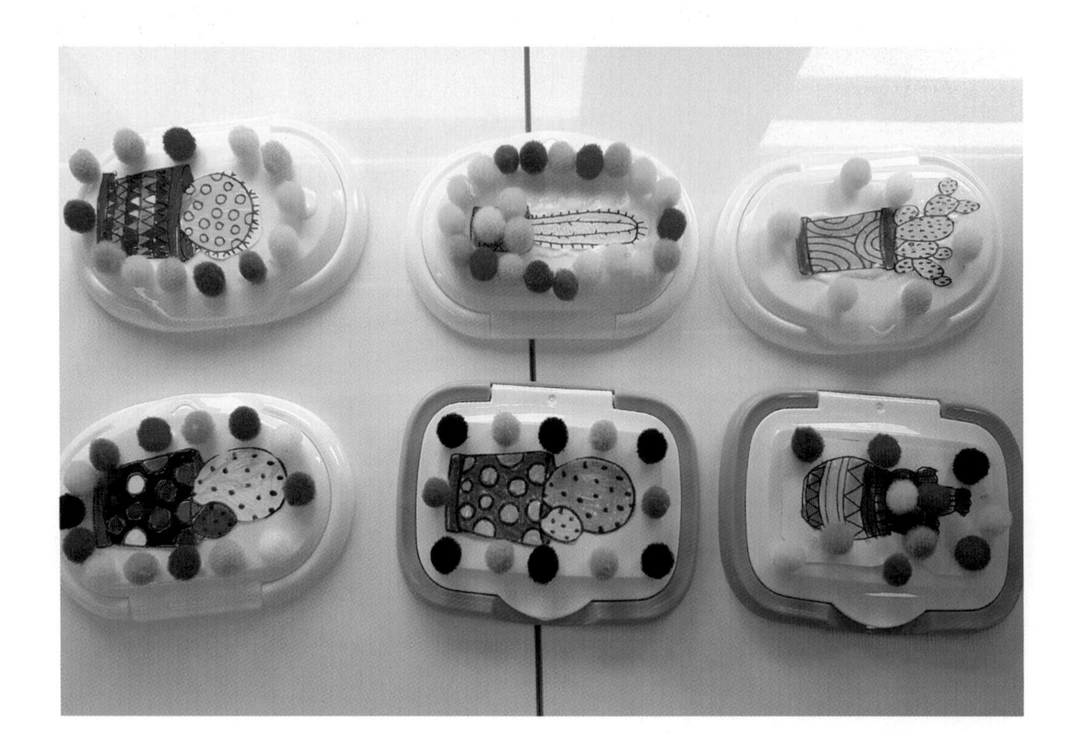

- 네이버 카페 <신나는 세모 놀이터> '안전 놀이-전기 안전 동영상 및 색칠 도안'을 참고하세요.
- 가정에서도 안전 덮개를 설치하여 안전 생활습관을 실천하게 합니다.

안전·20

같은 것을 찾아요

우리가 안전하게 교통 시설을 이용하기 위해서는 교통 규칙을 잘 알아 일상생활에서 실천하는 것이 중요해요. 놀면서 교통 규칙의 종류와 의미를 익혀 안전 지킴이가 되어보세요.

준비물 색 하드보드지(8x8) 28장, 교통 규칙 카드(8x8) 14장(2세트), 할리갈리 종 1개, 양면 테이프, 투명 테이프 등

놀이 방법
1 색 하드보드지에 붙인 14장의 교통 규칙 카드 2벌을 바닥에 펼쳐놓는다.
2 카드를 뒤집어 놓고 뒤섞은 뒤 가위바위보로 순서를 정한다.
3 카드를 2장씩 뒤집어서 같은 카드가 나오면 종을 치며 "안전!" 하고 외치고 카드를 가져온다.
- 바닥의 카드가 다 없어지면 종료되며, 카드를 많이 가져온 사람이 이긴다.

1

2

3

• 네이버 카페 <신나는 세모 놀이터> '안전 놀이-교통규칙 카드'를 참고하세요.

꼭꼭 약속해요

아이들이 자주 사용하는 휴대전화의 중독 피해를 함께 살펴보고 휴대전화 안전 사용을 약속하게 합니다. 오늘부터 휴대전화는 꼭 필요할 때 잘 사용하게 해주세요.

준비물 중독 예방 활동지, 필기 도구

놀이 방법

1. 휴대전화 중독 경험이나 피해에 관한 이야기를 나눈다.
2. <중독을 조심해> 라는 제목 아래 휴대전화를 바르게 사용하는 약속을 적는다.
3. 발표를 통해 스스로 정한 약속을 지킬 수 있도록 응원해준다.

1

2

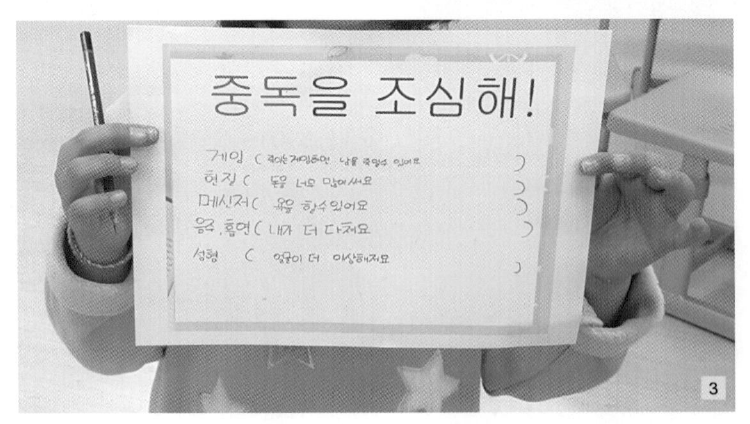

3

- 네이버 카페 <신나는 세모 놀이터> '안전 놀이-중독 예방 도안'을 참고하세요.
- '좋아하는 것'과 '중독'의 차이에 대해 의견을 나눠요.
- 지킬 수 있는 약속을 적을 수 있도록 안내해주세요.
- 집에서도 약속을 지킬 수 있도록 활동을 연계합니다.

안전·22

지구를 지켜요

우리가 생활하면서 아무렇지 않게 버리는 쓰레기가 동·식물과 지구를 아프게 하고 있어요. 쓰레기를 재활용하여 우리가 살아갈 지구를 보호하는 방법을 알아보고, '지구를 지켜요' 놀이로 환경 보호를 직접 표현해볼까요?

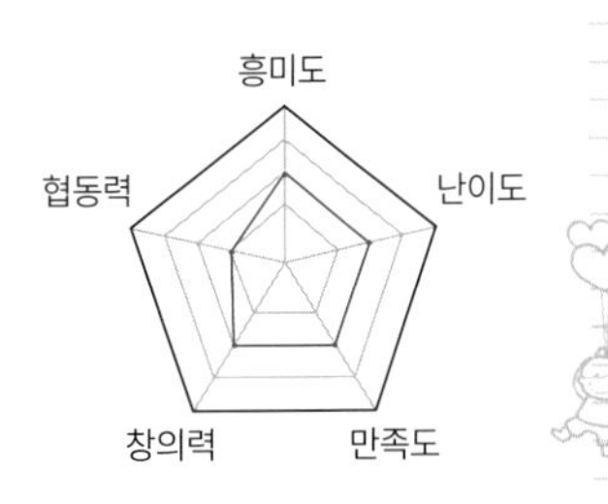

준비물 쓰레기통 그림, 각종 쓰레기 프린트물, 도화지(8절), 가위, 풀, 색칠 도구

놀이 방법

1 인쇄한 쓰레기통 그림을 오린다.
2 쓰레기통 그림 윗부분에 풀칠을 한 다음 8절지에 4개를 붙인다.
3 각종 쓰레기 그림을 오린 다음 분리수거 휴지통 안에 분류해서 붙인다.
4 완성된 쓰레기통 분류가 맞는지 확인한다.

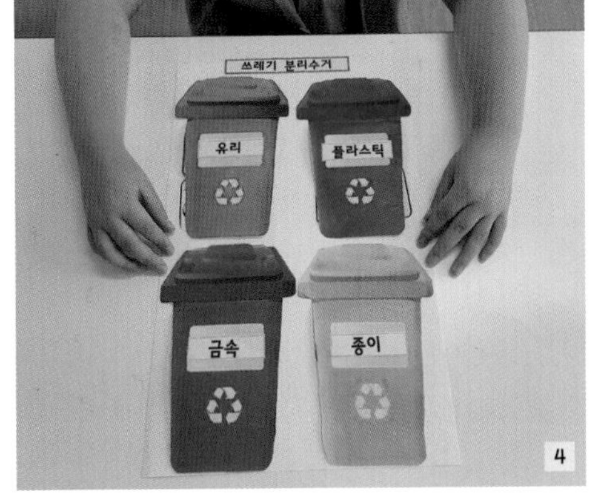

- 네이버 카페 <신나는 세모 놀이터> '안전 놀이-환경 보호 동영상 및 분리수거 도안'을 참고하세요.
- 재활용 쓰레기들을 맞게 분리수거했는지 함께 살펴봅니다.
- 직접 그림을 그리거나 빈 상자를 이용해서 입체 쓰레기통으로 꾸밀 수도 있어요.

안전·23

안전 공 전달해요

부모님의 일터에서 발생할 수 있는 안전사고를 알아보고, 부모님께 필요한 안전 규칙을 적어보아요. 정해진 시간 안에 안전 규칙을 친구들에게 전달하게 하면, 의사전달과 경청 능력이 향상돼요.

준비물 안전 카드, 의자, 안전 공

놀이 방법

1 부모님의 일터에서 발생할 수 있는 안전 문제에 관하여 이야기를 나눈다.
- 부모님의 직장에서 필요한 안전 규칙을 적는다.

2 공에 안전 카드를 붙인다.

3 친구들에게 안전 규칙을 이야기하며 안전 공을 전달한다.

4 맨 끝에 있는 아이가 규칙 이야기를 듣고 큰 소리로 잘 말하면 점수가 1점 올라간다.
- 공을 떨어뜨리거나, 말을 잘못 전달하면 점수로 인정하지 않는다.
- 가장 많은 점수를 획득하면 이긴다.

1

2

3

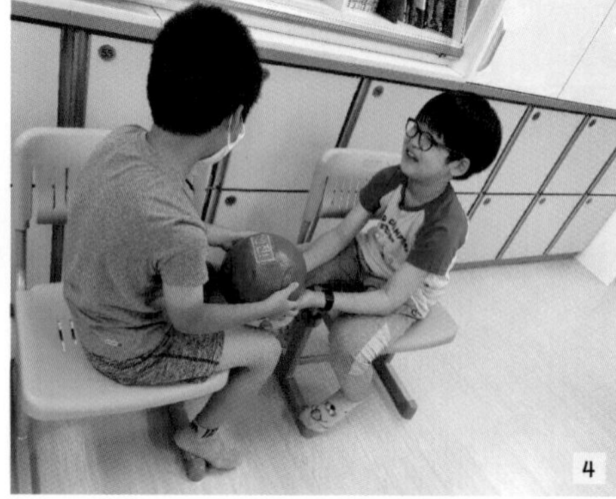
4

- 놀이 중 공을 떨어뜨리면 다시 처음부터 시작합니다.
- 안전 규칙의 수는 참여 인원수를 고려하여 조정할 수 있습니다.

안전·24

삐뽀삐뽀, 안전 X파일 퀴즈대회

우리가 잘못 알고 있거나 모르는 안전 상식과 지식 때문에 위급한 상황에서 더 위험해질 수 있어요. '삐뽀삐뽀, 안전 X파일 퀴즈대회'를 통해 잘못된 안전 상식을 바로잡고, 올바른 생활습관을 길러보아요.

준비물 안전 X파일 퀴즈 문제지

놀이 방법

1. 안전 동화책을 읽고 동화 내용으로 X파일 퀴즈를 출제한다.
2. 퀴즈의 수와 난이도는 구성원의 수와 이해 정도에 따라 조정한다.
3. 진행자가 안전 X파일 퀴즈를 내면 "정답!"을 외치고 지명을 받은 뒤 답을 말한다.
   - 가장 많이 문제를 맞히면 안전 X파일 퀴즈왕이 된다.

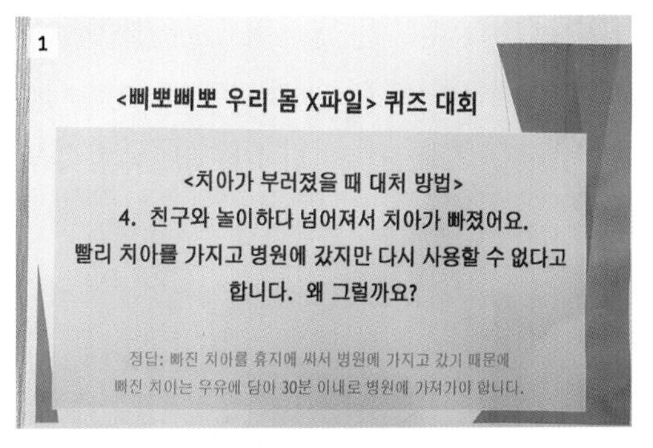

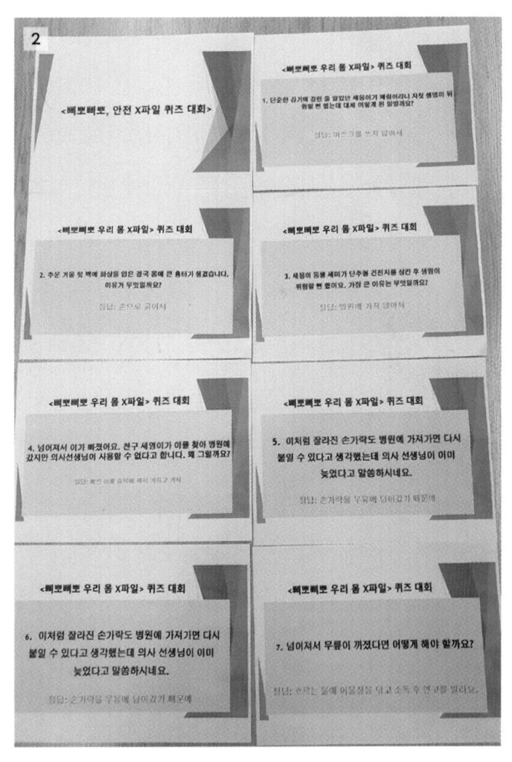

- 네이버 카페 <신나는 세모 놀이터> '안전 놀이-안전 X파일 퀴즈 문제지'를 참고하세요.
- 맞히고 틀리고가 아니라, 정확한 안전 지식을 아는 것이 더 중요합니다.
- 진행자가 적절한 힌트로 놀이의 흥미를 높일 수 있습니다.

인성: 서로를 존중하며 함께 성장하는 힘을 길러줍니다

모든 인간은 저마다 자기만의 고유한 성품, 인성을 지니고 있지만 사회적인 동물이라 다른 사람들과 더불어 살아갈 때 행복할 수 있습니다. 그런데 더불어 살아가기 위해서는 사회적 가치관과 규범을 익혀 바른 인성을 갖춰야 합니다. 이는 우리 아이들이 사회 안에서 행복하게 살아가기 위한 필수 요건입니다.

대가족 중심의 전통 사회에서는 아이들이 다양한 유형의 인적 자원을 통해 자연스럽게 바른 인성을 키워갔습니다. 마을 전체를 무대로 한 또래 집단의 놀이 활동은 공동 규범과 약속을 배우는 훌륭한 기회의 장이었습니다. 예전의 아이들은 물질적으로 풍요롭지 못하더라도 친구관계를 중요하게 여겨서 서로를 아끼고 배려할 줄 알았습니다. 덕분에 '우리'도 생각하는 유연한 성품을 얻을 수 있었습니다.

하지만 모든 것이 빠르게 변해가는 현대 사회에서는 이러한 삶의 가치를 깨닫기 어려워졌습니다. 특히 우리나라는 급속한 정보화와 과학 기술의 발달로 모든 것이 빠르게 변해가며 부정적인 현상이 더 심하게 나타나고 있습니다. 그래서 아이들은 서로를 경쟁 상대로 생각하게 되었고, 개인주의가 지나쳐 이기적인 사람이 되어가고 있습니다. 이로 인해 우리나라의 국민 행복지수는 다른 나라에 비해 매우 낮습니다.

보편화된 핵가족화와 출생률 저하, 맞벌이 가족의 증가 등으로 인해 우리 아이들은 인간관계에서 얻는 경험의 폭이 크게 줄어들었습니다. 거기다가 학교 수업이 끝나면 다투어 학원가로 몰려가 하루 종일 바쁜 일상을 보내고 있습니다. 당연히 친구들과 어울릴 시간과 장소가 부족해졌고, 친구의 빈자리는 컴퓨터나 휴대전화가 대신하게 되었습니다. 사이버 공간에서는 익명의 사람들과 단편적인 일회성 관계밖에 형성할 수 없고, 이로 인해 여러 사회 문제가 생겨나고 있습니다.

좋은 친구를 사귀고 공동체의 소중함을 경험하게 해주는 일은 아이들의 행복한 미래를 위해 반드시 필요합니다. 이를 위해 서는 가정과 학교의 역할이 매우 중요합니다.

이번 장에서는 공동체 의식과 바른 인성을 기르기에 적합한 놀이 24가지를 소개합니다. 다양한 놀이를 통해 아이들은 자연스럽게 친구들과 긍정적인 공감대를 형성하고, 사회적 규범과 가치관을 익힐 것입니다. 놀이로 서로 배려하고 협력하는 경험은 공동체 의식을 북돋는 밑거름이 됩니다.

급격한 사회 변화 속에서도 우리 아이들이 함께 기뻐하고, 더불어 행복을 나누면서 건강한 공동체를 만들어가는 주역이 되기를 기대해봅니다.

〈연간 활동 계획 - 인성〉

월	시기	주제	놀이명
3월	봄	자기 이해 • 자기 표현	기분 목걸이를 걸어요
		존중 • 배려	수호천사는 누구일까요
4월		존중 • 배려	사랑의 언어 열매가 자라요
		존중 • 배려	우리 모두 금메달리스트예요
5월		자기 표현 • 존중	육각 팽이로 나를 소개해요
		예절 • 존중	웃는 얼굴, 찡그린 얼굴
6월	여름	감사 • 예절	여섯이 한마음으로 표현해요
		소통 • 공감	사과를 나누어요
7월		소통 • 공감	감사패로 마음을 전해요
		자기 이해 • 자기 표현	리듬에 맞춰 조물조물
8월		예절 • 존중	예의 바른 해바라기예요
		자기 이해 • 자기 표현	마음을 보여줘요
9월	가을	소통 • 공감	청기 올려, 백기 내려
		자기 이해 • 자기 표현	걱정을 가져가는 걱정인형
10월		민주 시민의식 • 예절	자랑스런 우리나라의 얼굴이에요
		민주 시민의식 • 예절	태극기 휘날리며
11월		자기 표현 • 존중	우리들의 꿈나무
		민주 시민의식 • 존중	점자 블록은 장애우의 눈
12월	겨울	소통 • 공감	넓고 높은 종이컵 세상
		소통 • 공감	몸을 맞대어 풍선을 옮겨요
1월		자기 표현 • 존중	비행기야, 나를 응원해줘
		자기 표현 • 존중	두둥실~ 꿈을 실은 열기구
2월		자기 이해 • 자기 표현	나에게 쓰는 편지
		자기 표현 • 존중	소망을 낚아요

기분 목걸이를 걸어요

아이들은 아직 자신의 감정을 말로 표현하는 것이 서툴러서 친구들끼리 오해할 때가 있습니다. 기분 목걸이를 걸어 자신의 감정(슬픔, 기쁨, 화남 등)을 표현하게 하세요. 긍정적인 활동으로 자존감이 높아지며, 상대방을 이해하고 존중하는 태도가 길러져요.

준비물 원형 나무 조각, 가죽 끈, 거울, 색칠 도구

놀이 방법
1 거울을 보며 다양한 표정을 짓고 관찰한다. 색칠 도구로 원형 나무 조각 앞뒤에 자신의 감정을 그림으로 그린다.
- 글로도 표현할 수 있다.
2 나무 조각에 가죽 끈을 연결하여 매듭을 묶고 목에 걸어 기분을 표현한다.

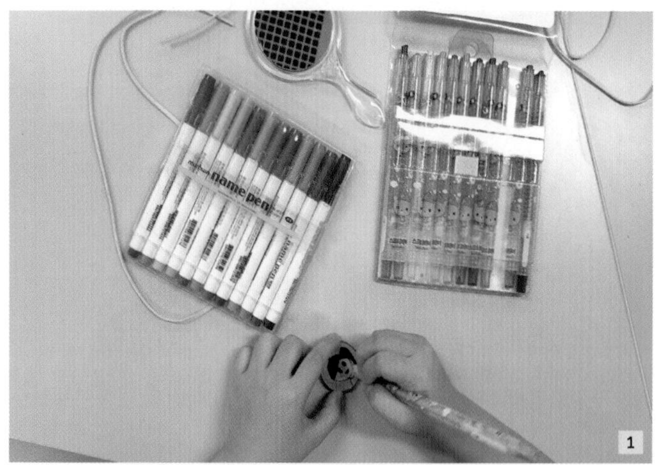
1

2

- 나무 조각에 미리 구멍을 뚫어서 나눠주세요.
- 사전 활동으로 다양한 감정 표현에 관해 이야기를 나누어요.
- 표현의 차이를 존중하며, 친구들의 기분을 이해할 수 있도록 배려해주세요.

수호천사는 누구일까요

처음 만나는 친구들과 빨리 친해질 방법에 어떤 것이 있을까요? '마니또'는 정해진 기간 동안 상대방에게 비밀 수호천사가 되어주는 놀이입니다. 도움을 주기 위해 관찰하는 사이, 상대방을 이해하고 배려하는 마음이 자라요.

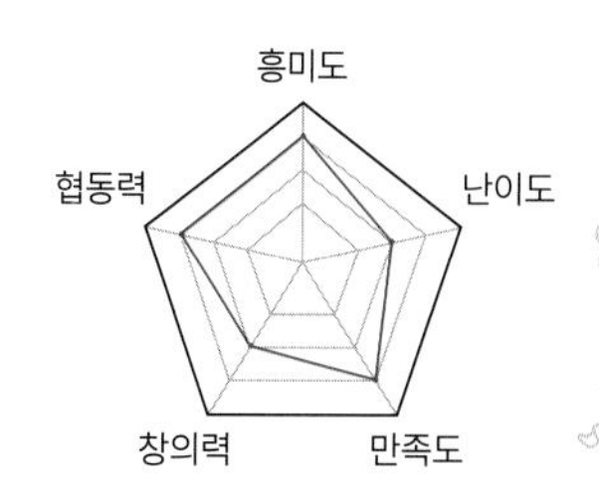

준비물 색 메모지, 필기 도구, 바구니

놀이 방법

1 메모지에 각자 자신의 이름과 듣고 싶은 말, 원하는 행동을 적는다.

2 메모지를 한꺼번에 모아 바구니에 넣은 후 차례대로 1장씩 뽑는다.

- 쉿! 누구를 뽑았는지 비밀로 한다.
- 뽑은 메모지 주인의 수호천사가 되어 정해진 기간 동안 몰래 도움을 준다.
- 정해진 기간이 끝나면 서로 누구의 수호천사(마니또)였는지 밝힌다.

1

2

- 놀이 진행 중 미션 카드(같은 편이 되어 함께 놀이하기, 하루에 두 번 이상 칭찬하기 등)를 제시하여 지속적인 흥미와 적극적인 참여를 유도합니다.
- 놀이 기간은 참여 인원수나 참여도를 고려하여 줄이거나 늘릴 수 있어요.
- 놀이 종료 후 미션 수행에 성공한 아이에게 칭찬박수로 격려해주세요.

인성·3

사랑의 언어 열매가 자라요

"가는 말이 고와야 오는 말이 곱다"는 속담이 있죠. 새 학년 친구들과 고운 말부터 나눈다면 1년 내내 교실에 웃음꽃이 핍니다. 따뜻하고 고운 말을 건넬 기회를 주세요. 아름다운 말이 메아리가 되어 퍼져나갈 거예요. 사랑의 말이 넘쳐나는 교실을 함께 만들어보세요.

준비물 하트 모양 메모지, 빈 봉투, 나무 그림, 필기 도구, 풀

놀이 방법
1 하트 모양의 메모지에 좋은 말과 나쁜 말을 쓴다.
2 나쁜 말을 쓴 메모지는 빈 봉투를 이용해 만든 쓰레기통에 버린다.
3 긍정의 힘을 줄 수 있는 좋은 말들은 오려 붙인 나무 그림에 단다.
- 좋은 말을 많이 달수록 나무가 점점 자라도록 길이를 조절해준다.
(메모지가 많아질수록 나무 기둥과 잎을 덧붙여서 높이를 키워준다.)

1

2

3

- 오늘 들었던 기분 좋았던 말과 나빴던 말을 함께 이야기 나누어요.
- 다양한 재료(부직표, 색지 등)를 이용하여 나무를 꾸밀 수 있도록 합니다.

우리 모두 금메달리스트예요

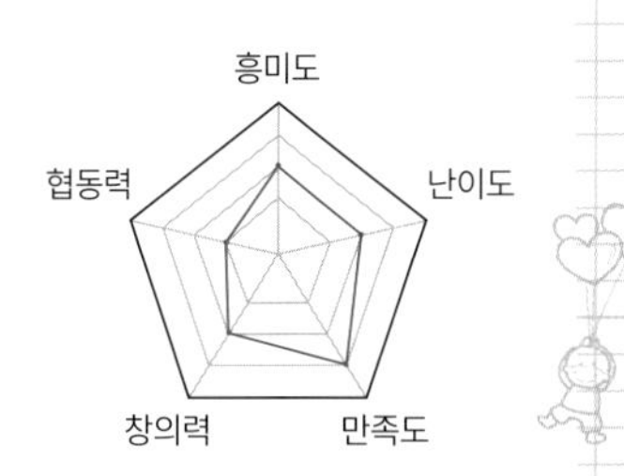

아이들은 친구와 함께 놀이를 하며 즐거움을 나누고 건강하게 성장합니다. "그래! 정말 내 친구가 멋있고 자랑스러워"라고 칭찬하면 서로를 이해하는 마음이 커지고 소중한 마음도 함께 자라요. 놀이를 통해 아이들 모두 칭찬받는 금메달리스트로 만들어주세요.

준비물 금색 색지(17x17) 2장, 리본, 보석 스티커, 색종이, 필기 도구, 풀, 가위 등

놀이 방법
1. 금색 색지 2장을 육각 모양으로 접는다.
2. 색지 2장 사이에 리본 끝을 넣고 붙인다.
3. 앞면은 금메달로 꾸미고 뒷면에는 나를 칭찬하는 글을 쓴다.

- 칭찬을 평소 언어 습관으로 잡아주세요.
- 친구를 놀리거나, 바르지 않은 언어를 사용하지 않도록 주의를 줍니다.
- 네이버 카페 <신나는 세모 놀이터> '인성 놀이-금메달 도안과 육각 접기 방법'을 참고하세요.

인성·5

육각 팽이로 나를 소개해요

아이들이 자기소개하는 시간도 놀이가 될 수 있어요. 육각 팽이를 만들어 친구들과 팽이 놀이를 하며 자기 이야기를 들려주게 하세요. 자연스럽게 친구에게 관심을 갖게 되고, 서로 친구의 특징을 알아갈 수 있습니다.

준비물 A4 색지, 팽이꽂이, 송곳, 가위, 질문 쪽지, 필기 도구, 풀 등

놀이 방법

1 육각 팽이 접기 후 각 칸에 질문 쪽지를 붙이고 그에 대한 답변을 적는다.
- 이름, 가족, 좋아하는 것, 가고 싶은 여행지, 잘하는 것, 싫어하는 것 같은 질문을 적는다.
- 가운데에 팽이꽂이를 끼운다.

2 친구와 팽이를 동시에 돌린다.
- 팽이가 늦게 멈춘 친구가 자신의 쪽지를 하나 읽는다.
- 누구라도 질문 쪽지를 다 읽으면 게임이 종료된다.

1

2

- 팽이 중심축을 안전하게 끼울 수 있도록 선생님이 구멍을 뚫어줍니다.
- 친구와 육각 팽이를 바꿔 '내 친구 소개하기'로 놀이를 확장할 수 있어요.
- 네이버 카페 <신나는 세모 놀이터> '인성 놀이- 육각 팽이 접기 방법'을 참고하세요.

인성·6

웃는 얼굴, 찡그린 얼굴

할핀을 활용하여 다양한 표정의 얼굴을 만들어보세요. 웃는 표정은 다른 사람까지 기분 좋게 하지만 찡그리거나 우는 표정은 보고만 있어도 내 기분까지 안 좋아지죠? 자신뿐 아니라 주위 사람들도 행복하려면 웃는 표정을 자꾸 지어야 한답니다.

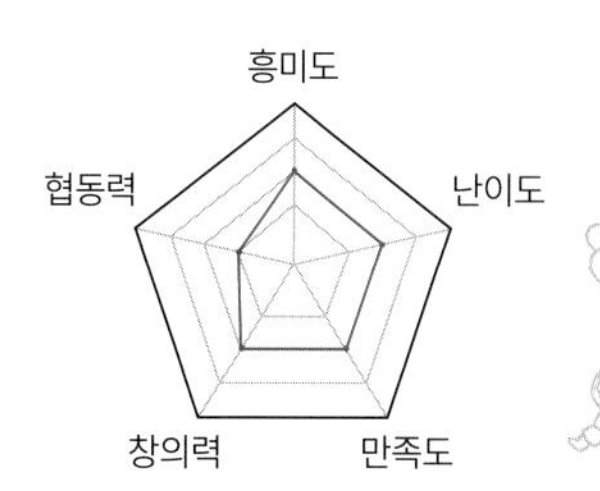

준비물 도화지(살구색, 검정색), 할핀 6개, 얼굴 도안(눈, 코, 입, 눈썹 등), 가위, 풀

놀이 방법
1 도화지를 이용해 얼굴 모양을 만들고 얼굴 도안을 오린다.
2 얼굴 모양에 오린 얼굴 도안을 할핀으로 붙여 웃는 표정을 만든다.
3 눈썹, 눈, 코, 입을 움직여 우는 표정을 만든다.
4 화내는 얼굴, 찡그린 얼굴 등 다양한 표정을 만든다.

- 사전 활동으로 다양한 표정과 상황에 대해 이야기를 나눕니다.
- 네이버 카페 <신나는 세모 놀이터> '인성 놀이-얼굴 도안'을 참고하세요.

인성·7

여섯이 한마음으로 표현해요

친구들과 함께 사절지에 큰 글씨로 '엄마 사랑해요, 아빠 사랑해요'라고 한 글자씩 적고 돌아오는 놀이예요. 부모님에 대한 사랑을 표현하면서 협동심과 겸손함을 배우게 합니다.

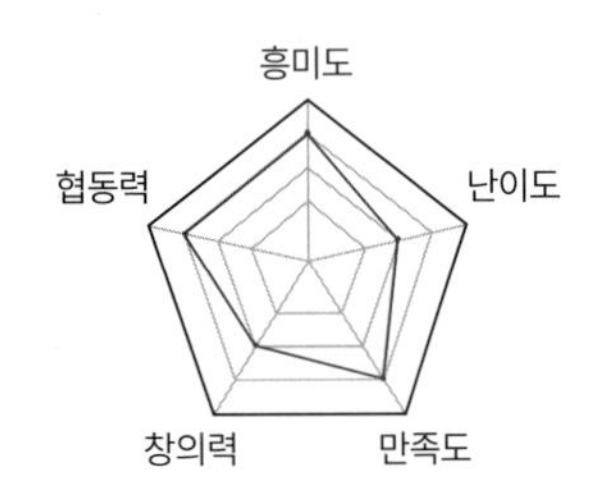

준비물 사절지 2장, 매직 2개, 투명 테이프

놀이 방법

1 각 팀의 1명이 매직을 들고 출발점에서 출발 신호에 따라 출발한다.
- 벽에 붙은 사절지에 문장의 글자를 한 자 적고 돌아와 다음 팀원에게 매직을 건네준다.
- 두 번째 주자가 달려가 문장의 순서대로 예를 들어 '엄' 자 다음의 '마'자를 적고 돌아온다.

2 릴레이 놀이로, 문장을 다 쓰고 먼저 돌아오는 팀이 이긴다.

1

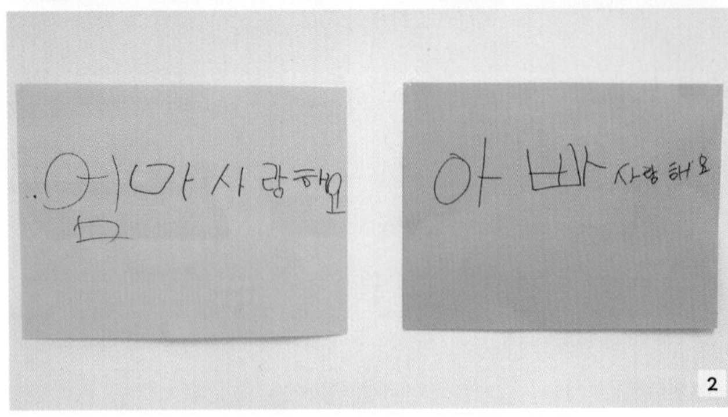

2

- 문장은 아이들이 정해서 진행할 수 있습니다.
- 서둘러 달리다가 사고가 나지 않도록 주의를 줍니다.

인성·8

사과를 나누어요

애플데이는 어떤 날일까요? 애플데이의 의미를 살펴보고 친구들에게 미안하거나 사과할 일이 있는지 생각하게 합니다. 놀이를 통해 미안한 마음을 글로 표현하고 나누면서 우정을 키울 수 있어요. 서로를 존중하고 아끼는 마음도 기를 수 있답니다.

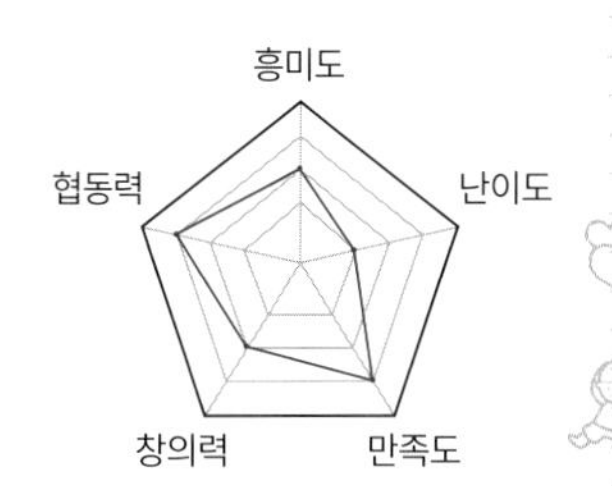

준비물 색 도화지, 필기 도구, 가위, 풀, 사과 메모지

놀이 방법

1. 평소 친구에게 미안했던 일이나 마음을 사과 메모지에 적는다.
2. 친구들이 적은 사과를 모은다.
3. 함께 사과를 색 도화지로 만든 나무에 붙여 전시한다.
   - 친구가 써놓은 사과를 따서 친구의 마음을 읽는다.
   - 답장 사과를 붙여 서로의 마음을 나눈다.

1

2

3

- 나와 친구의 생각과 표현에 차이가 있음을 깨닫고 존중하는 놀이입니다.
- '미안한 마음' 대신 '고마운 마음' 표현하기로 활동을 확장할 수 있답니다.

감사패로 마음을 전해요

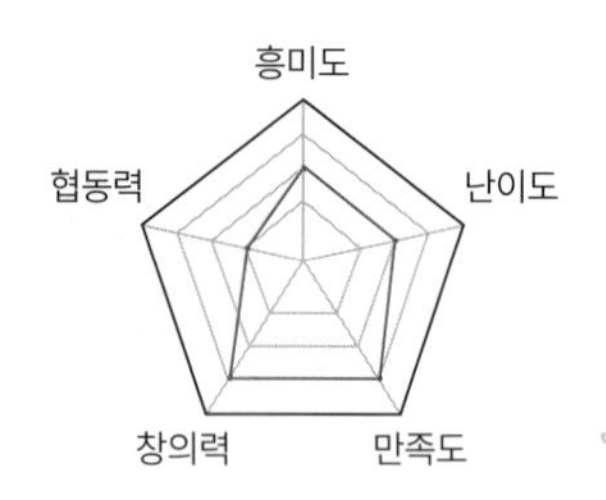

우리는 늘 고마운 사람을 만나고 감사한 일들을 경험하며 살아요. 하지만 쑥스러워 감사한 마음을 표현하지 못하고 주저하는 경우가 있죠. 누군가에게 고마웠던 것을 생각해보고 감사패를 만들어 마음을 전달하는 시간을 가져보아요.

준비물 A4 용지, A4 색지, 색 종이접시, 종이컵, 컴퍼스, 가위, 칼, 풀, 필기 도구, 색칠 도구

놀이 방법

1. 잠깐 눈을 감고 나에게 가장 고마운 사람이 누구인지 생각한다.
   - 색지에 종이접시보다 2cm 정도 작은 원을, 흰 종이에 4cm 작은 원을 그린다.
2. 흰 종이 원에 감사의 마음을 글이나 그림으로 표현한다.
   - 종이접시에 색지 원과 흰 종이 원을 풀로 순서대로 붙인다.
3. 종이컵 바닥 면에 칼집을 내고 종이접시를 끼워서 감사패를 완성한다.
4. 작품을 전시하여 함께 감상하며, 감사한 마음을 표현하는 습관을 기른다.

1

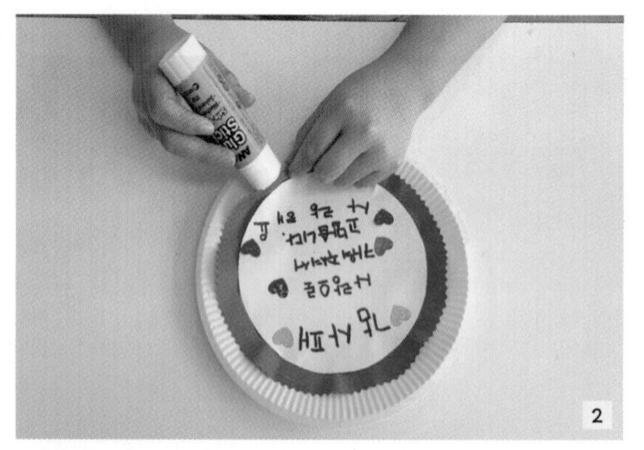
2

3

4

• 플라스틱컵, 재활용품을 이용해 감사 트로피를 만들 수도 있어요.

인성·10

리듬에 맞춰 조물조물

아이의 감정은 지금 어떤 상태일까요? 색 찰흙과 음악을 활용하여 감정 조절 놀이를 할 수 있어요. 점토 놀이는 소근육 발달을 돕고 창의력도 향상시킵니다. 음악을 들으며 리듬에 맞춰 점토를 조물조물 만지면서 마음속의 감정을 들여다보고 조절하게 해주세요.

준비물 색 찰흙 1인 1통씩, 감상할 음악

놀이 방법

1 편안한 자세로 음악을 감상하며 색 찰흙을 조물조물 만진다.
- 지금 자신의 감정이 어떤 상태인지 생각한다.
- 리듬에 맞춰 점토로 감정을 표현해본다.

2 박자에 맞추어 점토를 나누고, 굴리고, 뭉치는 등 다양한 모양을 만든다.
- 선생님을 따라서 같은 모양을 만들면서 음악을 감상해도 된다.

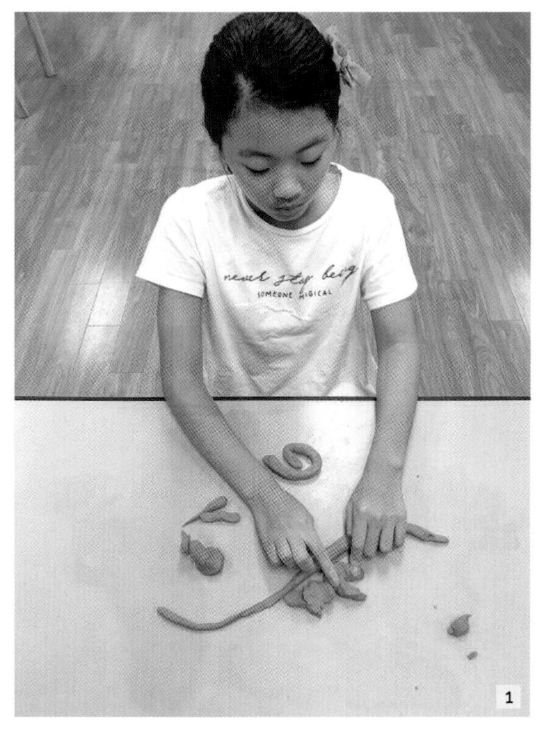

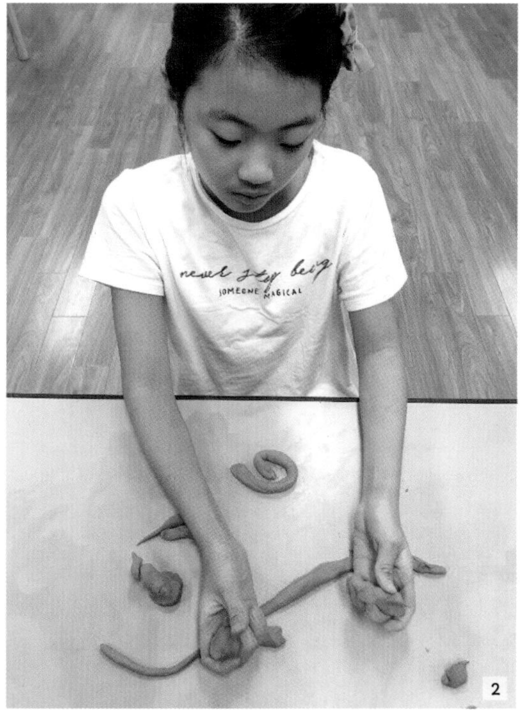

- 놀이 진행 중 다양한 종류의 음악을 선택하여 들려주세요.
- 음악 종류와 놀이 시간은 상황에 따라, 아이에 따라 변경이 가능합니다.
- 집중력이 떨어지고 산만해질 때 활용해보세요. 리듬에 맞춰 몰입할 수 있어 마음의 안정을 찾을 수 있어요.

인성·11

예의 바른 해바라기예요

세상은 혼자서 살아갈 수 없습니다. 누군가에게 도움을 주기도 하고 또 누군가의 도움을 받기도 해요. 이웃을 도와주었거나 도움을 받았던 경험을 떠올리며 이웃 간에 지켜야 할 예절을 해바라기 꽃잎에 적어 예의 바른 해바라기를 만들어보세요.

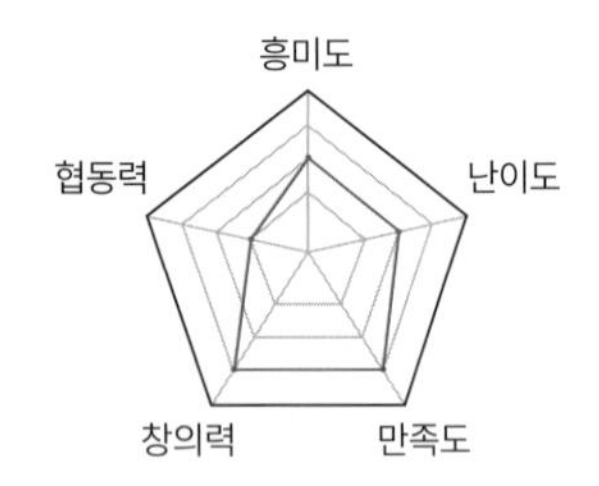

준비물 색 종이컵 2개, 투명 테이프, 빨대, 색종이, 가위, 색칠 도구, 필기 도구

놀이 방법

1 종이컵 옆면을 4~5cm 간격으로 오려 해바라기 꽃잎을 만든다.
- 종이컵 바닥을 꽃술 삼아 자른 해바라기 잎을 활짝 편다.

2 각각의 꽃잎에 이웃 간에 지켜야 할 예절을 생각해 적고, 색칠 도구를 이용하여 해바라기 꽃술 부분에 자신의 얼굴을 그린다.

3 완성된 해바라기 꽃 뒷면에 빨대를 테이프로 붙이고 색종이로 잎사귀를 만들어 빨대에 붙인다. 또 다른 종이컵을 엎어 화분을 만든 뒤 해바라기를 세운다.

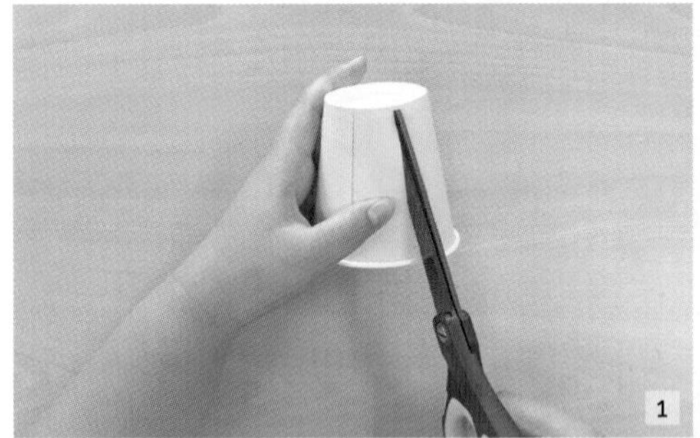
1

2

3

- 배경 음악으로 동요 <정다운 이웃>을 들려주며 활동을 격려해주세요.
- 색종이와 수수깡, 핀을 이용하여 해바라기 얼굴을 만들면 바람개비로 활용할 수 있습니다.

마음을 보여줘요

복주머니에 '나에게 중요한 것'을 담아 마음을 표현하는 놀이입니다. 자신에 대해 스스로 탐색하고 살피고 표현하게 하면 자아존중감을 높일 수 있어요. 자신의 마음과 친구들의 생각과 표현의 차이를 살펴보면서 자신은 물론이고 타인도 존중하는 마음을 키우게 합니다.

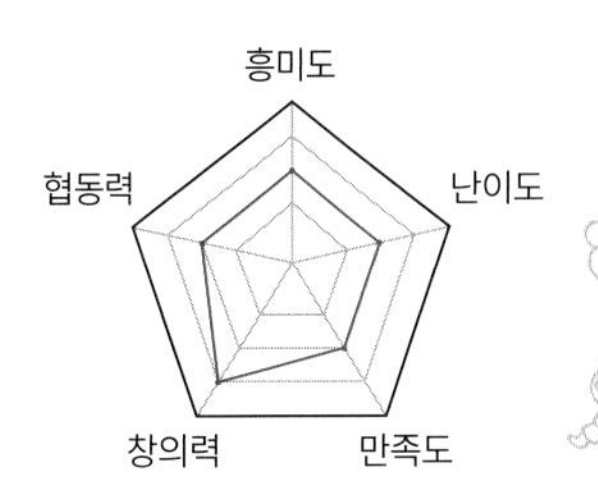

준비물 색지, A4 용지, 주머니 모양 도안 3개, 필기 도구, 색칠 도구, 가위, 풀

놀이 방법

1. 주머니 모양의 도안 3개를 오린다.
   - 주머니를 나에게 가장 중요한 것, 중요한 것, 중요하지 않은 것으로 나눠 색지에 붙인다.
2. 각각의 주머니에 자신의 생각과 느낌을 글이나 그림으로 표현한다.
3. 작품을 전시하여 서로의 마음을 살피고 이해하며 존중한다.

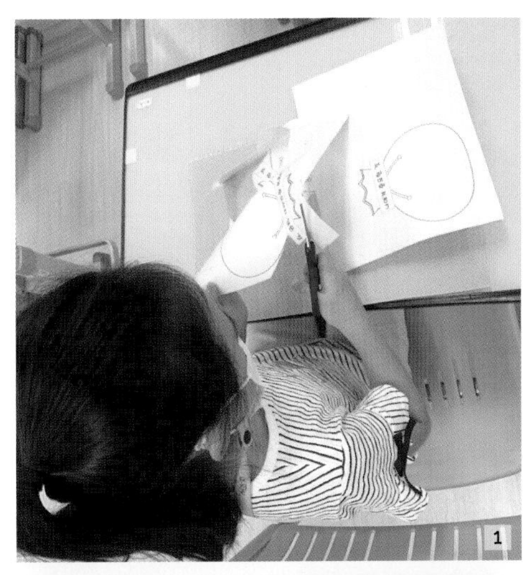
1

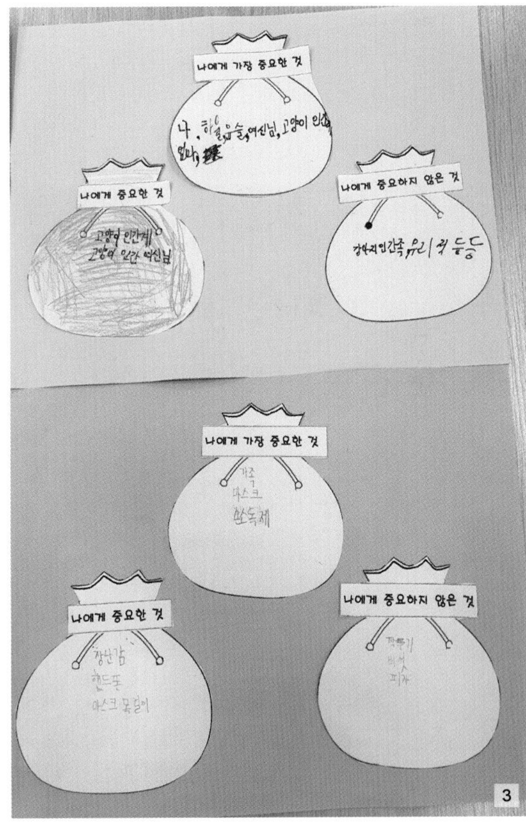

3

2

- 아이의 마음을 살필 수 있어 심리 상태를 이해하는 데 도움이 됩니다.
- 주머니 모양 대신 다른 형태나 내용으로도 마음을 탐색하고 표현할 수 있어요.
- 네이버 카페 <신나는 세모 놀이터> '인성 놀이-주머니 모양 도안'을 참고하세요.

049 세상의 모든 놀이

인성·13

청기 올려, 백기 내려

함께하는 교실이 되기 위해서 아이들끼리 지켜야 할 약속에는 어떤 것이 있을까요? 약속을 지키려면 상대방의 말에 귀 기울이는 '경청'의 자세가 중요해요. '청기 올려, 백기 내려' 놀이를 통해서 상대방의 말에 귀 기울이고 주의집중하는 습관을 기르게 합니다.

준비물 파란색·흰색 종이, 나무젓가락, 투명 테이프, 가위

놀이 방법

1 파란색, 흰색 종이를 세모 접기해 깃발을 만든다.
- 투명 테이프를 이용하여 나무젓가락을 깃발에 붙인다.
- 가위바위보로 지시할 사람과 깃발 들 사람을 정한다.

2 둘이 마주 보고 선 다음 깃발 든 사람은 지시하는 사람의 지시를 따른다.
- '청기 올려', '백기 내려', '청기 내리지 말고 백기 올려' 등의 지시어를 말한다.
- 깃발 들기 횟수를 정해 활동 후 역할을 바꾸어 놀이를 진행한다.

1

2

- 소그룹 활동이나 대그룹 활동으로 확장하여 놀이할 수 있어요.
- 천천히 하다가 익숙해지면 조금 더 빨리 진행하게 합니다.
- 놀이에 익숙해지면 '지시어와 반대로 행동하기'로 규칙을 바꿀 수 있어요.
("청기 올려" 하면 청기를 내리고, "백기 내려" 하면 백기를 올리기)

인성·14

걱정을 가져가는 걱정인형

과테말라에서는 예로부터 아이에게 걱정이 있으면 걱정인형에게 말한 뒤 베개 밑에 두고 자라고 한대요. 그러면 잠든 사이에 걱정인형이 걱정을 싹 가져간대요. 걱정인형 만들기로 아이들이 고민을 표현하게 하세요. 문제 상황을 긍정적으로 해결하려는 습관을 길러줍니다.

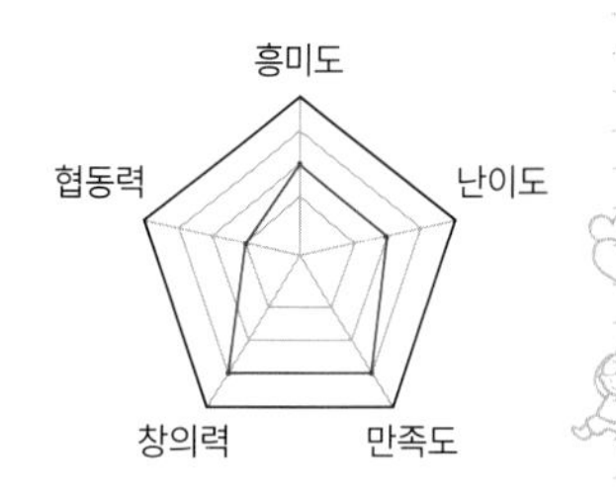

준비물 흰색 우드락(6x8), 이쑤시개 4개, 색 끈이나 털실, 목공용 풀, 색칠 도구, 가위

놀이 방법
1 흰색 우드락과 다양한 재료들을 이용하여 걱정인형 만들기를 준비한다.
2 색칠 도구와 다양한 질감의 실을 활용하여 걱정인형을 표현한다.
3 이쑤시개와 스티커를 이용하여 걱정인형을 완성한다.

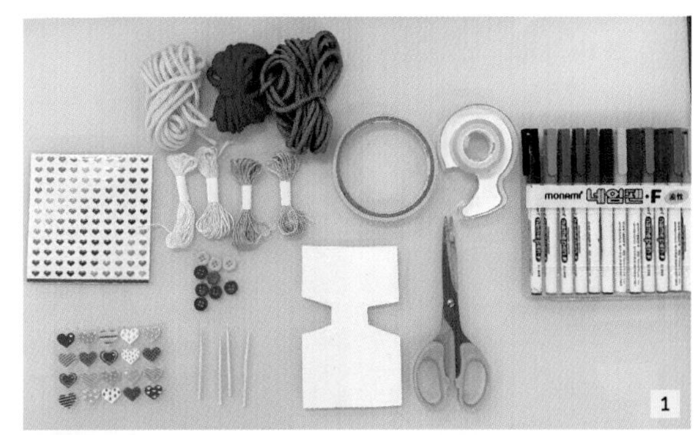
1

2

3

- 가정과 연계하여 놀이를 통해 마음의 소리에 귀 기울이는 습관을 기르게 합니다.
- 걱정인형에 지나치게 의지하지 않도록 일러주세요.
- 자신의 감정을 표현할 수 있도록 자신감을 북돋아주세요.

자랑스런 우리나라의 얼굴이에요

올림픽이나 국가 행사가 있을 때 애국가가 울려퍼지고 태극기가 올라가는 장면을 보면 가슴이 뭉클해져요. 태극기에 담긴 의미와 각 부분의 명칭을 알아보고 함께 대형 태극기를 만들면서 나라 사랑하는 마음을 키워주세요.

준비물 태극기 도안, 색지(흰색, 검정색, 빨간색, 파란색), 가위, 풀

놀이 방법

1. 태극기 각 부분의 명칭과 유래에 대하여 알아본다.
   - 태극기 도안을 나눠 인쇄하여 커다란 태극기를 만들어 칠판에 붙인다.
2. 하얀색, 검정색, 빨간색, 파란색 색지를 정사각형 모양(6x6)으로 잘라 바람개비를 접는다.
3. 태극기 색깔에 맞추어 바람개비를 붙인다.
4. 다함께 힘을 모아 바람개비 태극기를 완성하고 감상한다.

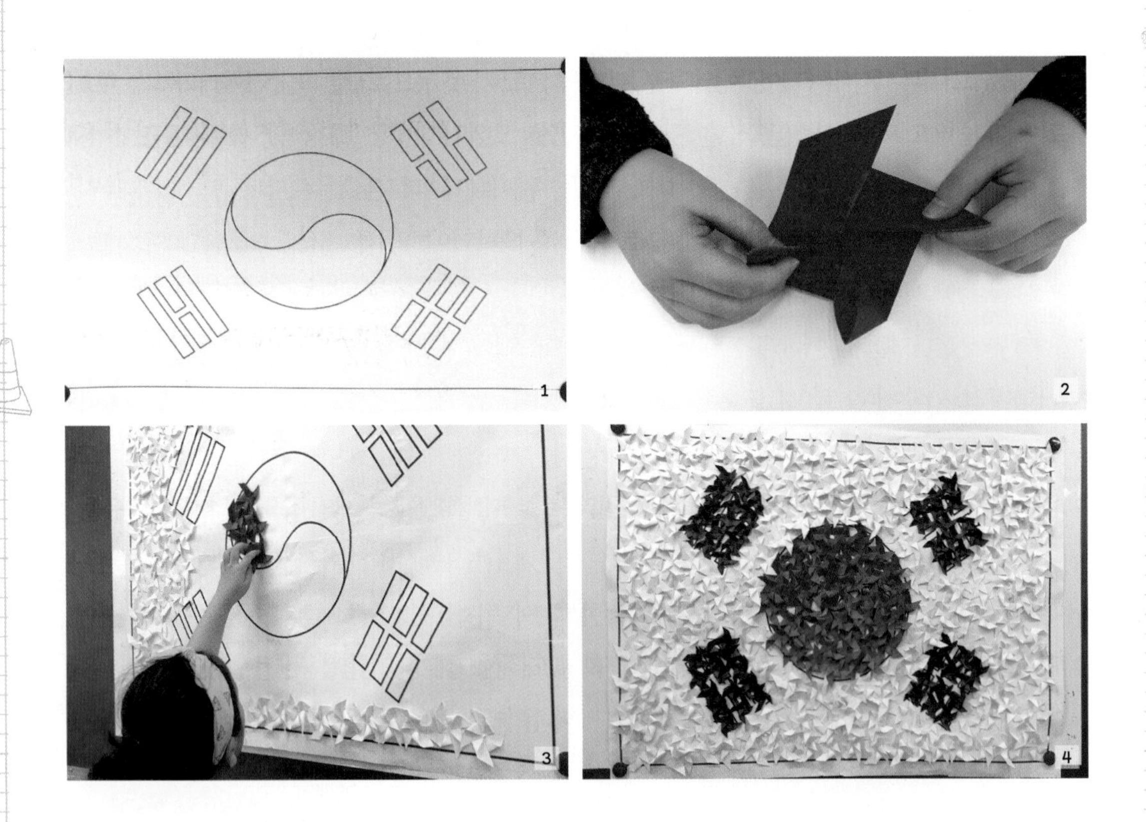

- 바람개비 접기 대신 한지를 활용한 모자이크 활동으로 바꿀 수 있어요.
- 네이버 카페 <신나는 세모 놀이터> '인성 놀이-태극기 도안'을 참고하세요.

인성·16

태극기 휘날리며

태극기를 만들 때면 왠지 모를 감동이 밀려옵니다. 우리나라를 상징하는 태극기 책을 만들면서 건, 곤, 감, 리, 청, 홍, 백의 의미를 알아보고 태극기의 모양과 구성을 자세히 살펴보게 합니다.

준비물 도화지 1장, 색종이 2장(15x15 빨간색 1장, 15x15 파란색 1장), 도안 자료, 가위, 풀

놀이 방법

1 도화지를 정사각형(27x27)으로 자르고 네모 접기를 두 번 한다.
- 접은 선의 한쪽만 중간까지 자르고 접으면 속지 6면의 책이 만들어진다.
- 접은 상태에서 가장자리를 조금씩 잘라서 모양을 잡는다.

2 모두 펼치면 속지 6면 중 4면이 드러난다. 속지 4면에 태극기 관련 내용을 적거나 오려붙인다.
- 4괘의 건, 곤, 감, 리 뜻과 국기 다는 날 등을 적는다.

3 윗면을 아래로 접어 내리면 속지 6면 중 2면이 드러난다.
- 왼쪽에는 태극기 그림을, 오른쪽에는 태극기의 구성을 적는다.

4 왼쪽 면을 접어서 덮으면 윗면이 표지가 된다.
- 표지에 색종이로 태극 모양을 오려 붙인다.
- 태극 모양을 색종이로 접거나 그려도 된다.

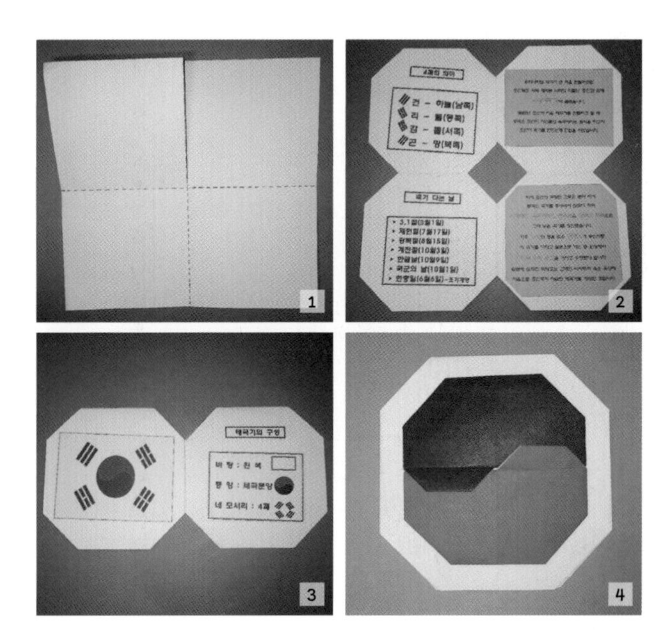

- '행정안전부 어린이' 홈페이지의 '우리나라 국가 상징' 코너 자료를 활용해 사전 활동을 할 수 있어요.
- 네이버 카페 <신나는 세모 놀이터> '인성 놀이-태극기 책 관련 도안과 태극 접는 방법'을 참고하세요.

인성·17

우리들의 꿈나무

아이들이 자신의 장점을 탐색하는 활동을 통해 자존감을 높이고, 자신의 꿈과 미래의 방향을 찾는 데 도움을 주는 놀이예요. 자신의 꿈나무를 만들고 친구들과 함께 꿈나무를 모아 '우리들의 꿈숲'을 가꾸게 하세요.

준비물　도화지, 색종이, 풀, 가위, 색칠 도구

놀이 방법
1. 도화지에 나무 한 그루를 그리고 줄기를 색칠하고 꾸민다.
2. 색종이를 잎사귀와 꽃, 열매 모양으로 오린 후 잎사귀에는 각자의 장점을, 꽃과 열매에는 희망 사항이나 꿈을 적는다.
3. 꿈나무에 잎사귀와 꽃, 열매를 붙이며 꾸민다.
4. 친구들의 꿈나무를 모아 우리들의 꿈숲으로 꾸며 함께 감상한다.

1

3

2

4

- 아이들이 자신의 장점과 꿈, 희망 사항을 충분히 탐색할 시간을 주세요.
- 꿈나무를 만들 때 클레이, 골판지 등 다양한 표현 재료를 활용할 수 있습니다.

인성·18

점자 블록은 장애우의 눈

우리 동네 바닥을 유심히 살펴본 적 있나요? 곳곳에 노란 페인트칠이 된 올록볼록 점자 블록이 있어요. '시각 장애우'들에게 눈이 되어주는 중요한 블록이랍니다. 시각 장애우들을 이해하고 존중하는 반편견 교육을 실천하는 의미 있는 놀이를 해보세요.

준비물 포장용 에어 캡(뽁뽁이), 안대, 장애물(책상, 쓰레기통 등)

놀이 방법

1 안대로 눈을 가린 채 목적지까지 깔아놓은 에어 캡 위를 걷는다.
- 점자 블록의 느낌을 경험할 수 있도록 실내화를 벗고 걷는다.

2 장애물을 중간에 두어 문제 상황을 만났을 때 대처하는 법을 경험한다.
- 놀이를 통해 반편견 교육을 경험한다.
- 아이들이 장애우의 불편함을 알고, 배려하는 마음을 갖도록 한다.

1

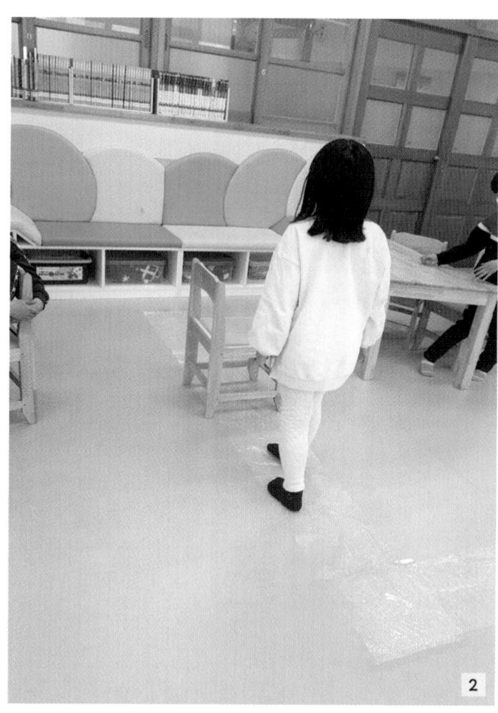
2

- 사전 활동으로 점자 블록에 대해 알아보고 우리 동네 점자 블록을 찾아봅니다.
- 안전하게 걸으며 놀 수 있도록 충분한 공간을 확보해주세요.
- 눈을 가린 친구가 이동할 때 발을 걸거나 장난을 치지 않도록 주의를 줍니다.

넓고 높은 종이컵 세상

조심조심 친구들과 넓게 더 넓게! 높이 더 높이! 힘을 합쳐 튼튼하고 안전한 종이컵 탑을 쌓게 합니다. 흔들흔들 무너져도 괜찮아요. 종이컵 탑 쌓기 놀이를 통해 친구의 소중함과 함께하는 즐거움을 경험하게 되니까요.

준비물 다양한 색상의 종이컵

놀이 방법

1 아이들과 함께 종이컵을 높게, 높게 쌓는다. 쌓아올린 종이컵이 떨어지지 않게 간격을 맞춰올린다.
- 높이가 높아지면 의자 등을 이용하여 최대한 높게 쌓는다.

2 완성 후 인증 샷으로 공동 작품 사진을 남긴다.

3 색 종이컵과 흰 종이컵을 조합해 다양한 모양으로 쌓기를 하게 한다.

1

2

3

• 놀이 후 함께 정리하는 습관을 키울 수 있도록 지도합니다.

인성·20

몸을 맞대어 풍선을 옮겨요

실내에서 풍선을 가지고 재밌게 놀 방법이 없을까요? 친구와 함께 몸을 맞대고 여러 방법으로 풍선을 옮겨보세요. 효율적인 옮기기 방법을 찾아보고, 다양하게 협력하여 옮기면서 친구의 소중함과 긍정적인 사회성이 길러져요.

준비물 풍선, 마스킹 테이프, 반환점

놀이 방법

1 출발선에서 친구와 함께 뒤돌아서서 엉덩이 사이에 풍선을 끼운다.
- 풍선을 떨어뜨리지 않고 반환점을 돌아서 온다.
- 끝까지 몸을 맞대고 풍선을 옮겨야 한다.

2 다양한 방법으로 몸을 맞대어 놀이를 할 수 있다.
- 놀이 중 풍선을 떨어뜨리거나 손으로 만지면 출발선으로 돌아와 다시 시작한다.

1

2

- 함께 효율적으로 풍선을 옮길 방법을 상의하도록 시간을 주세요.
- 친구와 자신의 신체가 다름을 존중하도록 지도해주세요.

비행기야, 나를 응원해줘

종이비행기에 스스로를 응원하는 글을 적어 날려보세요. 비행기와 함께 자신을 격려하고 응원하는 마음이 멀리 자유롭게 날아가면 아이의 자신감이 향상되고 사회성도 발달합니다.

준비물　다양한 A4 색지, 필기 도구, 색칠 도구

놀이 방법
1. 색지에 스스로에게 보내는 응원의 글을 적는다.
2. 각자 다양한 방법으로 비행기를 접는다.
3. 만든 비행기를 모아 감상한다.
4. 다같이 모여 비행기를 날린다.

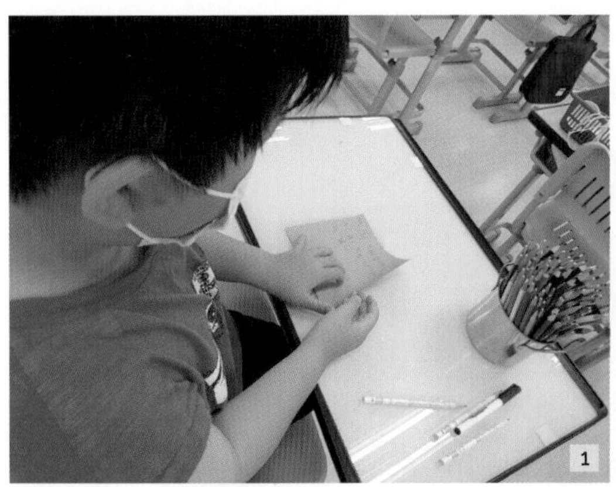

- 강당이나 운동장 등 넓은 공간에서 활동할 수 있도록 합니다.
- 다른 아이들과 서로 응원의 비행기를 바꿔서 날릴 수 있어요.
- 친구들을 칭찬하는 비행기로 확장하여 놀이해도 좋아요.

058 세상의 모든 놀이

인성·22

두둥실~ 꿈을 실은 열기구

"넌 꿈이 뭐야?" 늘상 듣는 질문을 곰곰이 생각하게 하는 놀이입니다. 꿈에 대한 생각을 열기구 카드에 적어 하늘로 날려 보내며 꿈을 소중히 여기고, 열심히 노력하라고 격려해주세요. 아이들은 놀이를 하며 자기만의 아름답고 소중한 꿈 이야기를 펼쳐나갈 것입니다.

준비물 색 도화지, 색종이, 지끈, 가위, 풀, 색칠 도구

놀이 방법
1 색종이 4장에 같은 크기의 동그란 원을 그려 자른다.
2 자른 원을 반으로 접어 서로 바깥 면을 붙여 풍선을 만든다.
3 색 도화지 위쪽 중간 지점에 풍선을 붙인다.
4 원을 자르고 남은 색종이로 열기구 바구니를 만들고 풍선과 바구니를 연결하는 줄도 붙여 꾸민 뒤 색 도화지에 자신의 꿈을 적는다.

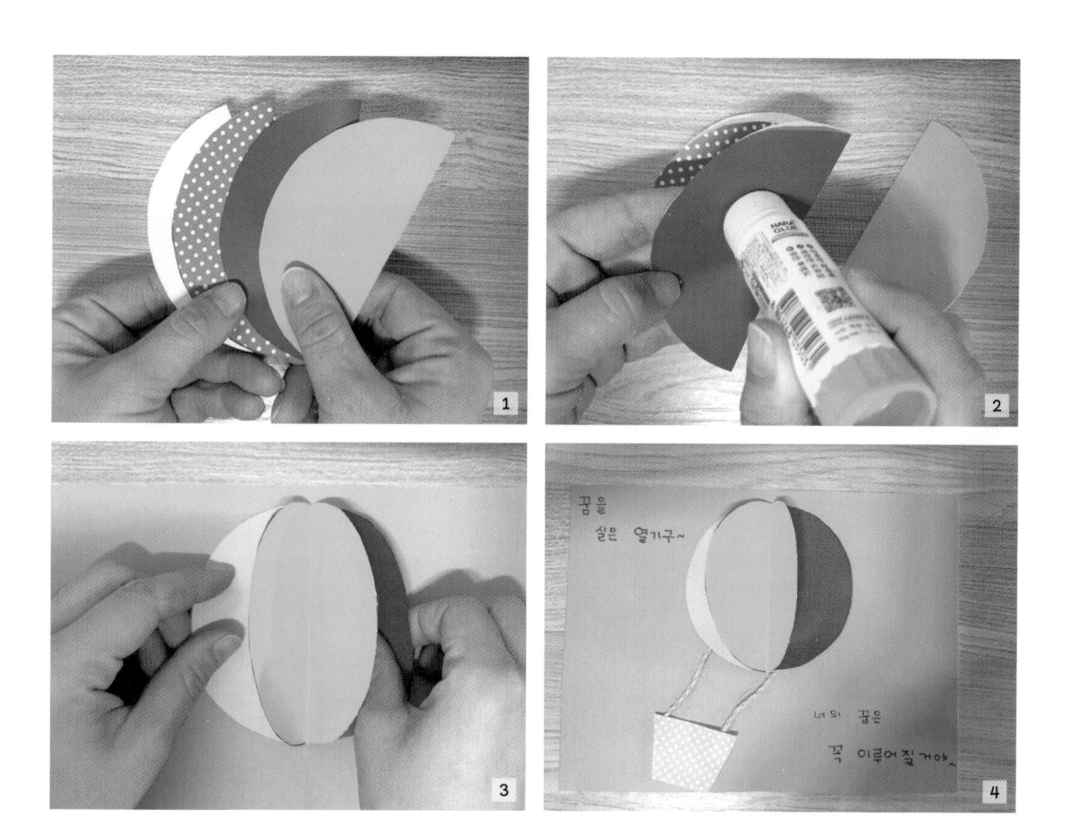

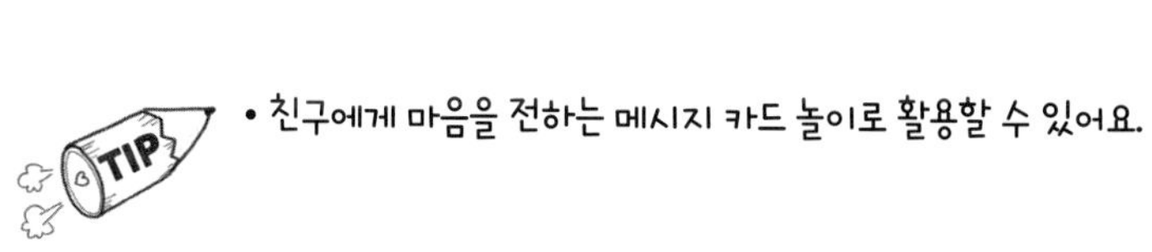

• 친구에게 마음을 전하는 메시지 카드 놀이로 활용할 수 있어요.

나에게 쓰는 편지

재미있었던 일, 슬펐던 일, 미래의 자신에게 하고 싶은 말 등을 적어 병 모양 도안에 붙이게 합니다. '타임캡슐'처럼 일정 시간이 지난 후 읽어 보면 시간의 흐름에 따라 성장한 자신이 보인답니다. 자연스럽게 스스로를 존중하고 소중히 여기는 마음이 커지겠지요.

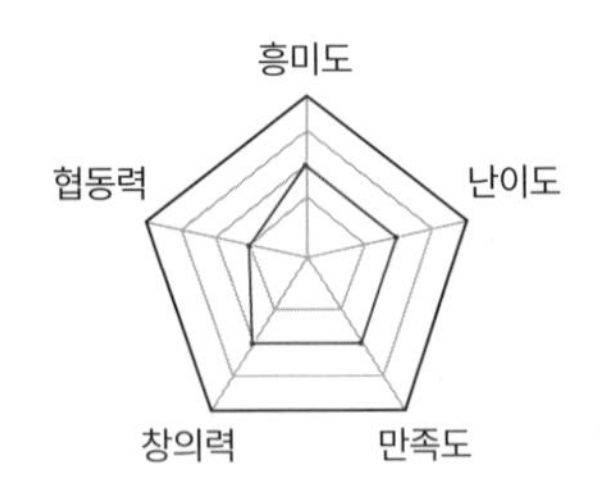

준비물 A4 색지, 편지지, 빈 병 도안, 지끈, 풀, 가위, 색칠 도구

놀이 방법

1. 편지지에 자신에 대한 이야기를 적는다.
   - 하고 싶은 말, 슬펐던 일, 재미있었던 일 등을 적는다.
2. 다 쓴 편지지를 돌돌 말아 지끈으로 묶는다.
3. 편지 담을 병 도안을 색지에 붙이고 색칠 도구로 꾸민다.
4. 병 위에 편지를 붙여 보관한다.
   - 일정 시간이 지난 후 자신의 이야기를 읽을 수 있도록 기간을 정한다.

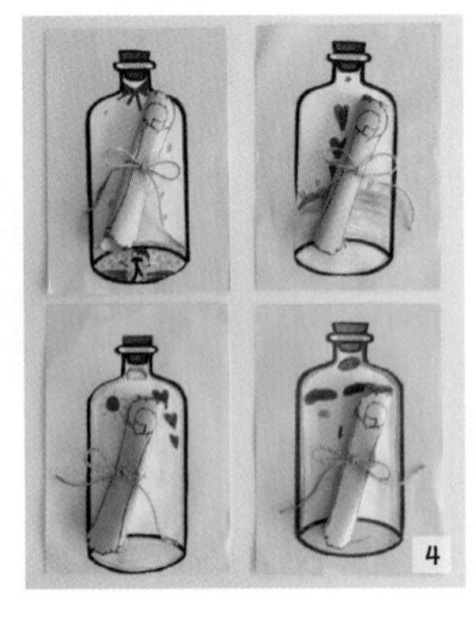

- 학기 초에 쓰고 학년 말에 읽는 등, 시간 간격을 두고 놀이를 진행합니다.
- 친구 또는 가족에게 쓰는 편지로 놀이를 확장할 수 있어요.
- 네이버 카페 <신나는 세모 놀이터> '인성 놀이-빈병 도안'을 참고하세요.

인성·24

소망을 낚아요

자신의 욕구와 바람을 스스로 탐색하도록 돕는 놀이예요. '소망 낚시'를 통해 자신의 소망과 바람을 탐색하게 한 뒤 존중해주면, 자긍심과 자신감이 높아져 건강한 자아 형성에 도움이 됩니다. 과연 어떤 소망을 잡을 수 있을까요? 아이들의 멋진 소망을 들어보세요.

준비물 두꺼운 도화지, 색 도화지, 자석, 클립, 나무젓가락, 털실, 투명 테이프, 가위, 색칠 도구

놀이 방법

1. 두꺼운 도화지에 물고기를 그린 후 색칠해서 오린다.
2. 자신이 만든 물고기에 소망이나 바라는 것을 적는다.
   - 소망을 적은 물고기에 클립을 끼운다.
   - 나무젓가락과 털실을 이용하여 낚싯대를 만들고 끝에 자석을 붙인다.
3. 도화지 위에 바닷속 배경을 꾸미고 완성된 물고기들을 위에 올린다.
4. 눈을 감고 낚시질을 해서 뽑은 소망을 이야기한다.

- 친구와 협력하여 2인 1조로 놀이를 확장할 수 있어요. 한 사람은 안대를 하고, 한 사람은 길잡이가 되어 놀이하면 더욱 흥미로운 시간이 됩니다.
- 네이버 카페 <신나는 세모 놀이터> '인성 놀이 – 물고기 도안'을 참고하세요.

3

건강미 팡팡,

신체 놀이 48가지

아이들의 모든 신체 움직임은 놀이입니다

아이들의 성장과 발달에 꼭 필요한 신체 놀이!

신체 놀이는 균형 잡힌 성장 발달에 꼭 필요해요. 아이들은 여러 신체 놀이에 참여해 소아비만이나 소아 성인병 등 질병을 예방하고 사회성도 키울 수 있답니다. 또 신체 협응력을 향상시키고 체력, 협동심, 민첩성도 발달시켜요.

아이들의 모든 움직임이 놀이가 됩니다

시간과 공간만 주어진다면 아이들은 도구나 장소에 구애받지 않고 자유롭게 뛰어다니며 놀이를 할 수 있어요. 맨손으로 아이들끼리 술래잡기를 해 서로 잡거나 도망치며 근력을 발달시키죠. 줄넘기나 훌라후프 등 간단한 도구를 이용해 혼자서 놀 수도 있고, 팀을 나누어 겨루기 놀이를 할 수도 있어요.

아이들의 신체 활동은 의사소통의 수단입니다

아이들은 성인과는 달리 느낌을 언어로 표현하는 데 한계가 있어요. 특히 언어로 자신의 감정을 다 표현하기 힘들 때 짜증과 화를 내지요. 이럴 때 몸을 움직이는 신체 놀이는 정서적으로도 효과적인 하나의 의사소통 수단이 됩니다. 신나게 뛰어놀면 아이들은 마음속 두려움과 불안, 긴장, 공격성 등과 같은 다양한 감정을 표출하게 됩니다. 이처럼 놀이는 아이들의 스트레스를 해소시키는 마법의 언어입니다.

신나게 뛰어놀면서 창의력과 상상력도 쑥쑥 자랍니다

즐거운 신체 놀이를 하면서 아이들은 오감을 동시에 자극 받아 두뇌를 발달시켜요. 공간 지각 능력뿐 아니라 이해력, 창의력과 상상력까지 키울 수 있어요.

모든 신체 활동에서 꼭 잊지 말아야 할 것은 바로 안전 규칙을 잘 지키는 것입니다. 이 장에서는 아이들이 안전한 환경에서 신나게 뛰어놀면서 몸과 마음이 건강하게 성장하도록 다양하고 재미있는 신체 놀이를 소개합니다. 아이들이 심심하고 지루해할 때 바로 밖에 나가서 신나는 신체 놀이의 세계에 빠져보는 것은 어떨까요?

연간 활동 계획 - 신체

월	시기	놀이명	월	시기	놀이명
3월	봄	어디어디 숨었나	9월	가을	거미줄을 통과해요
		까꿍~ 너의 이름은			누가누가 많이 튕기나
		콩주머니 슛			발을 모아 으쌰으쌰
		늘었다, 줄었다! 친구 사이로			흔들흔들 줄넘기를 넘어요
4월		셋이서 한마음	10월		홈~런, 양말 공을 쳐요
		서바이벌 가위바위보			풍선으로 릴레이
		다리만 찢어, 바지는 찢지 말고			아름다운 리본 체조 한마당
		훌라후프 장애물을 넘어서			명중이다
5월		스타킹 배드민턴을 쳐요	11월		릴레이 몸으로 말해요
		겨뤄보자, 풍선 펜싱			빨대로 종이를 옮겨요
		영차영차, 어깨동무			날아라, 신발아
		줄줄이 넘어가는 훌라후프			고깔모자로 만나는 작은 보물
6월	여름	깡충깡충 뛰어봐요	12월	겨울	나는 백발백중 명사수
		들어갈까 말까			신문지 스틱으로 하키해요
		잡아라, 스쿠프 캐치볼			귀한 손님 모셔라
		누구를 위하여 종은 울리나			접시 콘 모양을 바꿔요
7월		즐겁게 춤을 추다가 쭈~욱	1월		컬링은 계속된다, 쭉~
		신나는 손발 트위스터			탁구공은 숟가락과 함께
		날아라, 비닐봉지			떼굴떼굴 굴려요
		국자 타고 나르는 꼬마 물풍선			병뚜껑으로 열두 띠 알까기
8월		성화를 들고 달려요	2월		휴지 눈을 날려요, 후~
		함께 떠나요, 종이컵 나라로			우리 몸을 깨우는 영양 체조
		이불 터널을 통과해요			점점 작아지는 신문지 섬
		비행기 착륙 대작전			미션, 물병 나르기 대작전

어디어디 숨었나

새로운 교실과 낯선 환경, 모든 것이 어색하고 긴장되는 새학기입니다. 반 친구들 모두가 참여하는 변형 보물찾기 놀이로 서로 쉽게 친해지도록 해보세요. 상품으로는 아이들이 좋아하는 간식을 걸어도 좋아요.

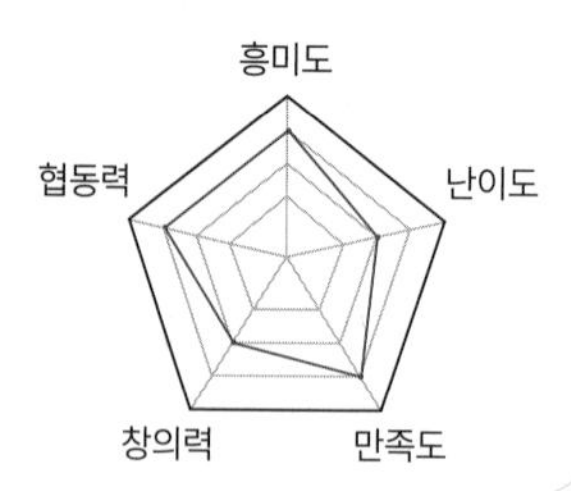

준비물 보물이 적힌 종이쪽지들

놀이 방법

1 교구장, 주방 등 교실의 곳곳을 설명하고 아이들을 숨기는 팀과 찾는 팀, 두 팀으로 나눈다.
- 보물에 대해 서로 이야기하며 칠판에 번호와 함께 적는다.
(예: 악수하기, 지우개, 보드게임 두 번 하기 등)
- 찾는 팀이 책상에 엎드려 있을 때 숨기는 팀이 보물 번호가 적힌 종이쪽지들을 교실 안 이곳저곳에 숨긴다.
- 1명씩 나와 숨긴 곳에 대한 힌트를 준다. (예: 자유놀이 시간에 놀잇감을 꺼낼 수 있는 곳 등)

2 종이 울리면 종이쪽지를 찾기 시작하고 종이 한 번 더 울리면 그동안 찾은 것을 가져온다.
- 찾은 종이의 번호에 맞게 보물을 준다.
- 순서를 바꾸어 이번에는 찾은 팀이 보물을 숨긴다.

1

2

- 숨긴 장소에 대한 힌트를 줄 때는 어떤 활동을 할 때 가는 장소인지 알려주도록 합니다.
- 부끄러워서 친구들 앞에서 발표를 못 하는 아이들은 선생님이 도와줍니다.

신체·2

까꿍~ 너의 이름은

일명 '까꿍 놀이'를 변형한 활동으로 먼저 친구의 이름을 기억해 외치면 이깁니다. 학기 초 아이들이 친구 이름을 외우기에 좋은 놀이로 이를 통해 자연스럽게 반 친구들과 친해질 수 있지요.

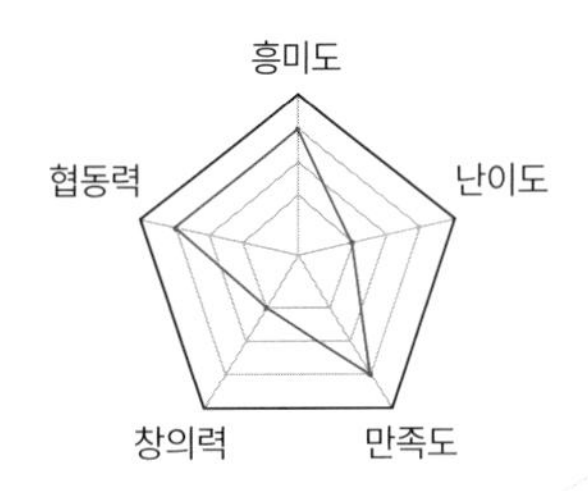

준비물 무릎담요

놀이 방법 2명의 친구가 양쪽에서 무릎담요를 든다.

- 무릎담요를 가운데 기점으로 두 팀이 양쪽에 나눠 앉는다.
- 팀 순서를 정하고, 각 팀에서도 아이들끼리 일어나는 순서를 정한다.
- 다함께 "하나, 둘, 셋!" 신호를 외치면 무릎담요를 내리고, 순서에 맞게 1명의 친구가 빠르게 일어났다 앉는다.
- 상대팀에서는 일어난 친구의 이름을 크게 외친다.

- 무릎담요 대신에 보자기 등 큰 헝겊으로 대신해도 좋습니다.
- 내성적인 아이들도 빠뜨리는 일 없이 모두 참여하도록 진행합니다.

콩주머니 슛

콩주머니가 빈 바구니 속으로 쏘~옥 들어가도록 집중해서 던지는 놀이입니다. 아이들의 순발력과 평형성을 기를 수 있습니다. 혹시 실패하더라도 실망하지 말고 자기 팀이 이기도록 열심히 응원해주세요.

준비물 콩주머니 1인 2개씩, 바구니 2개

놀이 방법

1 두 팀으로 나눈 뒤 각 팀에서 1명씩 양옆으로 나란히 선다.

2 각 팀마다 조금 떨어진 동일한 위치에 같은 크기의 바구니를 놓는다.

3 각 팀의 출발선에 선 아이에게 2개의 콩주머니를 준다.

4 2개의 콩주머니를 빈 바구니 안으로 던진다. 팀원들이 차례차례 나와서 콩주머니를 던지게 한다.
- 종료 후 바구니 속에 콩주머니가 많이 들어 있는 팀이 이긴다.

1

2

3

4

- 한 다리 들고 던지기, 뒤돌아 던지기 등 던지는 방법을 다양하게 변형할 수 있습니다.
- 친구들이 콩주머니나 던지는 동작을 할 때 팔에 맞아 다치지 않도록 안전거리를 유지합니다.
- 바구니 대신 훌라후프나 작은 매트를 이용할 수 있습니다.
- 아이들이 어려워하면 바구니 위치를 조금 가깝게 조정합니다.

신체·4

늘었다, 줄었다! 친구 사이로

상대팀 아이들이 손을 잡고 나란히 서서 넓히거나 좁혀 만든 간격 사이로 다른 팀 주자가 빠르게 통과하는 놀이입니다. 아이들이 요리조리 신나게 빠져나가며 민첩성을 키울 수 있어요. 주자가 힘들게 통과하도록 친구들과 함께 간격을 조절하면서 협동심을 키워보세요.

준비물 칼라콘 2개

놀이 방법

1 두 팀으로 나눈 후 아이들이 손을 잡고 한 줄로 나란히 서게 한다.

2 출발 신호와 함께 각 팀에서 주자로 뽑힌 아이가 상대팀 아이들 사이로 차례대로 통과한다.

3 주자가 통과하기 힘들도록 팀 아이들과 협력해 간격을 재빠르게 줄이거나 넓힌다.

4 주자가 상대팀 사이를 다 통과하고 칼라콘 반환점을 돌아 제자리로 재빠르게 먼저 돌아오면 이긴다.

- 즐거운 놀이를 위해 단체 놀이의 규칙을 정하고 달리는 친구의 신체를 잡거나 방해하지 않도록 주의를 시킵니다.
- 달리는 아이들 수를 정해 릴레이 경기로 진행할 수 있습니다.

신체·5

셋이서 한마음

미리 정해놓은 규칙을 잘 숙지하고 셋이서 기억을 더듬어 모든 단계를 통과해야 하는 놀이입니다. 3명이 한 팀이 되어 함께 "하나, 둘, 셋!"을 외치며 숫자에 맞춰 훌라후프에 들어갔다 나왔다를 반복하며 제자리로 다시 돌아오면 통과! 만화영화 주제가나 경쾌한 음악을 틀어주면 더 신나해요.

준비물 훌라후프 5개

놀이 방법

1 훌라후프 5개를 약간의 간격을 두고 일직선으로 바닥에 늘어놓는다. 3명이 한 팀이 되어 손을 잡고 출발선에 선다. 미리 정해놓은 규칙에 맞춰 훌라후프를 통과한다.
(예 : 첫 번째 훌라후프는 1명만 들어가고, 두 번째 훌라후프는 2명만 들어가고, 세 번째 훌라후프는 3명이 함께 들어가고, 네 번째 훌라후프는 다시 2명만 들어가고, 다섯 번째 훌라후프는 1명이 들어간다.)

2 훌라후프를 밟지 않고 모든 규칙을 다 수행하고 돌아올 때까지 한 팀인 3명이 끝까지 손을 놓지 않는다. 손을 놓치거나 훌라후프를 밟거나 훌라후프에 규칙과 다르게 들어간 팀은 옆쪽에 나와 앉아 다른 팀을 응원한다.

1

2

- 안정감 있게 넘을 수 있게 훌라후프 사이 간격을 조절합니다.
- 훌라후프 오래 돌리기, 허리 외에 팔로 돌리기, 훌라후프 돌리면서 걷기 등으로 응용할 수 있습니다.

서바이벌 가위바위보

땅따먹기처럼 가위바위보를 해 이기면 상대 친구가 우리 팀이 정한 동작과 구호를 따라 하게 하며 우리 팀을 늘려가는 놀이입니다. 시작 전 모둠별로 여러 재미있는 동작과 구호를 직접 정하게 하세요.

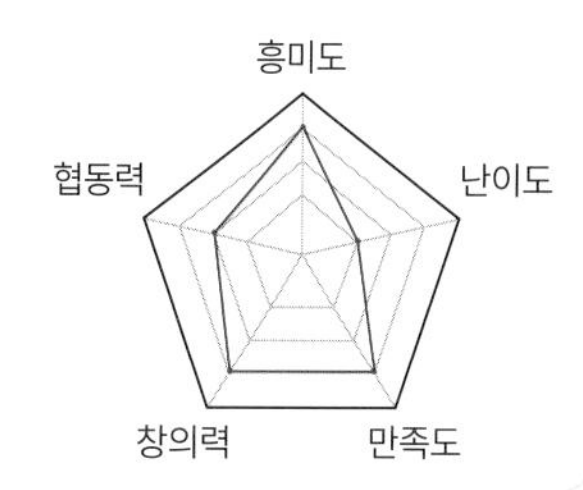

준비물 없음

놀이 방법

1. 4~5명씩 한 팀으로 나누고 같은 팀끼리 하나의 동작과 구호를 정해 멋지게 동작과 구호를 할 수 있도록 연습시킨다.
   - 다른 팀과 동작이나 구호가 겹치지 않도록 우리 팀만의 독특한 개성을 표현하게 한다.
2. 반 전체 친구들이 서로 자유롭게 돌아다니면서 다른 팀을 만나면 동작을 멈추고 무조건 가위바위보를 한다.
3. 가위바위보에서 진 사람은 이긴 사람의 동작과 구호를 따라 한다.
4. 팀원이 모두 사라지면 그 팀이 진다. 마지막에 팀원이 많은 팀이 승리한다.

1

2

3

4

- 팀별로 자유롭게 동작만 할 수도 있고 동작과 구호를 같이할 수도 있게 정할 수 있습니다.
- 선생님도 참여해서 소극적인 친구들이 함께 활동할 수 있게 도와줍니다.

다리만 찢어, 바지는 찢지 말고

가위바위보를 해서 지면 계속 다리 찢기를 해야 하는 놀이입니다. 이겨야 유리하고 지면 다리가 아플 수도 있어요. 이 놀이로 아이들의 유연성을 길러주세요.

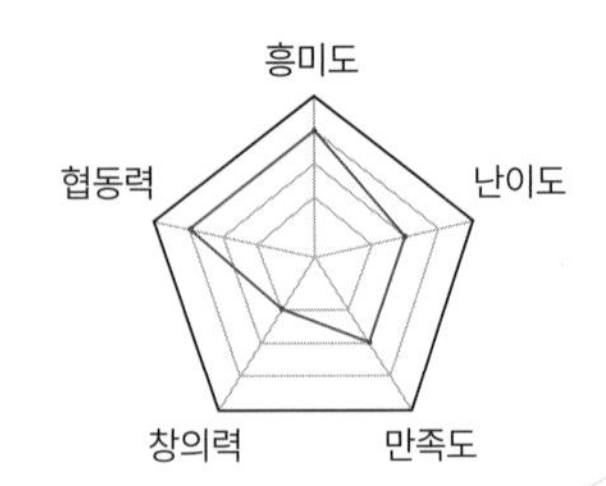

준비물 없음

놀이 방법 2명씩 짝을 지어 앞발을 맞대고 선다.

- 가위바위보를 해서 이긴 사람은 앞발을 뒷발 뒤꿈치에 붙인다.
- 반대로 진 사람은 앞발을 앞으로 밀어 상대방의 앞발에 닿게 한다.
- 계속 가위바위보를 해서 이긴 사람은 앞발을 뒷발 뒤로 옮기고, 진 사람은 앞발을 상대방 앞발에 닿도록 다리를 찢는다.
- 더 이상 다리를 못 벌리는 쪽이 진다.

- 시작하기 전 준비 운동을 해 충분히 온몸을 스트레칭시킵니다.
- 개인전과 팀전 모두 할 수 있는데 팀전에서는 재미있는 장면들이 많이 나와 아이들과 함께 응원하면서 볼 수 있습니다.
- 혹시라도 사고가 나지 않도록 너무 무리해서 다리 찢기를 하지 않게 미리 주의를 시킵니다.

훌라후프 장애물을 넘어서

출발 신호에 맞춰 신나게 달리다가 서로 높이가 다른 훌라후프 장애물을 통과해서 빨리 돌아오면 이기는 놀이입니다. 아이들의 순발력, 민첩성을 길러줄 수 있어요.

준비물 훌라후프 여러 개

놀이 방법
1 팀 인원수를 정하고 팀을 나눈다.
2 일정 거리를 두고 훌라후프 장애물을 높이를 다르게 해 잡고 서게 한다.
3 팀별로 1명씩 나와 출발선에 선다.
4 각 훌라후프 장애물을 빨리 통과해서 먼저 돌아오는 팀이 이긴다.

1

2

3

4

- 난이도에 따라 훌라후프의 수와 높이를 조절할 수 있고 토너먼트나 릴레이 등 다양한 형식으로 진행할 수 있습니다.
- 훌라후프 통과 시 다치지 않도록 활동 방법을 미리 안내합니다.

스타킹 배드민턴을 쳐요

세탁소용 철제 옷걸이와 스타킹 한 짝을 재활용해 스타킹 라켓을 만들어 풍선 셔틀콕을 치는 배드민턴입니다. 스타킹에 그림도 그려 나만의 배드민턴 라켓을 만들고 혼자나 둘이서 풍선이 떨어지지 않게 라켓으로 치면서 놀아요.

준비물 스타킹, 세탁소용 옷걸이, 네임펜, 풍선

놀이 방법
1. 세탁소용 옷걸이의 양 끝을 눌러 네모난 모양으로 만든다.
2. 스타킹을 옷걸이에 씌워 끝을 매듭으로 묶은 후 스타킹에 그림을 그린다.
3. 스타킹 그림을 전시해놓고 친구들에게 설명을 한다.
4. 풍선은 다양한 크기로 불어서 매듭으로 묶는다. 스타킹 라켓을 이용해 배드민턴을 한다.

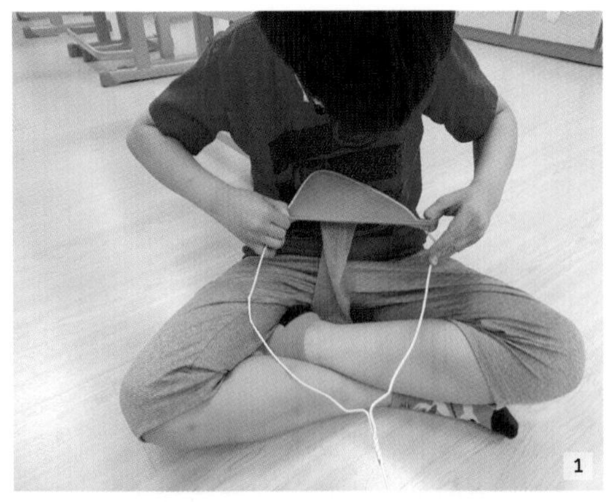
1

2

3

4

- 옷걸이를 변형할 때는 선생님의 지도나 도움을 받고, 배드민턴 놀이는 친구들과 강당이나 안전한 공간에서 합니다.
- 혼자서 풍선 많이 튕기기로 응용할 수 있습니다.

겨뤄보자, 풍선 펜싱

올림픽 시즌이 되면 인기가 높아지는 펜싱 경기를 풍선 칼로 즐기는 놀이입니다. 길이가 긴 요술 풍선으로 칼 만들기는 아이들도 쉽게 따라 할 수 있지요. 처음에는 벽 치기로 시작해서 펜싱 경기 규칙까지 적용하며 단계를 높여보세요.

준비물 긴 풍선

놀이 방법

1. 긴 풍선을 끝까지 불어서 바람을 살짝 빼고 묶은 후 주입구 쪽에 방울을 만들어 꼬아준다.
2. 풍선이 들어갈 정도의 고리를 만들어 방울과 함께 잡고 꼬아준다.
3. 풍선 끝을 고리 안으로 넣어 통과시킨 후 잡아당겨 펴서 칼 모양을 잡는다.
4. 규칙을 정하고, 아이들과 놀이한다.

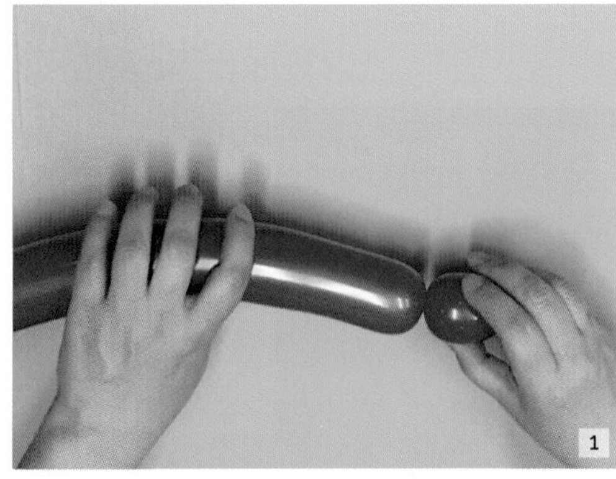

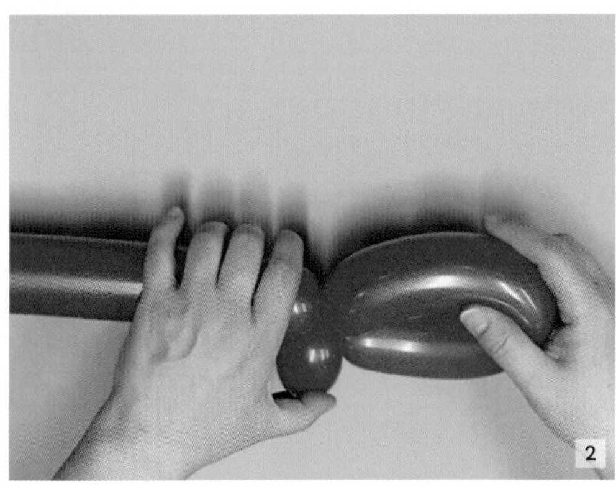

• 깨지거나 움직이는 물건은 치지 않으며, 놀이에 참여한 친구가 아니라면 아무리 풍선 칼이라도 다른 아이를 절대 찌르거나 때리지 않는 등 규칙을 정하고 시작해주세요.

영차영차, 어깨동무

달리기는 혼자서 하는 활동이지요. 그런데 친구와 짝이 되어 같이 달리면 어떨까요? 조금 느려도 친구와 한마음이 되어 영차영차 구령에 맞추어 달려보고 둘이 함께 해냈다는 기쁨을 느껴보게 하세요. 친구와 더욱 가까워지는 시간이 될 거예요.

준비물 끈 2개, 칼라콘 2개, 마스킹 테이프

놀이 방법

1 바닥에 마스킹 테이프로 출발선을 표시한다.
- 두 팀으로 나누고 2명씩 짝을 정한다.
- 짝이 된 2명의 오른쪽 발목과 왼쪽 발목을 끈으로 묶는다.
- 출발 신호에 맞춰 발을 맞춰 한마음으로 달린다.

2 칼라콘을 돌아 도착점까지 먼저 들어오는 짝이 이긴다.
- 다음 짝에게 끈을 묶어주고 계속 이어서 달린다.
- 마지막 짝까지 도착점에 돌아오면 끝난다.

1

2

- 끈은 선생님이 묶어주되 발목이 아프지 않게 너무 세게 묶지 않도록 주의합니다.
- 짝과 함께 발을 맞추어 전진하도록 하나둘, 하나둘 또는 영차영차 등 미리 구령을 정합니다.

신체·12

줄줄이 넘어가는 훌라후프

같은 팀 아이들과 함께 나란히 손을 잡고 하나가 되어 한마음으로 훌라후프가 땅에 떨어지지 않게 연속해서 통과하는 놀이입니다. 협동심과 몸의 조절 능력을 길러줍니다.

준비물 훌라후프 2개, 칼라콘 2개

놀이 방법

1 두 팀으로 나눠 팀별로 나란히 손을 잡고 한 줄로 서도록 한다.
2 첫 번째 아이부터 훌라후프를 떨어뜨리지 않고 통과한다.
3 손을 잡은 채 아이들이 차례로 훌라후프를 통과한다.
4 마지막 아이가 훌라후프를 통과한 뒤 훌라후프를 가지고 칼라콘을 돌아 출발 지점으로 빨리 들어오면 이긴다.

1

2

3

4

- 친구들과 나란히 잡은 손을 놓지 않도록 주의시킵니다.
- 훌라후프 크기를 바꿔 난이도를 조절할 수 있습니다.

깡충깡충 뛰어봐요

여러 개의 줄넘기 줄을 바닥에 늘어놓고 다양한 모양을 만든 다음 한 발로 뛰기, 안팎으로 뛰기 등 재미있는 활동을 해보세요. 아이들의 창의력을 길러주고 신체 발달도 촉진시킨답니다.

준비물 줄넘기 5개 이상, 호루라기

놀이 방법

1 줄넘기를 30~50cm 간격으로 길게 2줄 평행선으로 놓고, 아이들은 줄을 양발 안에 두고 선다.
- 선생님이 활동을 설명해주고 호루라기를 불어 시작한다.
- 한 발로 5회 뛰기, 안팎으로 7회 뛰기 등으로 진행하는데 줄을 밟거나 제시한 활동과 다르게 하는 아이는 줄 밖으로 나와 앉는다.

2 줄을 격자, 사다리 모양 등 다양하게 배치한 후 한 발로 뛰기, 물결무늬로 놓고 뒷짐 지고 줄 따라 걷기 등을 진행한다.
- 팀을 나눠 줄넘기 줄로 사각형, 원, 별, 하트, 배 등 다양한 모양을 만든다.

1

2

- 학생들 사이에 간격을 두어 부딪히지 않도록 합니다.
- 신나는 음악 또는 느린 음악을 틀어주고 리듬에 맞춰 줄 넘어보기, 천천히 넘기, 빠르게 넘기, 한 발로 넘기 등으로 변형할 수 있습니다.

신체·14

들어갈까 말까

책상 가운데에 목표지점을 표시하고 그 안에 공기알을 정확히 넣으면 점수를 얻는 놀이입니다. 공기알을 너무 세게 튕겨서 목표지점을 벗어나 책상 아래로 떨어지면 아웃이 됩니다. 목표를 벗어나지 않도록 손힘의 조절 능력이 필요하지요.

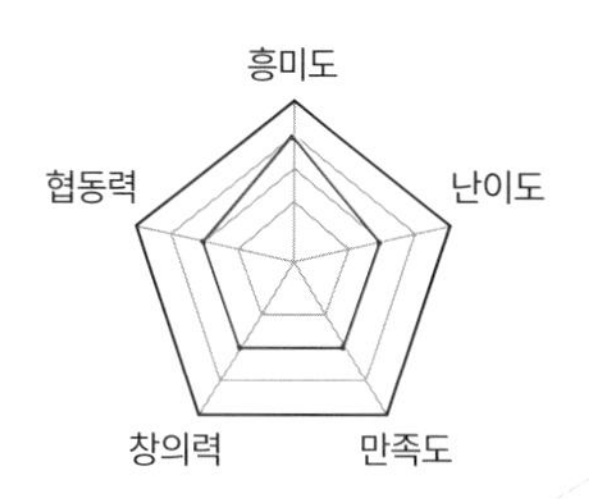

준비물 마스킹 테이프, 공기알(바둑알)

놀이 방법

1 책상 위에 타깃과 출발선을 마스킹 테이프를 이용하여 표시한다.
(타깃의 각 색깔 칸에 점수를 부여하는데, 가운데 칸에는 높은 점수를 준다.)
- 두 팀으로 나눈 다음 1명씩 나와 출발선 앞에 앉는다.
- 신호에 맞추어 자신의 공기알을 손가락으로 튕긴다.

2 아이들과 함께 점수를 더해본다.
- 팀별 점수를 확인하여 승패를 나눈다.

1

2

- 내 공기알과 상대팀 공기알은 다른 색으로 표시해 구별합니다.
- 토너먼트로 진행할 수 있습니다.

잡아라, 스쿠프 캐치볼

스쿠프를 이용하여 친구들과 함께 공을 주고받으며 노는 활동입니다. 스쿠프는 던지기는 잘해도 공을 잘 받지는 못하는 아이들에게 유용한 놀이 도구로 둘이 마주 보고 서서 하기도 하고, 때로는 셋이서 할 수도 있습니다.

준비물 스쿠프 세트

놀이 방법
1 안전하고 넓은 공간을 확보한다.
2 2명이 한 팀을 이뤄 스쿠프 공을 주고받는다.
3 머리 위로, 다리 아래로, 뒤돌아서 던지기 등 다양한 방법으로 던지고 받는다.
4 이번에는 셋이서 스쿠프 놀이를 한다.

1

2

3

4

- 친구를 배려해서 공을 너무 높게, 너무 낮게 던지지 않게 합니다.
- 혼자 놀이, 2명 놀이, 3명 이상 놀이 등 친구와 협의하여 활동의 난이도를 조정할 수 있습니다.

누구를 위하여 종은 울리나

누워 있다가 벌떡 일어나서 달리기를 해본 적이 있나요? 마음은 급한데 몸은 막 마음대로 움직이지 않죠? 그래서 이 놀이에서는 순발력과 민첩성이 중요하답니다. 서두르다 넘어지거나 다치지 않도록 안전한 공간에서 진행해주세요.

준비물 매트 2개, 종, 의자

놀이 방법
1. 출발선에서 2명이 매트 위에 바로 보고 눕는다.
2. 출발 신호에 맞춰 벌떡 일어난다.
3. 반환점의 종이 놓인 곳으로 달린다.
4. 반환점에 있는 종을 친 후 의자를 돌아 먼저 들어오는 팀이 이긴다.

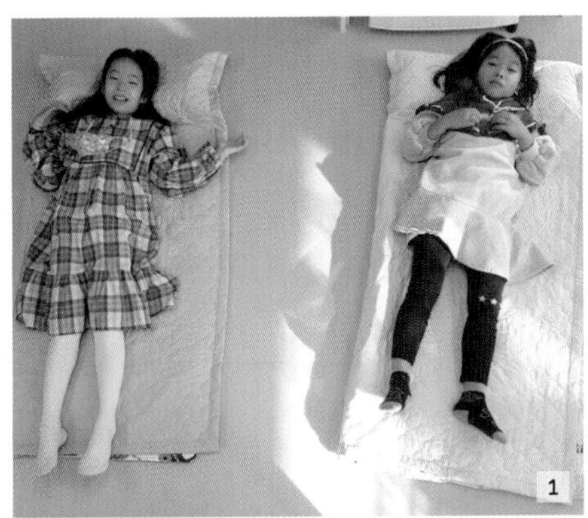
1

2

3

4

- 종 대신 소고 치기, 탬버린 흔들기 등 다양하게 바꿔 놀이를 할 수 있습니다.
- 두 팀으로 나눠 양쪽에 누운 뒤 반대편의 종을 치고 돌아오기 등으로 변형할 수 있습니다.

신체·17

즐겁게 춤을 추다가 쭈~욱

노래를 부르며 춤을 추다가 음악이 멈추면 바로 발가락에 힘을 꽉 주어 신문지를 찢는 놀이입니다. 온 몸을 동원해 신문지를 찢으며 스트레스를 말끔히 해소할 수 있지요.

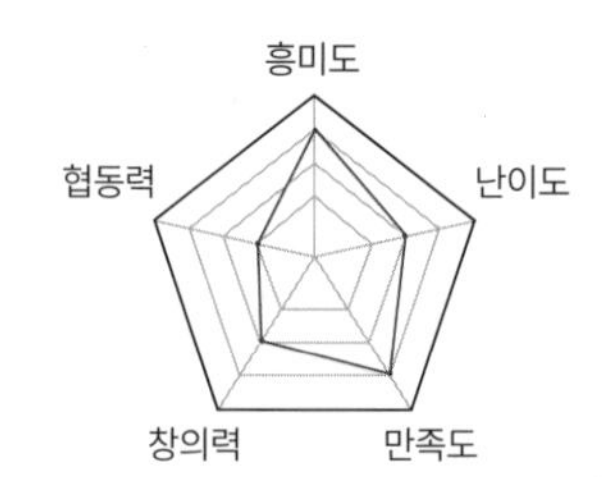

준비물 신문지, 음악

놀이 방법 노래가 멈춘 횟수만큼 신문지 조각을 만들지, 신문지 조각을 더 많이 만든 사람이 우승자가 될지 먼저 규칙을 정한다.

- 각자 신문지 1장을 바닥에 놓고 그 위에 올라선다.
- 노래를 따라 부르며 춤을 추다가 노래가 멈추면 신문지를 찢는다.
- 놀이가 끝나면 신문지 조각을 모아서 세어본다. 규칙에 맞게 찢은 사람이 이긴다.

- 양말까지 벗고 신문지 크기도 작게 해서 도전합니다.
- <즐겁게 춤을 추다가>, <모두 다 통통통 뛰어라>, <상어 가족> 등 신나는 동요를 준비합니다.

신체·18

신나는 손발 트위스터

손 모양과 발 모양의 트위스터 판 위를 순서대로 틀리지 않게 손과 발로 짚어가는 활동입니다. 트위스터 판의 손과 발의 배치에 따라 쉬운 단계부터 고난도까지 조절할 수 있습니다. 빠른 판단력과 유연성, 민첩성을 기를 수 있어요.

준비물 손·발 모양 프린트, 가위, 투명 테이프, 색칠 도구

놀이 방법

1 손 모양, 발 모양을 인쇄해서 색칠한다.
- 바닥에 손 모양과 발 모양을 교대로 붙여서 트위스터 판을 완성한다.
- 트위스터 판에 그려진 모양대로 손과 발을 짚으며 앞으로 간다.

2 중간에 순서를 틀리면 다시 처음으로 돌아가서 진행한다.
- 끝까지 틀리지 않고 빠르게 통과하도록 연습한다.

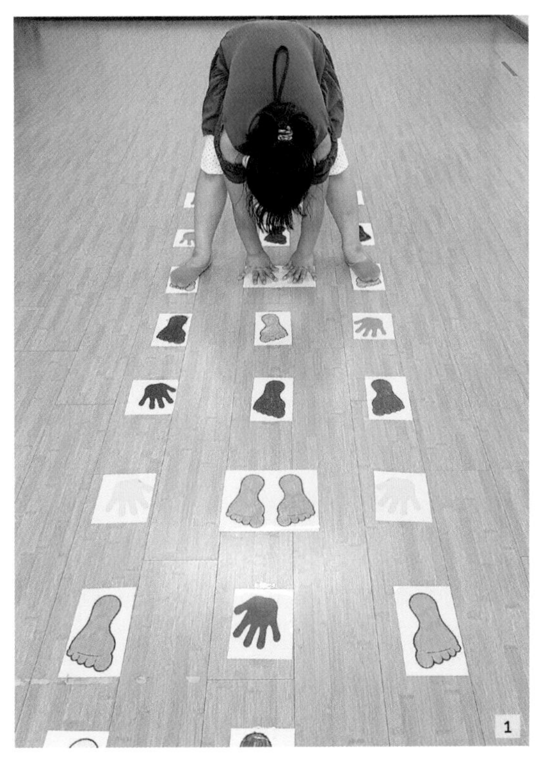

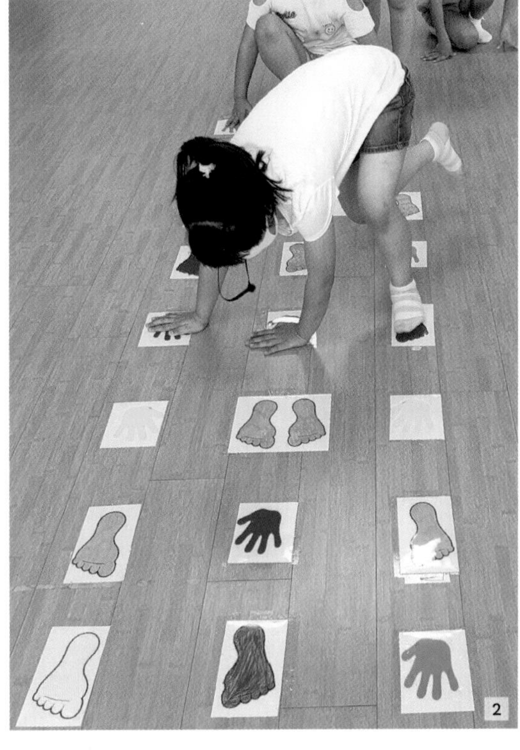

- 네이버 카페 <신나는 세모 놀이터> '신체 놀이-손, 발 모양 도안'을 참고하세요.
- 처음부터 한 발과 한 손 짚고 가기는 아이들에게 어려울 수 있으니 쉬운 단계부터 시작합니다.
- 익숙해지면 난도를 점차 올립니다.

신체·19

날아라, 비닐봉지

실내외 어디에서나 쉽게 즐길 수 있는 비닐봉지 테니스 놀이입니다. 종이접시에 아이스크림 나무 막대를 손잡이처럼 붙여서 라켓을 만들고 비닐봉지를 공 삼아 테니스를 치게 하세요. 비닐봉지를 따라 이리저리 뛰면서 아이들의 순발력과 집중력이 향상됩니다.

준비물 비닐봉지, 투명 테이프, 유성펜, 종이접시, 아이스크림 막대, 글루건

놀이 방법

1 종이접시에 아이스크림 막대를 글루건으로 붙여서 간이 라켓을 만든다.
- 비닐봉지를 유성펜으로 꾸민 다음 투명 테이프로 바람이 빠져나가지 않도록 잘 붙인다.

2 2명씩 비닐봉지를 테니스 치듯이 종이 라켓으로 쳐서 서로 주고받는다.
- 비닐봉지를 떨어뜨리거나 못 받으면 점수를 잃고 다시 계속한다.

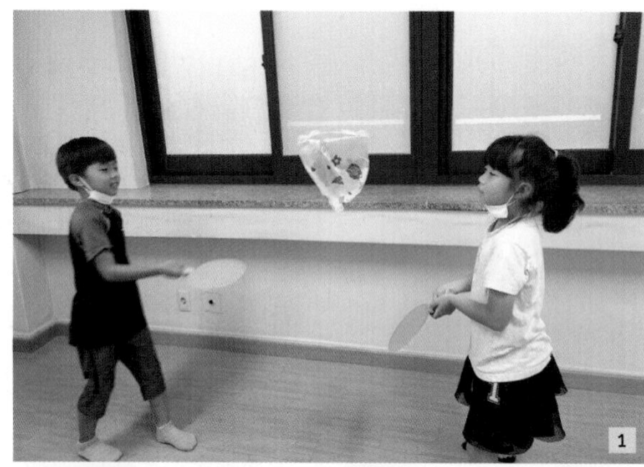
1

2

- 종이접시로 간이 라켓을 만들기 때문에 너무 세게 치면 쉽게 망가질 수 있습니다.
- 아이스크림 막대는 테이프보다 글루건으로 붙이는 것이 더 안정적입니다.
- 실내에서 놀 경우 안전을 위해 장애물이 없는 곳이나 강당을 이용합니다.

080 세상의 모든 놀이

신체·20

국자 타고 나르는 꼬마 물풍선

찰랑찰랑 꼬마 풍선에 물을 넣어 물풍선을 만들고 국자를 이용해 물풍선이 터지지 않게 옮깁니다. 빨리 달린다고 해서 이기는 게 아니라 물풍선이 국자에서 떨어지거나 터지지 않도록 민첩성과 평형성이 필요합니다. 아슬아슬한 꼬마 물풍선 옮기기 놀이에 도전해보세요.

준비물 국자, 꼬마 물풍선, 쟁반, 칼라콘

놀이 방법

1. 두 팀으로 나눈다.
2. 출발선에서 일정 거리에 물풍선을 놓은 쟁반과 빈 쟁반을 놓는다.
3. 주자는 빈 국자를 들고 가서 국자 위에 물풍선을 올려놓고 칼라콘을 돌아와 옆 쟁반으로 옮긴다.
4. 중간에 풍선이 떨어지거나 터지면 탈락한다.
   - 시간 종료 후 옆 쟁반에 꼬마 물풍선이 많이 들어 있는 팀이 이긴다.

1

2

3

4

- 젖은 몸을 닦을 수 있도록 수건을 준비하고 바닥에 떨어진 물은 미끄러지지 않도록 바로 닦습니다.
- 풍선에 많은 양의 물을 넣거나, 친구들을 향해 던지지 않도록 놀이 규칙을 정합니다.
- 국자 대신 플라스틱 컵이나 그릇에 물을 담아 옮기기로 활용할 수 있습니다.

081 세상의 모든 놀이

신체·21

성화를 들고 달려요

'종이컵 위에 피구 공 얹고 달리기'로 도중에 공을 떨어뜨리거나, 종이컵을 놓치거나 쓰러뜨리면 출발 지점으로 다시 돌아와 진행해야 합니다. 결승선 바로 앞에서도 승패가 바뀔 수 있기에 스릴이 넘치는 놀이입니다.

준비물 종이컵 60개, 피구 공 2개

놀이 방법

1 출발선과 반환 지점을 정하고 반환 지점에 종이컵 10개를 엎어둔다.
- 팀 경기로 할지 개인전으로 할지 정한다.
(예: 팀 경기로 할 때는 이긴 사람이 많은 팀이 승리, 개인전으로 할 때는 토너먼트로 결승전까지 올라간다.)
- 출발 지점에 2명씩 짝지어서 선다.

2 각자 종이컵 25개 위에 피구 공을 얹고 출발선에 선다.
- 결승선까지 피구 공을 떨어뜨리지 않고 먼저 들어오는 사람이 이긴다.

1

2

- 손으로 맨 아래 종이컵만 잡도록 합니다.
- 종이컵의 개수는 조절할 수 있습니다.

신체·22

함께 떠나요, 종이컵 나라로

다양한 종이컵 관련 활동입니다. 종이컵을 높이 쌓거나 나르기, 여러 모양 만들기 등 놀이 방법은 무궁무진합니다. 선생님, 친구들과 함께 종이컵을 쌓고, 글자도 만들어보세요.

준비물 종이컵

놀이 방법
1. 종이컵을 지그재그로 높이 쌓기를 한다.
2. 종이컵을 친구의 몸을 따라 놓으면 안에 있던 친구는 종이컵을 건드리지 않고 일어선다.
3. 종이컵 길을 만들어 따라 걷거나 종이컵으로 글씨를 만든다.

1

2

3

- 활동 중 흥분해 다툼이 일어나지 않도록 주의를 줍니다.
- 충분한 공간을 확보하고 놀이를 시작합니다.

이불 터널을 통과해요

이불을 이용해서 터널을 만들고 이불 속을 엉금엉금 기어서 통과하거나 이불 위를 뛰어넘기, 이불 위에서 데굴데굴 구르기 등 다양한 활동이 가능합니다. 이불 위치를 바꿔가며 단계를 조절할 수 있어요.

준비물 이불, 칼라콘

놀이 방법
1 2명이 이불 양쪽 모서리를 최대한 높이 잡고 있는다.
2 2명씩 이불 터널을 통과한다.
3 이불을 조금 내리면 몸을 더 낮춰 통과한다.
4 이불을 바닥에 깔고 순서대로 데굴데굴 굴러간다.

1

2

3

4

- 서두르다 넘어지거나 균형을 잃지 않도록 주의를 줍니다.
- 너무 두꺼운 이불은 들고 있기 힘들므로 가벼운 이불을 준비합니다.

비행기 착륙 대작전

종이비행기를 접어서 훌라후프 안으로 날려 안전하게 착륙시키는 놀이입니다. 비행기를 날릴 때 목표지점 안에 잘 착륙하도록 집중해서 힘을 잘 조절하게 하세요. 사전에 종이비행기 접기 활동을 해 나만의 멋진 종이비행기를 만들어 사용하면 더 신납니다.

준비물 종이비행기, 훌라후프 2개

놀이 방법

1. 아이들 수에 맞춰 팀을 나눈다.
2. 팀에서 1명씩 나와 출발선에서 정해진 거리에 훌라후프를 놓는다.
3. 팀원은 순서대로 종이비행기를 자기네 훌라후프 안으로 힘껏 날린다.
4. 자기네 훌라후프 안으로 종이비행기가 많이 들어간 팀이 이긴다.

- 팀 놀이의 규칙을 지키며 즐기도록 합니다.
- 훌라후프 원에 비행기가 걸쳐 있을 경우도 들어간 것으로 인정합니다.

거미줄을 통과해요

책상 다리들에 고무줄을 연결하여 거미줄을 만들고, 거미줄에 닿지 않도록 몸을 요리조리 움직이며 통과하는 활동입니다. 이 놀이로 유연성과 민첩성을 기를 수 있어요.

준비물 흰색 고무줄 또는 끈, 종

놀이 방법

1 교실 책상을 한쪽으로 밀고 공간을 확보한다. 책상과 의자를 군데군데 배치하고 다리에 고무줄을 묶어 연결한다.

2 가위바위보를 하여 두 팀으로 나눈다. 첫 주자가 출발 신호음과 함께 거미줄을 건드리지 않고 다양한 방법으로 통과해 도착 지점으로 간다.

3 거미줄을 건드리면 처음부터 다시 시작한다.

- 팀원 전체가 거미줄을 통과하는 데 걸린 시간을 재고, 짧은 시간에 거미줄을 통과하는 팀이 이긴다.

1

2

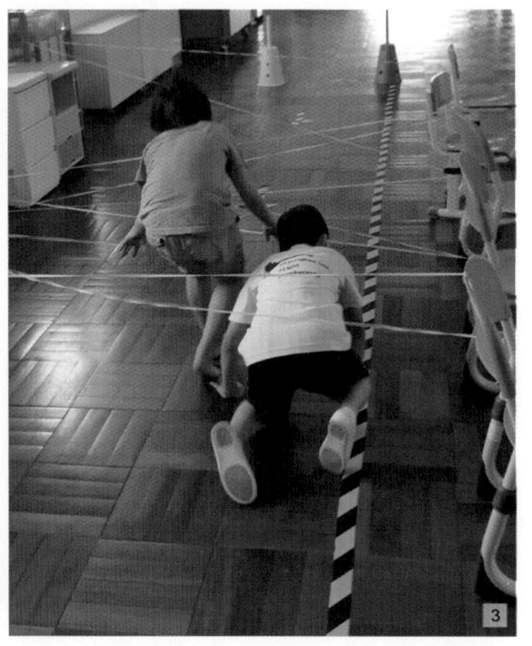
3

- 모양을 여러 가지로 변형하여 거미줄을 만들 수 있고, 거미줄에 종을 달면 더 스릴이 넘칩니다.
- 규칙을 잘 설명해주어 규칙을 지키며 놀이에 참여하도록 합니다.

신체·26

누가누가 많이 튕기나

우리 반 최고의 배드민턴 오래 튕기기 왕을 정하는 놀이입니다. 한 사람씩 나와서 배드민턴에 셔틀콕을 올려놓고 튕길 때마다 하나, 둘, 셋, 숫자를 함께 세며 즐겁게 놀이에 참여하도록 해보세요.

준비물 어린이용 배드민턴 세트, 점수판, 필기 도구

놀이 방법

1. 어린이용 배드민턴을 준비하고 배드민턴 채 하나를 가슴 높이까지 올려 그 위에 셔틀콕을 놓는다. 셔틀콕을 위아래로 튕긴다.
   - 최소 30cm 이상 높이로 셔틀콕이 올라갔다가 내려가게 튕긴다.
   - 셔틀콕을 떨어뜨리지 않고 몇 번이나 튕겼는지 세고 점수판에 기록한다.
2. 다른 친구가 배드민턴 위의 셔틀콕을 튕기기 시작하면 함께 소리 내어 개수를 센다.
   - 우리 반 최고의 배드민턴 오래 튕기기 왕을 선정한다.

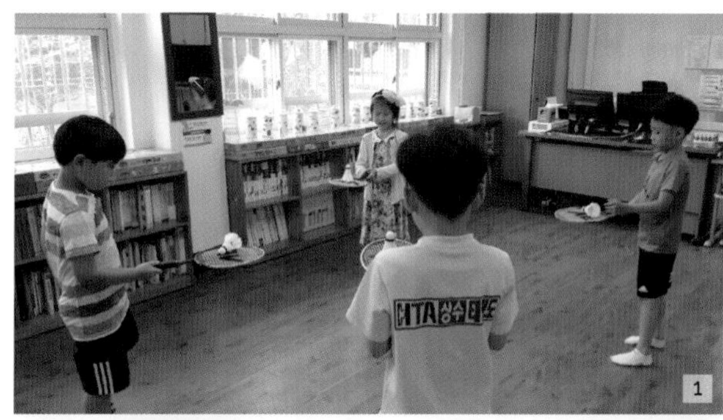
1

2

- 너무 높이 치거나 세게 치지 않도록 주의시키고 다른 친구가 칠 때 웃기거나 말을 시켜서 방해하지 않도록 규칙을 정합니다.
- 탁구채와 탁구공을 이용한 튕기기 놀이 등으로 변형할 수 있습니다.

발을 모아 으쌰으쌰

선생님의 신호에 따라 아이들이 발을 이용하여 우유 갑을 옮기는 놀이입니다. 팀원들과 협동하는 과정에서 배려와 의사소통 능력이 향상되며 끈기 있게 몸을 움직이며 집중력과 참을성을 기를 수 있지요.

준비물 우유 갑 40개, 바구니 2개

놀이 방법

1 두 팀으로 나누어 줄을 맞춰 마주 보고 앉는다.
- 우유 갑 40개를 첫 번째 주자 앞에 놓고, 빈 바구니는 마지막 주자 앞에 놓는다.

2 진행자가 '시작'을 외치면 첫 번째 주자가 우유 갑을 두 발로 감싸 들어 옆 친구에게 전달한다. 옆 친구도 두 발로 우유 갑을 건네 받아 또 옆 친구에게 전달한다.
- 떨어뜨리면 떨어뜨린 사람이 다시 우유갑을 집어 전달한다.

3 정해진 시간 동안 우유 갑을 바구니에 많이 옮겨 놓은 팀이 이긴다.

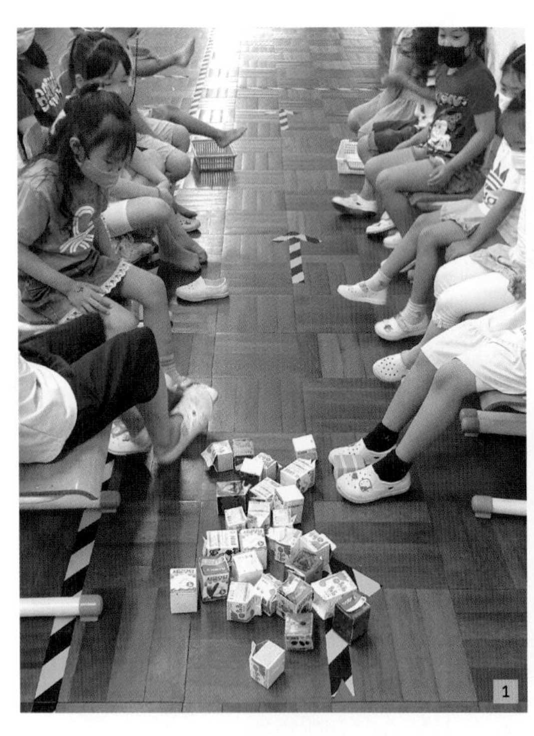
1

2

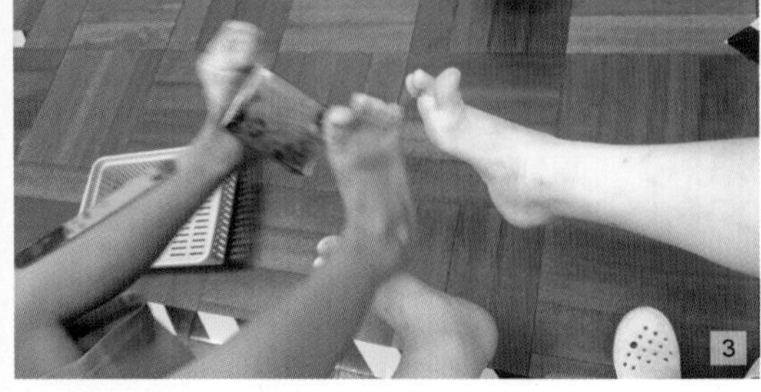
3

- 발로 우유 갑을 잘 다루지 못하는 친구는 심판을 보게 합니다.
- 우유 갑이 없으면 친구들의 실내화를 모두 모아 실내화 옮기기로 할 수 있습니다.

신체·28

흔들흔들 줄넘기를 넘어요

줄넘기 줄을 좌우로 흔들면 건너가기가 힘들죠. 언제 줄이 다가올지 집중해서 보다가 순간을 포착해 폴짝 뛰어넘게 해보세요. 흔들리는 줄의 속도를 잘 관찰하다 넘어야 하므로 아이들의 민첩성과 평형성, 순발력, 협동심을 기를 수 있어요.

준비물 줄넘기

놀이 방법
1 두 팀으로 나눈다.
2 수비팀 아이들이 줄넘기를 좌우로 낮게 흔들며 건너가기 어렵게 만든다.
3 공격팀 아이들이 줄을 통과하다 밟거나, 줄이 신체에 닿으면 탈락한다.
4 줄넘기 줄 장애물을 안전하게 통과한 어린이의 수를 세어 많은 쪽이 이긴다.

- 줄넘기 줄을 세게 흔들면 아이들이 줄에 맞아 다칠 수 있으니 규칙을 지키며 안전하게 진행하게 합니다.
- 줄넘기 줄의 높이를 다르게 해 놀이 방법을 확장할 수 있습니다.

홈~런, 양말 공을 쳐요

일상생활 소품인 양말로 공을, 신문지로 배트를 만들어 활용하는 변형 야구 놀이입니다. 실내외 어디서나 할 수 있으니 친구들과 사이좋게 규칙을 정해 즐겁게 활동에 참여하도록 해보세요.

준비물 양말 1개, 신문지, 투명 테이프

놀이 방법
1. 양말 1켤레를 서로 돌돌 말고 한쪽 입구로 덮어씌워 안전한 공을 만든다.
2. 신문지를 돌돌 말아 투명 테이프로 붙여 야구 배트를 만든다.
3. 1명은 투수, 또 다른 1명은 타자가 되어 공을 던지고 치게 한다.
4. 3명 이상으로 확장하여 던지고, 받고, 달리는 등 양말 야구 놀이를 한다.

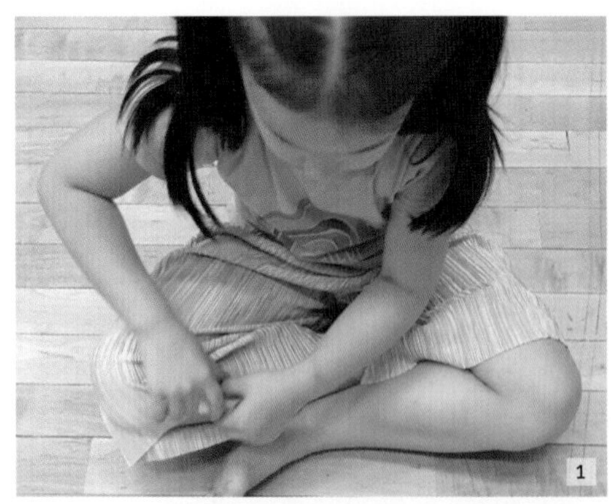
1

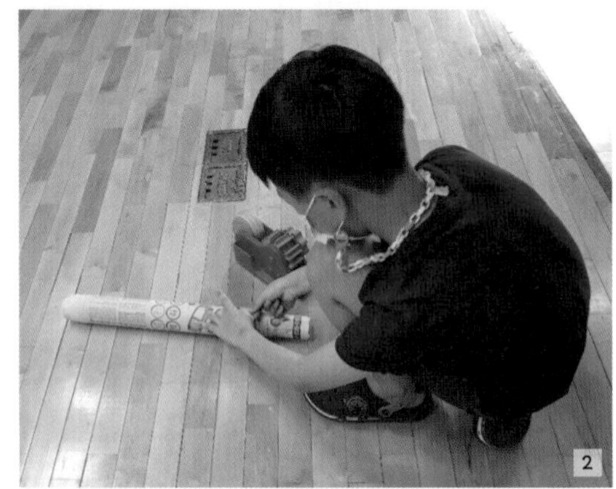
2

3

4

- 단체 경기로 팀을 나눠 놀이를 확대할 수 있습니다.
- 활동할 때 넘어지지 않도록 안전 규칙을 지키며 진행하게 합니다.

풍선으로 릴레이

팀별로 풍선을 전달해서 빠르게 끝까지 보내면 승리하는 놀이입니다. 팀별로 어떻게 줄을 서야 더 빨리 풍선을 전달해서 이길지 전략을 세워 놀이하게 하세요. 아이들의 협동심과 순발력을 키울 수 있습니다.

준비물 풍선

놀이 방법

1 두 팀으로 나누어 길게 줄을 서고 시작 신호와 함께 맨 앞 친구부터 풍선을 머리 위로 해 뒤에 있는 친구에게 보낸다.

2 풍선을 받은 마지막 친구는 앞으로 달려와 서고 이번에는 공을 다리 사이로 끝까지 보낸다.
- 풍선이 마지막 친구에게 도착하면 풍선을 들고 선생님께 가지고 온다.

1

2

- 풍선이 터져도 무서워하지 않는 친구를 제일 끝에 세우고, 마지막에 풍선을 터트리게 해도 됩니다.
- 아이들에게 서는 간격이나 동작 등을 궁리해 더 빨리 전달할 방법을 찾아보게 합니다.

아름다운 리본 체조 한마당

신나는 음악을 들으며 손잡이를 매단 리본 줄을 흔들고 던지면서 여러 동작을 하는 리본 체조 활동입니다. 아름다운 리본 체조 놀이를 통해 리듬감과 몸의 균형감각을 기를 수 있어요.

준비물 나무젓가락, 리본 줄, 투명 테이프, 신나는 음악

놀이 방법

1 나무젓가락의 끝부분에 긴 리본 줄을 붙인다.
- 나무젓가락을 잡고 흔들면서 리본 줄이 움직이는 모양을 관찰한다.
- 상하좌우로 흔들기, 앞으로 둥글게 큰 원 그리기, 나선형 만들기, 파도 모형 만들기, X자 그리기, 위로 던져서 다시 받기 등 다양한 방법으로 흔든다.

2 신나는 음악을 들으며 리듬에 맞추어 리본 체조를 한다.

1

2

- 리본끼리 서로 엉키지 않도록 일정한 거리를 유지하게 하세요.
- 정식 리듬 체조경기에서는 리본의 너비는 4~6cm, 길이는 6m, 무게는 35g이 표준이지만 놀이 활동에서는 아이들 키에 맞춰 만듭니다.
- 4명씩 모둠별로 새로운 리본 체조 동작 만들기나 리본을 양손으로 돌리기 등의 활동을 할 수 있습니다.

명중이다

정신을 집중하고 손끝에 힘을 모아 플라잉 디스크를 던져 책상 위 페트병을 더 많이 맞히면 승리하는 놀이입니다. 넘어진 페트병 수만큼 팀의 승리가 보이기 때문에 아이들의 집중력을 기를 수 있고 스트레스 해소에도 도움을 주지요.

준비물 플라잉 디스크, 빈 페트병 12개, 책상 2개

놀이 방법
1 두 팀으로 나누고, 페트병 6개씩을 책상 위에 각각 세운다.
2 순서대로 플라잉 디스크를 던져 빈 페트병을 맞힌다.
3 쓰러진 페트병은 던진 아이가 세우고 자기 자리로 간 후 다음 아이가 던진다.
4 쓰러진 페트병의 개수를 세어 많이 쓰러뜨린 팀이 이긴다.

1

2

3

4

- 빈 페트병 대신 인형이나 종이컵 등도 활용할 수 있습니다.
- 플라잉 디스크를 다른 아이들에게 던지지 않도록 주의를 줍니다.
- 던지는 거리로 난이도를 조절할 수 있습니다.

릴레이 몸으로 말해요

한 아이가 단어 카드에 있는 단어를 보고 몸으로 설명하면 다른 아이들이 보고 맞히는 놀이입니다. 이 놀이로 아이들의 협동심과 사회성을 길러줄 수 있어요.

준비물 단어 카드(동물, 식물, 사물, 인물, 직업 등 다양한 주제), 스톱워치

놀이 방법

1. 두 팀으로 나누고 사회자는 팀원들 뒤에서 단어 카드의 단어를 설명하는 아이에게만 보여준다.
2. 단어를 보고 몸으로 표현한다. (예: 동물-토끼)
   - 같은 팀 아이들은 설명하는 동작을 보고 단어를 맞힌다.
3. 정답을 맞히면 자기 팀의 끝자리로 이동하고 두 번째 아이가 나와 설명하는 아이의 몸 동작을 보고 다음 단어를 맞힌다.
4. 5분 동안의 놀이 시간 종료 후 맞힌 단어 수가 많은 팀이 이긴다.

- 네이버 카페 <신나는 세모 놀이터> '신체 놀이-단어카드'를 참고하세요.
- 종료 시간 1분 전에 알려주어 속도를 내도록 돕습니다.
- 과도한 경쟁으로 갈등이 발생하지 않게 규칙을 지키도록 합니다.

빨대로 종이를 옮겨요

빨대를 입에 물고 흡입력을 이용해 각자 자신의 종이컵과 같은 색의 색종이 조각을 많이 옮기는 사람이 승리합니다. 집중력과 민첩성을 기를 수 있는 놀이입니다.

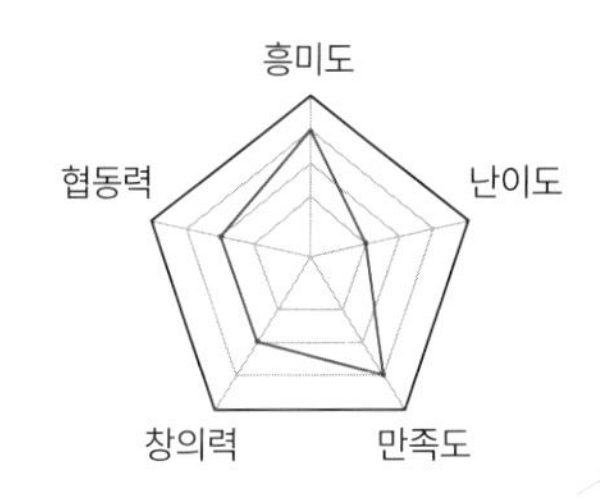

준비물 색종이, 다양한 색의 종이컵, 빨대

놀이 방법

1 아이들 수에 맞게 색종이와 같은 색의 종이컵과 빨대를 준비한다. 빨강, 파랑, 노랑, 초록색 등 여러 장의 색종이를 같은 크기로 잘라 놓는다.
- 시작과 함께 빨대를 입에 물고, 자신의 종이컵 색에 맞는 색종이를 흡입력을 이용해 종이컵 안으로 재빠르게 옮긴다.

2 일정 시간이 지나면 종료하고 자신이 옮긴 색종이의 개수를 센다. 더 많이 옮긴 사람이 이긴다.

1

2

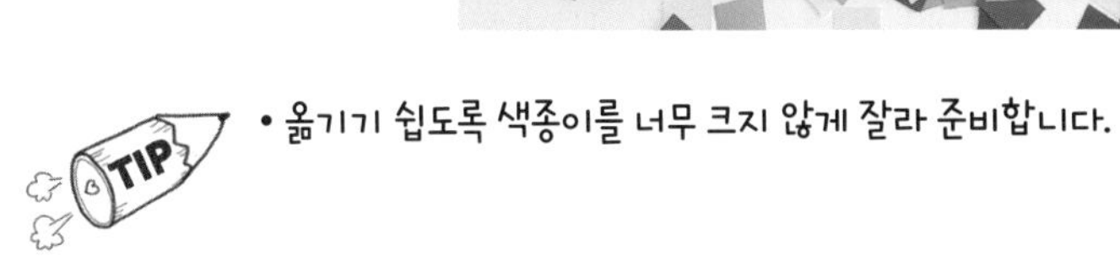

• 옮기기 쉽도록 색종이를 너무 크지 않게 잘라 준비합니다.

신체·35

날아라, 신발아

신고 있는 신발의 한쪽을 반쯤 벗고 골대를 향해 정확하게 신발을 날려 넣는 활동입니다. 팀 대항전이라면 신발이 골대 안에 많이 들어간 팀이 승리합니다. 신발 공이 골인하면 아이들의 탄성이 절로 터져나와요.

준비물 신발

놀이 방법

1 순서를 정한 뒤 출발선 위에 신발을 반쯤 벗고 선다.

2 신발을 골대 안으로 힘차게 날린다.

3 신발이 골대 안에 정확히 들어가면 득점한다.

- 안전을 위해 규칙과 약속을 미리 정합니다.
- 저학년의 경우 거리를 좀 더 가깝게 조정해서 진행합니다.

신체·36

고깔모자로 만나는 작은 보물

고깔모자의 끝을 조금 잘라서 작은 구멍을 만들고, 고깔모자를 얼굴 앞으로 쓴 다음 달려가서 바닥의 작은 보물을 찾아오는 놀이입니다. 혼자서 못 찾으면 친구들의 도움을 받게 하세요.

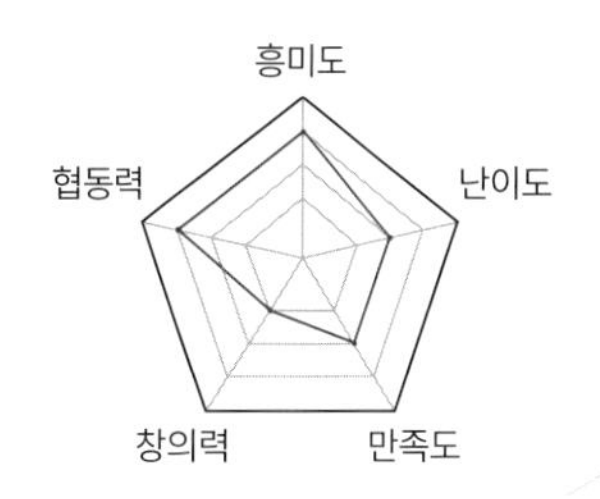

준비물 고깔모자 2개, 뿅뿅이, 마스킹 테이프

놀이 방법
1 아이들 수에 맞춰 팀을 나누고, 마스킹 테이프로 출발선과 보물(뿅뿅이) 놓는 곳을 표시한다.
2 출발 신호에 맞춰 고깔모자를 앞으로 쓰고 서로 부딪치지 않게 조심해서 달린다.
3 고깔모자 속으로 보이는 구멍을 통해 보물을 찾는다.
4 보물을 찾아 제자리로 빨리 돌아오면 이긴다.

1

2

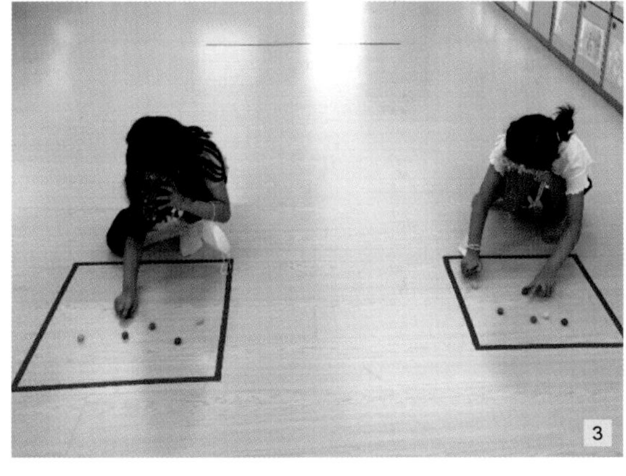
3

4

- 보물의 종류와 크기를 다양하게 정하고, 걸려서 넘어지거나 다치지 않도록 지도합니다.
- 시간이 너무 지체되거나 어려워하는 경우 방향을 말해주고 찾게 합니다.

나는 백발백중 명사수

종이컵을 쌓아놓고 종이로 만든 고무줄 총을 쏘아 더 많이 무너뜨리면 이기는 놀이입니다. 아이들의 스트레스 해소와 집중력 향상에 도움이 됩니다.

준비물 종이컵, 고무줄 총(A4 색 마닐라지, 스테이플러), 고무줄, 가위

놀이 방법

1. A4 색 마닐라지를 짧은 쪽으로 대문 접기하고, 뒤집어서 한 번 더 대문 접기한 후 가운데를 세운다.
2. 세워놓은 한쪽 끝의 아래쪽을 스테이플러로 찍어 고정하고, 그 위에 고무줄이 걸릴 홈을 자른다.
3. 홈에 고무줄을 걸어서 반대쪽 끝까지 당겨 걸어주고, 홈을 내지 않은 반대쪽의 양옆을 잡아 살짝 벌려주면 고무줄이 발사되는 고무줄 총이 완성된다.
4. 팀을 나누고 종이컵을 쌓는다. 고무줄 총으로 종이컵을 맞히고, 점수를 합산하여 점수가 많은 팀이 이긴다.

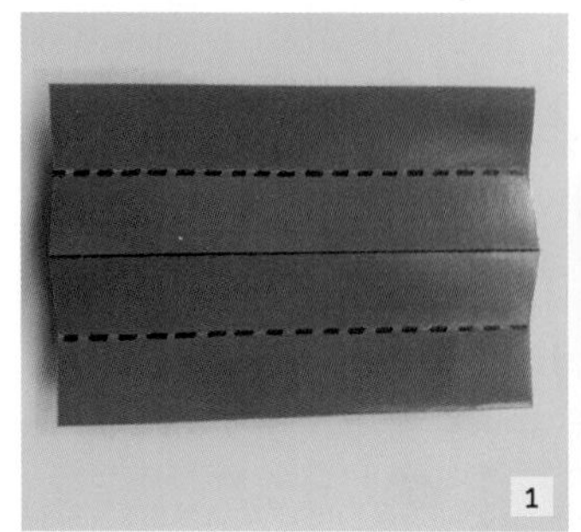
1

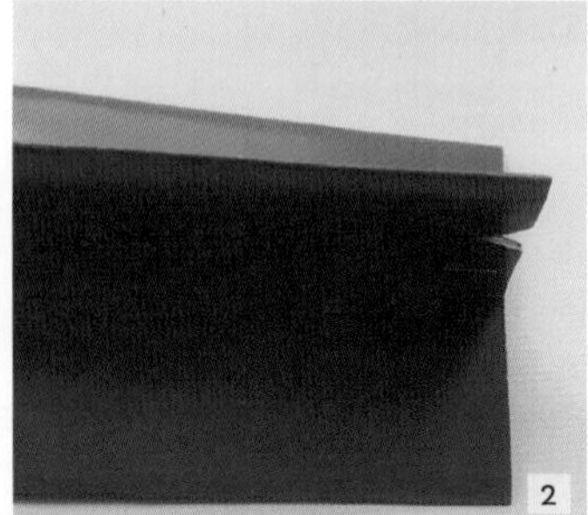
2

3

4

- 안전을 위해 사람이 있는 방향으로는 절대 고무줄 총을 쏘지 않도록 주의를 줍니다.
- 책상이나 의자, 바닥 등 다양한 공간에 종이컵을 쌓아놓고 할 수 있습니다.
- 중간에 다른 색 컵을 넣어서 추가 점수(2점)를 획득하게 해볼 수도 있습니다.

신문지 스틱으로 하키해요

신문지를 돌돌 말아 종이접시를 붙여 스틱을 만들고 퍽 대신 풍선을 상대편 골대에 넣어 점수를 얻는 변형 하키입니다. 빠른 판단력과 몸의 균형감, 근육의 고른 발달에 좋은 활동이에요.

준비물 신문지, 풍선, 투명 테이프, 종이접시, 가위, 책상 2개

놀이 방법

1. 신문지를 돌돌 말아 투명 테이프를 붙여 고정한다.
2. 신문지 끝부분에 반으로 자른 종이접시를 붙인다.
3. 양 팀으로 나누어 각자 상대 팀의 골대를 향해 풍선을 친다.
4. 각 팀의 골대를 통과한 풍선의 횟수로 점수를 계산한다.
   - 골대는 작은 책상이나 의자를 활용하는데 인원이 많을 경우 양 팀에서 1명씩 나와 하키 스틱으로 풍선 퍽을 쳐 골대에 넣는 방식으로 진행할 수 있다.

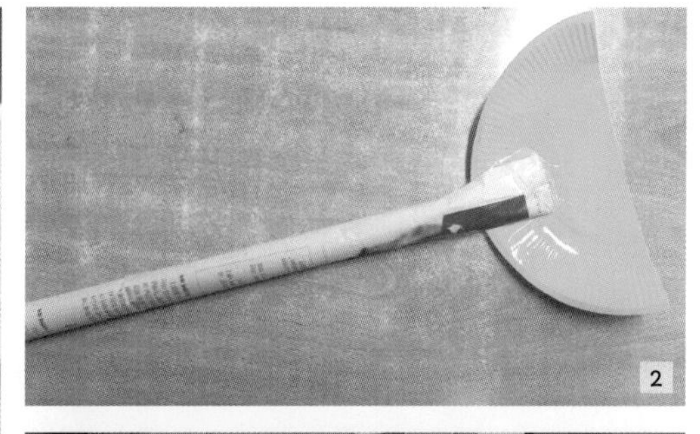

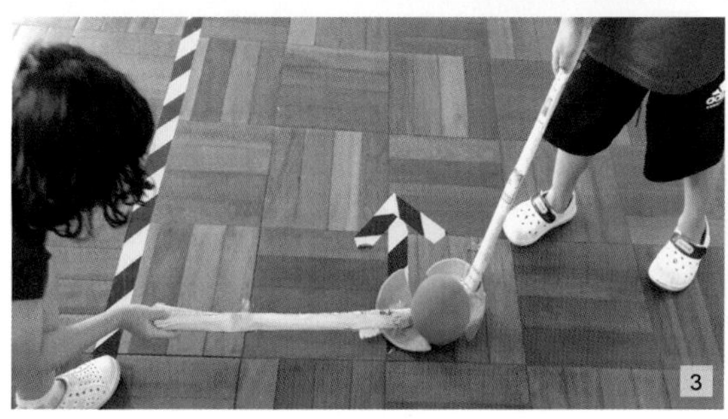

- 풍선을 너무 크게 불어 터지지 않게 주의합니다.
- 신문지를 4장 이상 사용해 하키 스틱을 만들면 쉽게 구부러지지 않아 경기를 오래 계속할 수 있습니다.

귀한 손님 모셔라

의자를 둥글게 놓고 앉아 빈 의자 양쪽 친구들이 재빨리 손님을 모셔와 빈자리를 채워야 승리하는 놀이입니다. 동요 한 곡을 틀어놓고 그 곡이 끝날 때 양옆에 친구가 없으면 벌칙을 받게 됩니다. 재미난 벌칙도 함께 만들어보세요.

준비물 의자(학생 수+1개)

놀이 방법

1. 의자를 둥글게 원을 만들어 놓고 앉는다.
   - 앉은 자리 사이에 빈자리 하나를 만든다.
2. 노래가 나오는 동안 빈자리 양쪽에 앉은 학생들은 짝이 되어 친구 1명을 데려와 앉힌다.
3. 손님을 모셔오면 새로 빈자리가 생기기 때문에 다시 빈자리 양옆의 아이들이 다른 친구를 데려와 앉힌다.
4. 노래가 끝났을 때 빈자리의 양옆 친구 또는 자리에 앉아 있지 않은 아이가 벌칙을 받는다. (춤추기, 노래하기 등)

1

2

3

4

- 이동할 때 서로 부딪히지 않도록 주의시키며 친구의 손을 억지로 잡아 끌지 않도록 합니다.
- 이동한 친구가 의자에 앉고 나서 비어 있는 자리 옆의 친구들이 일어나 다른 친구를 데려와야 합니다.
- 친구를 데려올 때 '한 발로 뛰어 데려오기', '오리걸음으로 데려오기' 등 변형 규칙을 활용해보세요.

접시 콘 모양을 바꿔요

팀별로 접시 콘 모양을 앞이나 뒤로 정한 다음 제한 시간 안에 최대한 빨리 상대팀의 접시 콘 모양을 우리 팀 모양으로 바꾸는 놀이입니다. 아이들 간의 협동심을 기를 수 있어요.

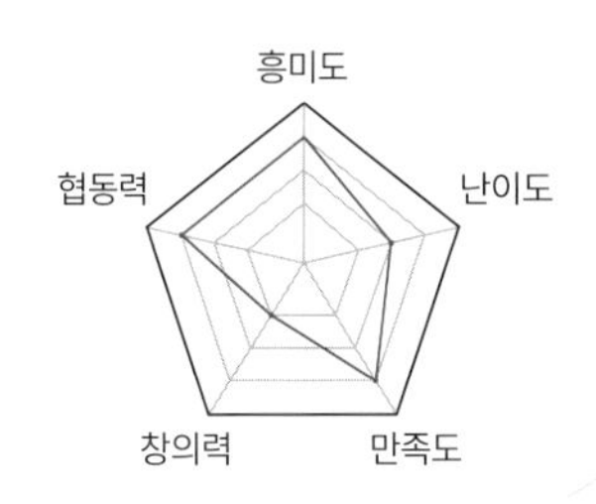

준비물 작은 접시 콘 30개

놀이 방법
1. 두 팀으로 나눠 팀별로 접시 콘의 모양을 정한다.
2. 각 팀 가운데에 각 팀의 접시 콘 모양을 동일한 수로 놓는다.
3. 시작 신호와 함께 상대팀 모양의 접시 콘을 우리 팀 모양으로 바꾼다.
4. 시간 종료 후 같은 모양의 접시 콘 수를 확인해 많은 쪽이 이긴다.

- 활동 중 아이들끼리 부딪쳐 다치지 않도록 안전하고 넓은 장소에서 진행합니다.
- 난이도는 접시 콘의 개수로 조절할 수 있습니다.
- 시간 종료 몇 분 전에 남은 시간을 알려주면 놀이의 속도를 높일 수 있습니다.

신체·41

컬링은 계속된다, 쭉~

동계 올림픽에서 유명해진 컬링, 다들 아시죠? 이번 놀이는 비석을 판 중앙에 밀어 넣는 변형 컬링입니다. 중앙에 가까운 상대방의 비석을 쳐내면서 우리 팀 비석을 중앙에 가깝게 보내야 하기 때문에 힘 조절이 필요하지요.

준비물 마스킹 테이프, 비석 1인당 1개씩

놀이 방법 두 팀으로 나누고 가위바위보로 먼저 하는 팀과 나중에 하는 팀을 정한다.
- 출발선에서 판 중앙을 향해 비석을 힘껏 민다.
- 두 팀이 번갈아가면서 비석을 민다.
- 판 정중앙에서 가장 가까운 비석이 높은 점수를 얻는다. 여러 번 반복해 약속한 점수를 먼저 낸 팀이 이긴다.

- 비석에 마스킹 테이프를 붙여서 양 팀을 구별합니다.
- 경기가 끝나면 중앙에서 가까운 비석부터 3-2-1점 순으로 점수를 계산합니다.

탁구공은 숟가락과 함께

추운 겨울, 밖에 나가 놀 수 없을 때 실내에서 하는 놀이입니다. 몸의 균형 감각도 익히고 협동심도 키울 수 있어요. 탁구공이 숟가락에서 떨어지지 않도록 조심조심. 자, 이제 시작해볼까요?

준비물 색이 다른 탁구공 2세트(10~12개), 숟가락 2개, 계란판 2개, 칼라콘 2개

놀이 방법

1. 출발선 앞에 탁구공 통을 놓고, 가운데에는 계란판을, 반환점에는 칼라콘을 세워 준비를 한다.
   - 출발 신호에 맞춰 탁구공을 숟가락으로 떠서 빠른 걸음으로 걸어가 계란판에 탁구공을 옮겨 놓고 칼라콘을 돌아 들어와 숟가락을 다음 사람에게 전달한다.
2. 계란판에 탁구공을 다 옮겼으면 이번에는 반대로 숟가락을 들고 계란판으로 가 탁구공을 떠서 칼라콘을 돌아 출발선 앞에 있는 탁구공 통으로 다시 옮긴다.
   - 탁구공을 계란판에 옮기기까지만 진행할 수도 있다.
3. 통에 탁구공을 먼저 다 옮기는 팀이 승리한다.

1

2

3

- 반환점 표시용 칼라콘이 없을 때는 반환점을 표시할 수 있는 다른 물건으로 대체할 수 있습니다.
- 도중에 탁구공이 떨어지면 손으로 주워 숟가락에 올려놓고 떨어뜨렸던 곳에서 다시 이어서 진행합니다.

떼굴떼굴 굴려요

실내에서 아이들과 함께 앉아서 즐기는 피구입니다. 피구 규칙을 변형해서 서 있는 아이의 무릎 아래만 맞히도록 합니다. 눈을 굴리듯 공도 떼굴떼굴 굴리면서 굴림 피구를 해보세요.

준비물 공

놀이 방법

1 아이들 수에 맞춰 두 팀으로 나누고 공격과 수비를 정한다.
- 공격팀은 다리를 벌리고 앉아 둥글게 큰 원을 만들고, 수비팀은 그 원 안으로 들어가 선다.
- 앉아 있는 공격팀이 공을 굴려 수비팀 아이들을 맞힌다.
- 공에 맞은 친구는 밖으로 나가 앉는다.

2 팀원 모두가 공에 맞아 밖으로 나가면 공격과 수비가 교대된다. 팀별로 모든 아이가 아웃되는 시간을 기록해서 더 긴 시간 버텨낸 팀이 이긴다.

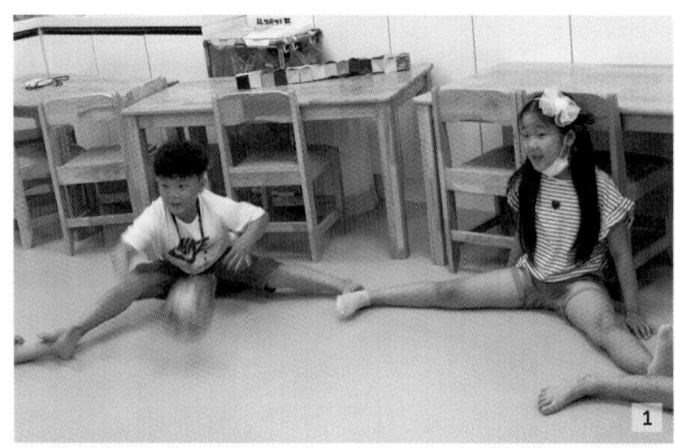
1

2

- 손을 들어 공을 높이 던지면 반칙이며 아웃된 아이 1명이 다시 들어옵니다.
- 제한 시간을 정해주고 진행할 수도 있습니다.

병뚜껑으로 열두 띠 알까기

내가 좋아하는 동물 이미지를 붙인 병뚜껑을 손가락으로 튕겨 더 멀리 보내면 이기는 놀이입니다. 열두 띠 이야기를 듣고 자신의 띠에 숨겨진 이야기도 알아보세요.

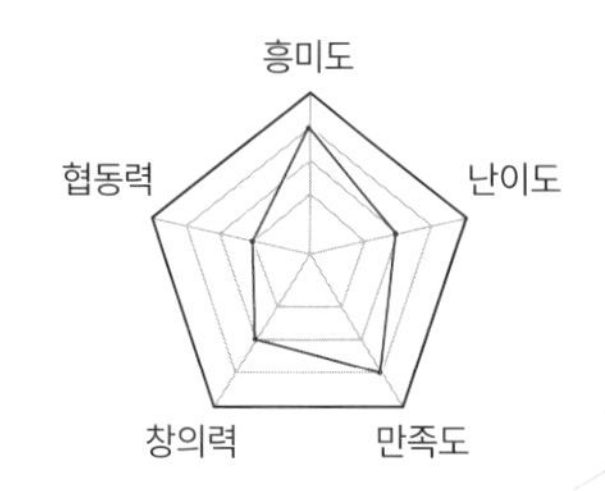

준비물 병뚜껑, 열두 띠 이미지와 다른 동물들 이미지, 색연필, 양면 테이프, 마스킹 테이프

놀이 방법

1. '열두 띠 이야기'를 듣고 띠의 순서를 기억하며 열두 띠를 내가 원하는 동물들로 그리고 색칠한다.
   - 색칠한 이미지를 양면 테이프를 이용하여 병뚜껑에 붙인다.
2. 바닥에 마스킹 테이프로 출발선을 그린 후 내가 만든 병뚜껑을 손가락으로 튕기고 멀리 간 순서대로 등수를 매긴다.
3. 아이들 숫자에 맞춰 토너먼트로 진행해도 되고 책상이나 바닥에서 모두 할 수 있다.

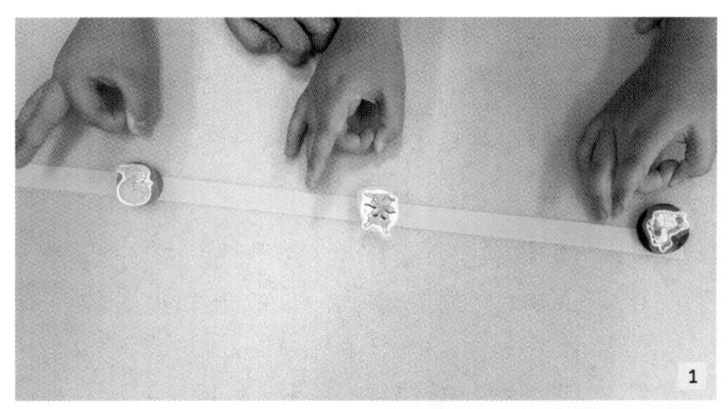
1

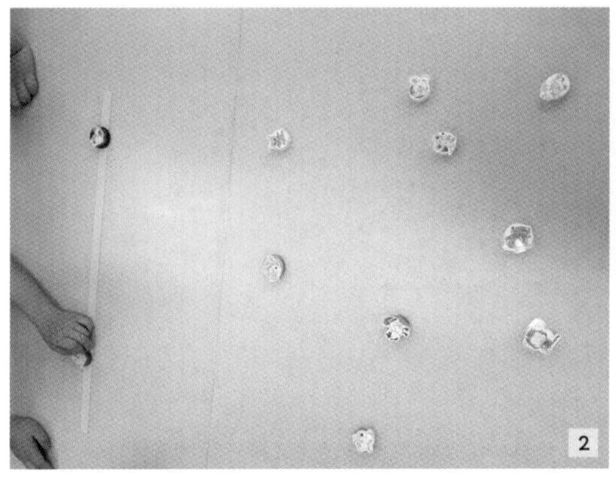
2

3

- 네이버 카페 <신나는 세모 놀이터> '신체 놀이-열두 띠 도안'을 참고하세요.
- 아이들이 서로 경기 중에 방해를 하지 않도록 미리 주의를 줍니다.
- 경기 진행 시 각 선수의 동물 이미지를 확인시켜줍니다.

휴지 눈을 날려요, 후~

입으로 풍선을 세게 분 다음 조금씩 풍선의 공기를 빼 그 힘으로 휴지를 멀리 날려 보내면 이기는 놀이입니다. 풍선을 힘껏 불어 공기를 가득 넣어주면 나중에 다시 그 힘을 쓸 수 있다는 게 신기하지 않나요? 공기를 어떻게 조절해서 휴지를 날릴지 잘 생각해보게 하세요.

준비물 풍선, 휴지

놀이 방법

1 풍선을 나누어준 후 늘려보기, 불어서 소리 내보기, 주둥이 놓아서 멀리 날려보기를 한다.
- 휴지에 좋아하는 그림을 그린다.
- 2명씩 짝을 이루어 책상 위에 휴지를 올린 후 풍선을 분다.

2 신호에 맞춰 풍선 입구를 3회 잡았다 놓았다 하며 휴지를 멀리 보낸다.
- 휴지가 책상 밑으로 떨어지면 탈락이다. 토너먼트로 진행한다.

1

2

- 풍선을 잘 불지 못하는 아이들은 바람 넣는 기구를 이용하게 합니다.
- 풍선을 묶어 던지고 떨어뜨리지 않기, 풍선 배구, 풍선 크게 불기 등 다양한 놀이로 활용할 수 있습니다.

우리 몸을 깨우는 영양 체조

동영상 '우리 몸을 깨우는 영양 체조'를 보고 함께 신나는 율동 체조를 해보세요. 즐거운 음악에 맞춰 아이들이 따라 하기 쉬운 체조로 몸을 움직이게 하면 추운 겨울에도 건강하고 유연한 신체를 만들 수 있답니다.

준비물 없음

놀이 방법

1 동영상을 시청하고 체조를 따라 한다.
① 키 쑥쑥 준비 체조
② 신나는 준비 체조
③ 몸치 탈출
④ 키 쑥쑥 나는야 롱~다리
⑤ 우리 것이 좋은 것이여 얼~쑤
⑥ 소중한 내 친구
⑦ 내 허리 짝꿍 허리 쭉쭉
⑧ 졸음 귀신 물러가라
⑨ 쉿~ 숨 고르며 집중해봐요
⑩ 으악~ 선생님, 다리 저려요
일주일에 1회씩 총 10개의 동영상을 돌아가면서 시청하고 체조 시간을 갖는다.

2 그룹별로 한 팀씩 나와서 율동을 발표하는 시간을 갖는다.

1

2

- 네이버 카페 <신나는 세모 놀이터> '신체 놀이-우리 몸을 깨우는 영양 체조' 동영상을 참고하세요.
- 체조의 장점을 설명해주고 즐겁게 참여하도록 이끕니다.
- 어린이를 위한 스트레칭 체조와 요가 등 다양하게 활용할 수 있습니다.

점점 작아지는 신문지 섬

신문지를 작게 접어가면서 친구와 함께 신문지 위에 올라가서 오래 버티는 팀이 승리하는 놀이입니다. 자연스럽게 친구와 더 가까워지는 것은 물론 협동심도 기를 수 있어요.

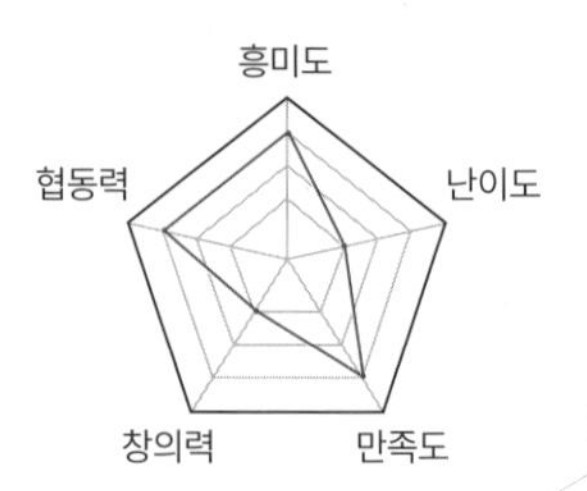

준비물 신문지, 음악

놀이 방법

1. 3~4명이 한 팀이 되도록 팀을 나눈다.
   - 신문지를 바닥에 넓게 펼친다.
   - 음악에 맞춰 친구와 손을 잡고 큰 원을 그리며 돈다.
   - 신호가 울리면 같은 팀 친구들과 신문지 위에 올라간다.
2. 신문지를 한 번씩 접어가며 반복하는데 팀원이 모두 작은 신문지 위에 올라서서 끝까지 버티면 이긴다.

1

2

- 노래는 자유롭게 정하여 불러도 됩니다.
- 활동 중 신문지가 찢어지는 것에 대비해 여분의 신문지를 준비합니다.
- 신문지를 이용한 '친구 이름 찾기' NIE 활동 등으로 확장할 수 있습니다.

미션, 물병 나르기 대작전

두 팀으로 나누어 쟁반 위에 물병을 올려놓고 떨어뜨리지 않도록 조심해서 반환점을 돌아오면 승리하는 놀이입니다. 아이들의 평형성과 민첩성을 기를 수 있어요.

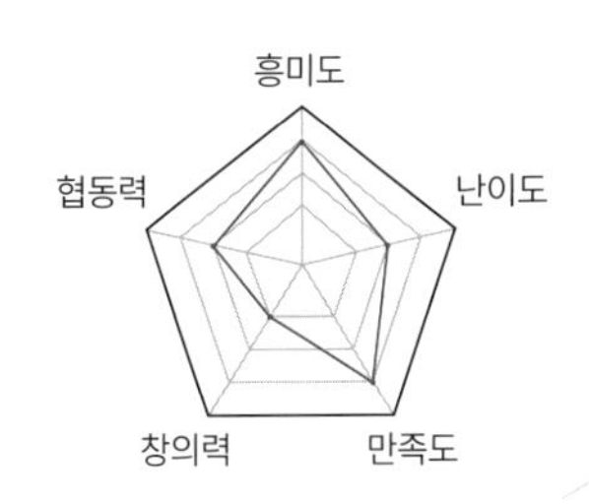

준비물 쟁반 2개, 500ml 생수 물병

놀이 방법
1 출발선에 팀별로 2명씩 나와 쟁반 위에 물병을 올린다.
2 옮기는 중간에 물병이 떨어지면 도움을 주는 친구가 물병을 다시 올려주며, 물병이 떨어지지 않은 상태에서 반환점을 돌아 먼저 결승선에 도착하면 이긴다.

1

2

• 물병 대신 인형, 쟁반 대신 스케치북이나 얇은 판 등 다양한 재료로 대체할 수 있습니다.

4

예술성 훨훨

미술 놀이 48가지

선생님의 공감과 격려, 칭찬이 가장 좋은 미술 도구입니다

'미술' 하면 그림 그리는 것을 먼저 떠올리는데 꾸미고, 만들고, 보고, 느끼고, 만지고, 찢고, 주무르는 것이 모두 미술 활동입니다. 누구나 가지고 있는 아름다운 감정들을 눈으로 볼 수 있는 하나의 형태로 만드는 작업은 다 미술이라고 할 수 있어요. 아름다운 것을 아름답다고 느끼는 것, 숨은 아름다움을 발견하는 눈을 기르는 것, 결과와는 상관없이 만드는 그 행위만으로도 미술이 될 수 있답니다.

아이들은 미술 활동을 통해 지적 능력과 정서를 균형 있게 발달시켜 나갑니다. 그렇다면 미술 활동은 어떻게 해야 할까요? 비싼 재료가 필요할까요? 패키지 재료를 꼭 사야만 할까요? 아뇨. 재료에 제한을 두실 필요가 전혀 없어요. 주위에 사용하다 버려지는 재활용품도 좋은 미술 재료가 됩니다. 물감을 찍어보고 섞어보는 것도 미술 활동이지요. 색칠 도구, 종이 재질만 살짝 바꾸어주어도 아이들이 생각보다 더 적극적으로 활동하는 모습에 흐뭇하게 미소 짓게 됩니다. 좋아하는 동물이나 캐릭터를 그리고 색칠하는 것만으로도 아이들이 즐거워했다면 충분히 좋은 미술 활동이 아닐까요? 세상의 모든 재료로 여러 가지 방법을 시도하도록 독려해주고, 최대한 다양한 경험을 하게 해주세요. 아이들이 주도적으로 나서게 하고, 충분한 시간을 주면 아이들은 즐겁게 기발한 결과물을 만들어내지요.

아이들이 주도적으로 즐겁게 활동하기 위해서는 선생님의 도움이 절실히 필요합니다.
아이들의 개성과 발달 특성을 이해하고 존중해주는 선생님의 융통성이 필요합니다.
아이들의 다양하고 독창적인 자기표현 욕구를 수용해주는 선생님의 개방성이 필요합니다.
아이들의 욕구를 자연스럽게 표현하도록 허용하는 선생님의 인내심이 필요합니다.

'잘하는 것보다 중요한 것은 즐기는 것이다'라는 말이 있지요. 미술 또한 그렇습니다. 미술을 놀이로 즐기면서 경험하면 자연스럽게 자신감이 생기고, 두려움이 없어지고, 자존감이 높아집니다. 작은 성공 경험이 모여 성취감을 얻게 되니 끊임없이 공감하고 격려하고 칭찬해주세요.

선생님의 공감과 격려와 칭찬이 가장 좋은 미술 도구임을 잊지 마시기 바랍니다.

〈연간 활동 계획 - 미술〉

월	시기	놀이명	월	시기	놀이명
3월	봄	움직이는 뱀과 산책해요	9월	가을	너만 바라보는 해바라기야
		세모네모 액자를 걸어요			나도 에릭 칼처럼
		데칼코마니 모빌이 줄줄이			아이들과 끈을 표현해요
		면봉으로 봄꽃을 그려요			이런 등, 저런 등
4월		폴리네시아 하늘을 표현해요	10월		아름다운 도자기를 빚어요
		꽃과 나비로 리스를 꾸며요			한지 연필꽂이를 만들어요
		팔딱 개구리가 뛰어올라요			향기 나는 버선이에요
		나만의 정원을 가꿔요			교실 지킴이 천하대장군
5월		먹지에 대고 그려요	11월		캐러비언의 해적 모자를 써요
		구슬이 붓이에요			아기자기 종이봉투 마을
		오르골, 마음으로 들어요			좋은 꿈만 꿔
		새 친구가 생겼어요			나, 이런 사람이야
6월	여름	행복한 우리 집이에요	12월	겨울	눈 내리는 작은 마을
		태양을 피하는 방법			왁자지껄 산타 마을
		넌 소중한 아이야			모루 크리스마스트리를 세워요
		내 마음이 보이나요			눈 내리는 겨울밤이에요
7월		시원한 풍선 아이스크림	1월		조리조리 복조리 사세요
		알알이 꽉 찬 옥수수			샤랄랄라~ 너는 공주, 나는 왕자
		신나게 찍어, 찍어			굴비 한 두름 선물이요
		쉿! 조용히			소리를 찾아서
8월		지퍼 백 어항을 만들어요	2월		쓰러지지 않는 펭귄
		내 발, 네 발? 아니 빨대 발			우주로 떠나요
		문어는 다리가 몇 개			땡그랑 한 푼, 땡그랑 두 푼
		나도 찍을 수 있다고			내 마음속 생각을 맞혀봐

미술·1

움직이는 뱀과 산책해요

색종이 고리를 연결하여 뱀을 만들어 놀아보세요. 누가 더 긴 뱀을 만들었는지 친구와 비교해보고, 목이나 어깨에 둘러도 보세요. 내가 만든 애완 뱀과 함께 산책도 해보세요.

준비물 색종이, 종이컵, 무빙 아이, 나무젓가락, 실, 송곳, 가위, 풀 등

놀이 방법
1 종이컵을 이용하여 뱀의 얼굴을 만든다.
 - 무빙 아이를 붙이고, 색종이로 혀를 만들어 붙인다.
2 길게 4등분으로 자른 색종이로 고리를 만들어 연결한다.
3 나무젓가락에 실을 연결해서 조정 막대를 만들고, 종이컵 안으로 색종이 고리와 연결한다.
4 애완 뱀의 이름을 붙여주고 함께 산책한다.

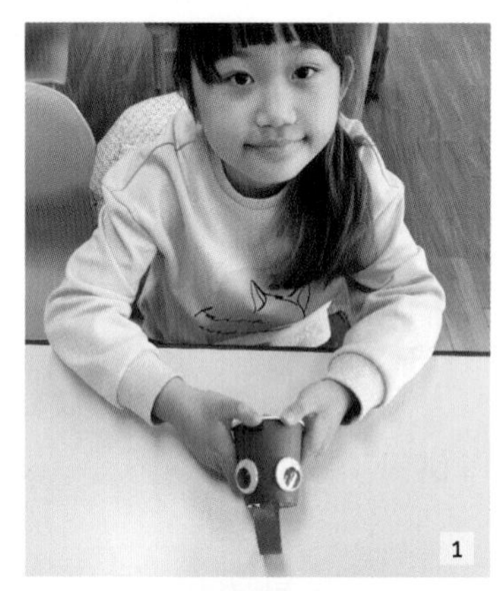
1

2

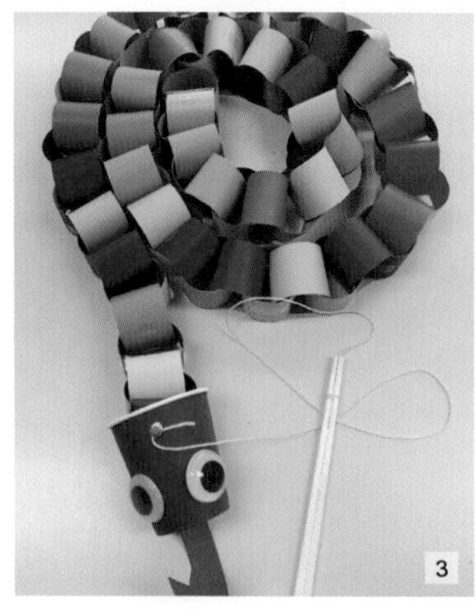
3

4

- 친구들이 만든 뱀을 서로 밟지 않도록 소중히 다루게 해주세요.
- 모둠끼리 함께 협동하여 길게 만들어도 좋아요.
- 뱀의 이름을 짓고, 애완동물처럼 이름을 불러주며 역할 놀이를 해도 좋습니다.

미술·2

세모네모 액자를 걸어요

사계절 다양하게 사용할 수 있는 액자를 아이들과 함께 색종이로 만들어보세요. 소품으로도, 교실 환경 미화에도 다양하게 활용할 수 있습니다.

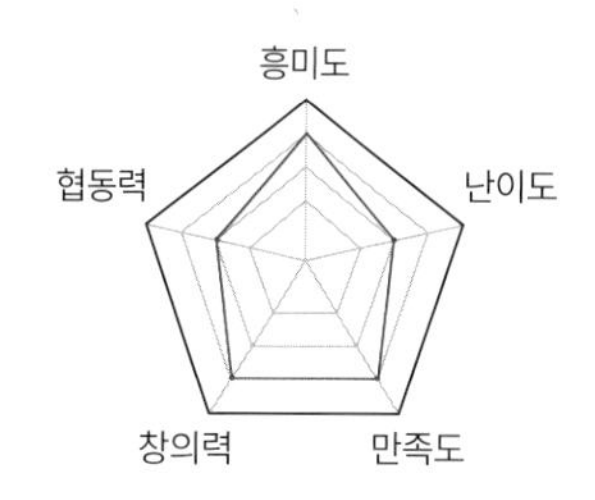

준비물 색종이, 끈, 풀, 글루건, 가위 등

놀이 방법
1. 색종이로 아이스크림 접기를 한다.
2. 뒤집어서 아랫부분 삼각형을 위로 접고 세로로 반을 접는다.
3. 4장을 똑같이 접어서 사각형 모양이 되도록 모서리를 끼우고 풀로 붙인다.
4. 뒷면에 고리를 붙여 액자를 완성하고 주제나 계절에 맞게 액자를 장식한다.

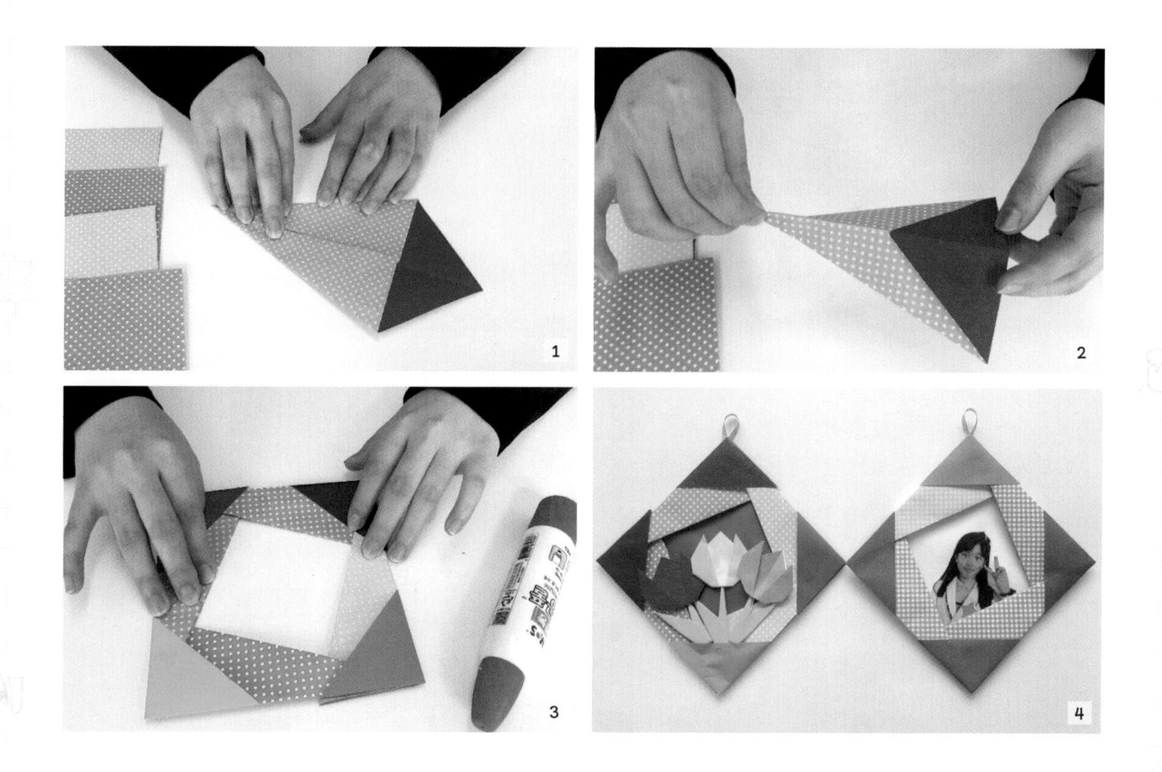

- 봄에는 각자의 얼굴을 그려넣고, 여름에는 물고기 액자로, 가을에는 코스모스 액자, 겨울에는 크리스마스 리스로 사계절 내내 다양하게 활용할 수 있습니다.
- 교실 활동사진을 넣거나 글자를 써서 가랜드로도 활용해보세요.

미술·3

데칼코마니 모빌이 줄줄이

일정한 무늬를 종이에 찍어 다른 표면에 옮기는 장식 기법을 '데칼코마니'라고 합니다. 데칼코마니는 흥미를 유발하고, 잘 그려야 한다는 부담이 없는 방법입니다. 예상치 못한 우연한 효과로 만들어진 패턴들로 모빌을 만들어보세요.

준비물 색 도화지, 물감, 리본, 가위, 목공풀 등

놀이 방법

1 데칼코마니 기법으로 패턴을 만든다. 색 도화지의 한 면에만 다양한 색의 물감을 짜고 반으로 접어 잘 문지른다.
 - 색 도화지를 대칭이 되는 모양으로 자른다.
2 리본에 패턴 종이들을 붙인다.
3 문 또는 창가에 걸어서 장식한다.

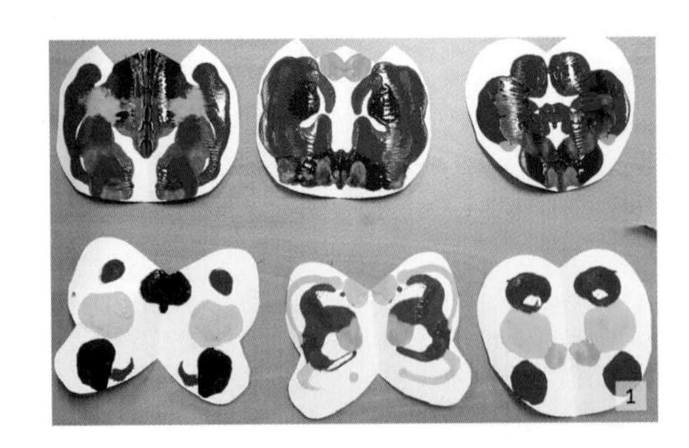
1

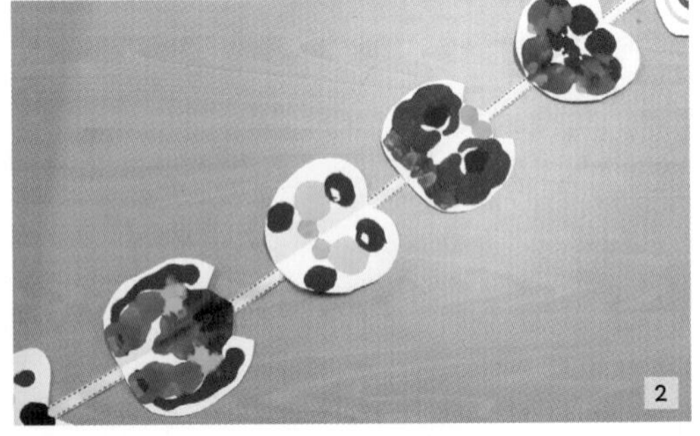
2

3

TIP
- 물감을 적당히 짜고 옆으로 번질 수 있도록 잘 문지르게 해주세요.
- 주변의 대칭이 되는 물건이나 동식물에 관하여 알아보는 활동으로 연결해보세요.

면봉으로 봄꽃을 그려요

봄꽃이 흐드러지게 핀 봄 한가운데에서, 봄꽃들에 관하여 알아보고 점묘화로 봄꽃을 표현해봅시다. 면봉으로 물감을 찍어 그림을 그리며 미술의 다양한 표현 방법을 경험해보세요.

준비물 캔버스 액자, 아크릴 물감, 파스텔, 나뭇가지, 면봉, 휴지, 가위, 목공풀 등

놀이 방법
1. 캔버스 액자에 파스텔을 부분적으로 연하게 칠하고 휴지로 문지른다.
2. 나뭇가지를 하나씩 액자 위에 올려놓고 목공풀로 붙인다.
3. 면봉을 사용하여 나뭇가지 주변에 아크릴 물감을 찍어서 봄꽃을 표현한다.
4. 아이들의 다양한 작품을 전시한다.

1

2

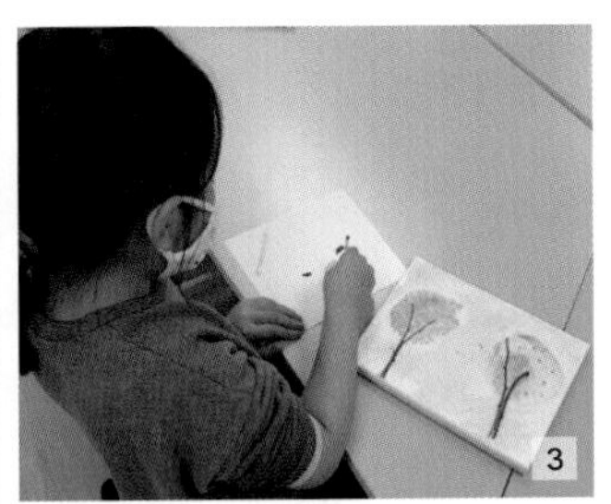
3

4

- 아크릴 물감은 옷에 묻으면 잘 지워지지 않으므로 주의하도록 미리 지도해주세요.
- 파스텔은 봄꽃의 배경이 되므로 진하게 칠하지 않도록 합니다.
- 면봉 여러 개를 고무줄로 묶어서 사용해도 됩니다.

폴리네시아 하늘을 표현해요

앙리 마티스의 <폴리네시아 하늘>은 톤이 다른 푸른 색조의 사각형을 교차시켜 배치한 바탕화면에, 하늘을 자유롭게 날아 다니는 듯한 새 모양의 형상들을 오려 붙였습니다. 이 작품을 감상하고 우리만의 하늘, 들판, 사계절 등을 표현해봅시다.

준비물 도화지, 색종이(7.5x7.5), 연필, 가위, 풀 등

놀이 방법
1. 앙리 마티스의 <폴리네시아 하늘>을 감상하고 느낌을 나눈다.
2. 도화지에 색종이를 교차시켜 붙여 배경을 만든다.
3. 자신이 꾸미고 싶은 것을 도화지에 그린 후 오려 붙여서 작품을 완성한다.

1

앙리 마티스 <폴리네시아 하늘>

2

3

TIP
- 황사와 날씨 변덕이 심한 봄에 앙리 마티스의 <폴리네시아 하늘>을 감상하며 황사의 원인을 알아보고 대기오염에 관하여 이야기를 나누어보세요.

꽃과 나비로 리스를 꾸며요

색종이를 오려서 아이들이 쉽게 만들 수 있는 리스입니다. 여러 색깔의 봄꽃을 만들어 붙여 다양한 색깔의 자연스러운 조화로움을 경험해보세요.

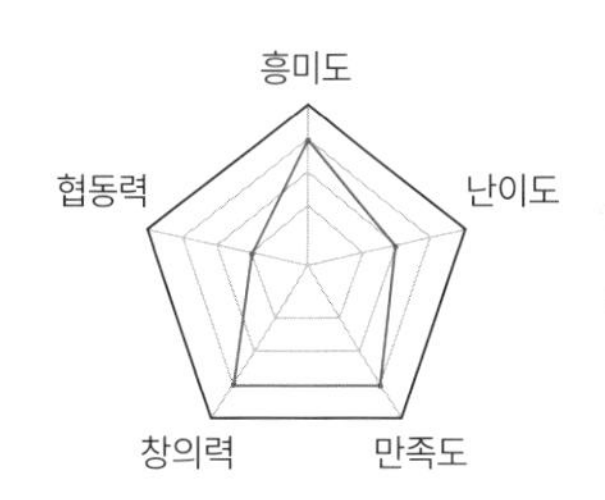

준비물 색종이, 종이접시, 풀, 가위, 꽃과 나비 도안, 끈, 색칠 도구 등

놀이 방법

1 색종이에 꽃 도안을 그린 후 오려서 꽃을 만든다.
2 종이접시의 가운데 부분을 잘라낸 후 만든 꽃을 가장자리에 붙인다.
3 다양한 색이 조화롭게 어울리도록 꽃을 붙여나간다.
4 끈으로 고리를 달아서 완성한다.
- 종이접시에 그림을 그려도 좋다.

- 같은 문양이 여러 개 필요하면 색종이를 몇 장 겹쳐서 자르는 경험도 해보게 합니다.
- 네이버 카페 <신나는 세모 놀이터> '미술 놀이-꽃과 나비 도안'을 참고하세요.

팔딱 개구리가 뛰어올라요

개구리가 팔딱 뛰어오르는 모습을 보면 아이들도 같이 팔딱 뛰어오릅니다. 고무줄의 탄성을 이용해 팔딱 뛰는 개구리를 만들어보세요. 누구 개구리가 더 높이, 더 멀리 뛰어오를까요?

준비물 200ml 우유 갑, 색칠 도구(매직펜), 고무줄, 가위 등

놀이 방법

1. 깨끗이 씻어 말린 우유 갑을 펼쳐 옆 2면을 오린다.
2. 우유 갑 안쪽에 개구리를 그리고 색칠을 해 꾸민다.
3. 우유 갑 양쪽 끝에서 1cm 지점에 가위집을 넣고 노란 고무줄을 X로 걸어준다.
4. 고무줄을 쭉 늘려서 접어 내려놓으면 잠시 후 개구리가 팔짝 튀어오른다.
5. 우유 갑이 휘어져 잘 뛰어오르지 않는 경우, 반대 방향으로 고무줄을 X로 걸어준다.

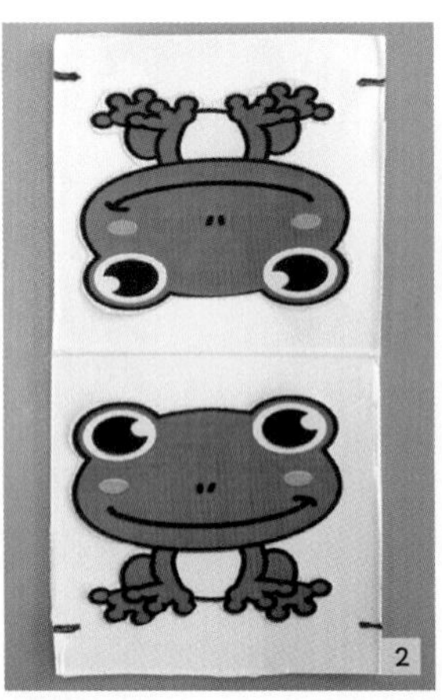

- 우유 갑 1개로 개구리 두 마리를 만들 수 있습니다.
- 개구리 그리기가 힘들다면 개구리 도안을 붙이고 색칠을 하도록 합니다.
- 각자 자기만의 특징을 넣어 꾸민 후 누가 더 높이, 더 멀리 뛰는지 시합을 해보세요.
- 네이버 카페 <신나는 세모 놀이터> '미술 놀이-개구리 그림'을 참고하세요.

미술·8

나만의 정원을 가꿔요

날씨가 따뜻해지면 거리에 온통 화려하게 꽃들이 피어나지요. 바닥에 떨어진 꽃송이들이 가엾게 여겨진다면 그 꽃에 다시 생명을 불어넣어 볼까요? 각종 음식 재료들을 담았던 스티로폼 접시를 이용해 나만의 멋진 정원을 만들어보세요.

준비물 스티로폼 접시, 찰흙, 다양한 재활용 자연물, 빈 2L생수통, 플레이 콘, 클레이, 가위, 물 등

놀이 방법

1 운동장이나 거리에서 떨어진 꽃과 돌 등을 모아 준비한다.
- 재활용 스티로폼 접시에 찰흙을 잘 펴놓아 정원 바닥을 만든다.
- 보드라운 찰흙 위에 준비해놓은 꽃과 돌 등을 적절하게 배치한다.

2 2L 생수통을 잘라서 물을 부어 연못을 만들고, 연못의 가장자리는 플레이 콘이나 클레이 등으로 장식한다.
- 다양한 재료로 물고기, 반려견 등을 만들어 정원을 개성 있게 꾸민다.

1

2

- 일부러 꽃을 꺾지 않도록 합니다.
- 먼저 찰흙을 여러 번 주무르고 치대어 바닥에 골고루 펴게 하세요.
- 다양한 재활용품을 이용하여 구성해보는 경험을 해봅니다.

미술·9

먹지에 대고 그려요

"내가 제일 잘나가!" 자존감은 말 그대로 자신을 존중하고 사랑하는 마음이랍니다. 자존감이 적당하게 잘 형성된 사람은 자신을 소중히 여기며, 다른 사람과 긍정적인 관계를 유지할 수 있어요. 멋진 내 모습을 그려보며 건강한 자존감을 키워보세요.

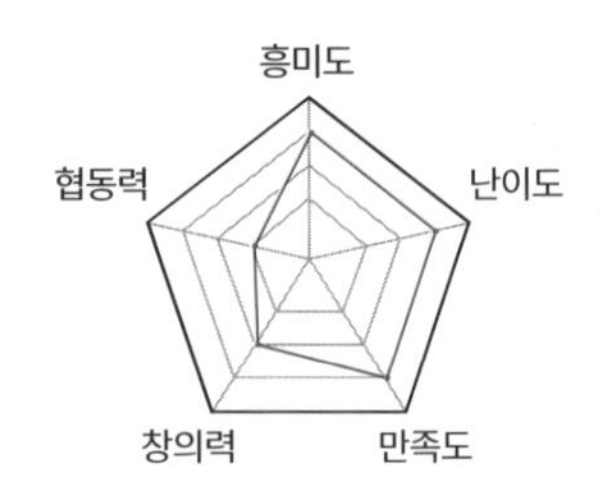

준비물 도화지(16절), 연필, 네임펜, 색칠 도구, 얼굴 사진, 먹지 등

놀이 방법

1 도화지에 먹지를 올리고 그 위에 베끼려고 하는 내 사진을 내려놓는다. 사진의 선들을 따라 연필로 그리면 도화지에 선들이 나타난다.

2 도화지에 나타난 그림을 색칠 도구로 칠하고 네임펜으로 테두리를 따라 그려서 선명하게 표현한다.

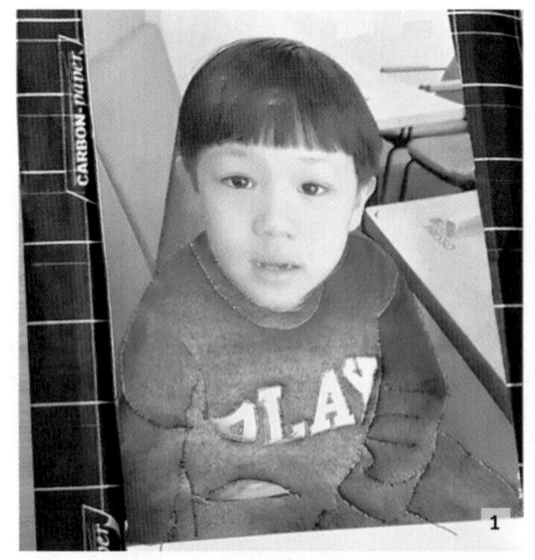

1

2

- 먹지에 따라 그리기를 할 때는 한 번 그은 선은 수정이 되지 않는다는 점을 미리 알려주세요.
- 먹지는 격자무늬가 위로 오도록 놓아주세요.
- 얼굴이 크게 나온 사진을 사용해주세요.

미술·10

구슬이 붓이에요

다양한 크기의 구슬에 물감을 묻혀 통 안에 넣고 굴리는 구슬 놀이로도 멋진 무늬를 만들 수 있어요. 구슬이 부딪치며 나는 소리도 경쾌하고 즐거워요. 꼭 색칠 도구가 아니라도 멋진 그림을 그릴 수 있어요.

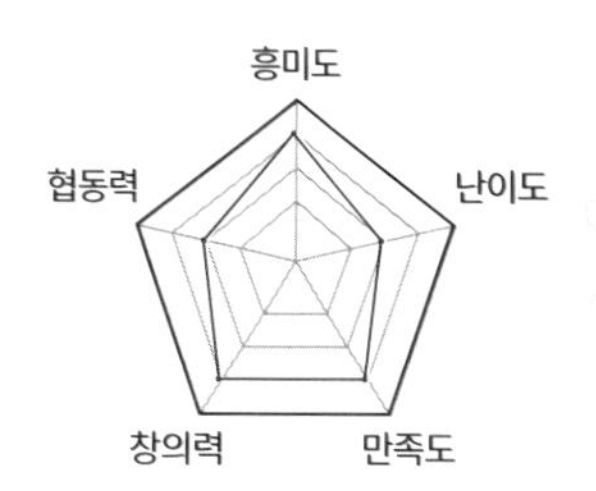

준비물 도화지, 색칠 도구, 필기 도구, 다양한 크기의 구슬, 빈 통, 요플레 숟가락, 종이컵, 가위, 풀 등

놀이 방법

1 먼저 빈 통에 도화지를 깔고 물감을 묻힌 구슬을 넣는다. 구슬이 움직이도록 통을 돌린다.
2 요플레 숟가락으로 구슬을 건져 종이컵에 넣고 통 안의 도화지를 꺼내 잘 말린다.
3 다양한 모양의 옷을 디자인해 구슬 그림 위에 그리고 옷 모양대로 오린다.
4 도화지에 종이 인형을 그리고 색칠한 다음 구슬로 그린 그림 옷을 붙여서 완성한다.

- 구슬을 너무 세게 돌려 통 밖으로 날아가거나, 다른 사람에게 피해를 주지 않도록 합니다.
- 완성된 그림을 모아 패션쇼를 열어도 좋습니다.

오르골, 마음으로 들어요

우와~ 아이들 함성이 들리나요? 바람개비가 돌아가는 원리를 이용한 움직이는 장난감입니다. 자기 모습을 닮은 인형도 만들어 올려 빙글빙글 춤추게 해주세요. 빨대로 바람을 불면서 하는 놀이는 호흡이 안정되게 도와주며 폐활량도 늘려주지요.

준비물 도화지, 종이 원(지름 12cm), 색칠 도구, 종이컵, 면봉, 빨대, 송곳, 가위 등

놀이 방법

1 가장 기분이 좋을 때의 자기 모습을 그려서 오린다.
2 종이 원 가장자리에 가위집을 넣어 프로펠러처럼 접어 세우고, 원과 종이컵 중앙에 구멍을 뚫는다.
3 면봉 끝에 자기 인형을 붙여준 후 종이 원, 종이컵 순서로 통과시킨다.
4 빨대를 사용해서 종이 원의 프로펠러처럼 접어 세운 부분에 바람을 불어주며 빙글빙글 돌아가는 인형을 감상한다.
5 아이들의 작품을 전시한다.

1

2

3

4

5

- 구멍이 큰 빨대를 사용해주세요.
- 아이들이 좋아하는 캐릭터 도안을 사용해도 좋아요.
- 종이컵에 구멍을 너무 크게 뚫지 않도록 해주세요.

새 친구가 생겼어요

흔히 '소포지'라고 부르는 크라프트지는 질기고 잘 찢어지지 않아 포장지로 사용한답니다. 크라프트지에 자기 모습이나 친구 모습을 함께 그리면서 '우리'를 깨닫는 소중한 시간을 즐겨보세요.

준비물 크라프트 전지 4장, 색칠 도구, 신문지, 양면 테이프, 가위 등

놀이 방법

1. 바닥에 크라프트지 2장을 놓고 연결한 후 아이를 그 위에 눕게 하고 연필로 신체를 따라 그린다.
2. 따라 그린 신체를 다양한 색칠 도구를 사용하여 칠하고, 테두리를 검은색 크레파스로 한 번 더 그려서 선명하게 표현한다.
3. 앞뒷장을 겹쳐놓고 그림에 여유를 두고 오린 후 가장자리에 양면 테이프를 붙여서 앞뒷장을 연결한다. 이때 신문지가 들어갈 창구멍을 2~3개 남긴다.
4. 창구멍으로 신문지를 구겨 넣어 입체감을 주고 창구멍은 양면 테이프를 붙여서 정리한다.

1

2

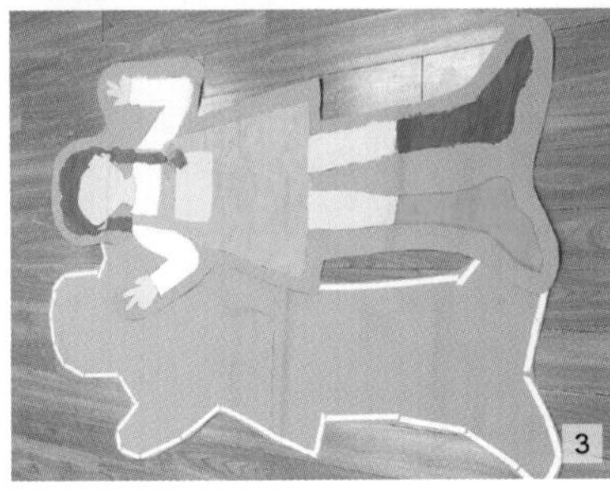
3

4

- 신문지를 구겨서 넣는 이유는 분리수거를 위해서랍니다. 대신 버리는 이불 솜 등을 넣으면 완성도는 더 높아지겠지요.
- 의자에 앉혀두거나 독서 공간에 두면 아이들이 창의적으로 잘 활용하여 다양한 놀이를 한답니다.

행복한 우리 집이에요

우리 주위에는 다양한 모습의 가정들이 있어요. 사는 방식은 조금씩 달라도 모두 소중한 가정이에요. 우리 가족 구성원을 소개하고, 우드락을 사용하여 입체 모양으로 우리 집을 만들어봅시다.

준비물 우드락, 도화지, 색칠 도구, 목공풀, 가위 등

놀이 방법

1 벽이 될 우드락에 그리고 싶은 그림을 그리고, 문과 바닥이 될 부분도 그린 다음 색칠한다.

2 입체 모양이 되도록 붙인다.
- 도화지에 사람을 그리고 색칠하여 가위로 오린다.
- 집 내부에 사람을 붙이고 완성한다.

1

2

- 우드락은 선생님이 미리 잘라서 준비합니다.
  우드락 크기(가로x세로): 벽(20x17cm), 바닥(20x10cm), 문(10x17cm)
- 글루건을 사용하실 경우 선생님이 붙여주세요.

미술·14

태양을 피하는 방법

여름철 최대의 적, 자외선! 여름에는 자외선 차단이 필수예요. 그렇다고 외출을 안 할 수는 없잖아요. 얼굴로 떨어지는 햇빛은 막아주고, 모자의 답답함은 줄인, 여름에 꼭 필요한 썬캡! 썬캡을 쓰면 우린 뜨거운 태양도 두렵지 않아요.

준비물 머메이드지(8절), 색칠 도구, 할핀, 송곳, 가위, 풀, 투명 테이프 등

놀이 방법

1 머메이드지에 모자챙과 모자 끈을 그리고 오린다.

2 모자챙에 그림을 그리고, 끈은 길게 반으로 접어 붙인다.

3 모자챙과 모자 끈에 송곳으로 구멍을 뚫고 할핀으로 연결한다.

4 자신이 디자인한 모자를 쓰고 모자 패션쇼를 연다.

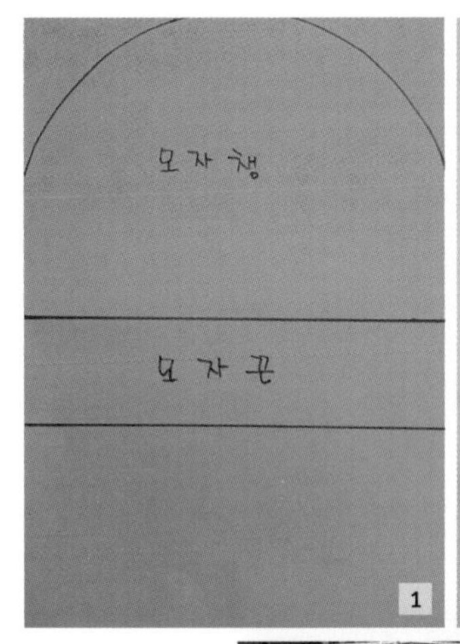

1

2

3

4

- 다치지 않도록 투명 테이프를 할핀 뒷부분에 붙여주세요.
- 네이버 카페 <신나는 세모 놀이터> '미술 놀이-선캡 반원 도안'을 참고하세요.

넌 소중한 아이야

아이들에게 인기 있는 만화 영화인 <토이 스토리 4>를 통해 우리에게 새롭게 알려진 '포키'는 장난감 친구들을 통해 자신이 소중한 존재임을 알아가는 캐릭터입니다. 우리도 나만의 장난감 친구 '포키'를 만들어봅시다.

준비물 플라스틱 일회용 숟가락, 클레이, 아이스크림 막대, 모루(빨강), 무빙 아이(크기가 다른), 가위, 목공풀 등

놀이 방법

1. 플라스틱 숟가락에 클레이와 무빙 아이로 얼굴을 꾸민다.
2. 밑부분에 아이스크림 막대를 반으로 잘라서 끼워준 후 중심을 잡도록 클레이를 붙인다.
3. 빨간색 모루를 숟가락 대에 감아서 손 모양을 만든다.
4. 포키가 중심을 잘 잡도록 세운 후 클레이가 마를 때까지 전시한다.

1

2

3

4

• 클레이가 마를 때까지 하루쯤 기다렸다가 가지고 놀게 해주세요.

내 마음이 보이나요

앗, 글씨와 색깔이 사라져요. 어버이날을 맞이하여 글씨와 그림의 색이 사라졌다가 나타나는 특별한 카드를 만들어보세요. 내 마음을 매직 카드의 비밀 속에 담아서 선물해보세요.

준비물 카드 봉투: A4 크기 색지 1장, A4 반장 크기 색지 1장(속지 색지와 동일한 색으로)
카드 속지: 색지(21x13), OHP 필름(21x13), 색칠 도구, 가위, 풀, 투명 테이프, 네임펜 등

놀이 방법

1 봉투 만들기
- A4 크기 색지의 끝 부분을 1cm 접고 나서 반을 접은 후, 오른쪽 면을 액자 모양으로 오린다.
- A4 반장 크기 색지의 양옆 가장자리를 약간(0.5cm 정도) 접어 풀칠하여 오려내지 않은 면에 붙인다.

2 속지 만들기
- 속지에 카네이션을 그려서 색칠하고, 감사의 말도 적는다.
- OHP 필름을 속지 위에 겹치고, 투명 테이프로 윗부분을 고정한다.
- OHP 필름 위에 네임펜을 사용하여 그림의 테두리만 따라 그린다.

3 앞에 OHP 필름이 뒷면에는 속지가 오도록 봉투 안 색지에 넣는다. 속지와 OHP 필름의 고정 부분을 천천히 잡아 꺼내면 글씨와 그림의 색이 나타난다.

TIP • 네이버 카페 <신나는 세모 놀이터> '미술 놀이-카드 만들기' 동영상을 참고하세요.

125 세상의 모든 놀이

미술·17

시원한 풍선 아이스크림

아무리 더운 여름날이라고 해도 에어컨이나 선풍기 앞에 앉아 시원한 아이스크림을 한입 베어 물면 무더위가 금방 사라지지요. 상상만으로도 시원해지지 않나요? 아이들과 함께 먹고 싶은 아이스크림을 만들면서 시원하고 행복한 여름을 보내세요.

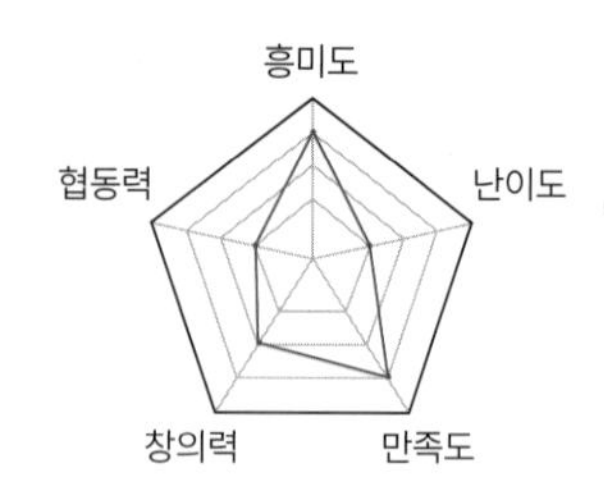

준비물 크라프트지(A4), 색종이, 색칠 도구, 풍선, 빨대, 가위, 풀 등

놀이 방법
1. 크라프트지에 격자무늬 선을 그어 콘으로 꾸민다.
2. 크라프트지를 잘라서 고깔 모양으로 만들고 끝을 붙인다.
3. 풍선을 불어 빨대에 붙이고 고깔에 끼워 아이스크림 모양을 만든다.
4. 작은 조각으로 자른 색종이를 풍선에 붙여 먹음직스러운 아이스크림을 표현한다.

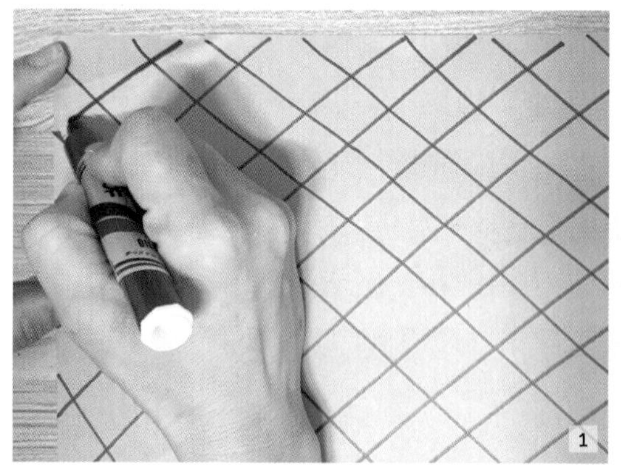

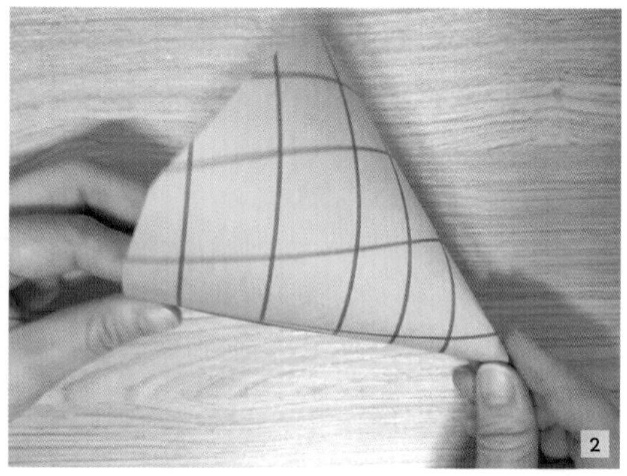

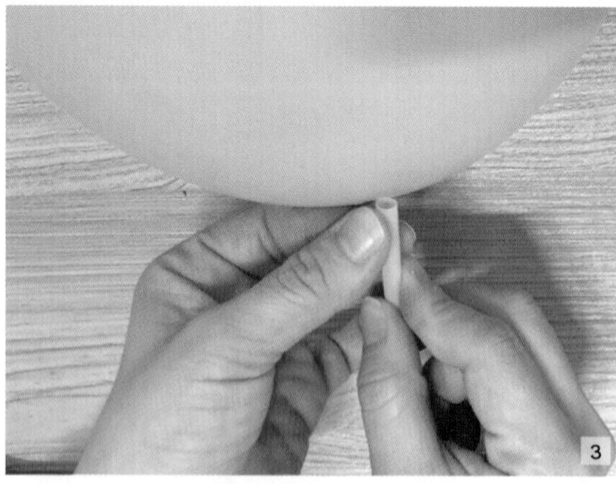

- 스팽글, 스티커, 뽕뽕이 등으로 아이스크림이 더 맛있어 보이게 꾸며보세요.

미술·18

알알이 꽉 찬 옥수수

여름철의 대표 간식 중 하나인 옥수수가 어떻게 생겼는지 관찰하고, 클레이를 이용하여 알이 꽉 찬 옥수수를 만들어보세요. 옥수수를 한 알 한 알 만들어 붙일 때마다 아이들의 입안에 군침이 돌아요.

준비물 A4 용지, 종이접시, 색칠 도구, 클레이, 목공풀, 가위 등

놀이 방법
1. 흰색과 노란색 클레이를 섞어서 옥수수 색을 만든다.
2. 종이접시 위에 옥수수 알을 하나씩 만들어 붙인다.
3. A4 용지에 옥수수 머리 위 잎을 그려서 색칠하고 오린다.
4. 옥수수에 옥수수 잎을 붙이고 완성한다.

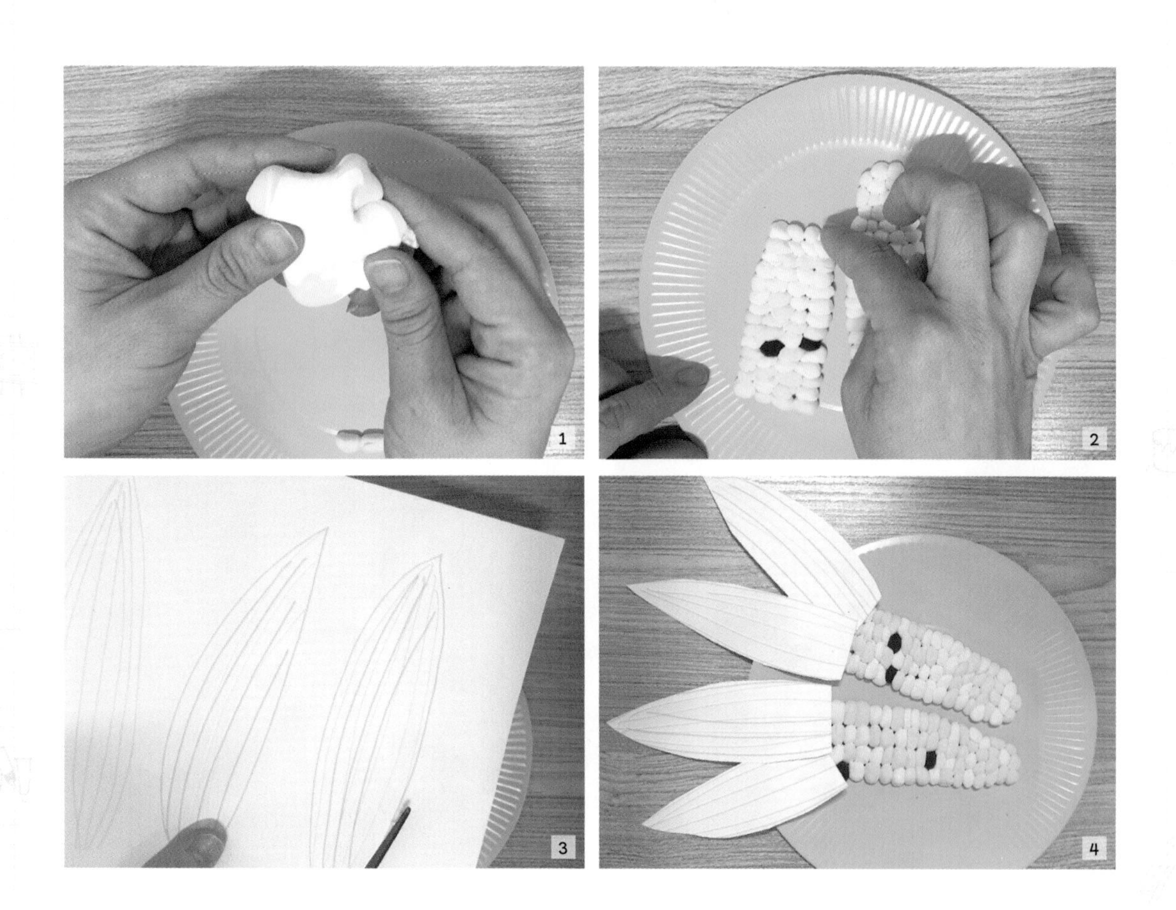

- 활동 전에 옥수수의 생김새를 관찰하고 먹어본 경험을 이야기 나누게 하세요.
- 아이들이 다양하게 표현하도록 여러 옥수수 자료를 제시해주세요.
- 옥수수 잎은 한지를 사용해 만들어도 좋아요.

신나게 찍어, 찍어

아이들은 물감 놀이를 정말 좋아합니다. 게다가 '찍기' 활동은 더욱 신나하지요. 무더운 여름, 바닥에 비닐을 깔고 전지를 올린 다음 큰 대야에 물감을 풀어두세요. 아이들이 물감에 손과 발을 넣었다가 전지에 찍게 해 공동 작품을 만들어보세요.

준비물 전지, 비닐, 투명 테이프, 대야, 색 도화지, 물감, 가위, 아이들 얼굴 사진, 쓰고 남은 미술 재료

놀이 방법 바닥에 비닐을 넓게 깔고 전지를 올려 고정시킨다.

- 물감을 큰 대야 여러 곳에 색을 달리해 풀어둔다.
- 아이들이 손바닥과 발바닥에 물감을 묻혀 신나게 전지에 찍게 한다.
- 물감이 마를 동안 얼굴 사진을 카메라로 찍어 출력한다.
- 얼굴 사진을 오려내고, 색 도화지를 이용하여 옷을 만들어 입힌다.
- 옷을 재활용 소품(단추, 모루, 실 등)을 이용하여 꾸민다.
- 물감으로 찍어놓은 손바닥과 발바닥 모양을 잘라 붙인다.
- 큰 전지에 꾸며놓은 각각의 작품들을 모두 모아 친구들과 함께 보기 좋게 구성한다.

- 물감 놀이 후 손과 발을 바로 닦을 수 있는 욕실이나 화장실 옆에서 활동하세요.
- 작업 후 정리가 쉬워야 아이들이 좋아하는 물감 놀이를 자주 할 수 있으니 바닥에 비닐을 넓게 깔아줍니다.

쉿! 조용히

발소리, 피아노 소리, 의자 끄는 소리 등 살면서 의도치 않게 소음으로 피해를 주는 경우가 있어요. 어쩔 수 없는 생활 소음이겠지만 남들에게 피해를 줄 수 있다는 걸 알고 조심하기로 다짐해보세요.

준비물 다양한 색지(A4 크기 색지를 반으로 잘라서 준비), 색칠 도구, 끈, 목공풀, 가위, 풀 등

놀이 방법

1 쉬운 부채 접기를 한 색지 4장을 연결한다.

2 색지를 오려서 눈, 코, 귀, 날개, 발을 만들어 붙이고 끈으로 고리를 단다.
- 크고 둥근 동그라미에 감고 있는 눈을 그린다.
- 귀, 날개, 발은 길쭉한 하트 모양으로 오려 붙인다.

3 쉬운 부채 접기를 한 색지 3장을 연결하고 글씨를 그려서 오려 붙인다.

4 부엉이 발 아래쪽에 3을 붙여서 완성한다.

• 부엉이 발아래 붙이는 것은 목공풀을 써서 떨어지지 않게 해주세요.

지퍼 백 어항을 만들어요

이번 여름에는 촉감 놀이에 좋은 어항을 만들어보세요. 물풀을 담은 지퍼 백을 손으로 만지면 기분이 좋아지고, 물고기도 사~알짝 움직이게 할 수 있어요.

준비물 A4 용지, 색지(8절), 색칠 도구, 지퍼 백, OHP 필름, 물풀, 스팽글, 투명 테이프, 가위, 네임펜 등

놀이 방법

1 A4 용지에는 어항 안 모습을, OHP 필름에는 네임펜으로 물고기를 그린 후 오린다.

2 지퍼 백에 물고기, 스팽글, 물감을 소량 넣은 후 물풀을 담고 지퍼 백을 잠근 후 입구를 접어서 투명 테이프로 한 번 더 밀봉한다.

3 색지를 사진처럼 반으로 접어 어항 모양을 오린다.

4 3의 오려내지 않은 쪽 색지 위에 A4 용지에 그린 어항을 붙이고 그 위에 지퍼 백을 투명 테이프로 고정한다.

5 색지를 반으로 접어내려 붙인다.

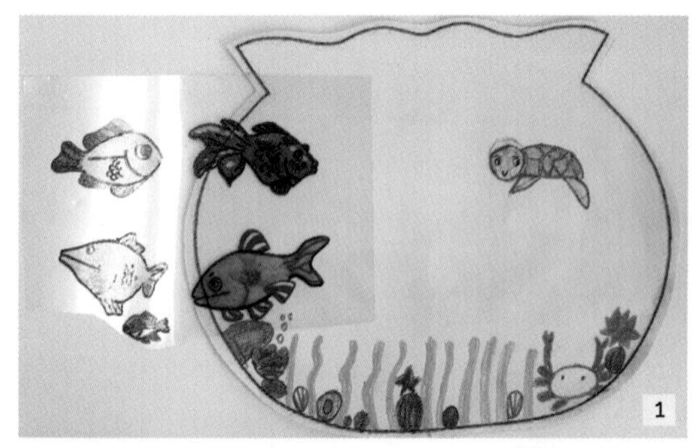
1

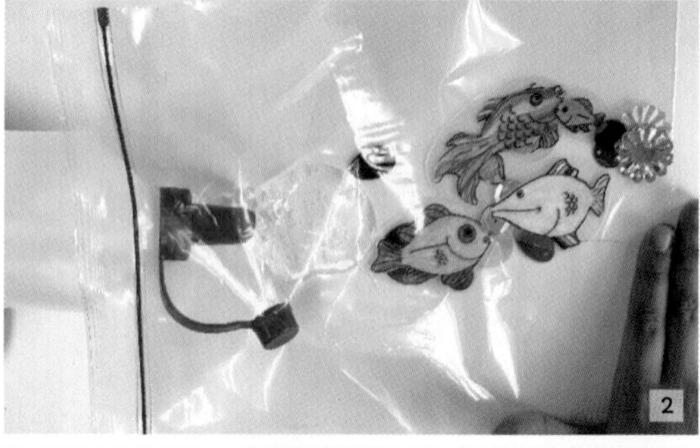
2

3

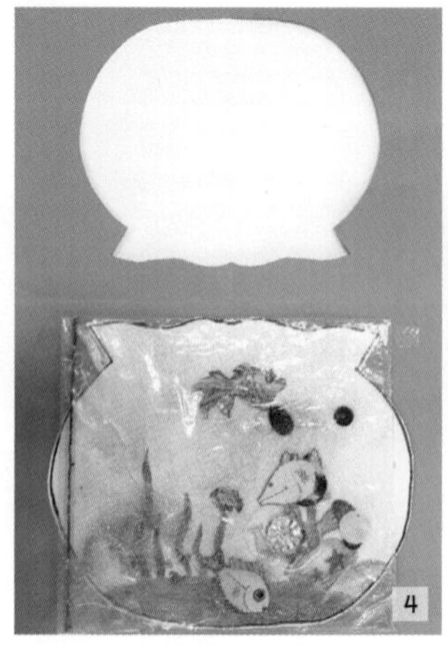
4

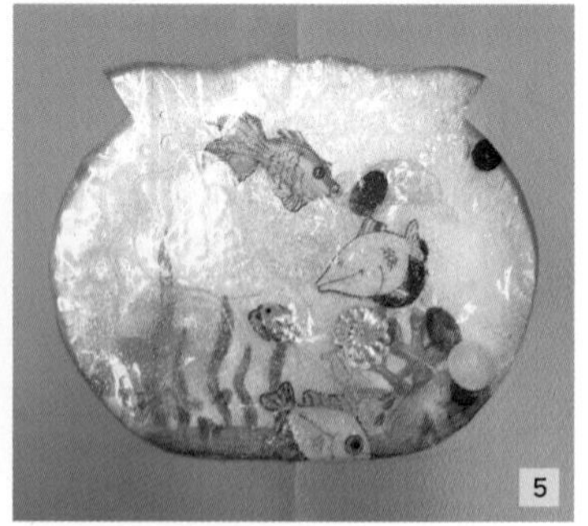
5

- 물고기는 종이에 그리고 코팅해서 사용해도 됩니다.
- 지퍼 백을 손톱으로 긁거나 발로 밟지 않고, 손으로만 만지도록 해주세요.
- 미리 샘플을 만들어 보여주면 아이들의 흥미도가 높아져 더 집중해서 만든답니다.

미술·22

내 발, 네 발? 아니 빨대 발

대나무를 얼기설기 엮어 문 앞에 쳐놓은 발을 기억하나요? 햇빛은 살짝 막아주면서 대나무 사이로 시원한 바람은 잘 들어왔지요. 대나무는 없지만 쉽게 접할 수 있는 재료로 직접 발을 만들어봅시다.

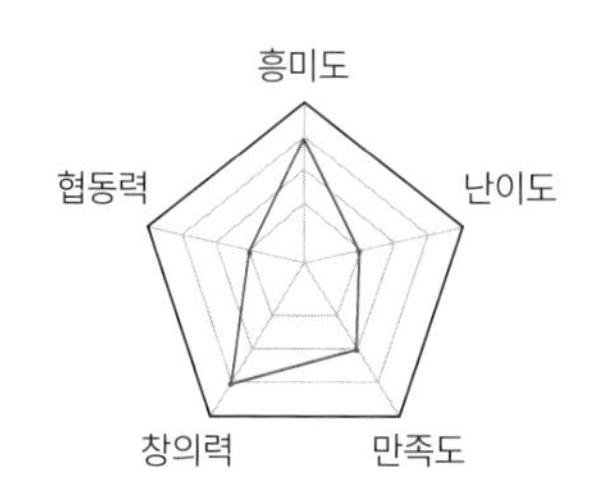

준비물 빨대, 투명 테이프, 색칠 도구, 모루, 가위 등

놀이 방법 발에 대해서 알아보며 발을 본 적이 있는지 이야기를 나눈다.
- 테이프를 책상 위에 접착면이 위로 오게 해 가지런히 올려놓는다.
- 테이프 위에 빨대를 자신이 원하는 만큼의 길이로 붙인다.
- 빨대 위에 그림을 그려서 꾸민다.
- 모루로 걸이를 만들고 전시한다.

- 책상 위에 테이프를 뒤집어놓으면 빨대를 쉽게 붙일 수 있습니다.
- '여름'이 연상되는 그림을 그리도록 지도해주세요.

문어는 다리가 몇 개

여름이면 시원한 바닷가가 제일 먼저 떠오르죠. 혹시 바닷속 문어의 다리가 몇 개인지 아시나요? 문어를 만들면서 바닷속 생물에 관한 호기심을 자극해주세요.

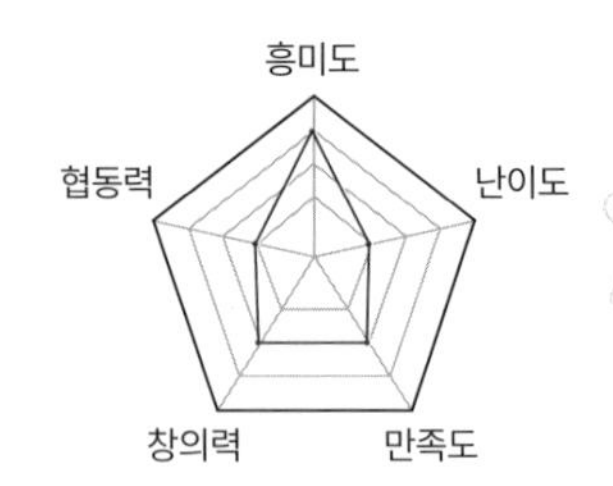

준비물 종이컵, 수수깡, 스티로폼 볼(대), 무빙 아이, 가위, 목공풀 등

놀이 방법
1. 종이컵을 먼저 4등분 해서 컵의 아랫부분을 2.5~3cm 정도 남기고 자른다.
2. 4등분 한 종이컵을 다시 8등분으로 자르고 자른 부분을 위로 펼쳐놓는다.
3. 수수깡을 작게 잘라서 다리 부분에 붙인다.
4. 종이컵 위에 스티로폼 볼을 붙이고 무빙 아이와 수수깡 코를 더해 문어를 완성한다.

- 종이컵을 자르고, 여러 가지 재료로 꾸며 꽃이나 태양 등도 만들어보게 하세요.
- 수수깡 대신에 스티커로 문어 다리를 장식할 수도 있어요.
- 수수깡을 자를 때 손을 다치지 않도록 주의를 주세요. 선생님이 미리 잘라놓아도 됩니다.

미술·24

나도 찍을 수 있다고

선생님께 받은 도장 하나로도 행복해하는 아이들입니다. 판화의 원리를 알고, 직접 도장을 만들어서 찍어보게 하면 어떨까요? 아이들도 선생님이 된 것처럼 즐거운 상상을 한답니다.

준비물 우드락, 도화지, 물감, 롤러, 붓, 연필 등

놀이 방법

1. 우드락에 연필로 밑그림을 그리고 연필에 힘을 줘서 눌러 홈을 만든다.
2. 우드락에 롤러나 붓을 이용하여 물감을 묻히고, 종이를 우드락 위에 올려 손으로 잘 문질러 준다.
3. 찍힌 그림과 우드락 판화를 살펴본 후 다른 점을 발견해본다.

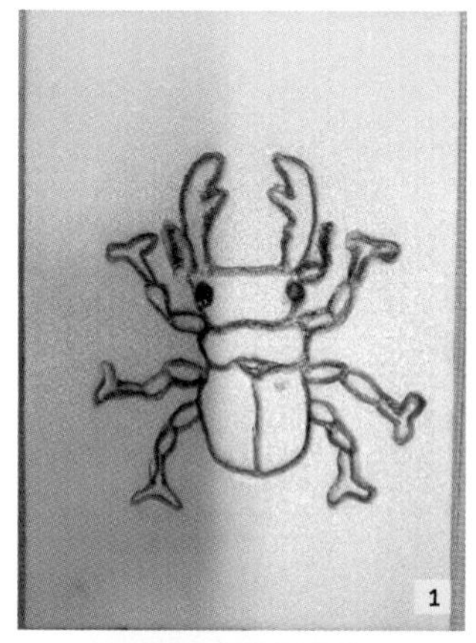

1

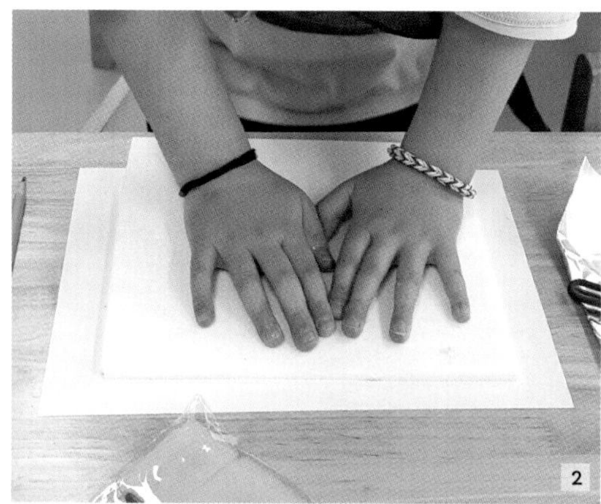

2

3

- 아이들이 선을 누르며 긋기 힘들어하면 점을 깊이 찍어도 상관없지만 점과 점 사이가 멀면 그림이 잘 안 찍혀 나와요.
- 물감에 물을 살짝 묻혀 농도를 조절해주세요.

미술·25

너만 바라보는 해바라기야

종이접기는 소근육을 발달시키고 미적 감각과 감수성을 높여주는 장점이 있어요. 재료비도 저렴하지요. 종이접기로 예쁜 해바라기를 접어 화단을 꾸며보면 어떨까요?

준비물 꽃잎(노란색 색지10x10), 씨앗(갈색 색종이 7.5x7.5), 잎(초록색 색지5x5), 끈, 가위, 풀, 액자, 필기 도구

놀이 방법

1 꽃 접기

- 방석 접기를 한 후 4면을 중심에서 1/3 정도 남기고 자른 후 사진처럼 접는다. 꽃잎 2장을 비스듬하게 겹친다. 방석 접기를 이용하여 접은 갈색 색종이에 씨앗처럼 격자 줄을 그은 다음 모양을 잡고 꽃 중앙에 붙인다.

2 잎 접기

- 삼각 접기를 한 후 앞의 1장만 비스듬히 내려 접고, 위아래 끝을 뒤로 접는다. 잎에 선을 그린다.

3 액자에 꽃과 잎을 붙여 장식하고 고리를 달아주어서 완성한다.

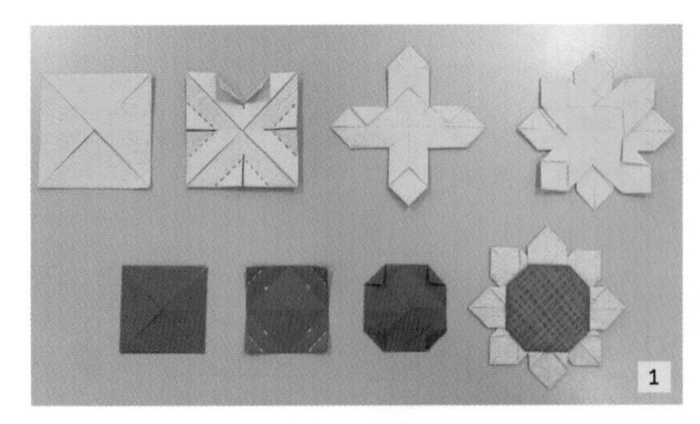
1

2

3

- 네이버 카페 <신나는 세모 놀이터> '미술 놀이-액자 도안'을 참고하세요.
- 아이들과 함께 공동작업을 한 후에 교실 환경판에 장식해보세요.

미술·26

나도 에릭 칼처럼

'에릭 칼 기법'을 활용하여 알록달록 멋진 가을 풍경을 만들어보세요. 에릭 칼 기법은 미국의 동화 작가 에릭 칼이 자주 사용했는데 물감으로 마구 채색한 종이를 모양대로 오려서 다른 종이에 붙여 표현하는 기법이에요.

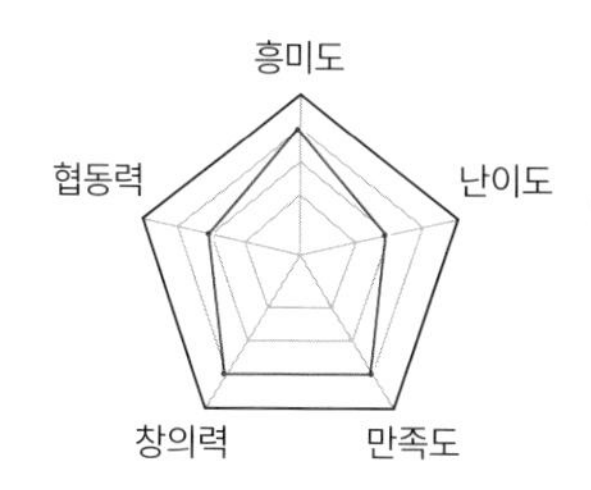

준비물 도화지(8절), 색칠 도구, 가위, 풀 등

놀이 방법

1 도화지에 여러 가지 색의 물감을 이용하여 다양한 패턴을 그린다.
2 알록달록 패턴 색지의 도화지를 잘 말린다.
3 패턴 색지를 나무, 집 등 원하는 모양으로 오린다.
4 도화지에 가을 풍경을 그리고 오려둔 나무와 집을 붙여 완성한다.

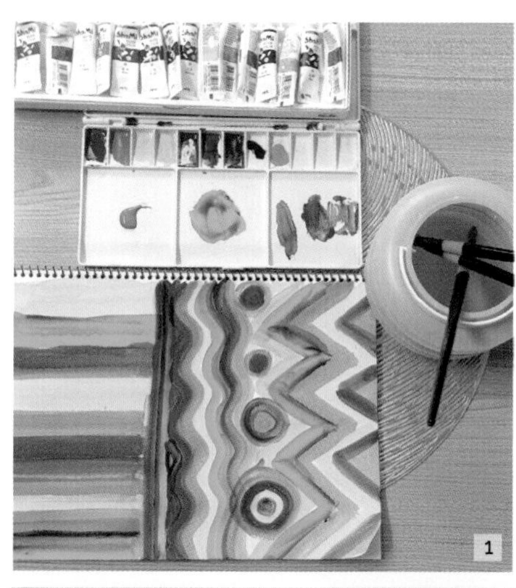
1

2

3

4

- 나무, 집 외에도 동물, 곤충들도 표현해보세요.
- 꼭 물감이 아니어도 다른 재료(크레파스, 색연필, 색종이 등)로 패턴 색지를 만들 수 있어요.

아이들과 끈을 표현해요

천재 화가 이중섭은 어린이를 많이 그렸습니다. 그의 작품 <아이들과 끈>은 다섯 아이를 구불구불 이어진 끈이 하나로 묶어주고 있지요. 아이들 모습을 자유롭게 그리고 색칠한 후 끈을 이용해 색다른 느낌의 그림을 표현해보세요.

준비물 색지, 아이들 그림 도안, 색칠 도구, 털실, 띠 골판지, 가위, 목공풀 등

놀이 방법

1. 이중섭 작품 <아이들과 끈>을 감상하며 이야기를 나눈다.
2. 이중섭 그림 속의 아이들 도안을 색칠해서 오리고, 색지에 붙인다.
3. 털실을 붙여서 '아이들과 끈'을 재구성한다.
4. 액자 느낌이 나도록 띠 골판지를 이용하여 테두리를 붙여주고 전시한다.

1

이중섭 <아이들과 끈>

2

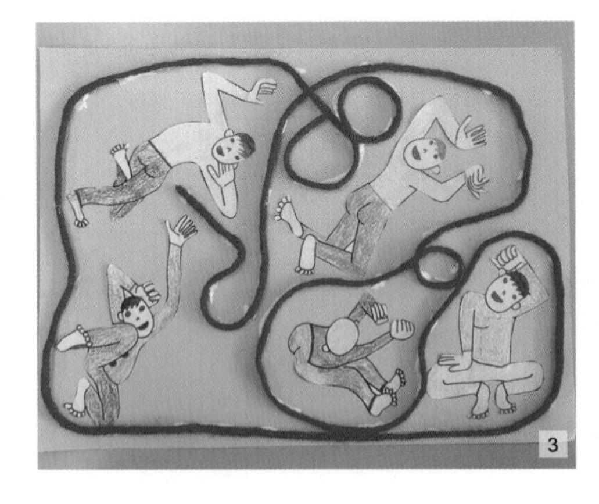
3

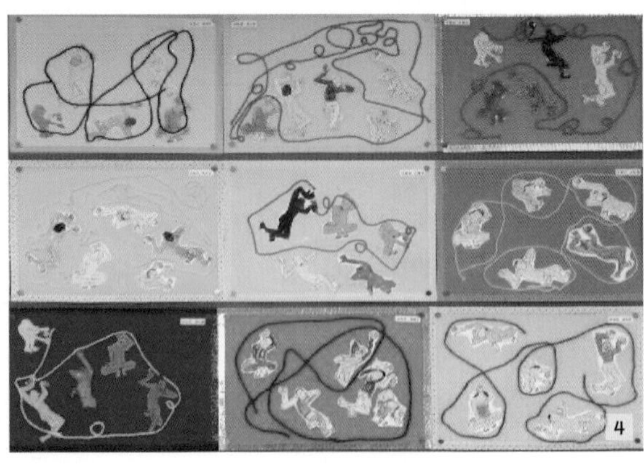
4

- 환경판이나 큰 종이에 주제를 정하여 협동 작품으로 꾸며보세요.
  예: 운동장의 아이들, 바닷가의 아이들, 우주의 아이들 등
- 네이버 카페 <신나는 세모 놀이터> '미술 놀이-아이들 그림 도안'을 참고하세요.

미술·28

이런 등, 저런 등

코팅지 1장과 LED만 있으면 품격 있는 한지 등을 뚝딱 만들 수 있어요. 이런 마법 같은 일이 정말 사실일까요? 이 가을, 예쁜 민화 도안으로 고급스러운 등을 직접 만들어보세요.

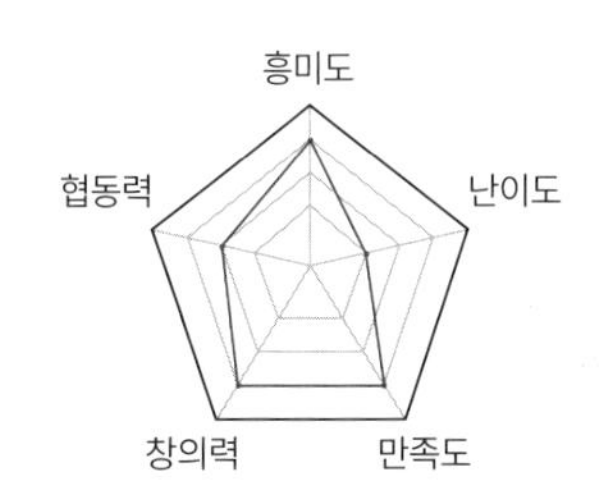

준비물 그림이 인쇄된 한지(A4), 코팅지, 종이 박스로 만든 지름 8.5cm 원, 한지 색종이, LED 와이어 전구 세트, 투명 테이프, 가위, 송곳 등

놀이 방법

1. 한지를 색칠하여 코팅하고, 종이 박스 원 한쪽 면에는 한지 색종이를 둥글게 오려서 붙인다.
2. 원을 바닥에 놓고 그 위에 코팅 그림을 둥글게 말아 세운 다음 투명 테이프로 고정한다.
3. 옆면에 송곳으로 구멍을 뚫어서 전구는 안으로 넣고 스위치는 옆면에 고정한다.
4. 투명 테이프로 윗부분, 아랫부분, 옆부분을 좀 더 붙여서 튼튼하게 해준다.

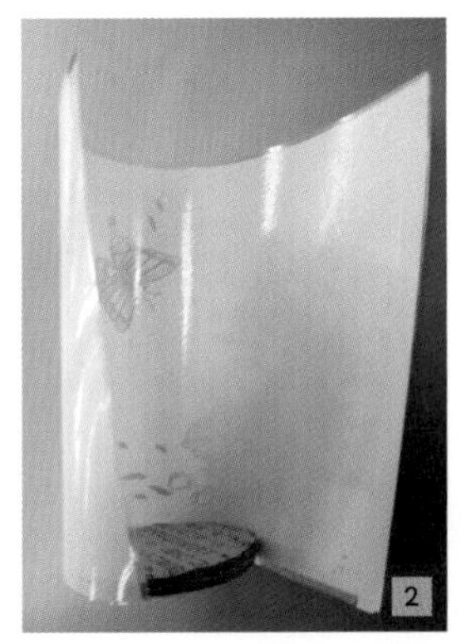

- 바닥은 2장을 겹쳐주면 더 튼튼해요.
- 아이들이 좋아하는 캐릭터 그림이나 낙엽을 넣어서 코팅해도 멋지지요.
- 네이버 카페 <신나는 세모 놀이터> '미술 놀이-한지 도안'을 참고하세요.

미술·29

아름다운 도자기를 빚어요

박물관에 가면 우리 선조들이 사용했던 멋진 화병이나 그릇, 주전자 등의 도자기 생활용품을 많이 볼 수 있습니다. 지점토를 붙여 반 입체 모양의 도자기 화병을 만들어보세요.

준비물 하드보드지(A4), 색칠 도구, 지점토, 연필 등

놀이 방법

1. 도자기 사진이나 그림을 관찰한 후 하드보드지에 형태를 옮겨 그린다.
2. 밑그림에 맞게 지점토를 밀면서 붙인다. 가운데 부분을 볼록하게 다듬으며 도자기 모양을 잡는다.
3. 지점토를 말린다. 마르는 동안 어떻게 꾸밀지 디자인을 구상하며 이면지에 그려본다.
4. 파란색 물감을 사용하여 얇은 붓으로 무늬를 그리고 낙관도 그려 완성한다.

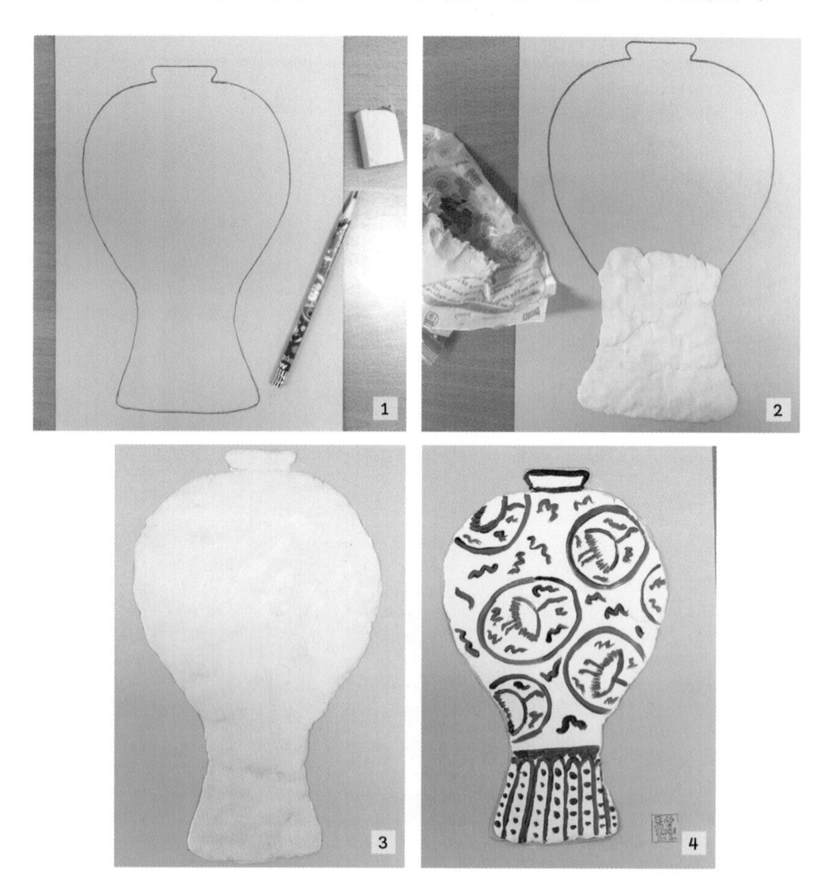

- 낙관을 인쇄해서 붙여도 됩니다.
- 우리나라의 다양한 전통 문양을 보여준 후 그리도록 해주세요.

미술·30

한지 연필꽂이를 만들어요

세계적으로 우수하다고 알려진 우리나라의 한지는 천년이 넘게 보존되며 색상도 아름답습니다. 오늘은 이렇게 우수한 한지를 사용하여 연필꽂이를 만들어볼까요?

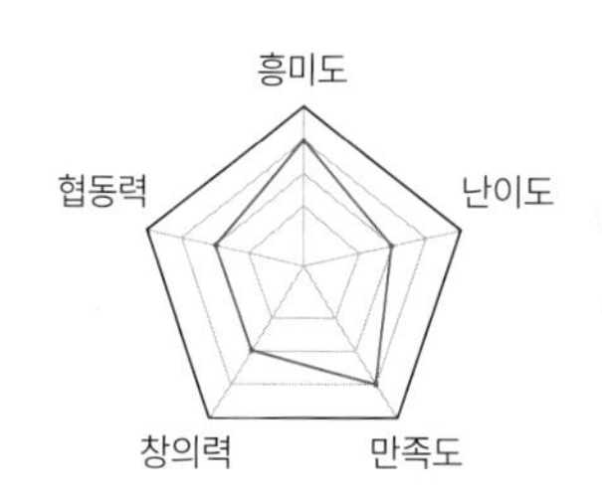

준비물 휴지 심(대), 종이 박스, 한지(색 한지: 28x6, 글자 한지: 28x6), 풀, 가위 등

놀이 방법

1 먼저 종이 박스에 휴지 심을 대고 바깥쪽으로 원을 그린다. 다른 종이 박스에 이번에는 휴지 심의 안쪽으로 손을 넣어 원을 그린다.
   - 2개의 종이 박스 원을 오려 겹쳐서 휴지 심 아래에 붙인다.
2 색 한지에 풀을 발라서 휴지 심 윗부분에 붙인다. 이때 끝이 심 안쪽으로 1cm 들어가게 한다.
3 글자 한지에 풀을 발라서 아래쪽부터 맞춰서 붙인다.
4 낙관을 붙여서 완성한다.

1

2

3

4

• 휴지 심 안쪽에 속지를 붙이면 더 완성도가 있어요. 겉을 붙이기 전에 안쪽을 먼저 붙여주세요.

향기 나는 버선이에요

반가움을 표현하는 말로 '버선발로 마중 나간다'가 있지요. 뜻도 모양도 예쁜 우리나라 전통 양말 버선, 종이로 버선을 만들고 벌레가 싫어하는 계피 또는 커피콩을 담아 반가운 사람에게 선물해보세요.

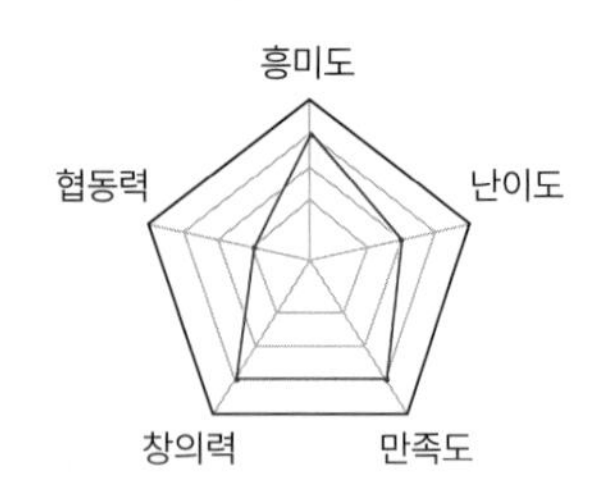

준비물 도화지(8절), 버선 도안, 리본, 목공풀, 보석 스티커, 가위, 색칠 도구, 향이 좋은 말린 꽃, 말린 풀, 계피, 커피콩 등

놀이 방법

1. 도화지를 반 접어서 한쪽에만 버선 모양을 그린다.
2. 겹쳐서 버선을 오리고 윗부분을 제외한 가장자리를 목공풀로 붙인다.
3. 버선에 민화를 그리고 색칠한 다음 보석 스티커 등으로 꾸며준다. 안에 향이 좋은 말린 꽃을 넣거나 계피, 커피콩 등을 담는다.
4. 리본으로 고리를 달고 발목에도 둘러 완성한다.

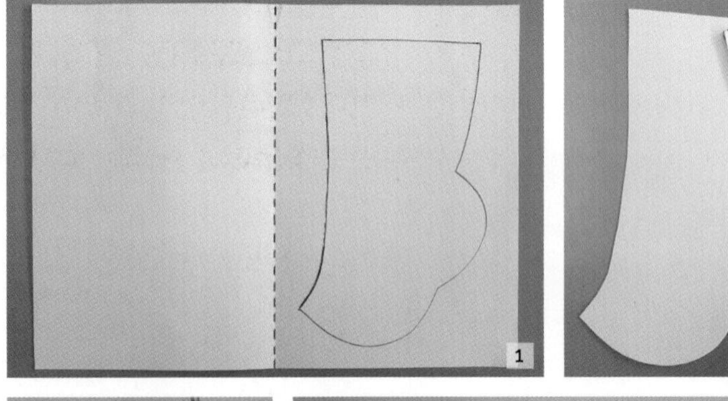

- 향을 넣지 않고 종이를 구겨 넣어도 된답니다.
- 네이버 카페 <신나는 세모 놀이터> '미술 놀이-버선 도안'을 참고하세요.

미술·32

교실 지킴이 천하대장군

마을 어귀를 지키며 오랜 시간을 우리와 함께했던 장승. 장승은 무섭기도 하고 익살스럽기도 하지요. 오늘은 우리 교실을 지켜주는 수호신으로 친근한 표정의 장승을 만들어보세요.

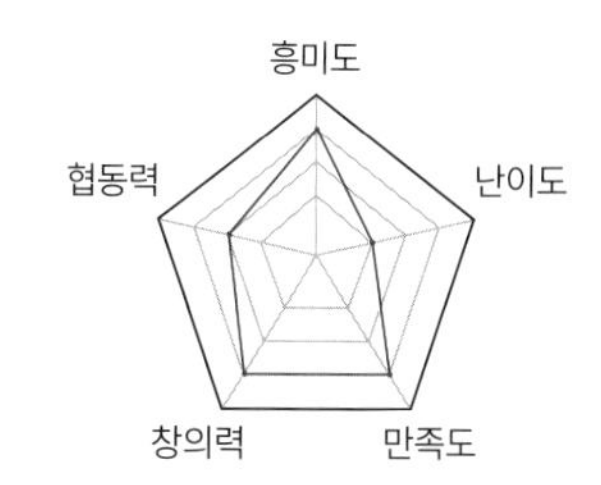

준비물 색 마닐라지(8절), 검정 색지(16절), 색지(16절), 색칠 도구, 눈과 입 도안, 가위, 풀 등

놀이 방법

1. 몸(색 마닐라지), 머리(16절 검정 색지, 세로 2등분), 배(16절 색지, 세로 2등분)를 준비한다.
2. 세로로 놓은 색 마닐라지와 검정 색지를 2cm 정도 겹쳐 붙이고 남은 검정 색지는 반으로 접어 풀로 붙인다.
3. 접은 검정 색지의 끝을 둥글게 오린다. 장승의 얼굴 부분에 눈과 입 도안, 끝을 둥글게 오린 배를 붙인 후 배에 글자도 쓴다.
4. 몸통을 세로로 둥글게 말아서 붙여준 후 접어놓은 검정 색지를 갓처럼 붙여서 완성한다.
5. 교실에 전시하여서 장승 마을을 만든다.

1

2

3

4

5

- 네이버 카페 <신나는 세모 놀이터> '미술 놀이-장승 도안'을 참고하세요.

캐러비언의 해적 모자를 써요

소품 하나에도 아이들은 상상의 나라로 여행을 떠납니다. 캐러비언의 해적 모자를 쓰고 보물을 찾으러 떠나볼까요? 지도는 준비되어 있겠지요? 해를 거듭해도 해적 모자는 언제나 아이들에게 최고의 인기 아이템입니다.

준비물 색지(검정 64x47), 마스킹 테이프(금색), 포인트 펜(흰색), 스티커, 고무줄 등

놀이 방법

1. 직사각형 종이배 접기 방법으로 모자를 접고, 꼭지 부분과 모서리 부분을 접어서 모양을 잡는다.
2. 금색 마스킹 테이프를 가장자리에 붙이고 포인트 펜을 사용해서 해골을 그린다.
3. 스티커로 장식하고 턱에 걸 수 있도록 고무줄을 달아서 완성한다.

1

2

3

• 해적 모자를 쓰고 역할 놀이를 하면 실감나지요.

미술·34

아기자기 종이봉투 마을

앞에 푸른 바다가 보이는 하얀 마을, 지중해의 바닷가 마을에 가보았나요? 지중해 마을은 하얀색 건물과 파란 지붕이 어우러져서 한 폭의 멋진 풍경화를 이룬답니다. 내가 살고 싶은 집은 어떤 집인가요? 마음껏 상상하고 종이봉투에 집들을 그려보세요.

준비물 크라프트지 종이봉투, 필기 도구, 색칠 도구, 신문지 등

놀이 방법 종이봉투 입구 쪽을 아래로 5~6cm 접어 내린다.

- 연필로 종이봉투에 집들을 스케치한 후 검정 사인펜으로 따라 그린다.
- 색연필이나 크레파스로 색칠해서 완성한다.
- 봉투 안에 신문지를 구겨 넣은 후 교실에 전시한다.

- 활동 전에 다양한 집의 사진을 보여주고 내가 살고 싶은 집을 충분히 상상하게 해주세요.
- 지중해 마을의 특징은 하얀색 건물과 파란 지붕이지요. 특징을 살려 마을을 완성해보세요.

미술·35

좋은 꿈만 꿔

드림캐처는 원래 아메리카 원주민들이 만든 것으로 그물과 깃털, 구슬 등으로 장식한 원반이에요. 드림캐처를 가지고 있으면 좋은 꿈을 꾼다고 합니다. 가지고 있는 재료들을 활용해서 드림캐처를 만들어봅시다.

준비물 못 쓰는 CD, 만다라 도안, 색칠 도구, 끝이 둥근 클레이 도구, 리본, 가위, 쓰다 남은 실, 구슬, 펀치, 아크릴 물감, 깃털 등

놀이 방법
1. 만다라 도안을 예쁘게 색칠하고 오려서, 못 쓰는 CD에 붙인다.
2. 끝이 둥근 클레이 도구를 써서 아크릴 물감으로 채색한 만다라 도안 위에 점을 찍는다.
3. 아크릴 물감이 마르면 펀치로 구멍을 뚫고 실과 구슬, 깃털 등을 달아서 장식한다. 리본 고리도 단다.

1

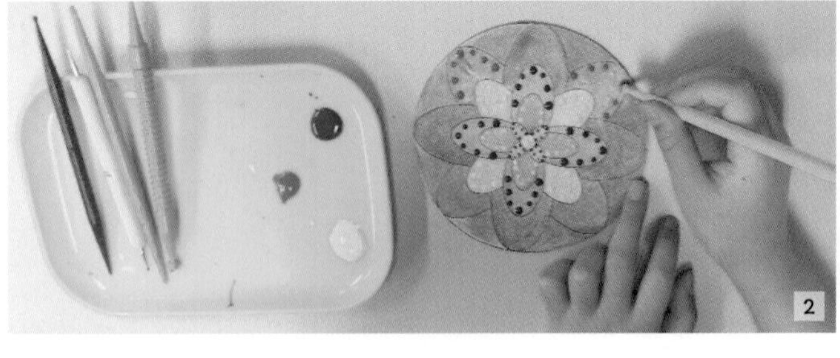
2

3

- CD 대신 종이접시를 사용해도 좋으니 가지고 있는 재료를 창의적으로 활용해보세요.
- 네이버 카페 <신나는 세모 놀이터> '미술 놀이-드림캐처 만다라 도안'을 참고하세요.

미술·36

나, 이런 사람이야

나는 어떤 사람일까요? 내가 생각하는 나와 친구들이 생각하는 나는 어떤 점이 다를까요? 칭찬 목걸이를 만들어 목에 걸면 나를 더 잘 알게 되고 뿌듯한 마음이 차오릅니다.

준비물 색지, 필기 도구, 색칠 도구, 얼굴 사진, 리본, 가위, 펀치, 스티커 등

놀이 방법

1 색지를 동그란 모양으로 자르고, 앞면에 자기 얼굴 사진만 잘라서 붙인다.
- 몸통을 그린 후 색칠하고 장점을 한 줄로 쓴다.
- 뒷면에는 친구에게 자기 이름으로 '칭찬 삼행시'를 지어달라고 부탁한다.

2 리본을 적당한 길이로 잘라서 목걸이를 만든다.

1

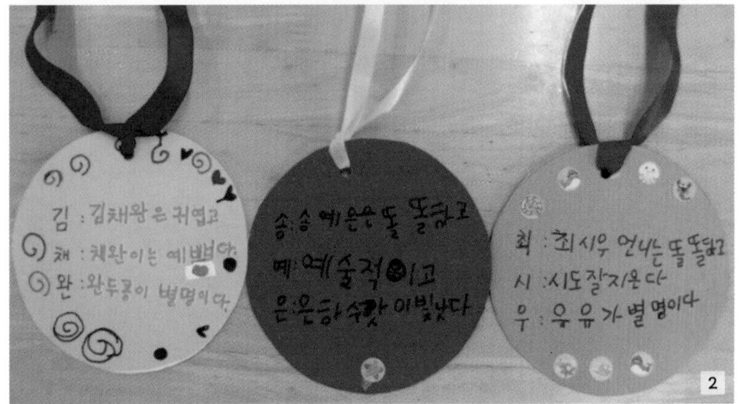

2

- 단점을 이야기하는 것은 삼가도록 지도해주세요.
- 내용은 연필로 흐리게 쓴 후 사인펜으로 쓰고 지우개로 연필 자국을 지우도록 합니다.
- 다양한 스티커를 준비하면 목걸이를 꾸미는 데 도움이 됩니다.

미술·37

눈 내리는 작은 마을

스노볼은 둥근 형태의 유리병 안에 다양한 장식을 넣고 투명한 액체로 채워서 눈이 내리는 것처럼 보이게 만든 장식품입니다. 플라스틱 컵을 재활용해서 멋진 크리스마스 스노볼을 만들어보세요.

준비물 두꺼운 도화지(바닥), 띠 골판지, 일회용 플라스틱 컵, 뽕뽕이, 스티로폼 볼(중, 소), 장식 소품, 가위, 목공풀 등

놀이 방법
1 띠 골판지를 둥글게 말고 쌓아서 나무를 만든다.
2 플라스틱 컵을 대고 오린 두꺼운 도화지 위에 나무를 붙이고 뽕뽕이와 소품으로 장식한다.
3 플라스틱 컵 안에 스티로폼 볼을 적당히 넣어주고 나무가 붙은 바닥을 컵에 붙여서 완성한다.
4 컵을 흔들어서 스티로폼 볼이 움직이는 모습을 감상하고 완성된 작품을 모아 전시도 한다.

1

2

3

4

- 나무를 종이접기나 클레이를 사용해서 만들어도 됩니다.
- 작은 스티로폼 볼은 적당량을 채울 수 있도록 지도해주세요.

미술·38

왁자지껄 산타 마을

메리 크리스마스! 산타 할아버지께 받을 선물을 고대하며 아이들과 산타 마을을 상상해보고 협동화를 그려봅시다. 산타 마을에서는 지금 어떤 일이 벌어지고 있는지 함께 이야기를 나누며 상상의 나래를 펼쳐보세요.

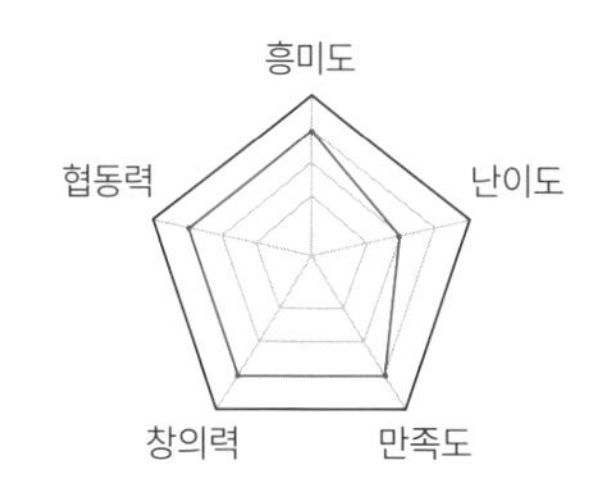

준비물 전지, 색칠 도구

놀이 방법
1 모둠별로 나눠 모여 무엇을 어떻게 그릴지 이야기한다.
2 모두 전지에 둘러 앉아 담당한 구역의 그림을 그린다.
3 그림을 연결하여 벽에 붙여 전시하고 그림 속에 어떤 이야기가 있는지 발표한다.

1

2

3

• 협동화의 특징을 살려 한 사람이 많이 그리지 않고 모두 참여할 기회가 주어지도록 해주세요.

미술·39

모루 크리스마스트리를 세워요

모루는 얇은 철사가 안에 들어 있어 잘 구부러져 여러 가지 모양으로 변화가 쉬운 공예 재료예요. 모루를 사용해서 쉽고 빠르게 어디든 장식이 가능한 트리를 만들어보세요.

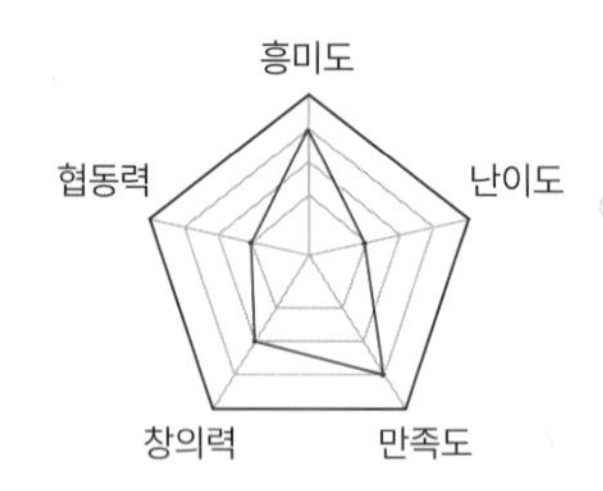

준비물 종이접시, 모루, 펀치, 뽕뽕이, 펠트, 목공풀, 가위, 칼 등

놀이 방법

1. 종이접시 중앙을 세모 모양으로 잘라내고, 자른 부분을 통해 펀치로 세모 가장자리에 빙 둘러가며 구멍을 뚫는다.
2. 초록색 모루를 구멍의 아래에서부터 차례대로 지그재그로 통과시켜 나무 모양을 만든다.
3. 펠트로 나무기둥을 만들어 붙이고 뽕뽕이로 나무를 장식한다.
4. 펠트로 별을 만들어 나무 꼭대기에 장식하고 완성한다.

1

3

2

4

TIP

- 모루는 안에 철사가 들어 있으니 끝에 찔리지 않도록 주의해야 합니다.

미술·40

눈 내리는 겨울밤이에요

'펄펄~ 눈이 옵니다.' 밤새 눈이 내려 세상을 온통 하얗게 변신시켰네요. 나무들은 어떻게 바뀌었을까요? 눈 속 나무들을 휴지를 이용해서 꾸미고 흰색 물감으로 눈이 펑펑 내리는 겨울밤을 표현해보세요.

준비물 검정 도화지, 종이 박스, 휴지, 흰색 물감, 종이컵, 면봉, 가위 등

놀이 방법
1 검정 도화지에 종이 박스를 오려 붙여 나무 기둥을 만든다.
2 휴지를 돌돌 말아 나무 기둥 위에 풍성하게 붙인다.
3 흰색 물감을 종이컵에 풀고 물을 섞은 뒤 면봉으로 콕콕 찍어 눈이 내리는 겨울밤을 표현한다.

1

2

3

- 눈사람, 강아지, 아이들 등을 그리거나 오려 붙여 다양하게 표현해보세요.
- 돌돌 말아 붙인 나무에 사인펜이나 물감으로 색을 입히면 사계절 나무를 표현할 수 있어요.

미술·41

조리조리 복조리 사세요

선달그믐 밤부터 정월 초하룻날 아침 사이에 걸어놓고 복을 빌었던 조리. 이때의 조리는 특별히 복을 가져다준다고 해서 복조리라고 합니다. 요즘은 섣달그믐 밤에 "복조리 사세요"라고 외치는 조리 장수가 없으니, 우리가 직접 만든 복조리를 걸어놓고 복을 빌어봅시다.

준비물 색종이, 끈, 가위, 풀 등

놀이 방법
1. 색종이 2장을 이용하여 직조 짜기를 한다.
2. 네 군데 모서리 모두 가장자리를 뒤로 접어 풀칠한다.
3. 한쪽 면을 1/2 지점까지 자르고 국자 모양으로 겹친다.
4. 색종이를 막대처럼 접어서 손잡이를 만든다.
5. 조리와 손잡이를 풀칠해서 연결하고 꾸며준다.

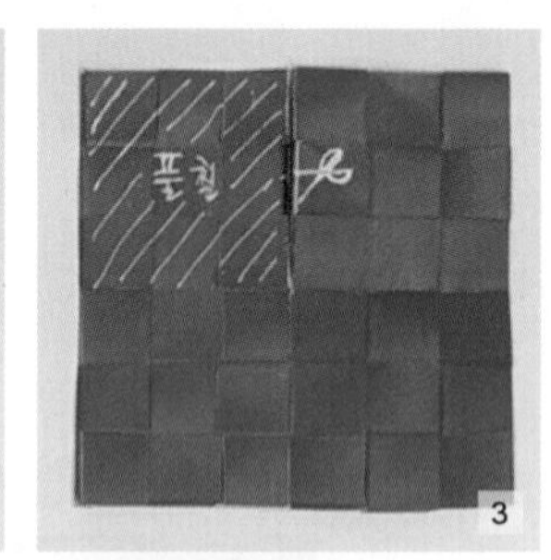

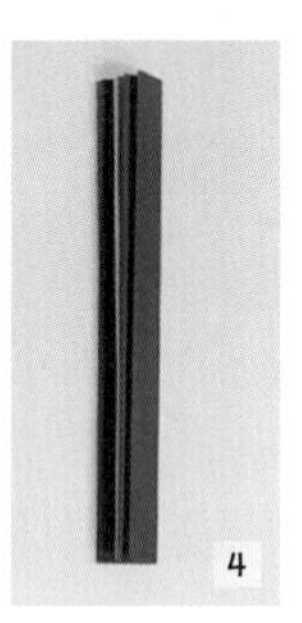

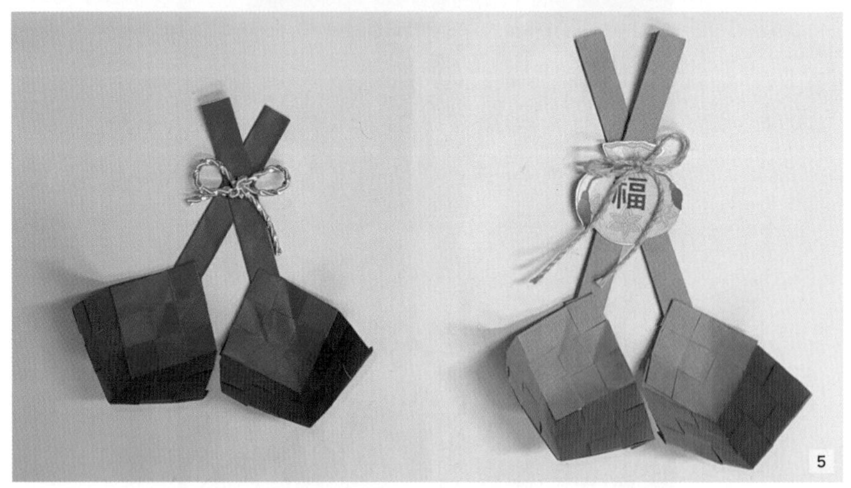

- 직조 짜기를 어려워하는 아이들은 색종이로 충분히 연습하게 해주세요.
- 크라프트지 또는 연갈색 종이로 접으면 짚으로 엮은 것 같은 느낌을 주지요.

미술·42

샤랄랄라~ 너는 공주, 나는 왕자

누구나 한 번쯤은 동화 속의 공주나 왕자가 되는 꿈을 꾸지요. 감성이 풍부한 어린 시절의 경험은 아이들의 꿈과 상상력을 자극해요. 왕관을 쓰고 왕자와 공주가 된 경험을 통해 마음껏 행복한 상상을 하도록 해주세요.

준비물 색종이 7장, 보석 스티커, 투명 테이프, 풀, 가위 등

놀이 방법

1. 왕관 중간 부분 접기(색종이 1장): 아이스크림 접기에서 시작한다. 접기 선을 따라 말아 접은 후 아래 삼각 부분을 올려 접는다.
2. 왕관 옆 부분 접기(색종이 6장): 아이스크림 접기에서 시작한다. 아래 삼각 부분을 올려 접은 후 세로로 반을 접는다.
   - 6장을 같은 모양으로 접고 3장씩 연결한다.
3. 중간 부분을 중심으로 양옆을 연결하고 보석 스티커로 장식한다.
4. 머리둘레에 맞춰 끝을 투명 테이프로 연결해 머리에 쓴다.

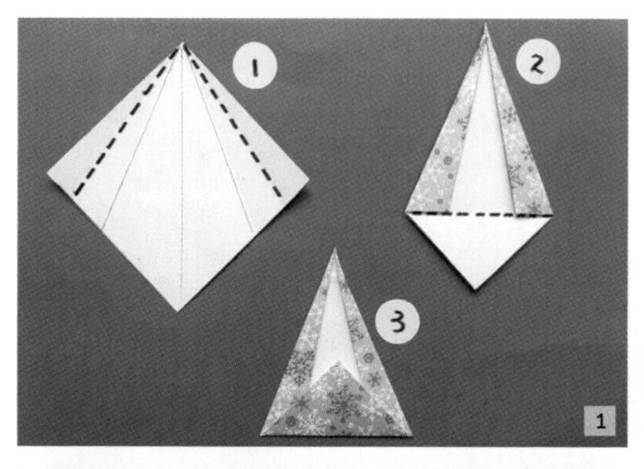

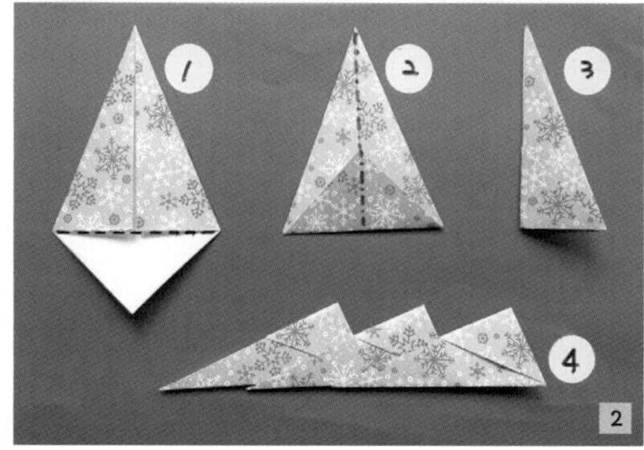

- 왕관의 뾰족한 부분에 하트나 별을 접어서 장식해주세요.
- 하트 접기를 이용해서 사탕 요술봉도 세트로 접어보세요.

미술·43

굴비 한 두름 선물이요

오래전부터 한국인의 밥상을 책임져온 인기 보존 식품 굴비는 여전히 유명한 명절 선물세트 중에 하나예요. 이번 명절에는 직접 그려서 만든 귀한 굴비를 선물하는 건 어떠세요?

준비물 봉투(크라프트지, 소), 신문지, 색칠 도구, 끈, 스테이플러 등

놀이 방법

1 크라프트지 봉투의 입구 부분을 얼굴 쪽으로 해서 굴비를 그린다.

- 스테이플러를 사용해서 입 부분에 창구멍을 남기고 굴비 몸통을 따라 찍어준 후 가위로 굴비를 여유를 두고 오린다.
- 뒤집어서 반대편에도 굴비를 그린다.
- 굴비를 색칠하고, 신문지를 구겨서 굴비 입을 통해 몸통 속으로 넣는다.

2 굴비를 끈으로 엮어주고 상표를 만들어서 달아준다.

1

2

- 굴비의 사진 자료를 보면서 특징과 생김새를 살펴보도록 해주세요.
- 스테이플러에 다치지 않도록 주의시켜주세요.
- 알록달록한 굴비도 예뻐요. 다양한 색으로 색칠하도록 지도해주세요.

미술·44

소리를 찾아서

'윙~윙~.' 무슨 소리일까요? 실을 여러 번 감아 꼬이게 만든 후 양쪽으로 당겼다 놓았다를 반복하면 실 팽이가 빠르게 회전하면서 소리를 내요. 아이들이 처음에는 실 팽이 돌리기를 어려워하지만 한번 빠져들면 오래도록 손에서 놓지 않아요.

준비물 종이 박스, 만다라 도안, 색칠 도구, 실, 빨대, 가위, 송곳 등

놀이 방법 동그랗게 오려둔 박스 양쪽에 만다라 도안을 붙여 팽이를 만든다.

- 만다라 도안을 색연필이나 사인펜을 사용해서 꼼꼼하게 색칠한다.
- 팽이 중앙부분에 일정 간격을 두고 구멍 2개를 뚫고 실을 통과시켜서 하나로 연결한다.
- 실을 여러 번 감아 꼬이게 한 후 양쪽으로 당겼다 놓았다 한다.

- 실 손잡이 부분에 빨대를 끼워주면 손이 덜 아프답니다.
- 네이버 카페 <신나는 세모 놀이터> '미술 놀이-실 팽이 만다라' 도안을 참고하세요.

쓰러지지 않는 펭귄

쓰러뜨려도 오뚝오뚝 다시 일어나는 오뚝이, 반구 아래쪽에 자석을 붙이면 무게중심이 낮아 오뚝이가 넘어지지 않는답니다. 몸통은 종이컵으로 꾸며서 나만의 오뚝이 장난감을 만들어보세요.

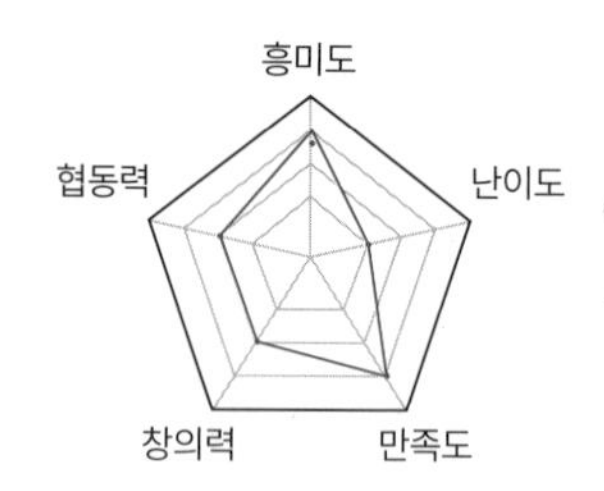

준비물 머메이드지, 종이컵, 플라스틱 반구(8cm), 눈 스티커, 자석, 가위, 풀, 글루건 등

놀이 방법
1. 펭귄의 특징을 잘 생각해서 종이컵을 꾸민다.
2. 반구 중앙에 자석을 붙이고 둥글게 자른 머메이드지를 붙인다.
3. 펭귄을 꾸민 종이컵을 머메이드지 위에 붙인다. 펭귄 몸통을 밀어 펭귄을 쓰러뜨려 본다.
4. 펭귄 외에 다양한 동물 오뚝이를 만들어 전시한다.

1

2

3

4

- 던지거나 너무 세게 힘을 주면 오뚝이가 망가질 수 있으니 주의하게 해주세요.
- 팽이처럼 돌리면서도 놀게 해주세요.

미술·46

우주로 떠나요

아이들은 모두 우주인이 되는 꿈을 꾸고 우주로 여행을 떠나는 상상을 하지요. 진짜 우주인이 되려면 많은 테스트를 거쳐야 하겠지만 지금 당장 사진만 있으면 우주인이 될 수 있어요. 이제 우리 상상만 하지 말고 우주인이 되어볼까요?

준비물 양면 포장지(얼굴: 13x13 1장, 몸: 10x20 1장, 팔, 다리: 10x7 4장, 발: 10x2.5 2장), 검은색 전지, 8cm 투명 반구, 할핀, 아이들 얼굴 사진, 풀, 태극기 도안, 스티커, 색칠 도구, 가위 등

놀이 방법

1 얼굴은 방석 접기에서 시작해서 액자 모양으로 접는다.

2 몸, 팔, 다리, 발 모두 반을 접은 후 팔은 끝을 둥글게 자르고, 발은 다리와 연결한다.

3 얼굴과 몸은 1cm 겹쳐서 붙이고 팔, 다리는 할핀으로 연결한다.

- 얼굴 사진을 붙인 후 투명 반구를 씌우고, 태극기와 스티커로 장식한다.

4 검은색 전지에 우주를 그린다.

5 우주에 우주인을 붙여 공동작품으로 완성한다.

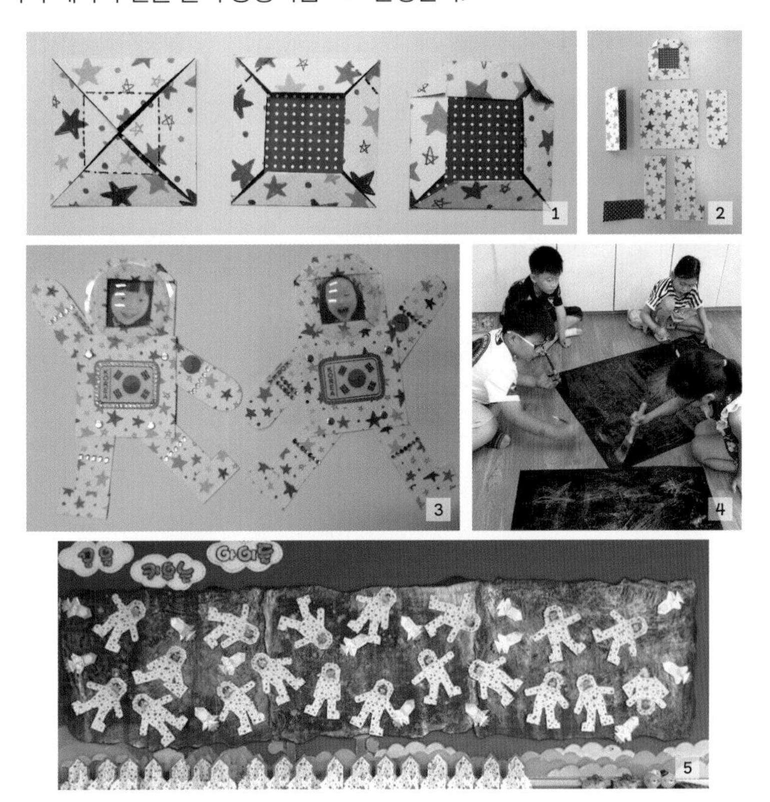

- 할핀을 사용해 자유자재로 움직이는 우주인을 아이들이 장난감처럼 마음껏 가지고 놀게 해주세요.
- 검은색 전지에 아이들과 우주를 그린 작품을 교실 환경판에 붙여 장식해보세요.

미술·47

땡그랑 한 푼, 땡그랑 두 푼

프로타주는 동전, 나뭇잎, 골판지, 노끈 등 면이 올록볼록한 것 위에 종이를 대고 연필 등으로 문지르면 무늬가 베껴지는 효과를 이용하여 그리는 그림 기법입니다. 용돈 받은 날을 떠올리며 프로타주 기법으로 돼지저금통을 가득 채워보세요.

준비물 스케치북, 색칠 도구, 동전 등

놀이 방법

1 스케치북에 돼지저금통을 그린다.

2 그려놓은 돼지저금통 아래에 동전을 놓고, 다양한 색으로 동전을 문질러 표현하여 돼지저금통을 완성한다.

- 완성된 돼지저금통을 친구들에게 보여주며 돼지저금통이 꽉 차면 무엇을 사고 싶은지 이야기해본다.

1

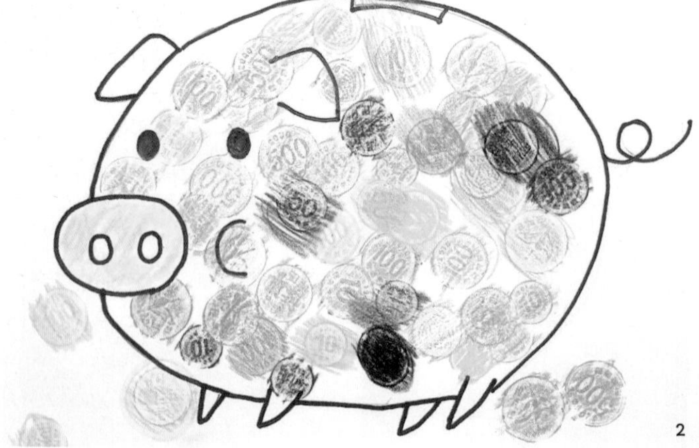

2

- 동전이 움직이지 않도록 잘 잡고 문지르게 하세요.
- 여러 종류의 동전을 준비하여 저금통을 채워보세요.
- 꽉 찬 돼지저금통에 얼마가 모였는지 계산해볼까요?

미술·48

내 마음속 생각을 맞혀봐

새 학년을 준비하는 시작은 마음을 다잡는 것부터예요. 아이들 마음속에 숨겨진 생각을 '스크래치 페이퍼'라는 재미있는 재료에 자유롭게 표현하도록 해보세요. 스스로 감정을 발산하며 각오도 다지고 자신에 대한 긍정적 이미지를 만드는 소중한 시간이 될 거예요.

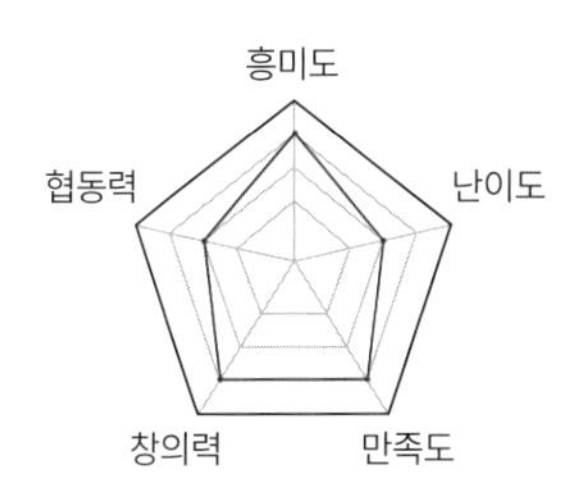

준비물 도화지, 스크래치 페이퍼, 이쑤시개나 뾰족한 도구, 가위, 풀 등

놀이 방법
1. 도화지에 얼굴 도안을 그려 오린 다음 스크래치 페이퍼에 대고 뾰족한 도구로 테두리를 표시한다.
2. 스크래치 페이퍼에 자신이 생각한 것들을 긁어서 표현한다.
3. 얼굴 모양을 따라서 자른다.
4. 도화지에 얼굴을 붙이고 자신의 이름을 써서 완성한다.

• 어떤 생각을 표현했는지 아이들의 이야기를 들어주고, 공감해주고, 마음을 읽어주세요.

바

5

표현력 뿜뿜,

말·책 놀이 63가지

말 놀이: 알쏭달쏭 신기하고 재미나요

온 국민이 다~ 아는 놀이, 아~무 준비도 필요 없는 놀이, 지루할 때 시간이 자~~알 가는 놀이, 하다 보면 은근히 승부욕이 생기는 놀이, 쫄깃한 긴장감 속에서 상대방의 말에 귀를 기울이게 되는 놀이, 혼자서도 즐길 수 있고 둘, 셋은 물론 여러 명이 함께해도 가능한 놀이. 바로 '말을 가지고 노는 활동'인 '말 놀이'에 대한 소개랍니다.

말 놀이는 학습이 아닌 놀이의 형태를 띠고 있어요

그래서 아이들은 말 놀이를 부담없이 즐길 수 있지요. 하지만 놀이 과정에서 어휘력이 향상되는 것은 물론이고 언어 유창성, 독해력, 사고력, 상상력, 창의력, 듣기 능력, 말하기 능력 등이 키워져요. 특히 초등학교 시기에 언어 유창성과 독해 능력이 중시되는 이유는 이것이 곧 학습 능력의 기초가 되기 때문입니다. 그래서 말 놀이는 많이 하면 할수록 좋습니다.

말 놀이는 '읽기 독립'을 행복하게 마치기 위한 필수 코스입니다

아이들이 단순히 책을 더듬더듬 읽는다고 해서 '읽기' 학습이 끝나는 것은 아니에요. 진정한 읽기 독립의 단계가 되려면 낱글자에 부담을 가지지 않고 자연스럽게 읽어내는 것은 물론 행간의 의미도 파악해야 하고, 잘 모르는 낱말이 나와도 앞뒤 문맥을 유추해서 이해하여 내 것으로 만들 정도의 실력이 생겨야 합니다. 읽는 것이 어렵고 진도가 나가지 않는 이유는 어휘력이 부족하고, 배경 지식이 적어서입니다. 그렇기 때문에 학습이 아닌 놀이의 형태로 다양하게 어휘를 늘려주는 것이 중요합니다.

자, 이제 우리 아이들과 즐겁게 말 놀이할 준비가 되셨나요? 주의할 점이 한 가지 있다면 '맞춤법'에 목숨 걸지 말자는 것입니다. 특히 아직 한글 떼기가 완전하지 않은 상태라면 더더욱 발음이나 맞춤법이 틀렸다고 지적하지 않기입니다. 맞춤법에 너무 신경을 쓰면 아이들이 어렵다고 느낍니다. 그러면 스스로 위축되어 흥미도와 지속도가 뚝 떨어져버립니다.

아이들이 조금 틀려도 부드럽게 넘어가 주는 센스, 기본입니다!^^

* '말 놀이'는 언어 학습을 할 때나 시간이 날 때 언제든 짬짬이 즐길 수 있는 활동이므로 따로 '연간 활동 계획'이 없습니다.

도전, 다양한 말 잇기

'말 잇기'의 가장 기본은 '끝말잇기'로 말 놀이계의 시조새라고 할 수 있지요. 아이들에게 가장 익숙하고 쉽게 느껴지는 끝말잇기를 시작으로 해서 다양한 말 잇기를 해보세요.

놀이 방법

1 끝말잇기

둘 이상의 사람이 모여 한 사람이 어떤 낱말을 말하면 다음 사람이 그 말의 끝음절을 첫음절로 하는 낱말을 말하며 이어간다.

예: * 말놀이 → 이발소 → 소리새 → 새장 → 장미 → 미역 → 역도 → 도깨비 → …
* 어린이 → 이야기 → 기러기 → 기차 → 차도 → 도서관 → 관광 → 광어 → …

2 첫 글자로 말 잇기

첫음절이 같은 글자로 된 낱말로만 이어간다.

예: * 나비 → 나무 → 나이테 → 나라 → 나뭇잎 → 나팔 → 나이 → 나물 → …
* 기역 → 기린 → 기차 → 기후 → 기숙사 → 기름 → 기구 → 기침 → …

3 말허리 잇기

우리 몸에서 '허리'가 가운데인 것처럼 낱말의 가운데 글자로 이어간다. 가운데 글자가 있으려면 반드시 세 글자 낱말로 말해야 한다.

예: * 수선화 → 선생님 → 생물학 → 물고기 → 고등어 → 등갈비 → 갈비뼈 → …
* 당나귀 → 나리꽃 → 이용권 → 용가리 → 가리비 → 리어커 → 어머니 → …

4 끝 글자 잇기

끝음절이 같은 글자로 된 낱말로만 이어간다.

예: * 코끼리 → 꼬리 → 머리 → 파리 → 가오리 → 개나리 → 해파리 → …
* 강아지 → 돼지 → 두더지 → 망아지 → 미꾸라지 → 편지 → 오렌지 → …

5 세 글자 쿵쿵따

세 음절로 된 낱말만으로 끝말잇기를 하는 말놀이로 재미와 박자감을 높이기 위해 세 음절 낱말을 말하고는 끝에 '쿵쿵따'를 붙인다.

예: * 무궁화(쿵쿵따) → 화장실(쿵쿵따) → 실내화(쿵쿵따) → 화요일(쿵쿵따) → …
* 자동차(쿵쿵따) → 차멀미(쿵쿵따) → 미나리(쿵쿵따) → 리모컨(쿵쿵따) → …

주고받는 말 놀이

하나의 규칙을 정해 그 규칙을 지키면서 묻고 답하는 놀이예요. 다양한 규칙 정하기와 답변을 들으면 아이들의 창의력에 엄지 척을 하게 된답니다.
두 번째 공당놀이는 옛날 조선시대 학자인 맹사성과 젊은 선비의 일화에서 나왔어요. 선비가 맹사성의 외모를 보고 장난삼아 질문하는 사람은 말끝을 '공'으로, 대답하는 사람은 '당'으로 끝내자고 했대요. 맹사성이 먼저 "그대는 어딜 가는공?" 하자 선비가 "벼슬 구하러 간당!"이라고 했대요. 이렇게 자신보다 나이가 많은 사람에게 놀이를 빌미로 반말을 했다는 데서 유래했어요. 물론 젊은 선비는 후에 그 노인이 맹사성인 줄 알고 깊이 사죄하였다고 전해지지요.

놀이 방법

1 숫자나 조건에 맞는 답하기

제시된 숫자나 하나의 조건에 맞는 말로 대답을 해야 한다.

예: * 하나는 뭐니? - 나의 오뚝한 코 하나
둘은 뭐니? - 반짝이는 예쁜 눈 둘
셋은 뭐니? - 세발자전거의 바퀴 셋
넷은 뭐니? - 강아지 다리 넷
다섯은 뭐니? - 무궁화 꽃잎 다섯
여섯은 뭐니? - 잠자리 다리 여섯 …
* 기역은 뭐니? - 기린의 '기'자 자음 기역
니은은 뭐니? - 나비의 '나'자 자음 니은
디귿은 뭐니? - 다람쥐의 '다'자 자음 디귿
리을은 뭐니? - 라마의 '라'자 자음 리을
미음은 뭐니? - 미꾸라지의 '미'자 자음 미음
비읍은 뭐니? - 바퀴벌레의 '바'자 자음 비읍 …

2 공당놀이

'공'으로 묻고 '당'으로 대답하기를 주고받다 도저히 말이 안 되어 꼬인 사람이 진다.

예: * 점심밥은 먹었는공? - 개구리반찬 먹었당.
밖에 해가 떴는공? - 비가 억수로 온당.
구구단은 외웠는공? - 어려워서 외우기 싫당.

말 놀이·3

이어 말하는 말 놀이

주제에 따라 계속 말을 이어가는 놀이예요. '꽁지 따기' 말놀이는 쉬워 보이지만 사물의 특성을 알고 이를 말로 표현할 수 있어야 하며, '같은 말로 이어 말하기'와 '말 덧붙이기'는 상대방의 말을 잘 들어야 해요. 즐겁게 말 놀이를 즐기면 듣기 능력과 순발력, 사물의 특성 알기, 상황에 따른 어휘력이 향상됩니다.

놀이 방법

1 꽁지 따기

'꽁지'는 몸통의 맨 끝부분으로 문장의 마지막 꽁지 말을 이어서 연결한다.

예: * 원숭이 엉덩이는 빨개 → 빨가면 사과 → 사과는 맛있어 → 맛있으면 바나나 → 바나나는 길어 → 길면 기차 → 기차는 빨라 → 빠르면 비행기 → 비행기는 높아 → …

* 떡볶이는 매워 → 매우면 김치 → 김치는 빨개 → 빨가면 장미 → 장미는 예뻐 → 예쁘면 인형 → 인형은 귀여워 → 귀여우면 고양이 → …

2 같은 말로 이어 말하기

같은 말을 앞쪽에 넣어 반복하면서 뒤쪽에는 자신이 생각한 말을 붙인다.

예: * 높다 높다 구름이 높다 / 높다 높다 철봉이 높다 / 높다 높다 하늘이 높다 / 높다 높다 무지개가 높다 / 높다 높다 …

* 예쁘다 예쁘다 아기가 예쁘다 / 예쁘다 예쁘다 코스모스가 예쁘다 / 예쁘다 예쁘다 우리 엄마가 예쁘다 / 예쁘다 예쁘다 …

3 말 덧붙이기

먼저 말한 사람의 말을 반복하면서 거기에 새로운 낱말을 덧붙인다. 앞사람의 말을 잘 기억해야 하고, 자신이 이야기할 낱말도 미리 생각해야 한다.

예: * 과일 가게에 가면 사과도 있고
과일 가게에 가면 사과도 있고, 포도도 있고
과일 가게에 가면 사과도 있고, 포도도 있고, 수박도 있고
과일 가게에 가면 …

* 동물원에 가면 호랑이도 있고
동물원에 가면 호랑이도 있고, 기린도 있고
동물원에 가면 호랑이도 있고, 기린도 있고, 사슴도 있고
동물원에 가면 …

160 세상의 모든 놀이

말 놀이·4

삼행시, 사행시, 오행시 짓기

'삼행시'는 세 줄로 이루어진 짧은 글을 말하는데 낱말의 음절수가 2개면 이행시, 4개면 사행시라고 해요. 낱말의 음절수에 맞춰 지은 말이 멋지게 하나로 연결된다면 훌륭하겠지요?

놀이 방법 **1** 삼행시

삼 음절로 된 단어를 제시하고 한 글자씩 운을 띄운다.

예: * 비 – 비가 올라나?

행 – 행여나 이렇게 맑은데 비가 오겠어?

기 – 기상청에 물어보자.

2 사행시, 오행시에도 도전

짧은 단어에서 훌륭한 작품이 나왔다면 이번에는 더 긴 단어에도 도전!

예: * 아 – 아름다운 노래 소리를 자랑하는

카 – 카나리아 한 마리

시 – 시원하게 물 한 모금 마시고는

아 – 아리아를 불러요. 아~~~~~~~.

161 세상의 모든 놀이

말 놀이·5

특별한 이름 짓기

사랑스런 애칭은 아이의 행동까지 바꿔줍니다. 그만큼 이름이 가지는 힘이 크죠. 서로 칭찬하는 애칭을 만들어보세요. 인디언들은 그 사람의 행동이나 모습, 생일 등을 기억하면서 조금 특별한 이름을 지었다고 해요. 인디언식 애칭도 지어보세요.

놀이 방법 **1** 칭찬하는 이름 삼행시

가장 먼저 내 이름, 친구 이름, 가족 이름으로 삼행시를 짓되 칭찬하는 말을 넣어야 한다.

예: * 이 – 이채완은 그림을 잘 그려요.

채 – 채완이는 피아노도 열심히 치지요.

완 – 완두콩처럼 귀여운 이채완~.

2 인디언식 이름 짓기

'인디언 이름'이라고 인터넷으로 검색하면 생년월일에 따라 인디언식 이름을 지을 수 있다. 꼭 그게 아니더라도 아이의 모습과 특징을 생각하면서 기발한 인디언 이름을 지어본다.

말 놀이·6

초성으로 알아맞히기

자음 퀴즈라고도 하는데 초성만 보고 어떤 낱말인지 알아맞혀야 해요. 간단한 초성만 알려주고 낱말을 유추해내거나 주제에 따라 초성을 주고 맞히게도 할 수 있어요.

놀이 방법

1 낱말 초성 퀴즈

처음에는 두 글자로 퀴즈를 내는데 제한된 시간 안에 최대한 많은 낱말을 끌어내게 한다. 30초 정도로 시작하는 것이 아이들이 집중력을 잃지 않아 적당하다.

예: * ㄱㅈ – 과자, 국자, 가지, 거지, 경주, 광주, 감자, 귀족, 궁전, 가족 …

* ㅅㅇ – 상어, 생일, 수영, 수염, 새우, 서울, 수원, 수업, 석유, 사업 …

* ㅇㅈ – 의자, 옷장, 여자, 요정, 우주, 오즈, 인주, 인재, 인중, 어장 …

2 주제를 알려주는 초성 퀴즈

주제를 정하고 초성을 알려준다.

예: * 동화 주인공 – ㅂㅅㄱㅈ, ㅋㅈㅍㅈ, ㅍㅌㅍ, ㅅㄷㄹㄹ, ㅍㄴㅋㅇ, ㅎㅂㄴㅂ …

* 과일 이름 – ㄸㄱ, ㅂㅅㅇ, ㅍㄷ, ㅊㅇ, ㅁㄹ, ㅅㄱ, ㅍㅇㅇㅍ …

* 나라 이름 – ㄷㅎㅁㄱ, ㅇㅂ, ㅇㅅㅌㄹㅇ, ㄷㅇ, ㅈㄱ, ㅋㄴㄷ, ㄹㅅㅇ …

* 만화영화 제목 – ㅅㅂㅇㅍㅌ, ㄹㅂ, ㄱㅇㅇㄱ, ㄹㅇㅇㅋ, ㅇㄹㄷ …

3 노래 가사 초성 퀴즈

노래 가사의 일부를 초성으로 비워놓고 맞혀보는 등 다양하게 초성 퀴즈를 즐긴다.

예: * '다섯 글자 예쁜 말' 노래에 나오는 예쁜 말을 초성만 보고 맞혀보세요.

ㅅㄹㅎㄴㄷ / ㄱㅁㅅㄴㄷ / ㄱㅅㅎㄴㄷ / ㅇㄴㅎㅅㅇ / ㅇㄹㄷㅇㅇ / ㄴㄹㅎㄱㅇ

• 주제 초성 퀴즈 답

* 동화주인공 – 백설공주, 콩쥐팥쥐, 피터팬, 신데렐라, 피노키오, 흥부놀부
* 과일 이름 – 딸기, 복숭아, 포도, 참외, 메론, 사과, 파인애플
* 나라 이름 – 대한민국, 일본, 오스트리아, 독일, 중국, 캐나다, 러시아
* 만화영화 제목 – 신비아파트, 라바, 겨울왕국, 라이언킹, 알라딘

• 노래 가사 초성 퀴즈 답

* 사랑합니다 / 고맙습니다 / 감사합니다 / 안녕하세요 / 아름다워요 / 노력할게요

말 놀이·7

가로세로 단어 연결 십자말풀이

바둑판 같은 판에 가로와 세로 퀴즈의 답으로 칸을 채우는 놀이예요. 상식이 무럭무럭 자라는 재미있는 활동입니다. 다 푼 다음에는 아이들이 직접 십자말풀이를 만들게도 해보세요.

놀이 방법 기존에 나와 있는 십자말풀이를 아이들이 풀게 한다.

*가로, 세로 6줄 십자말풀이의 예

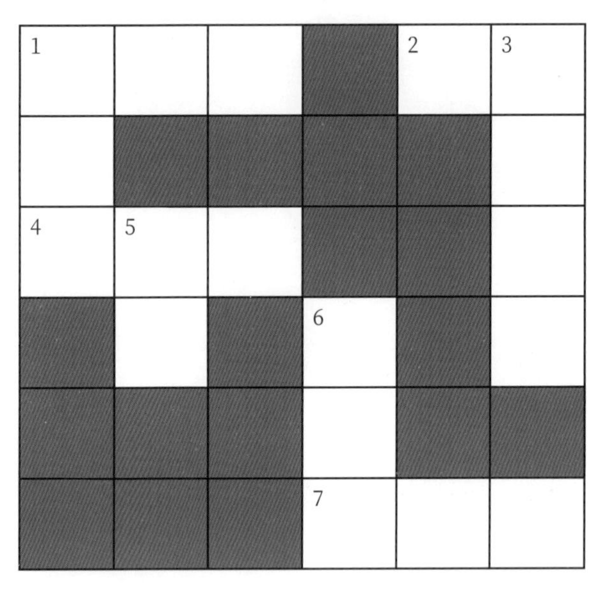

<가로 퀴즈>

1. 공기 중의 물방울이 햇빛을 받아 나타나는 일곱 빛깔
2. 항문에서 배출되는 가스로 냄새와 소리가 나기도 함. 뿡~
4. 화장을 하거나 대소변을 배출하는 장소
7. 집을 등에 지고 다니는 연체동물

<세로 퀴즈>

1. 우리나라를 상징하는 꽃
3. 귀뚤귀뚤 소리를 내는 곤충
5. 비가 올 때 신는 목이 긴 신발
6. 보름날(음력 15일) 밤에 뜨는 둥근 달

• 가로 답: 1. 무지개 / 2. 방귀 / 4. 화장실 / 7. 달팽이
• 세로 답: 1. 무궁화 / 3. 귀뚜라미 / 5. 장화 / 6. 보름달

알쏭달쏭 수수께끼

어떤 사물을 바로 말하지 않고 빗대어 한 말을 알아맞히는 놀이예요.

놀이 방법 **1** 물건의 특징을 이용한 수수께끼를 낸다.

예: * 비 올 때 드는 산은?
* 남이 버리는 것만 받아먹고 사는 것은?
* 배가 부를수록 하늘로 올라가려는 것은?
* 읽을 수 없는 동화는?
* 아기도 아닌데 업혀서 학교에 가는 것은?
* 다리로 올라갔다가 엉덩이로 내려오는 것은?
* 수학책을 난로 위에 놓으면 무엇이 될까?

2 동물에 대한 수수께끼를 낸다.

예: * 물구나무서기를 하면 '문'이 되는 동물은?
* 등에 분수를 짊어지고 다니는 동물은?
* 꼬리는 꼬리인데, 날아다니는 꼬리는?
* 언제나 등에 집을 짊어지고 이사 다니는 동물은?
* 제비는 제비인데 날지 못하는 제비는?
* 세상에서 제일 빠른 새는?
* 병아리가 제일 잘 먹는 약은?

3 엉뚱한 수수께끼

예: * 미소의 반대말은?
* 밥을 먹고 꼭 만나는 거지는?
* 국에 넣는 맛있는 거지는?
* 힘을 낼 때 부르는 차는?
* 큰 소리로 깨지는 유리창은?
* 손님이 깎아 달라는 대로 다 깎아주는 사람은?
* 밤은 밤인데 시끄러워 잠을 못 자게 하는 밤은?

- 물건의 특징 수수께끼 답: 우산, 휴지통, 풍선, 운동화, 책가방, 미끄럼틀, 수학익힘책
- 동물 수수께끼 답: 곰, 고래, 꾀꼬리, 달팽이, 족제비, 눈 깜짝할 새, 삐약
- 엉뚱한 수수께끼 답: 당기소, 설거지, 우거지, 으라차차, 와장창, 이발사, 빠라바라바라밤

질문하고 답하는 다섯 고개 놀이

'정답'을 마음속으로 정한 사람에게 다섯 번 물어보고 그에 대한 답을 들으면서 문제의 정답을 유추해 맞히는 놀이예요. 질문과 대답을 스무 번까지 하게 되면 '스무고개'가 되지요. 다섯 고개는 말로도 즐길 수 있지만 여기서는 글로 쓰며 맞히는 두 가지 유형을 알아봅시다.

놀이 방법 **1** 질문과 대답, 힌트를 보고 맞히는 다섯 고개 유형

예:

고개	질 문	대 답	생각나는 것
1	식물인가요?	아니요, 동물입니다.	사자
2	날아다니나요?	아니요, 날지 못합니다.	호랑이
3	헤엄을 치나요?	예, 헤엄을 칩니다.	고래
4	바다에 사나요?	예, 추운 바다에 삽니다.	바다표범
5	별명이 '남극의 신사'인가요?	예, 맞습니다.	
정답은 ( )입니다.			

2 다섯 가지 질문과 대답만 보고 맞히는 다섯 고개 유형

예:

고개	질 문	대 답
1	동물인가요?	아니요, 동물이 아닙니다.
2	살아 있나요?	아니요, 살아 있지 않습니다.
3	겨울에만 볼 수 있나요?	예, 겨울에만 볼 수 있습니다.
4	하얀색인가요?	예, 하얀색입니다.
5	이름이 세 글자인가요?	예, 세 글자입니다.
		정답은 ( )입니다.

- 1번 답: 펭귄
- 2번 답: 눈사람

말 놀이·10

정확하게 발음해, 잰말 놀이

'빠른말 놀이'라고도 하는데 빨리 발음하기 어려운 단어나 문장을 빠르게 말하는 놀이예요. 자꾸 읽다 보면 정확하게 발음하는 데 도움이 되지요. 아이들이 직접 발음하기 어려운 문장을 새롭게 만들게 하면 우리말에 더 재미를 느껴요.

놀이 방법

1 가나다라 잰말

발음이 쉬운 것부터 시작한다.

예: * 가나다라마바사아자차카타파하
* 개내대래매배새애재채캐태패해
* 갈날달랄말발살알잘찰칼탈팔할
* 공농동롱몽봉송옹종총콩통퐁홍
* 곽낙닥락막박삭악작착칵탁팍확

2 반복 말하기

발음하기 어려운 낱말을 빠르게 읽는 것으로 보통 다섯 번 틀리지 않고 말하기로 진행한다.

예: * 홍합 홍합 홍합 홍합 홍합
* 왕밤빵 왕밤빵 왕밤빵 왕밤빵 왕밤빵
* 봄벚꽃놀이 봄벚꽃놀이 봄벚꽃놀이 봄벚꽃놀이 봄벚꽃놀이

3 국민 잰말 놀이

가장 유명한 문장을 모아봤다. 발음해보면 생각보다 쉽지 않아 은근 승부욕을 자극한다.

예: * 경찰청 쇠창살은 외철창살이냐 쌍철창살이냐.
* 들의 콩깍지는 깐 콩깍지인가 안 깐 콩깍지인가.
* 저기 있는 말뚝이 말 맬 말뚝이냐 말 못 맬 말뚝이냐.
* 저기 저 뜀틀이 내가 뛸 뜀틀인가 내가 안 뛸 뜀틀인가.
* 간장 공장 공장장은 강 공장장이고, 된장 공장 공장장은 공 공장장이다.
* 멍멍이네 꿀꿀이는 멍멍해도 꿀꿀하고, 꿀꿀이네 멍멍이는 꿀꿀해도 멍멍한다.
* 내가 그린 기린 그림은 잘 그린 기린 그림이고, 네가 그린 기린 그림은 잘 못 그린 기린 그림이다.

말 놀이·11

조상의 지혜가 담긴 속담 놀이

'속담'은 예로부터 전해지는 조상들의 지혜가 담긴 짧은 구절이에요. 다양한 상황에서 속담이 어떻게 쓰이는지 알아보고, 실생활에서 많이 적용할 수 있도록 해주세요.

놀이 방법

1 속담 카드 놀이

속담의 반을 나눠 카드에 적는다. 앞 속담을 제시하면 짝이 맞는 뒤의 속담 카드를 재빨리 제시한다.

예: * 가는 말이 고와야 / 오는 말이 곱다

* 공든 탑이 / 무너지랴

* 귀에 걸면 귀걸이 / 코에 걸면 코걸이

2 속담 초성퀴즈

속담의 일부를 초성만으로 비워놓고 맞힌다.

예: * 누워서 (ㄸ)먹기

* (ㄱㅂㅇ)도 구르는 재주가 있다.

* (ㅎㄹㅇ)도 제 말 하면 온다.

3 재미있는 속담 알기

아이들이 재미있어할 만한 속담을 알려주어 흥미를 갖게 해준다.

예: * 방귀에 대한 속담

개가 제 방귀에 놀란다. / 방귀 뀐 놈이 성낸다. / 방귀가 잦으면 똥 된다.

* 똥, 오줌에 대한 속담

개똥도 약에 쓰려면 없다. / 똥 누러 갈 때 마음 다르고 나올 때 마음 다르다. / 아끼다 똥 된다. / 호강에 겨워 요강에 똥 싸는 소리한다. / 언 발에 오줌 누기

* 개가 나오는 속담

개밥에 도토리. / 제 버릇 개 못 준다. / 먹을 때는 개도 안 건드린다. / 똥 묻은 개가 겨 묻은 개 나무란다. / 서당 개 삼 년이면 풍월을 읊는다.

* 고양이가 나오는 속담

고양이 목에 방울 달기. / 고양이 쥐 생각한다. / 고양이가 생선가게를 그냥 지나치랴 / 똥 중에 고양이 똥이 가장 구리다.

168 세상의 모든 놀이
말 놀이·12

번갈아 말하기 놀이

둘이 마주 보고 한 글자씩 번갈아가면서 말하는 놀이예요. 속도가 빨라질수록, 기러기나 옥수수처럼 같은 글자가 반복될 경우 더 어려워지지요.

놀이 방법 난이도에 맞춰 단어를 제시해준다.

* 난이도 ★
  예: 탕-수-육 / 오-징-어 / 떡-볶-이 / 짜-장-면 / 찹-쌀-떡
* 난이도 ★★
  예: 기-러-기 / 옥-수-수 / 토-마-토 / 스-위-스 / 바-나-나
* 난이도 ★★★
  예: 토-마-토-주-스 / 옥-수-수-수-프 / 크-리-스-마-스 / 아-쿠-아-리-움

169 세상의 모든 놀이
말 놀이·13

30초 낱말 말하기

정해진 주제에 맞는 낱말을 30초 동안 말하는 거예요. 여러 명이 게임을 한다면 주제에 맞지 않는 낱말을 제외하고 제일 많은 개수의 낱말을 말하는 사람이 승리하게 되지요. 도전!

놀이 방법

1. 한 글자 단어 말하기
   예: 똥, 땅, 빵, 떡, 밤, 물, 불, 말, 소, 닭, 별, 궁, 나, 너, 월, 화, 수 …
2. 교실에 있는 물건 말하기
   예: 칠판, 의자, 책상, 창문, 휴지통, 빗자루, 분필, 텔레비전, 컴퓨터, 책장 …
3. 세 글자 동물 이름 말하기
   예: 호랑이, 고양이, 강아지, 코끼리, 원숭이, 고릴라, 침팬지, 개구리 …
4. 나무 이름 말하기
   예: 밤나무, 벚나무, 잣나무, 소나무, 사과나무, 은행나무, 호두나무, 대추나무 …
5. 생선 가게에서 파는 생선 이름 말하기
   예: 광어, 은어, 장어, 홍어, 청어, 갈치, 고등어, 삼치, 멸치, 오징어, 낙지 …
6. 세계 나라 이름 말하기
   예: 미국, 중국, 영국, 독일, 러시아, 프랑스, 그리스, 가나, 이집트, 콩고 …
7. 우리나라 위인과 다른 나라 위인 이름 번갈아 말하기
   예: 안중근, 간디, 이순신, 에디슨, 세종대왕, 링컨, 김구, 파브르, 신사임당 …

새롭게 바꿔보는 말 풀이

'말 풀이'는 숫자, 월(달), 성(이름의 성씨) 등을 가지고 풀어놓은 옛 노래예요. 전해져 내려오는 노래의 앞쪽이나 뒤쪽 일부분을 의미와 음절에 맞게 바꿔보면 색다른 말놀이가 돼요.

놀이 방법 **1** 숫자 풀이

숫자 부분과 '잘잘잘'은 그대로 두고, 밑줄 친 부분만 바꿔서 새롭게 만든다.

예: * 하나 하면 할머니가 지팡이 짚는다고 잘잘잘 / 둘 하면 두부 장수 종을 친다고 잘잘잘
셋 하면 새색시가 거울을 본다고 잘잘잘/ 넷 하면 냇가에서 빨래를 한다고 잘잘잘
다섯 하면 다람쥐가 알밤을 깐다고 잘잘잘 / 여섯 하면 여학생이 공부를 한다고 잘잘잘
일곱 하면 일꾼들이 나무를 벤다고 잘잘잘 / 여덟 하면 엿장수가 엿을 판다고 잘잘잘
아홉 하면 아버지가 장보러 간다고 잘잘잘 / 열 하면 열무장수 열무를 판다고 잘잘잘

달풀이

'달풀이'는 매월 특별히 먹는 음식이나 놀이를 넣은 노래로 밑줄 친 부분을 바꿔본다.

예: * 정월이라 초하룻날 혼떡 법떡 먹는 날 / 이월이라 한식날 한식 먹는 날
삼월이라 삼짇날 제비 오는 날 / 사월이라 초파일날 머리 깎고 활동하는 날
오월이라 단옷날 머리 빗고 그네 뛰는 날 / 유월이라 보름날 유두 먹는 날
칠월이라 칠석날 칠석 먹는 날 / 팔월이라 보름날 신곡 차례 지내는 날
구월이라 구일 날 구일 먹는 날 / 시월이라 보름날 시제 먹는 날
동짓달이라 동짓날 팥죽 먹는 날 / 섣달이라 그믐날 호박범벅 먹는 날

2 재미난 노래 풀이

아이들이 좋아하는 간단한 노래의 일부분을 바꿔본다. 예를 들어 <도깨비 빤스> 노래에서는 '빤스', '호랑이 가죽' 또 '튼튼해요', '더러워요' 등을 바꾼다.

예: * 도깨비 빤스는 튼튼해요. / 질기고도 튼튼해요.
호랑이 가죽으로 만들었어요. / 2000년 입어도 까딱없어요.
도깨비 빤스는 더러워요. / 냄새나요 더러워요.
호랑이 가죽으로 만들었어요. / 2000년 동안이나 안 빨았어요.

흥미진진한 토론

'어린이 토론'은 여러 가지 주제를 가지고 승패나 정답 없이 자유롭게 자신의 생각을 이야기하고, 다른 사람의 의견을 듣는 과정을 통해 토론의 즐거움을 알아가는 활동이에요.

놀이 방법 **1** 흥미진진한 토론하기

창의성 놀이의 하나로 실제로 가능한 일이거나, 불가능한 일이라도 상상력을 동원하여 다양한 이야기를 하도록 허용적인 분위기를 조성하는 것이 중요하다.

예: * 주머니에 넣은 달걀을 깨뜨리지 않고 줄넘기를 하려면?
* 티라노사우루스의 복제에 성공한다면?
* 선생님이 AI라면?
* 똥 참기가 쉬울까, 오줌 참기가 쉬울까?
* 갑자기 모든 사람들의 휴대전화가 사라진다면?

2 '만약에 내가~'로 상상하여 말하기

예: * 만약에 내가 교장 선생님이라면 학생들을 위해 무엇을 할까?
* 만약에 내 손가락이 7개라면?
* 만약에 나에게 도깨비 방망이가 있다면?
* 만약에 내일 지구가 멸망한다면 나는 오늘 무엇을 할까?
* 만약에 내가 빌 게이츠(Bill Gates)라면?

3 작가 되어보기

기존 동화의 뒷부분 계속 이어가기, 결정적 장면을 바꿔 다른 결말 써보기, 주인공의 이름이나 책 제목 바꿔보기 등 다양한 활동이 가능하다.

예: * 신데렐라와 고약한 언니들의 신발 사이즈가 같았다면?
* 백설공주가 사과 알레르기가 있어서 사과를 먹지 않았다면?
* 성냥팔이 소녀의 성냥이 그 마지막 날 밤에 다 팔렸다면?
* 경주에서 진 토끼가 거북이에게 다시 대결 신청을 한 동화의 결말은?
* <겨울왕국> 엘사의 손에서 얼음 대신 불이 나온다면 동화 제목을 어떻게 바꿀까?

책 놀이: 책이랑 친해져요

"책 좀 읽어라!"

교실에서도 집에서도 우리 아이들이 자주 듣는 소리입니다. 어른들이 이야기하지 않아도 아이들이 알아서 책을 척척 읽어주면 얼마나 좋을까요?

'책 놀이'는 책과 친해지게 만들어줍니다

책 놀이 때 활용한 책을 개별 독서 시간에 다시 꺼내 읽거나, 도서관에서 엄마와 읽을 것이라고 이야기하는 아이들이 많습니다. 강요하지 않아도, 재미있다고 권하지 않아도 책 놀이로 아이들이 자연스럽게 책과 가까워집니다.

'책 놀이'는 창의력, 표현력, 사회성 발달에 도움을 줍니다

책 놀이는 혼자 책을 읽고 독후감을 쓰는 일반적인 독후 활동이 아닙니다. 친구들과 상호작용을 하고 감정을 창의적으로 생각하고 표현하는 활동이 많습니다. 책 놀이를 통해 아이들은 자신의 생각과 감정을 표현하고 전달하기 위해 노력할 뿐만 아니라 친구의 의견을 듣고 이해하려 애를 쓰지요. 그러면 사회적 관계 형성과 협력 등 중요한 사회적 기술을 획득하게 됩니다.

'책 놀이'는 감히 지식의 늪이라 표현할 수 있습니다

책을 읽은 후 다양한 교과 영역으로 책의 주제에 접근하며 놀기 때문에 활동 중 아이들이 의식하지 못하는 사이에 다양한 지식이 스며듭니다. 언어·수학·과학·예술 등 공부로 하라고 하면 어려워서 접근하기조차 두려워하던 아이들도 책 놀이의 상상 속 재료를 활용하면서 재미있게 지식을 습득할 수 있습니다.

'책 놀이'를 할 때 주의해야 할 것이 있습니다

첫째, 책이 전달하고자 하는 주제를 중심으로 활동이 이루어져야 한다는 것입니다. 이를 간과한 채 활동한다면 이는 '책 놀이'가 아닌 미술 활동이나 표현 활동이라고 해야 맞습니다. 선생님께서 먼저 책을 충분히 읽고 주제에 맞는 재미있는 활동을 여러 가지 영역으로 준비해주세요.

둘째, 선생님의 목소리로 아이들에게 동화를 읽어주세요. 요즘은 유튜브가 잘 되어 있어 간혹 영상으로 동화를 보여주는 선생님들이 계시지요. 우리 교실에 없는 책을 굳이 읽어주기 위해 영상을 보여주기보다는 교실에 있는 동화책을 예쁜 선생님의 목소리로 읽어주고 활동하는 것이 더 좋습니다. 아이들이 동화에 더욱 집중하며, 선생님과 상호작용으로 인해 주인공과 공감대를 쉽게 형성할 수 있기 때문이지요. 선생님의 목소리를 영상에 양보하지 말아주세요.

연간 활동 계획 - 책 놀이

월	시기	놀이명	월	시기	놀이명
3월	봄	나를 소개해요	9월	가을	가을 속으로 풍덩
		규칙을 지켜요			너에게만 들려줄게
		건빵에 표정을 그려요			눈물에 빠져볼까요
		내 마음은 여러 개예요			멋진 상상을 꿈꿔요
4월		개구리 책을 만들어요	10월		그림으로 끝말잇기해요
		골고루 맛있게 냠냠			추석 책을 만들어요
		꽃이 가득한 봄동산			한국인은 밥심이죠
		지문 그림을 그려요			내 입맛에 딱이에요
5월		마음을 상장에 담아요	11월		우리는 모두 달라요
		표정 인형을 만들어요			기억해줘, 내 국기
		공공장소에서 꼭 지켜요			원주민이 되어보아요
		소원을 말해봐			세계 여행을 떠나요
6월	여름	나는 할 수 있어요	12월	겨울	사랑의 약봉지예요
		함께하자, 가위바위보			냠냠, 맛있는 케이크
		우린 네가 필요해			이 줄의 끝은
		알록달록 까마귀			신기한 빨간 주머니
7월		선녀님, 안녕하세요	1월		열두 띠 시계를 만들어요
		빨래를 널어요			아기 반달곰을 만들어요
		길어져라, 짧아져라			내 소원도 가지고 가렴
		우산 책을 만들어요			소원 만두를 빚어요
8월		바다에는 누가 살지	2월		어느 시계가 맞는 걸까요
		갯벌에 생명이 살아요			똥, 똥, 누구 똥
		멋진 플레이 콘 선인장			구구단을 외자
		나누면 행복해져요			안녕, 우리 반

나를 소개해요

《나랑 같이 놀자》
글·그림: 마리 홀 에츠 | 옮김: 양은영 | 시공주니어

작은 여자아이가 혼자 들판에 나와 같이 놀 친구들을 찾아 놀자고 하지만 모두 도망을 가버립니다. 나를 있는 그대로 보여주는 것이 친구와 만날 수 있는 방법 중 하나일지 모릅니다. 새로 만난 우리 반 친구들에게 나를 먼저 소개해볼까요?

준비물 색 도화지(8절), 양면 색종이, 풀, 필기 도구

놀이 방법
1 8절 색 도화지는 기본 8쪽 책 접기를 한다.
2 색종이로 문 접기를 응용하여 얼굴을 접는다.
- 대문 접기를 접었다가 편다.
- 위 칸은 앞으로, 아래 칸은 뒤로 접는다.
- 뒤집어서 대문 접기를 한다.
- 네 꼭짓점을 조금씩 뒤로 접어 얼굴 형태를 잡는다.
3 다양한 표정을 그리고, 안쪽에 자신을 소개하는 내용을 적는다.
4 친구들 앞에서 책을 발표한 후 환경판에 전시한다.

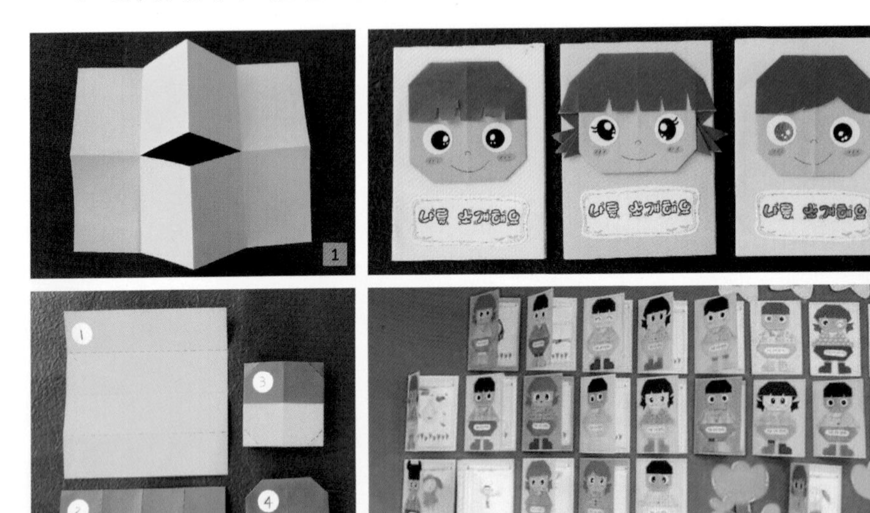

- 종이접기가 어렵다면 그림으로 그려보는 것도 좋아요.
- 친구가 발표할 때는 귀 기울여 듣고, 호응하도록 유도해주세요.

규칙을 지켜요

《도서관에 간 사자》

글: 미쉘 누드슨 | 그림: 케빈 호크스 | 옮김: 홍연미 | 웅진주니어

조용히 걷고 가만히 책을 읽어야 하는 도서관의 규칙을 알게 된 사자가 위급한 상황에서 소리를 질러 관장님을 구하고 이후 새로운 규칙을 만들어냅니다. 아이들과 함께 우리 교실에서 지켜야 하는 규칙은 무엇이 있는지 이야기해보고 우리 교실만의 규칙을 정해보세요.

준비물 도화지(4절), 포스트잇, 필기 도구

놀이 방법

1 포스트잇을 아이들에게 주고, 만약 사자가 우리 교실에 온다면 어떤 규칙을 알려주고 싶은지 적게 한다.
- 우리 교실에서 되는 것과 안 되는 것, 좋았던 규칙과 싫었던 규칙을 적는다.
- 칠판에 붙여놓은 색지 위에 규칙 종이를 붙인다.

2 포스트잇이 붙은 색지를 교실 한쪽에 게시하여 아이들이 직접 정한 교실 약속을 스스로 지키게 한다.

• 글쓰기를 어려워하는 아이는 선생님이 대신해서 적어주거나 그림으로 표현하게 해주세요.

건빵에 표정을 그려요

《너는 어떤 기분이니?》
글·그림: 자비스 | 옮김: 지호 | 키즈엠

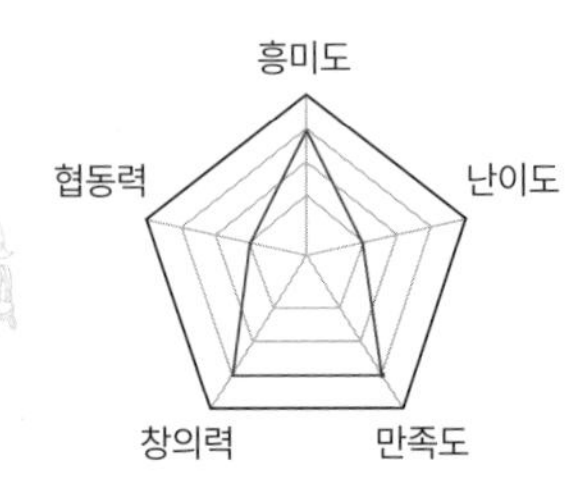

이 책은 여러 상황을 따라가며 나타나는 감정과 표정을 알기 쉽게 표현해놓았습니다. 아이들에게도 여러 감정들이 있지만 언어로 말하라고 하면 기본적인 것 외에는 표현을 어려워하는 아이들이 많지요. 감정을 그려보는 활동을 통해 다양하게 감정을 나타내어볼까요?

준비물 검정 도화지, 지끈, 건빵, 목공풀, 색칠 도구, 가위

놀이 방법

1 책 표지를 보며 각 등장인물의 표정을 살피고 기분을 생각해본다.
- 책 속의 각 상황을 보며 자신의 경험과 기분을 이야기 나눈다.
- 건빵 위에 다양한 감정의 얼굴 표정을 그린다.

2 도화지에 건빵을 모아 붙이고 지끈을 달아 액자로 만들어 다양한 감정을 충분히 살펴보고 어떤 감정을 표현했는지 이야기한다.

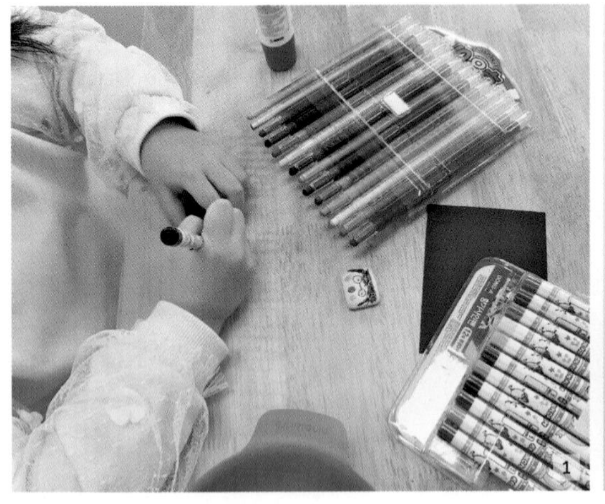
1

2

- 다양한 감정은 감정 카드를 이용하여 알려주면 좋습니다.
- 건빵 위에 그림을 그리기 전 맛을 보고 활동에 들어가면 아이들이 더 좋아하겠지요?
- 사인펜으로 그리고 색연필로 색칠합니다.

내 마음은 여러 개예요

《화가 둥! 둥! 둥!》
글: 김세실 | 그림: 이민혜 | 시공주니어

마음속 조그만 방에 사는 고릴라는 평소 매우 작고 파란색입니다. 하지만 화가 나기 시작하면 둥! 둥! 둥! 점점 크고 무서운 빨간 고릴라로 변신합니다. 아이들 스스로 감정의 변화를 알고 표현할 수 있는 책을 만들며 감정을 조절할 능력을 키워보았으면 좋겠습니다.

준비물 색 도화지(8절), 필기 도구, 가위, 감정 도안, 색칠 도구

놀이 방법
1. 도화지를 가로로 4등분 해서 병풍 모양으로 접는다.
2. 프린트된 감정 네 가지를 잘라서 4등분 된 도화지에 하나씩 붙인다.
3. 각각의 내용에 맞게 자신의 기분을 쓰고 그림도 더 그린다.
4. 겉표지를 꾸미고 책을 완성한 후 자신이 화났을 때 어떤지 친구들과 이야기한다.

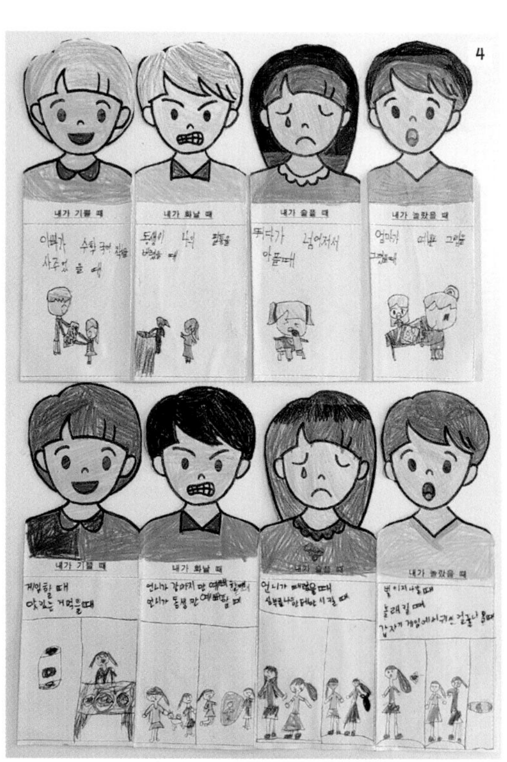

- 글쓰기를 어려워하는 아이들은 그림으로만 표현해도 좋아요.
- 네이버 카페 <신나는 세모 놀이터> '책 놀이-그림 자료'를 참고하세요.

개구리 책을 만들어요

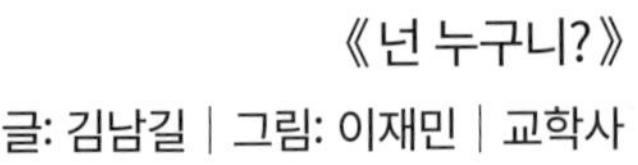
《넌 누구니?》
글: 김남길 | 그림: 이재민 | 교학사

생명이 시작되는 계절 봄, 봄을 기다리는 것은 우리 사람뿐 아니라 귀여운 아기 동물, 곤충들도 마찬가지일 거예요. 이번 한 주간은 이 책으로 생명의 신비로움에 대하여 아이들과 이야기 나누어보면 어떨까요? 우리 아이들이 모든 생명을 존중하는 따뜻한 마음을 가지고 자라나길 바라봅니다.

준비물 색 도화지, 무빙 아이, 활동지, 가위, 풀, 필기 도구

놀이 방법

1 얼굴 접기(연두색, 13.5x32.5)
- 대문 접기 한다.
- 네 모서리(얼굴 아래쪽)를 안으로 접어 넣고 반을 접어 내린다.

2 눈 접기(연두색, 6.5x6.5, 2장)
- 방석 접기 후 네 모서리를 접고 뒤집어서 눈을 붙인다.

3 속지(주황색, 53x8)는 8쪽 아코디언 접기로 접어서 입안에 붙여준다.
-속지에 개구리의 성장 과정을 그리고 설명글을 적는다.

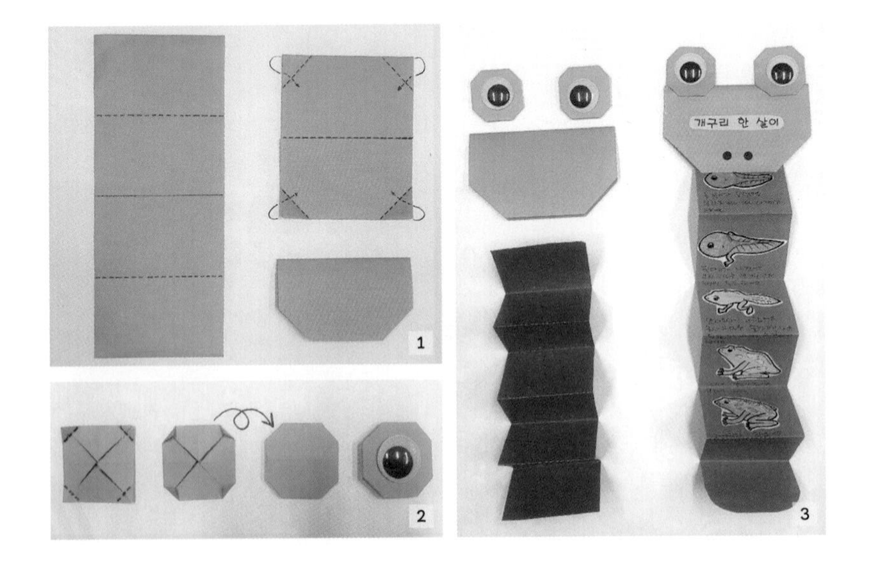

- 활동 전에 <올챙이와 개구리 송>을 충분히 불러본 후 시작하면 흥미도를 높일 수 있어요.
- 8절 도화지 1장이면 개구리 책 표지 2개가 만들어집니다.
- 네이버 카페 <신나는 세모 놀이터> '책 놀이-개구리 그림'을 참고하세요.

골고루 맛있게 냠냠

《난 토마토 절대 안 먹어!》
글·그림: 로렌 차일드 | 옮김: 조은수 | 국민서관

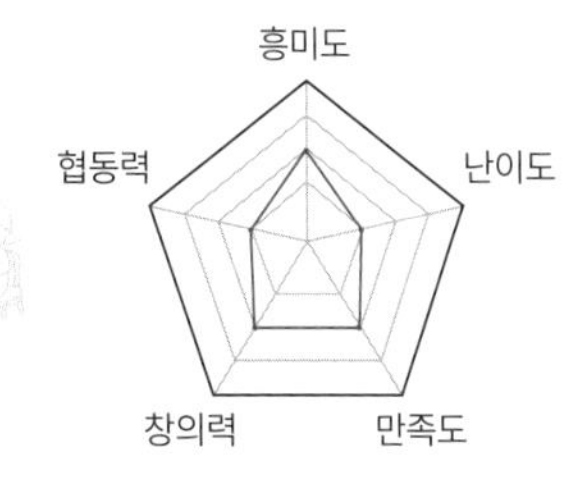

이 책에 등장하는 여동생 롤라는 콩, 당근, 감자, 버섯, 양배추, 특히 토마토를 절대 먹지 않겠다고 고집 부리는 편식쟁이예요. 그런 여동생에게 오빠가 채소에 근사하고 재미있는 이름을 붙여서 먹을 수 있게 한다는 내용이지요. 오늘은 우리 아이들과 싫어하는 채소에 멋진 이름을 붙여주고, 맛있게 먹는 모습도 재미나게 표현해보세요.

준비물 색 도화지(8절), 전단지, 가위, 풀, 색칠 도구

놀이 방법
1. 사진처럼 색 도화지의 중간 부분을 약 5~6cm 접어 올린 채 웃는 얼굴을 그린다.
2. 접힌 부분을 펼쳐서 웃는 얼굴을 연결해서 그린다.
3. 전단지에서 음식 사진을 자른 후 싫어하는 음식의 이름을 바꿔주며 펼쳐진 입안에 붙인다.
4. 입 모양이 커졌다 작아졌다 하면서 음식을 맛있게 먹는 모습을 완성한다.

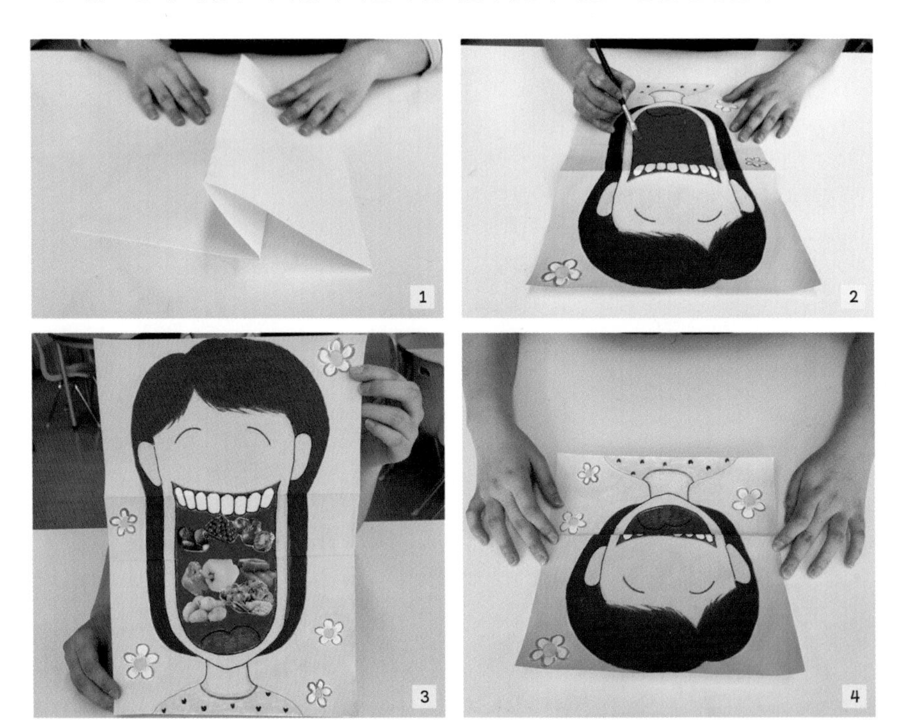

• 전단지가 없을 때는 싫어하거나 안 먹는 채소를 그리게 해도 좋습니다.

꽃이 가득한 봄동산

《달래네 꽃놀이》

글: 김세실 | 그림: 윤정주 | 책읽는곰

삼월 삼짇날 달래네 식구들이 솥과 화로, 소반을 이고 지고 진달래꽃 활짝 핀 산으로 봄나들이를 떠나는 모습을 그려놓은 책입니다. 삼짇날은 여자들의 바깥 나들이가 쉽지 않았던 시절 꽃구경도 하고 맘껏 노는 날이었지요. 예쁘게 핀 진달래, 배꽃, 개나리 등 책 속에서 보았던 봄꽃을 그려 봄동산을 즐기는 시간을 가져보세요.

준비물 도화지, 매직펜, 클레이, 목공풀, 색칠 도구, 가위

놀이 방법

1. 매직펜과 색연필을 이용하여 다양한 봄꽃을 그린다.
2. 그려놓은 봄꽃을 오린다.
3. 오려둔 꽃 뒷면에 클레이를 조금씩 떼어 붙여 입체감을 살려 목공풀로 도화지에 붙인다.
4. 꽃잎 밑으로 매직펜을 이용하여 꽃줄기와 잎을 그려 꽃밭을 완성한다.

1

2

3

4

- 이외에도 봄과 관련된 동화를 읽고 활동할 수 있어요.
- 책 속에 나오는 봄꽃 외에 식물도감을 찾아 읽고 봄에 볼 수 있는 꽃에 대해 이야기 나누고, 사진을 보며 다양한 봄꽃을 그려보게 하세요.

지문 그림을 그려요

《손도장으로 그리는 세상》
그림: 에드 엠벌리 | 엮음: 아기장수의날개 | 고슴도치

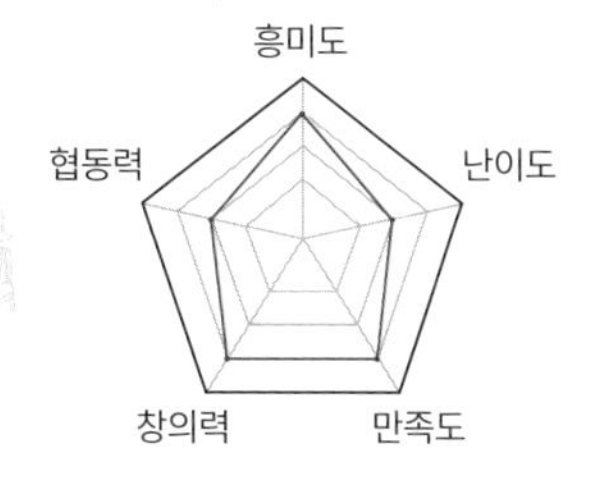

30년간 미국에서 아동미술 교재로 채택된 책으로 손도장으로 할 수 있는 놀이와 방법이 자세하고 재미있게 소개되어 있습니다. 70억 명이 넘는 사람들의 지문 중 똑같은 것은 하나도 없지요. 아주 특별한 자신의 손도장(지문)을 찍어 멋진 그림을 그려본다면 아이들은 상상의 세계에 푹 빠진답니다.

준비물 도화지, 스탬프, 물티슈, 색칠 도구

놀이 방법 스탬프에 손가락을 꾹 눌러서 잉크를 골고루 묻혀 도화지 이곳저곳에 찍는다.
- 지문 모양을 보고 색연필이나 사인펜을 이용해서 떠오르는 그림을 그린다.
- 손가락 겹쳐서 찍기 등 다양하게 찍고, 그림을 완성한다.

- 스탬프 대신 인주나 물감을 사용해도 되며 잉크가 옷이나 다른 곳에 묻지 않도록 주의시켜 주세요.
- 대형 전지에 협동화로 꾸미게 해도 좋습니다.
- 당근이나 감자, 연근 등 채소를 이용한 도장 찍기로 확장시켜 주셔도 좋아요.

책 놀이·9

마음을 상장에 담아요

《돼지책》

글·그림: 앤서니 브라운 | 옮김: 허은미 | 웅진주니어

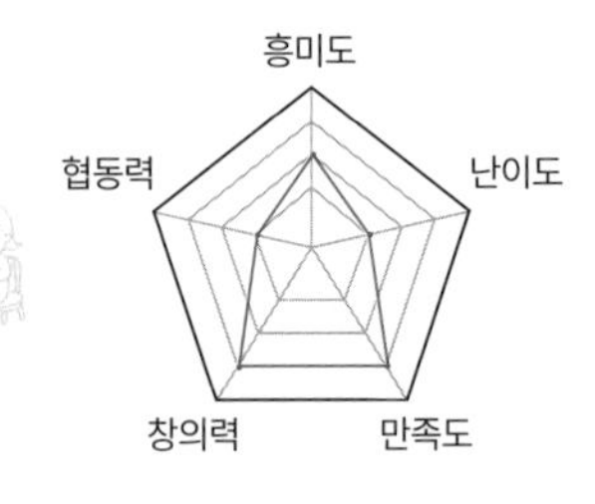

피곳 씨네 집안일은 당연하다는 듯 모두 엄마 몫입니다. 남편과 아들 둘이 있지만 아무것도 하지 않습니다. 결국 엄마는 집을 나가버리죠. 아이들과 함께 부모님께 받는 사랑을 너무 당연하게 생각하고 있지는 않았는지 되돌아보고 소중한 부모님께 감사함을 표현할 시간을 가졌으면 좋겠습니다.

준비물 머메이드지, 상장 용지, 필기 도구, 포스트잇, 색칠 도구

놀이 방법

1 우리 가족 중에 엄마가 하는 일을 포스트잇에 적는다.
- 엄마가 하는 일을 이야기해본다.
- 내가 엄마, 아빠의 일을 한다면 어떨지 이야기해본다.

2 가족을 위해 애쓰시는 엄마, 아빠에게 상장과 가족 쿠폰을 만들어 감사한 마음을 표현한다.

1

2

- 포스트잇에 써놓은 집안일 중 내가 할 수 있는 게 무엇이 있을지 생각해보도록 해도 좋아요.
- 상장을 코팅해주면 완성도가 더 높아집니다.
- 쿠폰을 만들 때 실천 가능한 행동들을 적도록 충분한 시간을 주세요.

표정 인형을 만들어요

《우리 가족이 최고야!》

글: J. S. 잭슨 | 그림: R. W. 앨리 | 옮김: 노은정 | 비룡소

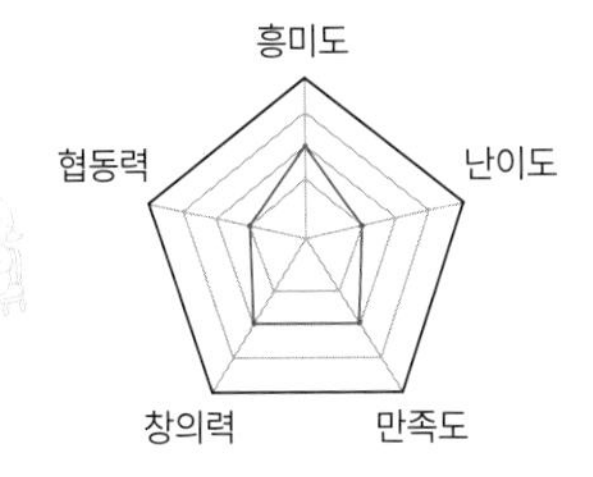

아이들이 가족에 관한 궁금증을 이해할 수 있도록 차근차근 이야기하며 마음이 성장하도록 인도해주는 책입니다. 책을 읽으며 가족을 이해하는 마음을 갖고, 도형 가족을 만들어 주인공 가족의 감정을 표현해보세요.

준비물 도화지, 사인펜, 색종이, 빨대, 투명 테이프, 가위, 색칠 도구

놀이 방법

1. 도화지에 사인펜을 이용하여 무작위로 점을 찍는다.
2. 사인펜으로 점을 이어 여러 가지 도형을 만든 후 도형에 책 속의 주인공들과 같은 감정이 나타나도록 얼굴 표정을 그리고 오린다.
3. 다양한 표정의 도형을 색종이와 색칠 도구를 이용하여 꾸민 후 뒷면에 빨대를 붙여 완성한다.

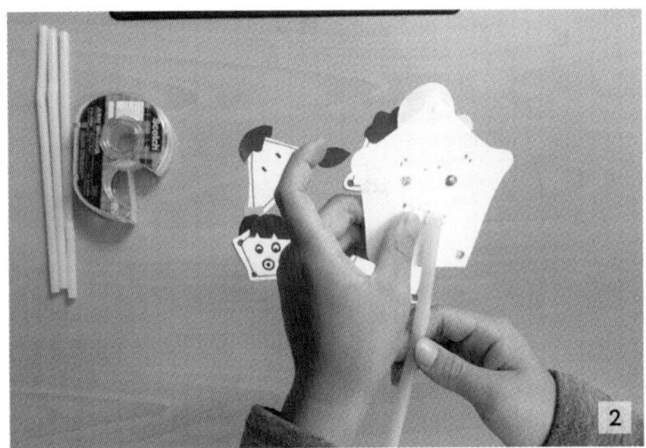

- 표정 얼굴에 모자나 머리카락 등을 오려 붙여 가족의 이미지로 꾸며주세요.
- 가족 역할극을 해봐도 좋아요.

책 놀이·11

공공장소에서 꼭 지켜요

《행복한 우리 가족》
글·그림: 한성옥 | 문학동네

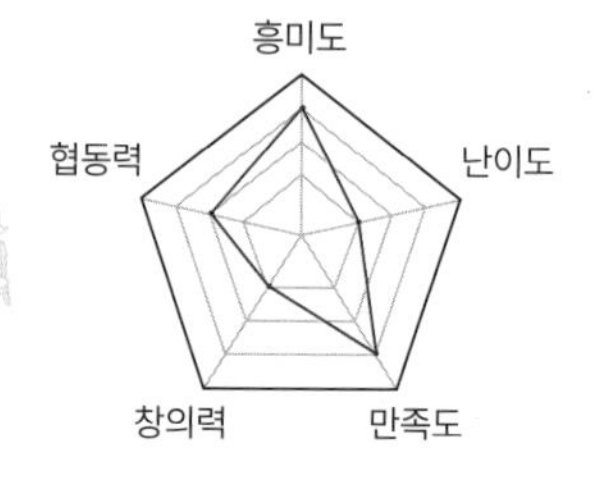

이 책은 타인을 전혀 배려하지 않고 공공장소에서 규칙을 지키지 않는 등 자신들의 행복만 추구하는 가족의 이야기예요. 우리의 모습은 어떤가요? 오늘은 게임을 통해서 아이들과 함께 공공장소에서 지켜야 할 예절을 알아보도록 해요.

준비물 병뚜껑, 게임판, 색칠 도구

놀이 방법

1 <공공장소에서 지킬 일> 게임판을 만든다.

2 규칙을 정해서 2명이 짝이 되어 게임을 즐긴다.

- 가위바위보로 순서와 병뚜껑 색을 정한 후 출발 위치에 병뚜껑을 놓고 손으로 튕긴다.
- 병뚜껑이 들어간 칸에 적힌 공공장소에서 지킬 일을 바르게 말하면 내 땅으로 색칠한다.
  (같은 장소가 나온 경우 친구가 말하지 않은 내용을 말해야 땅을 차지할 수 있다.)
- 병뚜껑이 '꽝'에 들어가거나 판에서 떨어지면 친구에게 기회가 넘어가고, 병뚜껑이 '보너스'에 들어가면 내 땅으로 색칠하고 또 한 번 할 수 있다.

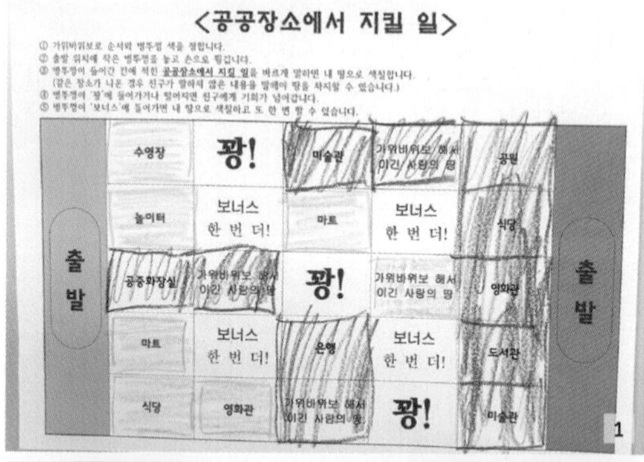

1

2

- 병뚜껑은 유성매직으로 색칠하고, 병뚜껑이 없으면 지우개나 바둑알로 대체해도 됩니다.
- 네이버 카페 <신나는 세모 놀이터> '책 놀이-게임판'을 참고하세요.

소원을 말해봐

《 알라딘과 요술 램프 》
글: 정재은 | 그림: 최철민 | 글송이

알라딘이 요술 램프를 문지르면 램프의 요정 '지니'가 나타나 소원을 들어주죠. 누군가가 소원을 들어준다면 우리는 무엇을 말할까요? 오늘은 우리 아이들을 '지니'로 만들어볼까요? 친구의 소원을 들어주며 더 가까워지는 시간을 가져보세요.

준비물 색종이, 색종이 비닐, 네임펜, 끈, 송곳, 가위, 펀치, 리본 또는 털실, 필기 도구

놀이 방법

1 소원 카드 목걸이를 만들기 위해 색종이 비닐에 네임펜으로 그림을 그리고, 펀치로 구멍을 뚫은 후 리본 끈이나 털실을 끼운다.
- 소원을 색종이에 적은 후 목걸이 안에 넣는다.

2 가위바위보를 한다.

3 이긴 사람이 상대의 소원 카드를 뽑는다. 친구의 소원 카드를 들어줄 수 있으면 미션을 수행하고, 들어줄 수 없으면 미리 정한 구호를 외치며 안아준다.

1

2

3

- 무리한 소원은 들어주기 힘들어요. 들어줄 수 있는 소원을 적도록 해주세요.
- 구호는 아이들과 긍정적인 표현으로 정해보세요.

책 놀이·13

나는 할 수 있어요

《다섯 손가락》
글: 셀마 운글라우베 | 그림: 브루나 바로스 | 옮김: 강인경 | 미디어창비

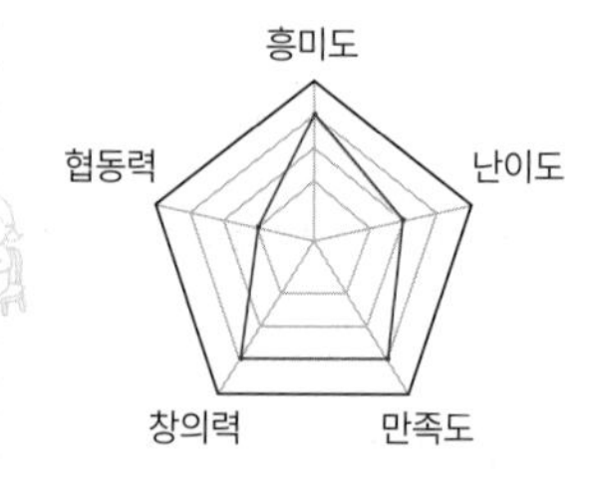

이 책은 엄지, 검지, 중지, 약지, 새끼손가락이 할 수 있는 일이 무엇인지 얘기해줍니다. 각각의 손가락들이 함께 힘을 모으면 훨씬 더 많은 일을 한다는 것도 알려주지요. 오늘은 아이들이 각자 할 수 있는 일들을 생각하고 적는 활동을 해볼까요? 이 활동을 통해 아이들의 자존감을 높여주세요.

준비물 도화지(8절), 가위, 풀, 색칠 도구, 필기 도구

놀이 방법
1. 도화지를 반으로 접어 먼저 왼손을 대고 그린 후 오린다. 오른손도 그린 다음 오린다.
2. 높이가 손보다 작은 긴 도화지를 지그재그로 접는다.
3. 접어놓은 도화지의 양끝에 오려놓은 손 모양을 중심에 맞게 풀로 붙인다.
4. 붙인 손바닥을 펼쳐서 안쪽에 내가 잘할 수 있는 일들을 쓰거나 그린다.

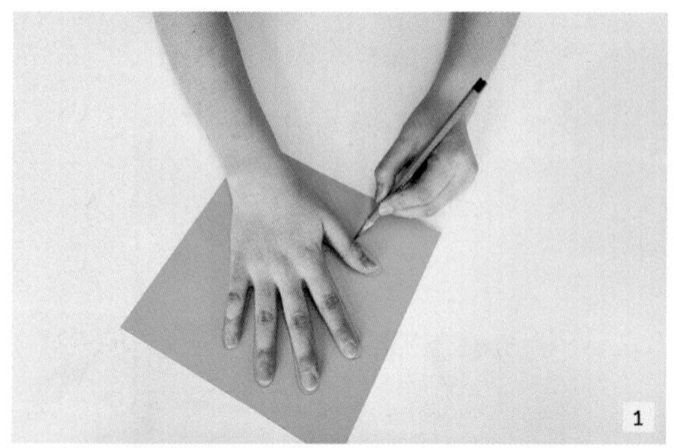
1

2

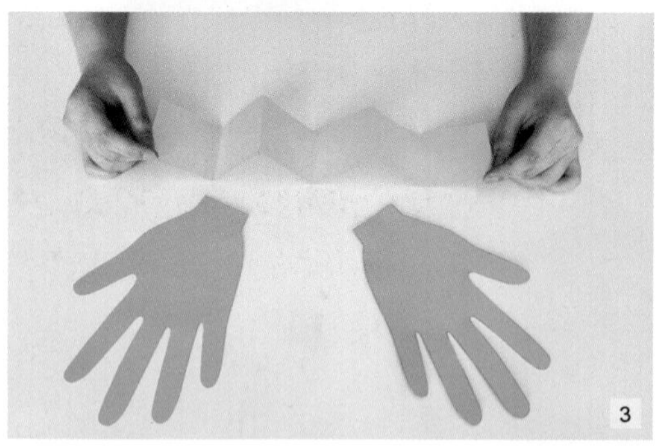
3

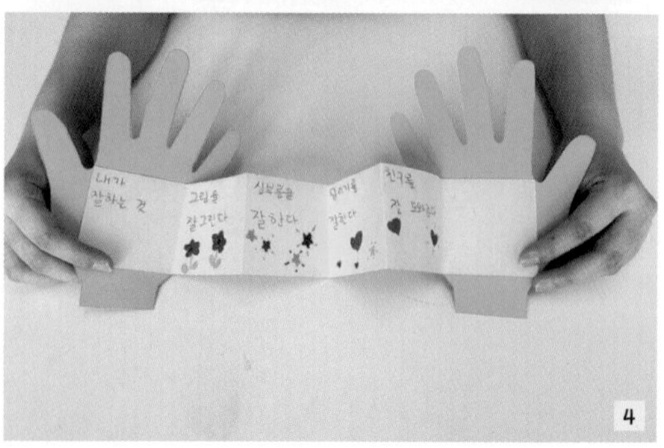

4

• 손바닥을 붙인 다음 위에 자신의 얼굴을 그리거나 사진을 오려서 붙일 수도 있습니다.

함께하자, 가위바위보

《안 내면 진다! 가위바위보》
글·그림: 오모리 히로코 | 옮김: 김영주 | 북스토리아이

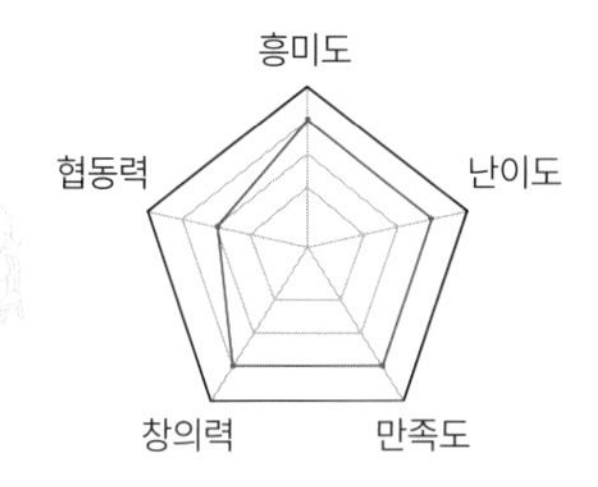

가위바위보는 세상에서 가장 공평한 게임일까요? 짹짹이와 까악이는 맛있는 과자를 하나 두고 흥미진진한 가위바위보를 합니다. 오늘은 아이들과 손을 내 방식대로 꾸미면서 창의력도 키우고, 책을 만들며 자신감도 올리는 활동을 해볼까요?

준비물 색지(A4), 골판지(A4), 가위, 풀, 필기 도구

놀이 방법

1. 골판지(표지)와 색지(속지) 5장을 반으로 접어서 책을 만든다.
2. 색지에 손을 대고 그린 후 오린다.
3. 손 그림의 손가락을 가위바위보 형태로 접고 손목 부분이 입체가 되도록 가운데를 오려낸다.
4. 꾸민 손을 책에 붙이고, 책 내용처럼 가위바위보를 연상하게 하는 단어들을 적는다.
5. 표지를 꾸민 후 책을 펼쳐가며 친구들과 가위바위보 놀이를 한다.

1

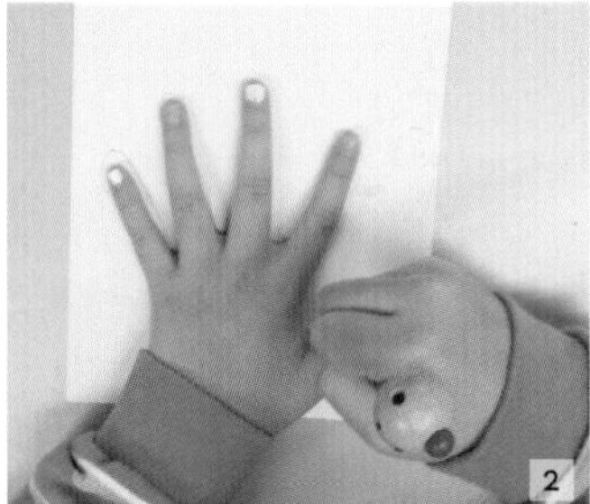
2

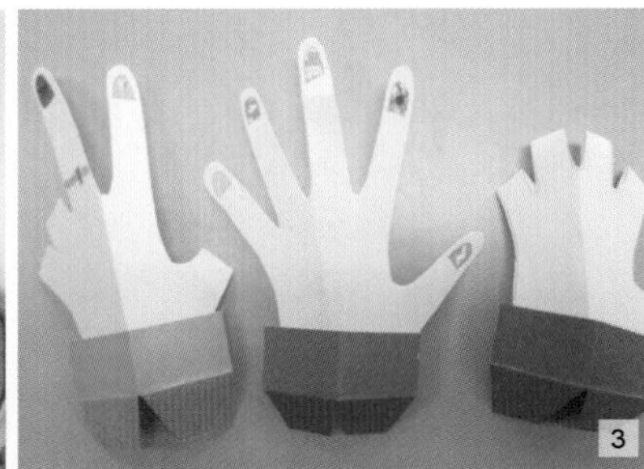
3

4

5

• 가위바위보를 이용한 다양한 게임을 할 수 있습니다(부탁 들어주기, 펴진 손가락 숫자에 맞춰 블록 쌓기 등).

186 세상의 모든 놀이

책 놀이·15

우린 네가 필요해

《까만 크레파스》

글·그림: 나카야 미와 | 옮김: 김난주 | 웅진주니어

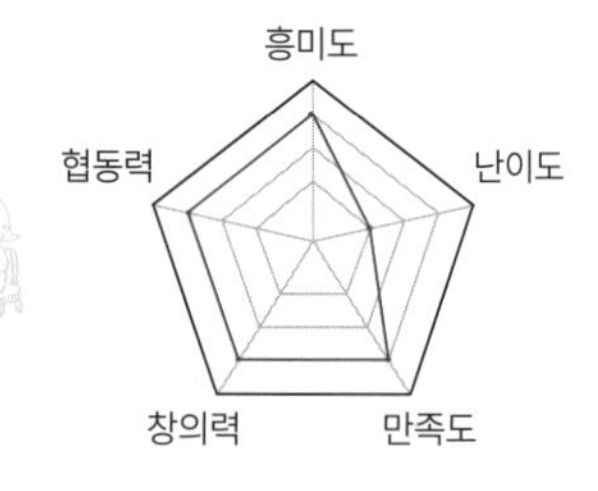

알록달록 크레파스들이 모여 그림을 그립니다. 자신만의 색을 서로 뽐내기만 하다 결국 알 수 없는 그림만 남아 버리고 말지요. 서로의 탓을 하며 다투던 크레파스들… 그때! 까만 크레파스의 지혜로 그림은 환상적으로 변신합니다. 부족해 보여도 서로를 존중하며 인정해주는 모습. 우리가 바라는 교실의 모습이 아닐까요? 이 활동을 통해 아이들이 협동의 중요성을 깨닫기를 기대합니다.

준비물 전지, 크레파스

놀이 방법

1 모둠별로 전지와 크레파스 한 통만 준다.
- 여름과 관련된 것을 이야기 나누며 어떻게 그림을 완성할지 함께 생각한다.
- 전지에 하나의 여름 장면을 그려낸다.

2 아이들이 각자 맡은 색과 어떤 장면을 그렸는지 또 활동을 하며 어떤 기분이었는지 발표하고, 잘 보이는 곳에 전시한다.

1

2

- 최대한 모둠 아이들이 많은 이야기를 하도록 유도해주세요.
- 없는 색을 표현하고 싶을 때는 색의 혼합을 알려주셔도 좋아요.

알록달록 까마귀

《까마귀의 화려한 깃털》
글: 이향숙 | 그림: 원아영 | 하루놀

서로 왕이 되겠다고 나서는 숲속 새들의 이야기입니다. 산신령이 가장 아름다운 새를 왕으로 뽑겠다고 하자 까만 깃털의 까마귀는 엉뚱한 생각을 합니다. 책 속의 까마귀를 도와줄까요? 색종이를 이용하여 꾸며 보고, 까마귀가 왕이 될 방법도 함께 찾아보세요.

준비물 스케치북, 색종이, 풀, 색칠 도구

놀이 방법

1. 스케치북에 까마귀를 그리고 검은색으로 색칠한다.
2. 색종이를 가지고 아이스크림 접기를 3회 한 다음 뾰족한 부분은 접어 내려 까마귀가 주워 온 다른 새들의 깃털을 표현한다.
3. 검은색의 까마귀 몸통에 알록달록 색종이 깃털을 붙여 왕이 되고 싶은 까마귀를 완성한다.
4. 주워온 깃털을 모두 뽑힌 까마귀가 무슨 생각을 했을지, 까마귀가 왕이 될 다른 방법은 무엇이 있을지 이야기한다.

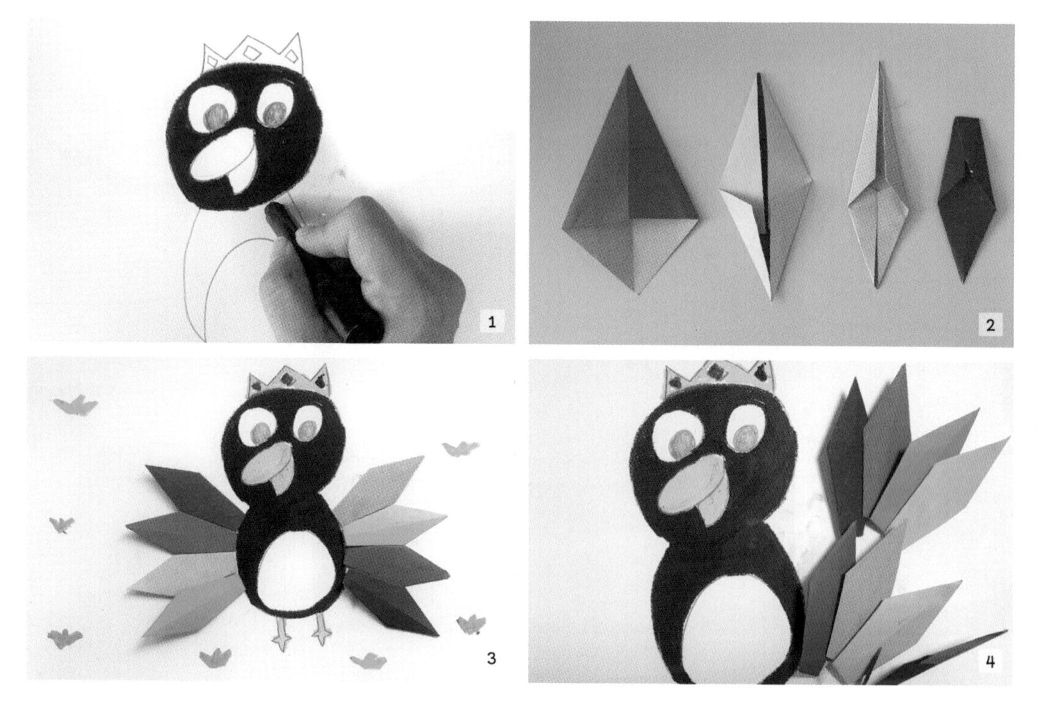

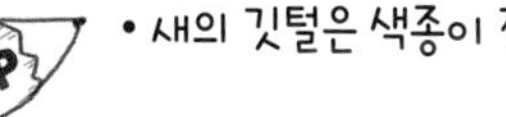

• 새의 깃털은 색종이 접기가 아닌 다른 방법으로 꾸며도 좋아요.

선녀님, 안녕하세요

《장수탕 선녀님》
글·그림: 백희나 | 책읽는곰

엄마 손 꼭 잡고 가던 '장수탕'이라는 오래된 목욕탕에는 우리 상상과는 다른 선녀님이 계셨지요. 모락모락 열기가 피어나는 온탕처럼 따스한 마음을 지닌 선녀님이 나타난다면 우리 아이들은 선녀님에게 어떤 이야기를 하고 싶을까요? 목욕탕 하면 떠오르는 모양의 편지지에 편지를 써서 장수탕 선녀님께 보내세요.

준비물 색종이, 필기 도구

놀이 방법
1 요구르트와 때 타월 모양의 편지지를 만든다.
- 목욕탕을 다녀온 기억을 이야기 나눈다.
- 내가 만약 주인공이라면 어떤 기분이었을지 이야기 나눈다.
- 선녀님에게 편지를 써보는 시간을 갖는다.
2 완성된 편지를 전시하여 다른 친구들의 생각도 읽어본다.

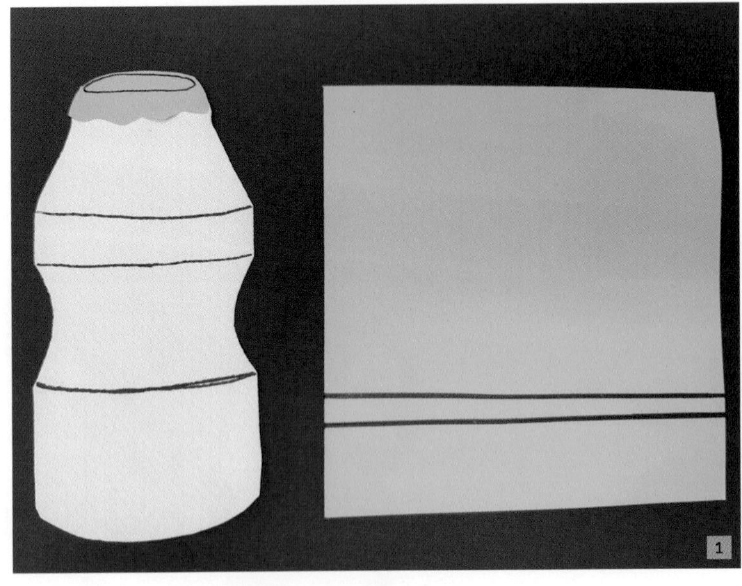
1

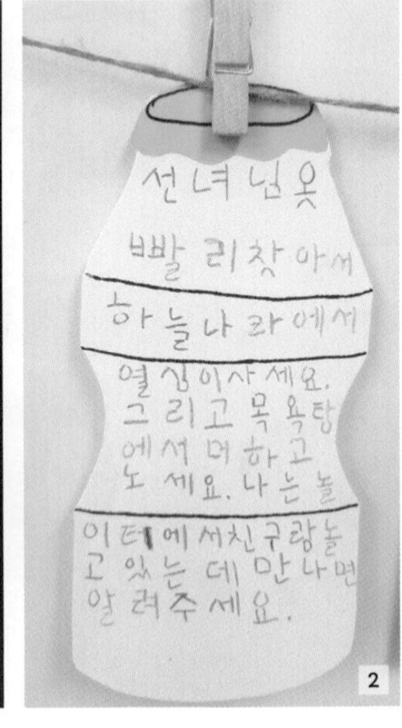

2

- 목욕탕을 안 가본 아이들이 많으면 옛날 목욕탕의 모습을 사진이나 영상으로 보여주세요.
- 글쓰기를 어려워하는 아이들은 그림으로 표현하게 해도 좋아요.

빨래를 널어요

《월요일은 빨래하는 날!》
글: 메리 안 선드비 | 그림: 테사 블랙햄 | 옮김: 김지연 | 보라빛소

엄마와 아이들이 함께 빨래를 하며 얻는 삶의 지혜가 가득 담긴 책입니다. 주인공 애니는 당장이라도 나가 놀고 싶은 마음을 뒤로하고 가족과 함께 빨래를 하며 '우선순위'와 '책임감' 등 다양한 지혜를 깨닫지요. 색종이로 옷을 접어 빨랫줄에 하나씩 널며 빨래를 마친 책 속의 애니가 되어보세요.

준비물 도화지, 사인펜, 색종이, 목공 풀, 풀, 지끈

놀이 방법
1 색종이로 여러 가지 모양의 옷을 접는다.
2 도화지에 지끈을 붙여 빨랫줄을 만든 후 색종이 옷을 빨랫줄에 붙인다.
- 빨랫줄에 걸린 옷들을 보며 책 속의 주인공 애니가 빨래를 끝냈을 때 어떤 마음이 들었을지 이야기 나눈다.

- 옷 접기가 어렵다면 그림으로 그리거나 다양한 무늬의 색종이를 잘라서 옷을 만들어도 좋아요.
- 큰 색종이를 이용하여 다양한 옷을 접고 교실 창문에 빨랫줄을 달아 나무집게로 옷을 집어 전시해도 재미있어 한답니다.
- 네이버 카페 <신나는 세모 놀이터> '책 놀이-옷 접기' 동영상을 참고하세요.

책 놀이·19

길어져라, 짧아져라

《빨간 부채 파란 부채》

글: 이상교 | 그림: 심은숙 | 시공주니어

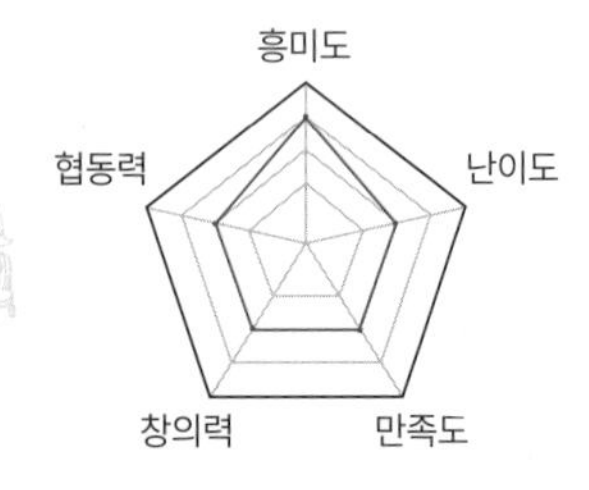

요술 부채를 얻은 영감이 욕심의 해로움을 재미있게 보여주는 책입니다. 여름이면 생각나는 시원한 부채를 만들어 책에 붙여볼까요? 아이들과 함께 길어지면 좋을 물건과 짧아지면 좋을 물건을 써보는 활동도 해보세요.

준비물 도화지, 가위, 풀, 색칠 도구, 필기 도구

놀이 방법 나만의 부채 책에 붙일 부채의 크기를 정해서 예쁘게 색칠한다.

- 색칠한 부채는 부채 접기를 해서 책 위쪽에 붙여 반으로 접는다.
- 책의 한쪽 면에는 '길어지면 좋을 물건'을 적고, 반대쪽에는 '짧아지면 좋을 물건'을 적는다.
- 책 표지를 꾸며 완성한다.

- 다양한 재질의 종이로 부채를 만들어보게 하세요.
- 가위바위보를 해서 친구에게 부채 부쳐주기 활동도 해보세요.

우산 책을 만들어요

《비 오니까 참 좋다》
글: 오나리 유코 | 그림: 하타 고시로 | 옮김: 황진희 | 나는별

톡 톡 토독, 토다다다 다다다닥, 우다다다다다다다~~ 비 오는 날 세상의 모든 소리를 다 담아낸 것만 같아요. 수다스러운 빗방울들의 말은 노래가 되고 어느새 비는 아이와 친구예요. 비가 오는 날 우리 아이들은 어떤 경험을 했을까요? 주인공처럼 “그래, 놀자! 나한테 와 봐!”라고 외치면서 책을 읽어보세요. 비를 흠뻑 맞으면 정말 좋을까요?

준비물 색지(A4), 색종이, 풀, 빨대, 색칠 도구, 가위, 필기 도구

놀이 방법
1. 색종이를 아이스크림 접기 한 후 뒤(세로)로 반을 접는다.
2. 같은 방법으로 4장을 접은 후 모두 아랫부분을 동그랗게 가위로 오린다.
3. 접어놓은 색종이 4장을 색지 위에 붙이고 그 아래에 빨대를 붙인다.
4. 색종이 안쪽에 비 오는 날 겪었던 일들과 느낌을 적고 꾸민다.

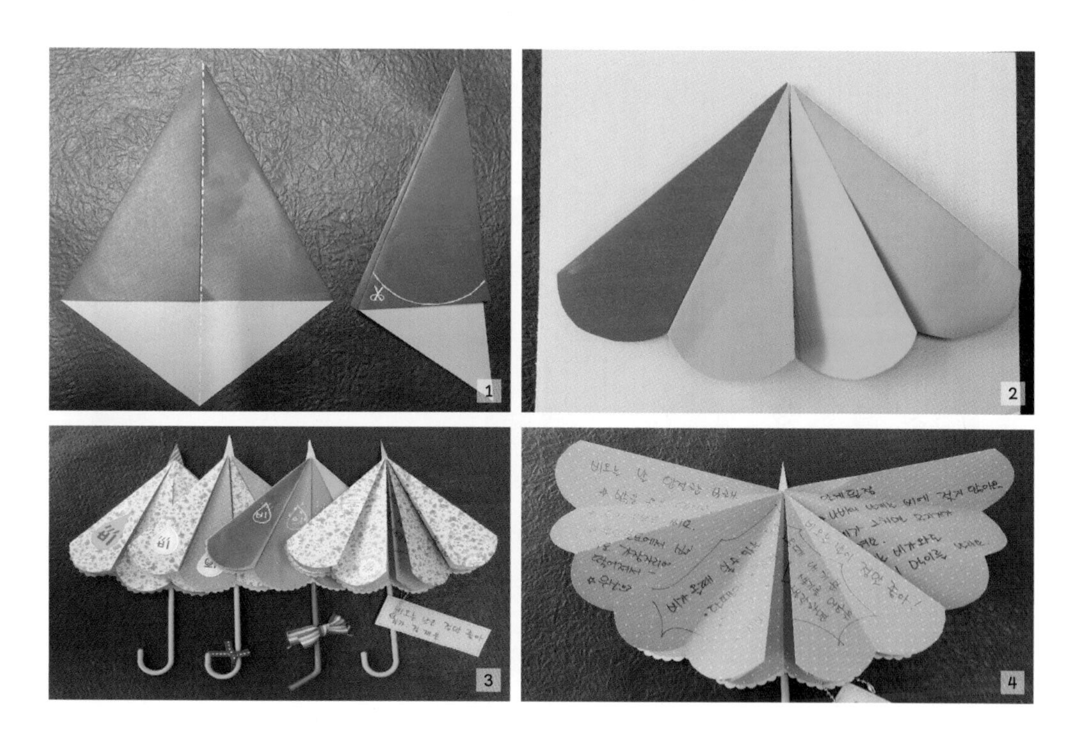

- 날씨에 따른 보행 안전 규칙을 알아보는 활동도 해보세요.

책 놀이·21

바다에는 누가 살지

《바다가 좋아》

글·그림: 무라카미 야스나리 | 옮김: 양선하 | 사파리

바다 속에는 다양한 동물들이 살아요. 이 책은 잔잔한 바다도 무서워하던 주인공이 문어를 따라 조금씩 바다 깊이 들어가 친구들을 만나면서 즐거워하는 모습을 그려놓았습니다. 오늘은 아이들과 함께 오징어책을 만들고 바다에 사는 생물들도 더 알아볼까요?

준비물 색지(A4) 3~5장, 무빙 아이, 가위, 풀, 필기 도구

놀이 방법

1. A4 크기의 색지를 정사각형 모양으로 자른다.
2. 정사각형 종이를 삼각 주머니 접기를 한다.
3. 자르고 남은 자투리 종이로 오징어 다리를 만들어 붙이고, 눈을 붙인 후 표정을 그린다.
4. 오징어의 안쪽에 바다 속 동물에 대해 알아본 내용을 적어 책을 완성한다.

1

2

3

4

TIP

- 삼각 주머니를 여러 장 접어 밑면끼리 붙이면 페이지가 많아져 더 많은 바다 속 동물들에 대해 알아볼 수 있습니다.
- 무빙 아이는 속지에 내용을 다 적은 후 붙여주세요.

책 놀이·22

갯벌에 생명이 살아요

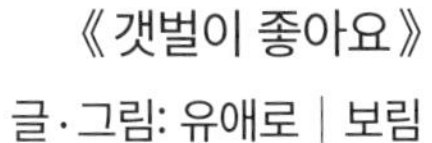

《갯벌이 좋아요》
글·그림: 유애로 | 보림

땅과 바다 사이의 숨은 보물 창고 갯벌, 아무것도 없는 것 같지만 자세히 들여다보면 드넓은 갯벌에는 수많은 생물들의 재미난 이야기가 가득 숨어 있어요. 이 책은 갯벌 속, 구름을 잡고 싶어 하는 꽃발 게의 모험 이야기가 담겨 있습니다. 꽃발 게와 함께 갯벌 여행을 떠나보세요.

준비물 사각 쟁반, 유토, 조각칼

놀이 방법

1 갯벌에 가본 경험을 서로 이야기 나눈다.
2 사각 쟁반에 유토를 펼쳐서 갯벌을 만들어준다.
3 유토를 이용해 갯벌에 살고 있는 생물을 만들어서 갯벌 위에 올린다.
4 각 생물들의 섬세한 모습은 조각칼로 표현해준다.

- 실물 조개, 가리비, 돌 등을 제공해주면 아이들이 더 실감나게 표현할 수 있습니다.
- 갯벌의 진실, OX 퀴즈 풀기 활동도 해보세요.

멋진 플레이 콘 선인장

《선인장 호텔》
글: 브렌다 기버슨 | 그림: 메건 로이드 | 옮김: 이명희 | 마루벌

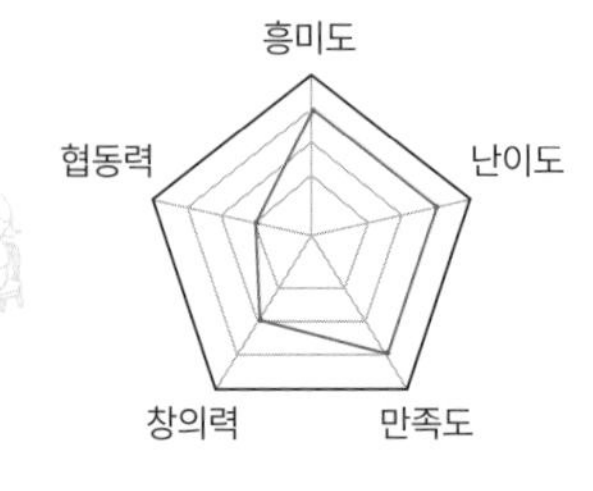

뜨겁고 메마른 사막에서 250년 동안이나 산 사구아로 선인장의 일생을 담은 책입니다. 작은 생명 하나가 해마다 봄이면 꽃을 피우고 조금씩 조금씩 자라납니다. 오랜 세월이 지나고 선인장에는 수많은 구멍이 생겨 주변 동물들에게 삶의 터전을 제공합니다. 이번 시간에는 플레이 콘으로 사구아로 선인장을 만들어보세요.

준비물 플레이 콘, 화분, 안전 칼, 스펀지, 가위, 신문지, 물

놀이 방법

1 화분에 신문지(이면지)를 뭉쳐서 넣는다. 그 위에 갈색 플레이콘을 붙여 흙처럼 만든다.

2 초록색 플레이 콘으로 선인장 줄기를 만들고, 빨간색이나 노란색 플레이 콘을 한쪽 면만 눌러 물방울 모양을 4~6개 만들어 합쳐서 붙인다.
- 흰색 콘을 잘게 잘라 가시처럼 만들어준다.
- 연두색 콘을 반으로 잘라 납작하게 누른 후 가위집을 내고 돌돌 말아 풀 모양을 만들어 선인장 옆을 채워준다.

1

2

- 플레이 콘을 붙일 때 스펀지 대신 촉촉한 물티슈를 사용해도 됩니다.
- 선인장 호텔에 초대하는 초대장 만들기 활동도 해보세요.

195 세상의 모든 놀이

책 놀이·24

나누면 행복해져요

《무지개 물고기》

글·그림: 마르쿠스 피스터 | 옮김: 공경희 | 시공주니어

아무리 친한 친구들이라도 갈등이 없을 순 없죠? 바다 속 물고기들에게도 갈등이 존재할까요? 아름다운 비늘을 지닌 무지개 물고기와 친해질 방법은 없을까요? 나만 가지기보다 친구와 함께 나누면 모두가 행복해질 수 있답니다. 이번 시간에는 아이들에게 친구와 함께 나누는 행복을 느껴보게 하면 어떨까요?

준비물 물고기 도안, 가위, 풀, 색칠 도구

놀이 방법

1 물고기 도안의 물고기 비늘을 색칠해준다. 비늘만 오린 후 책상에 펼쳐둔다.
2 내 비늘과 친구의 비늘을 서로 나눈다.
3 새로운 물고기 도안에 비늘을 붙여 물고기를 완성한다.
4 내 비늘을 나누어줄 때의 느낌을 이야기 나눈다.

1

2

3

4

- 네이버 카페 <신나는 세모 놀이터> '책 놀이-물고기 도안'을 참고하세요.
- 상대방의 비늘을 가져갈 때는 친구에게 동의를 얻도록 유도해주세요.

책 놀이·25

가을 속으로 풍덩

《가을을 만났어요》
글: 이미애 | 그림: 한수임 | 보림

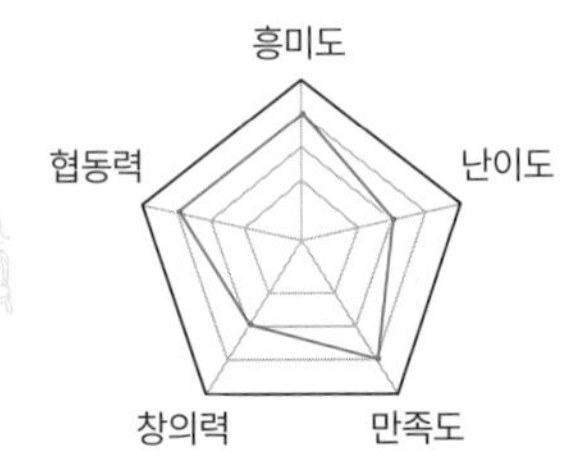

이 책을 읽으면 주인공의 움직임에 따라 가을을 온몸으로 느끼게 된답니다. 운동장을 산책하며 가을을 이야기하고, 교실에 들어와 아이들과 나뭇잎을 오려 붙여보세요. 가을을 완벽하게 느낄 수 있답니다.

준비물 전지, 가위, 나뭇잎, 색칠 도구

놀이 방법
1. 공원이나 운동장에서 낙엽을 밟아보고 주워 온다.
2. 전지에 아이들을 꽉 차게 크게 그려서 오린다.
3. 오려 놓은 아이 그림에 다같이 나뭇잎을 붙여 옷을 표현하고 머리카락도 붙인다.
4. 환경판에 나뭇잎 옷을 입은 아이들을 먼저 붙이고, 가을 느낌이 나도록 나머지 부분을 꾸며 준다.

1

2

3

4

• 여러 가지 모양의 낙엽을 형태별, 색깔별, 나무별로 구분하기 활동도 해보세요.

너에게만 들려줄게

《이야기는 이야기》
글: 박영만 | 그림: 오승민 | 사파리

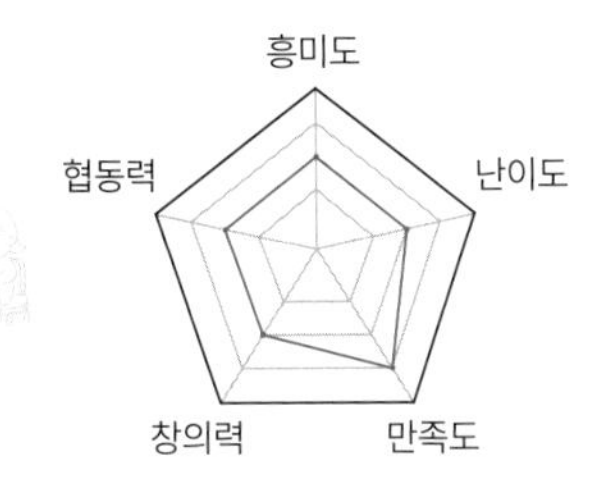

이야기를 좋아하는 신랑이 자기만 알고 싶어서 이야기들을 꼭꼭 숨겨 놓았지요. 숨겨놓았던 이야기들은 나쁜 귀신이 되어 신랑을 죽이려고 했지만 지혜로운 머슴 덕에 살았답니다. 아이들에게도 혼자만 알고 있는 이야기를 친구들에게 말하게 해 이야기에 날개를 달아주세요.

준비물 종이봉투, 색종이, 꾸미기 재료, 풀, 가위, 색칠 도구

놀이 방법
1 종이봉투를 예쁘게 꾸민 후 <너에게만 들려줄게>라고 쓴다.
2 자신이 소개하고 싶은 책들의 제목을 작은 종이에 쓴다.
3 책 제목이 적힌 쪽지를 종이봉투에 넣는다.
4 자신의 종이봉투에서 친구들에게 소개하고 싶은 책의 제목을 꺼내서 이야기한다.

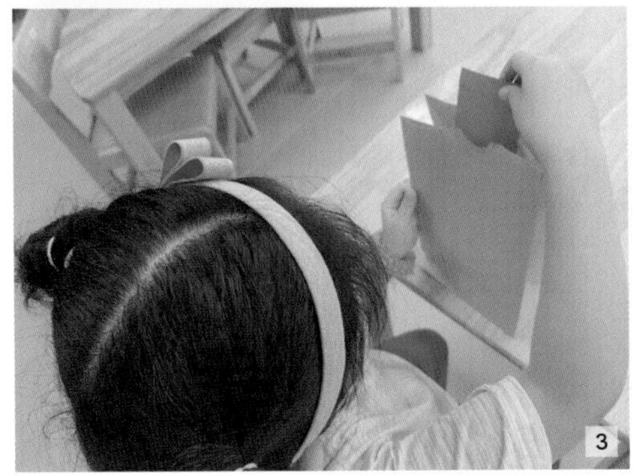

• 완성한 종이봉투를 교실에 비치하고 자신이 읽은 책 제목을 계속 넣도록 합니다. 일주일이 지난 후 가장 많은 책을 적어 넣은 아이에게 작은 선물을 한다면 책읽기가 더 활발해집니다.

눈물에 빠져볼까요

《눈물바다》
글·그림: 서현 | 사계절

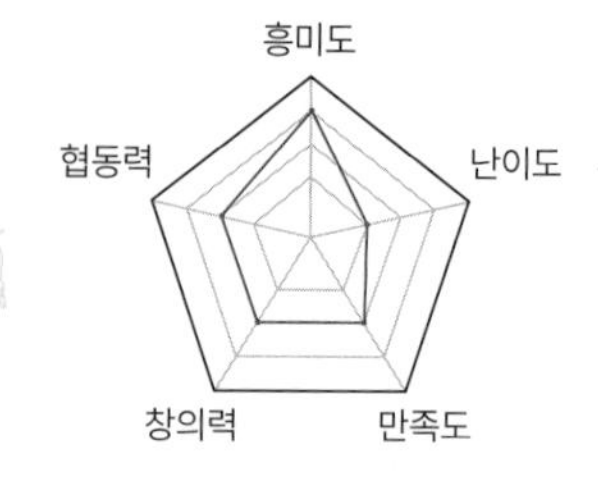

'머피의 법칙'을 아세요? 일이 잘 풀리지 않고 꼬이기만 하는 현상을 말합니다. 이 책의 주인공은 억울한 일들 때문에 흘린 눈물바다 속에서 신나게 놀며 속상했던 마음을 풀어낸답니다. 아이들에게 주인공처럼 머피의 법칙이 작용한 날, 잠자리에 들어 울지 말고 속상하게 했던 사람들을 눈물바다에 빠뜨려보라고 이야기해주세요.

준비물 색 도화지, 가위, 풀, 연필, 색칠 도구

놀이 방법

1. 색 도화지를 반으로 접고, 1번 사진처럼 자른 후, 자른 부분을 접어 튀어나오게 한다.
2. 요즘 자신을 속상하게 했던 사람이나 일을 떠올려본다.
   - 종이의 튀어나온 곳에 침대를 만들어 그 위에 나를 그리고, 눈물바다에는 빠뜨리고 싶은 사람이나 물건 등은 그려서 자른 다음 붙인다.
   - 각자 완성한 눈물바다를 발표한다.

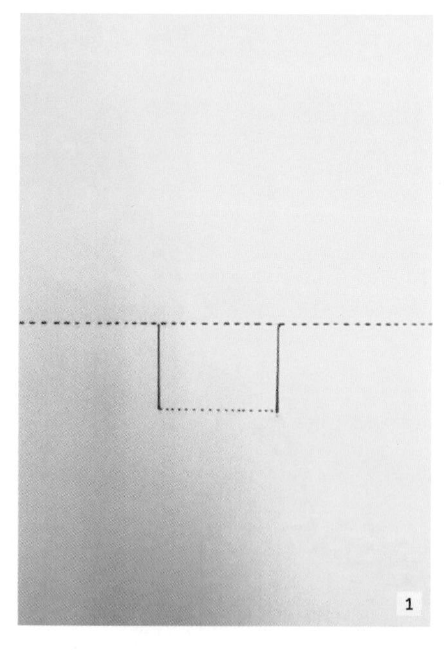
1

2

- 협동 작업(큰 종이를 주고 모둠으로 눈물바다 만들기)도 해보세요.

멋진 상상을 꿈꿔요

《꿈의 배 매기호》
글·그림: 아이린 하스 | 옮김: 이수명 | 비룡소

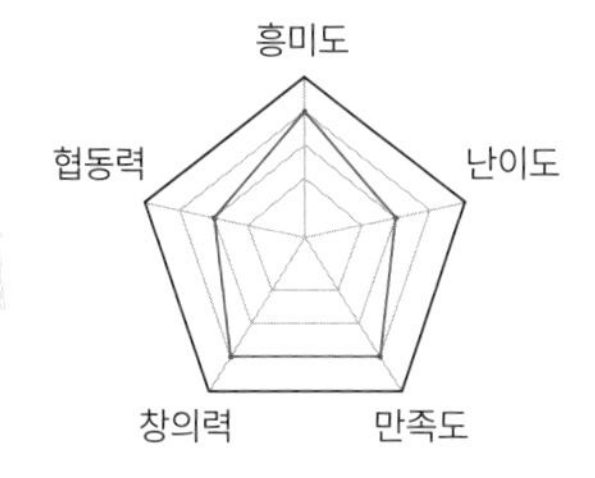

원하던 배를 갖게 된 마거릿의 멋진 항해 이야기입니다! 함께해주는 동생과 배 안에서 모든 것이 가능합니다. 사랑하는 동생을 돌보며 갑자기 몰아친 폭풍우까지 잘 이겨내는 마거릿의 매기호. 원하는 것은 무엇이든 이루어지게 하는 내 이름을 딴 멋진 배를 만들어볼까요?

준비물 머메이드지(13x5, 9x4, 4x4, 지름 18cm 원), 무늬 색종이, 이쑤시개, 구슬, 가위, 풀, 필기 도구, 스티커

놀이 방법

1 잘라놓은 머메이드지 3장을 1cm 정도씩 겹쳐서 붙인 후 모서리를 둥글게 자른다.
2 잘라둔 원을 반으로 접은 후 어떤 항해를 꿈꾸는지 적는다.
3 1과 2를 1cm 겹치게 붙여주고 동그라미 스티커로 꾸며준다.
- 이쑤시개 끝에 구슬을 꽂고 색종이로 깃발을 만든다.
4 내 이름을 딴 배 이름을 적고 꾸며준 후 세워서 전시한다.

1

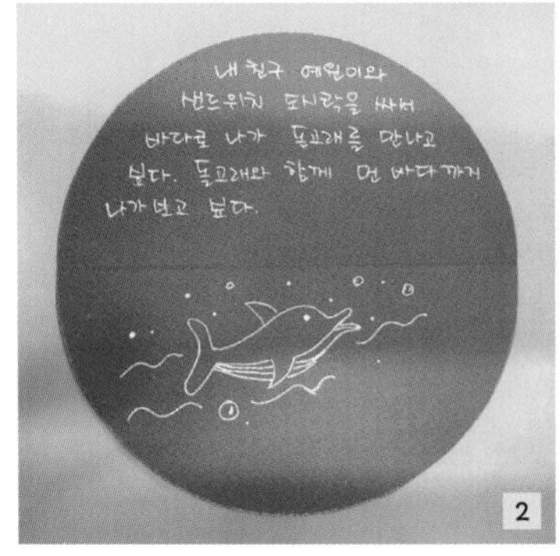
2

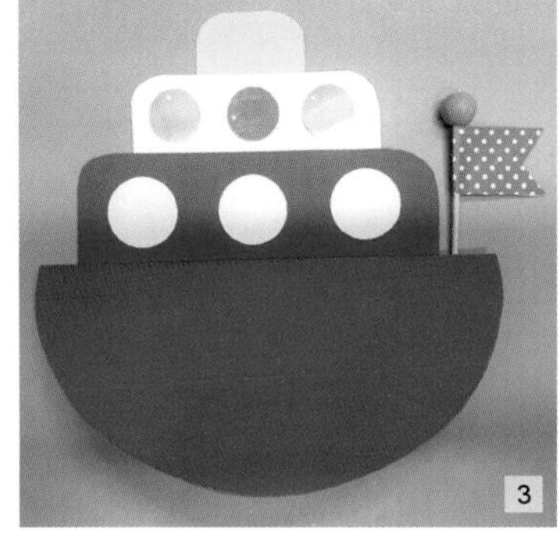
3

4

- 배가 잘 서지 않을 시에는 배 아래 끝부분을 살짝 잘라주세요.
- 동그란 색지 대신 종이접시를 반으로 접어 붙여주어도 좋습니다.

그림으로 끝말잇기해요

《한글 우리말을 담는 그릇》
글: 박동화 | 그림: 정성화 | 책읽는곰

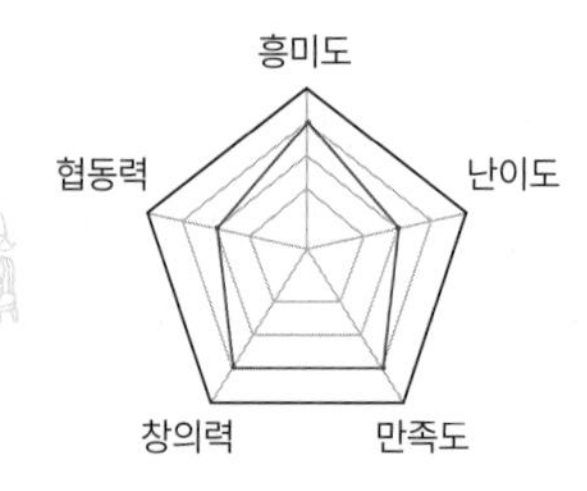

한글이 어떻게 생겼고 우리 생활에 어떤 영향을 미쳤는지 어린이의 눈높이에 맞게 풀어 쓴 책입니다. 우리 삶에서 한글이 얼마나 중요한지 자연스럽게 깨달을 수 있지요. 한글이 없었다면 얼마나 불편했을까요? 한글에 감사함을 느끼며 그림과 글자로 끝말잇기를 해보세요.

준비물 도화지, 가위, 풀, 사인펜

놀이 방법

1. 도화지를 반으로 접어 자른 후, 연결하여 길게 만든다.
2. 계단 접기 방법으로 접어 책처럼 만든다.
3. 제시어를 듣고 그림으로 표현하고 단어는 뒷면에 쓴다.
4. 친구와 번갈아 가며 끝말잇기를 진행하다가 말줄임표를 쓰거나 폭탄 등을 그려 게임을 끝낸다.

1

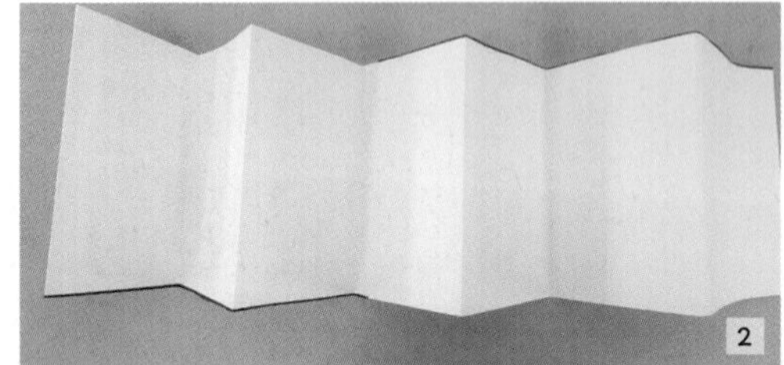
2

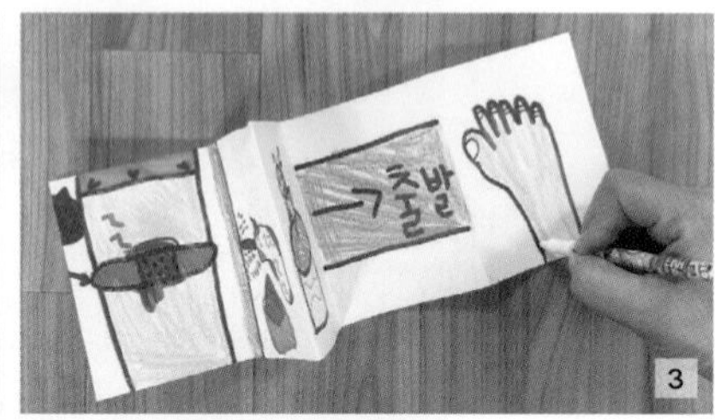

3

4

- 연습장이나 A4 용지에 글과 그림으로 표현하고 화살표로 표시하며 진행할 수 있습니다.
- 선생님과 함께 칠판을 이용해서 단체 놀이로 대결해보세요.

추석 책을 만들어요

《솔이의 추석 이야기》
글·그림: 이억배 | 길벗어린이

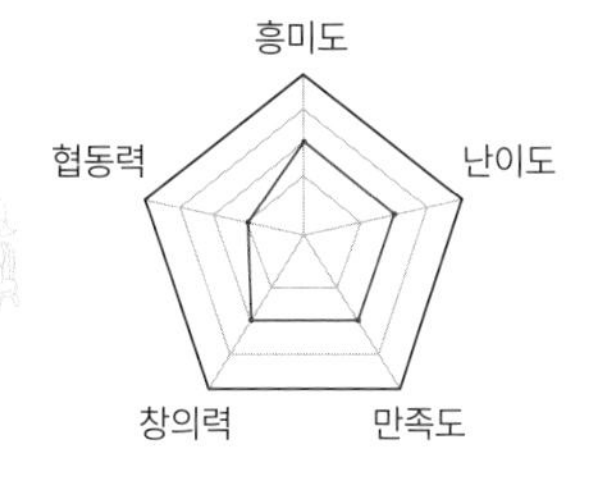

이 책은 도시에 사는 솔이네 가족이 추석을 지내기 위해 시골로 가면서 벌어지는 사건 사고를 보여줍니다. 이웃과 함께 기쁨과 슬픔을 나누는 추석의 의미를 되새기면서 고향의 푸근함과 정겨움을 듬뿍 느끼게 해주지요. 아이들이 우리나라의 명절인 추석에 대해서 알고, 각자 자신들만의 책을 만들어 오래도록 간직하게 하면 어떨까요?

준비물 색상지(21X21) 4장, 색상지(10X10) 2장, 노리개, 추석과 관련된 자료, 풀

놀이 방법

1. 추석 명절에 대해 알아보는 사각 주머니 책을 만들기 위해 색상지(21X21)를 사각 주머니 접기로 접은 후 다시 편다.
2. 주머니 안쪽 면에 자료를 붙이고 다시 사각 주머니로 접는다.
3. 색상지(10X10) 2장을 방석 접기와 장식 딱지 접기로 접어 주머니 책 앞에 붙인다.
   - 노리개를 2등분 해서 책 뒷면에 연결한다.

- 노리개는 지끈으로 만들 수 있어요. 구슬, 매듭 등 다양한 재료로 만들어보세요.
- 네이버 카페 <신나는 세모 놀이터> '책놀이-4대 명절(추석 관련 자료)'를 참고하세요.

책 놀이·31

한국인은 밥심이죠

《너도 나도 숟갈 들고 어서 오너라》

글: 양재홍 | 그림: 노을진 | 대교북스주니어

우리나라의 전통 음식을 표현한 동시와 전통 음식을 만들어 먹었던 조상들의 생활 모습을 엿볼 수 있는 그림 동시책입니다. 보기만 해도 침이 꿀꺽 넘어가는 맛있는 우리 음식이 한가득! 아이들과 함께 아코디언 책에 전통 음식 그림을 골라 붙이고 동시나 그림으로 표현해보세요.

준비물 색지(A4), 음식 그림이나 사진, 가위, 풀

놀이 방법
1. 책에 나오는 우리나라 전통 음식 소개 동시를 듣고, 서정적인 그림도 감상한다.
2. 색지는 1장씩 반으로 접는다.
3. 음식 그림이나 사진 중에서 마음에 드는 음식을 한 가지 고른다.
4. 색지에 고른 전통 음식을 붙이고, 동시나 그림으로 표현하거나 설명하는 글을 쓴다.

1

2

3

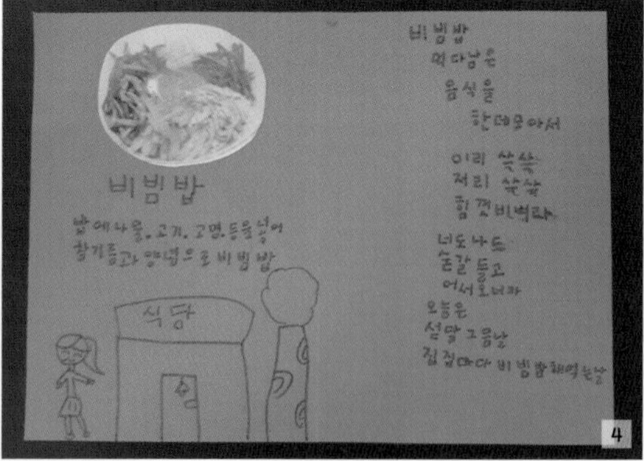

4

- 사전 활동으로 한 글자, 두 글자, 세 글자로 된 음식 이름이나 밥, 찌개, 구이, 김치, 떡 등 이름 알아맞히기 놀이도 해보세요.
- 건강 밥상 차리기, 세계 여러 나라 음식 사전 만들기 활동으로 확장해 보세요.
- 네이버 카페 <신나는 세모 놀이터> '책 놀이-우리나라 전통 음식 사진 및 그림'을 참고하세요.

책 놀이·32

내 입맛에 딱이에요

《김치 안 먹을래》

글: 김지은 | 그림: 유준재 | 위즈덤하우스

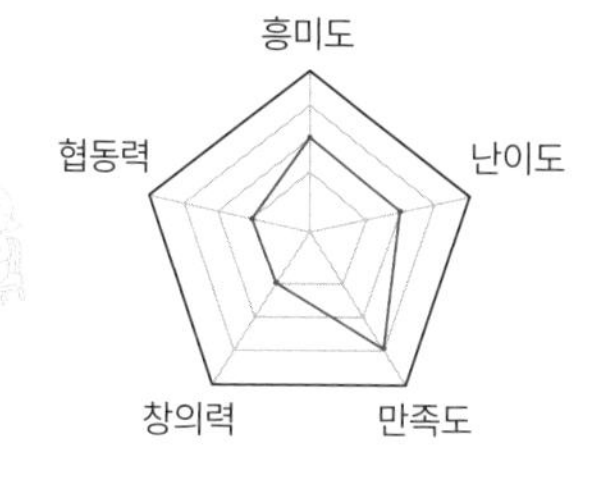

우리나라 대표 음식, 김치! 이 책의 주인공은 김치를 너무도 싫어하지만 세계 5대 건강 식품에 선정된 김치는 맛과 영양이 뛰어나서 외국인들도 좋아하지요. 우리 아이들도 김치 책을 만들며 유산균이 많은 김치의 장점을 깨달아 앞으로 김치를 즐겨 먹으면 좋겠어요.

준비물 색지(A4), 할핀, 필기 도구, 그림 자료, 가위

놀이 방법

1. 색지(A4 1/2 크기)에 배춧잎 모양을 그린다. 크기와 색깔을 달리해서 총 4장의 배춧잎을 그려 자른다.
2. 할핀을 사용하여 배춧잎을 연결한 후 속지에 김치의 우수성과 내가 아는 김치 등 내용을 적는다.

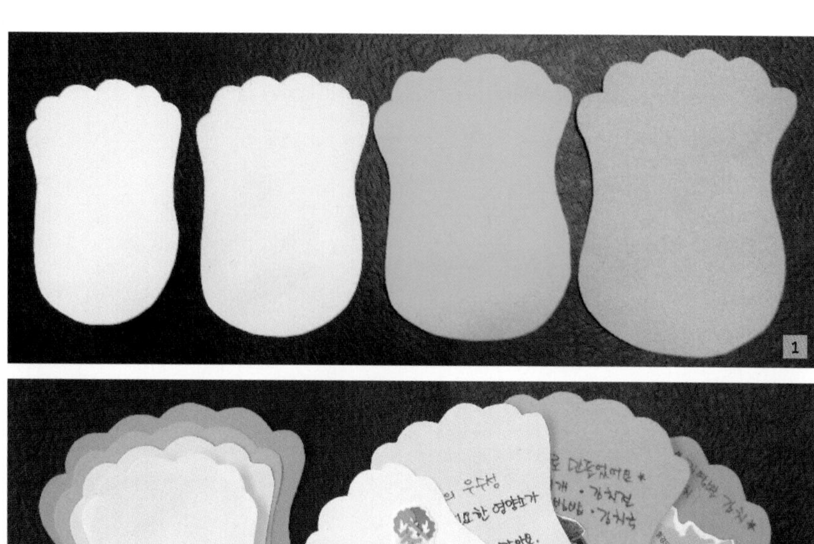

1

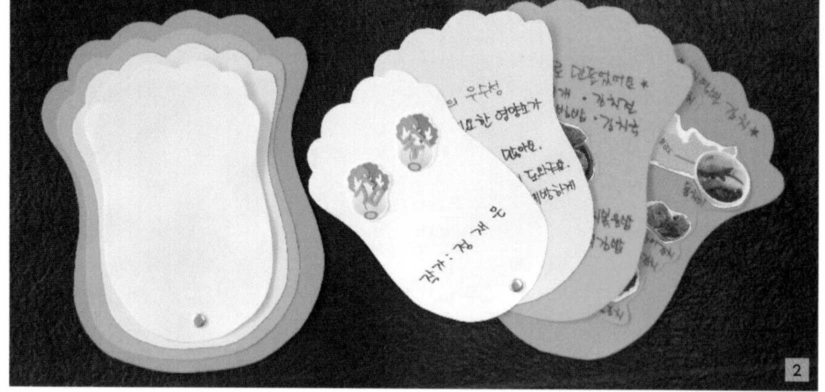

2

• 네이버 카페 <신나는 세모 놀이터> '책 놀이–배추 도안과 활동지'를 참고하세요.

책 놀이·33

우리는 모두 달라요

《거짓말 같은 이야기》
글·그림: 강경수 | 시공주니어

이 책에서는 화가가 되고 싶은 대한민국, 키르기스스탄, 인도, 우간다, 루마니아, 아이티, 콩고의 아이들이 각각 자신의 이야기를 들려줍니다. 정말 믿고 싶지 않은 거짓말 같은 현실의 이야기도 있어서 우리가 지금 누리는 일상의 행복이 얼마나 소중한지 다시 생각해보게 하지요. 오늘은 화가가 되어 여러 나라의 친구들을 기억하며 그림으로 표현해 보세요.

준비물 도화지, 목공풀, 털실, 뽀글이 모루, 가위, 색칠 도구

놀이 방법
1 도화지에 3~4명 정도 여러 나라 아이들의 얼굴을 그린다.
2 눈썹과 눈동자, 얼굴을 여러 가지 색으로 색칠한다.
3 물감이나 색연필로 바탕을 색칠한다.
4 털실이나 모루를 잘라서 여러 나라 사람들의 머리 모양을 완성한다.

1

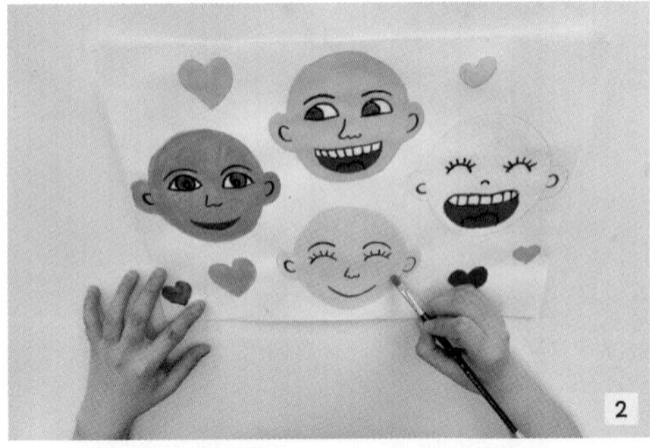
2

3

4

• 세계 여러 나라의 인사말 알아보기 활동도 해보세요.

기억해줘, 내 국기

《온 세상 국기가 펄럭펄럭》
글: 서정훈 | 그림: 김성희 | 웅진주니어

올림픽이나 국제적인 경기 때 하늘에 나부끼는 만국기들의 국가들을 알아보는 책입니다. 우리나라에 태극기가 있는 것처럼 세계 여러 나라에도 각자 자신들의 나라를 상징하는 국기가 있어요. 세계 여러 나라의 국기가 어떻게 생겼는지 알아보고 국기 기억 게임 카드를 만들어 재미있게 놀아보세요.

준비물 세계 여러 나라 국기 그림, 마분지, 가위, 풀

놀이 방법
1 세계 여러 나라 국기 그림을 2장씩 준비한다. 국기 그림을 마분지에 붙이고 가위로 잘라 카드를 만든다.
2 완성된 국기 기억 카드로 게임을 즐긴다.
<기억 게임 방법>
① 그림이 보이지 않도록 뒤집어놓는다.
② 가위바위보로 순서를 정하고 이긴 사람이 먼저 2장의 국기 카드를 뒤집어 같은 국기이면 가져간 후 한 번 더 하고, 다른 국기이면 뒤집어놓는다.
③ 국기를 많이 가져간 아이가 이긴다.

1

2

• 국기 카드는 코팅을 하면 오래 사용할 수 있어요.
• 네이버 카페 <신나는 세모 놀이터> '책 놀이-국기 도안'을 참고하세요.

책 놀이·35

원주민이 되어보아요

《가면 : 지구촌 얼굴》
글·그림: 정해영 | 논장

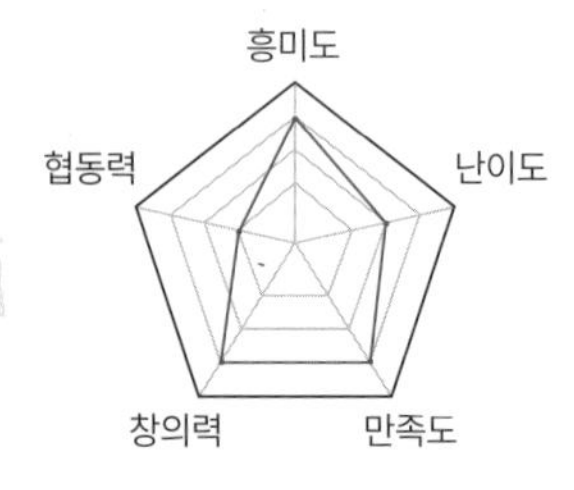

지구촌 각 지역의 특징적인 가면을 재치 있고 아름답게 보여주는 책입니다. 으스스한 느낌부터 화려한 가면까지, 각 나라마다의 독특한 분위기를 나타내는 가면이 많아요. 오늘은 아이들과 종이봉투를 이용하여 아프리카 가면을 만들고 아프리카 원주민이 되어보세요.

준비물 종이봉투, 색지, 매직펜, 원형 스티커, 가위, 풀, 색칠 도구, 필기 도구

놀이 방법

1. 종이봉투를 얼굴에 쓰고 눈과 입의 위치를 연필로 표시한 후 벗어서 그 부분을 오린다.
2. 장식하고 싶은 곳부터 대칭이 되도록 스티커를 붙이고, 유성매직으로 짧은 선, 곡선 등 다양한 선을 그려 무늬를 만든다.
3. 종이봉투의 윗면이나 옆면에 색지로 만든 술을 달아 장식을 추가한다.
4. 가면을 쓰고 아프리카 원주민처럼 놀아본다.

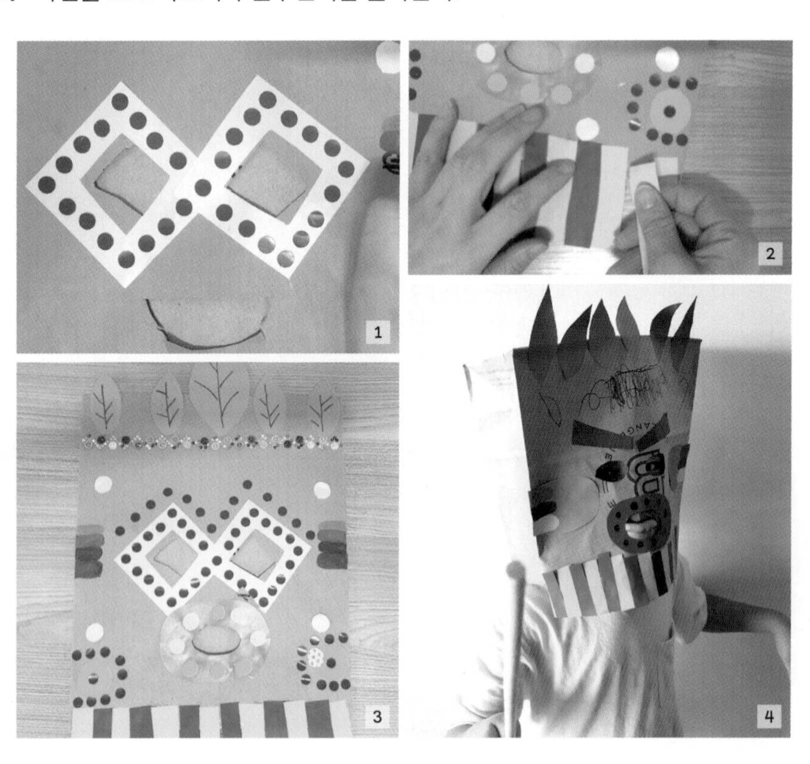

- 우리나라 탈과 아프리카 가면의 차이점에 대해 이야기 나눠보세요.
- 종이봉투 가면을 완성한 후 직접 쓰고 아프리카 춤을 추며 활동을 해도 재미있습니다.

세계 여행을 떠나요

《지도로 만나는 세계 친구들》
글: 김세원 | 그림: 조경규 | 뜨인돌어린이

세계 여러 나라의 모습을 재미있는 지도를 통해 한눈에 볼 수 있는 세계 문화 탐방 책입니다. 세계 지도를 직접 만들며 신나는 세계 여행을 떠나보기로 해요.

준비물 세계 지도 퍼즐, 색상지(파랑), 색종이, 네임펜, 가위, 풀, 펀치, 실

놀이 방법

1 대륙별로 다른 색깔의 색종이에 퍼즐 조각을 본뜨고 오린다.
- 둥글게 자른 파란 색상지 2장의 한쪽에는 아시아, 아프리카, 오세아니아, 유럽 대륙을 붙이고, 다른 하나에는 북아메리카, 남아메리카 대륙을 붙인다.
- 각 대륙의 이름과 바다 이름을 적고 북극과 남극도 오려서 붙인다.

2 지구본 2장을 마주하여 붙이고 모빌처럼 천장에 달아준다.

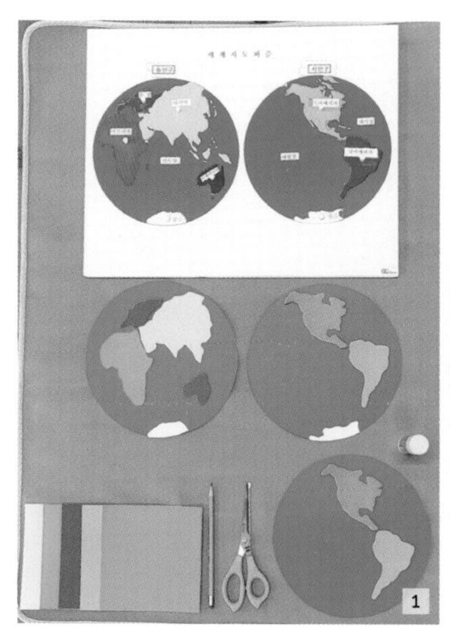
1

2

- 지구본 2장을 마주 붙일 때 남극끼리 먼저 맞추세요.
- 평면지도에는 남극이 2개처럼 보이지만 지구는 공처럼 둥글기 때문에 실제로는 하나로 연결되어 있다는 사실을 이야기해주세요.
- 네이버 카페 <신나는 세모 놀이터> '책 놀이–세계 지도 퍼즐'을 참고하세요.

책 놀이·37

사랑의 약봉지예요

《감기 걸린 날》
글·그림: 김동수 | 보림

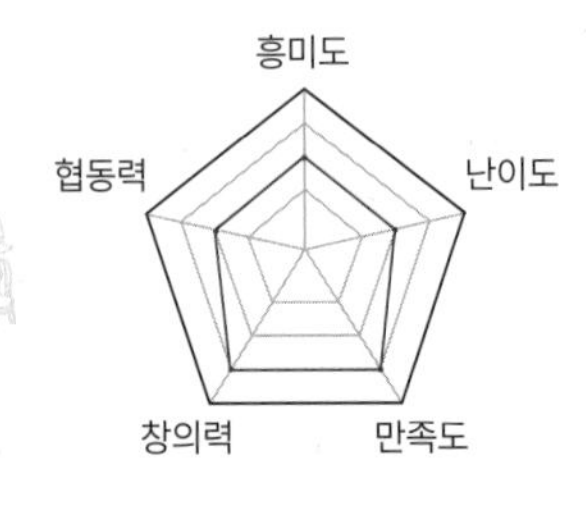

겨울이면 잘 찾아오는 손님, 감기! 오리털 점퍼를 입은 책 속 주인공도 감기에 걸렸어요. 엄마는 이불을 차고 자서 감기에 걸렸다고 하지만 사실 이유는 따로 있었지요. 따뜻한 마음 때문에 감기에 걸린 주인공을 위해 사랑의 약봉지를 만들고 약을 넣어 선물하는 건 어떨까요?

준비물 A4 용지, 풀, 색칠 도구, 필기 도구

놀이 방법
1. A4 용지를 대문 접기 하고, 아랫부분을 접은 뒤 풀로 붙여 약봉지를 만든다.
2. 약봉지에 약 먹을 사람의 이름, 먹는 횟수, 먹는 시간, 약을 지은 날짜, 약국 이름과 연락처, 병이 낫기를 바라는 마음을 담은 짧은 글 등을 적어 꾸민다.

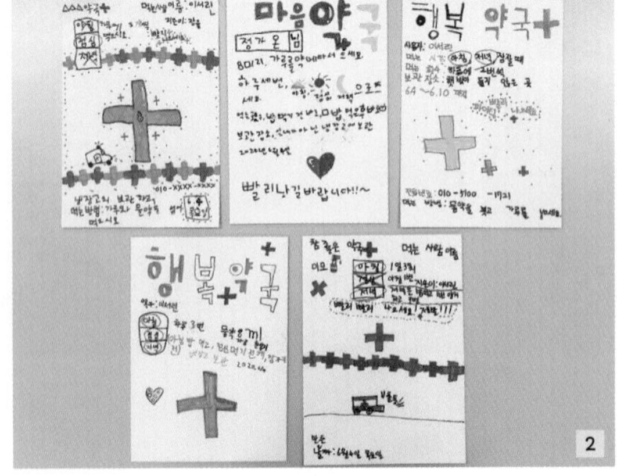

- 약봉지 안에 비타민 사탕을 넣어주면 아이들이 더 좋아합니다.
- 약국 놀이, 병원 놀이로 확장 활동을 해보세요.

책 놀이·38

냠냠, 맛있는 케이크

《달케이크》
글·그림: 그레이스 린 | 옮김: 마술연필 | 보물창고

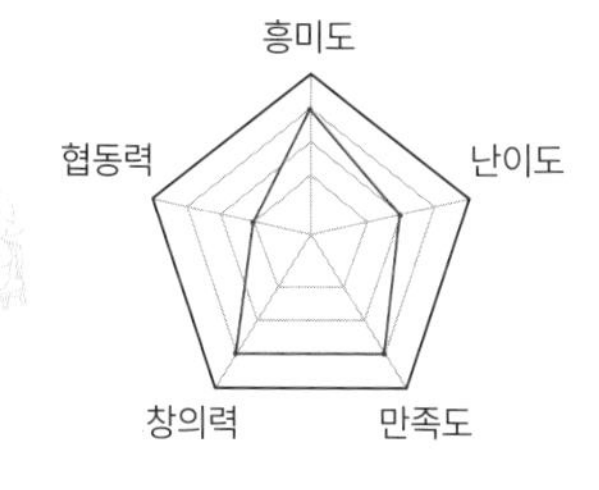

엄마가 갓 구운 달케이크를 하늘에 띄워놓고 별이에게 다 됐다고 할 때까지 손대지 말라고 합니다. 잠에서 깬 별이는 엄마와 한 약속을 까맣게 잊고 몰래 달케이크를 조금씩 떼어먹지요. 작아지는 달케이크를 이용해 달이 변한다는 과학적 사실을 재미난 상상력으로 알려주는 책이에요. 오늘은 달케이크를 만들며 변화하는 달을 기억해보세요.

준비물 클레이(흰색, 빨강, 초록, 갈색), 종이접시, 종이 그릇

놀이 방법

1 종이접시 위에 1회용 종이 그릇을 뒤집어 올려놓고 흰색 클레이를 둘레에 잘 펴서 붙인 후 윗부분에 분홍색 클레이를 둥글게 만들어 올린다.
2 빨강 클레이와 초록 클레이로 잎사귀가 붙은 딸기 4개를 만들어 올린다.
3 흰색 클레이로 생크림 모양을 만들어 올린다. 케이크 주변을 흰색 클레이로 장식한다.
4 갈색으로 초콜릿을 만들어 올려 완성한다.

- 클레이로 만들기를 할 때는 한 번 붙이면 수정이 어려우므로 미리 붙일 곳을 잘 생각해서 올려놓아야 한다고 아이들에게 알려주세요.
- 동그란 달 모양으로 만든 클레이를 안전 칼을 이용하여 조금씩 자르며 달 모양의 변화 알아보기 활동도 해보세요.

이 줄의 끝은

《나는 기다립니다…》
글: 다비드 칼리 | 그림: 세르주 블로크
| 옮김: 안수연 | 문학동네

빨간 털실로 한 사람이 자라서 연인을 만나 사랑을 하고, 결혼하고, 부인과 헤어지고 손자를 보기까지 '기다림'으로 맞이하는 순간들을 표현한 책입니다. 함께 동화를 읽고 나서 지금 무엇을 기다리는지 그림으로 표현해보세요.

준비물 색 도화지, 털실 또는 지끈, 투명 테이프, 가위, 색칠 도구, 필기 도구

놀이 방법 현재 어떤 일을 기대하며 기다리고 있는지 말로 표현해본다.
- 털실이나 지끈을 이용하여 어떻게 표현할지 구상한 후 그림을 그린다.
- 완성된 그림에 모양을 잘 잡아 털실이나 지끈을 놓은 후 투명 테이프로 붙인다.
- 그림에 글을 덧붙여 완성한 후 친구들 앞에서 발표한다.

- 털실이나 지끈은 풀로 잘 붙지 않아요. 약간 지저분하지만 모양을 잡은 후 투명 테이프로 붙이는 것이 편합니다.

신기한 빨간 주머니

《빨간 주머니》
글·그림: 멜리 | 북극곰

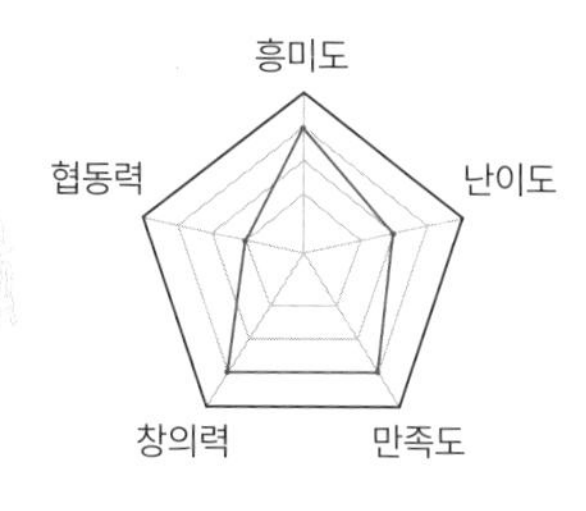

주인공은 공원에서 쓰러진 할머니를 도와드리고 신기한 빨간 주머니를 선물로 받지요. 1개를 넣으면 2개가 되는 주머니에 친구들이 서로 자기가 먼저 물건을 넣겠다고 다투면서 벌어지는 소동이 재미있어요. 아이들에게 자신이 주인공이라면 이 빨간 주머니에 과연 무엇을 넣을지 물어보세요.

준비물 머메이드지, 색 도화지 4장, 리본, 양면 테이프, 가위, 풀, 색칠 도구, 필기 도구

놀이 방법
1. 머메이드지를 절반으로 접어서 앞면에 주머니 모양을 그린 후 모양대로 잘라낸다.
2. 색 도화지를 원 모양(지름 9~10cm)으로 자른 후 빨간 주머니에 넣고 싶은 것을 그려 넣는다.
3. 남은 머메이드지를 이용해 8x16cm로 2장을 자르고 아코디언 접기를 해서 양면 테이프로 주머니 안쪽에 붙인다.
4. 표지를 꾸미고 리본을 묶어 완성한다.

1

2

3

4

- 내용을 적는 속지는 주머니에 들어가도록 적당한 크기로 자릅니다.
- 빨간 주머니에 왜 이런 물건을 넣었는지 이유를 발표해보도록 합니다.

열두 띠 시계를 만들어요

《열두 띠 이야기》
글: 정하섭 | 그림: 이춘길 | 보림

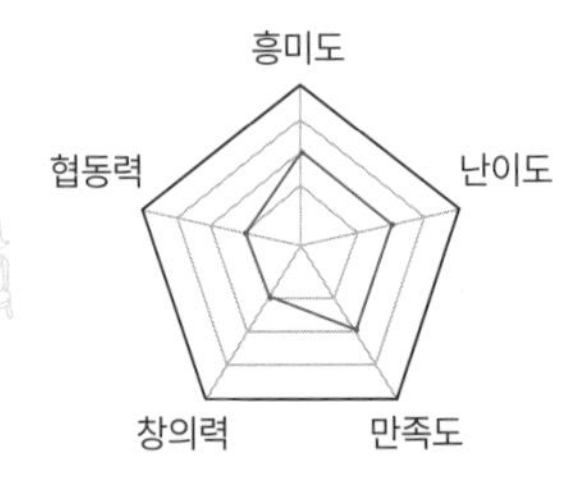

우리는 모두 태어난 해에 따라 띠가 정해지고 원하는 띠가 있어도 바꿀 수 없지요. 열두 동물의 띠는 어떻게 정해졌을까요? 이 책은 왜 쥐가 열두 띠 중 맨 앞에 오고, 돼지가 맨 뒤가 되었는지 알려줍니다. 오늘은 아이들과 순서에 맞추어 돌아가는 열두 띠 시계를 만들어보세요.

준비물 머메이드지(4절), 골판지, 종이접시, 열두 띠 동물 그림, 열두 띠 한자, 할핀, 가위, 풀

놀이 방법

1. 머메이드지에 지름 30cm 정도의 원을 그려 자른다.
2. 열두 띠 동물 그림을 잘라서 원의 가장자리에 순서대로 붙인다.
3. 골판지에 시곗바늘 모양을 그리고 자른다. 종이접시에 열두 띠의 순서대로 한자를 잘라 붙인다.
4. 시곗바늘, 종이접시, 머메이드지 바탕 원을 차례로 놓고 할핀으로 한 번에 연결해서 완성한다.

1

2

3

4

- 시곗바늘을 돌려서 동물과 일치하는 띠의 한자를 맞히는 게임을 해보세요.
- 네이버 카페 <신나는 세모 놀이터> '책 놀이-열두 띠 동물 그림과 한자'를 참고하세요.

아기 반달곰을 만들어요

《반달아, 사랑해》

글: 유영석, 한소리 | 그림: 김윤경 | 크레용하우스

SBS 자연 다큐멘터리 <자연으로 돌아간 반달가슴곰-모정> 편을 그림 동화로 각색한 책이에요. 아기 반달곰을 향한 엄마 반달곰의 뜨거운 사랑이 감동적입니다. 아이들과 반달이를 종이 인형으로 만들어보면서 엄마 곰의 마음을 가슴 깊이 담는 시간을 가져보세요.

준비물 색지(A4), 색종이, 눈알 스티커, 가위, 풀

놀이 방법

1. A4 색지 한쪽 가장자리를 2cm 정도 접어 풀칠하고, 반으로 접어 붙인다.
2. 지그재그로 접은 후 종이 아래쪽 모서리를 접어 넣어 얼굴 형태를 만든다.
3. 눈, 코, 귀를 표현하여 얼굴을 완성한다.
4. 귀, 코 등의 형태를 달리하여 다양한 동물을 접어본다.

1

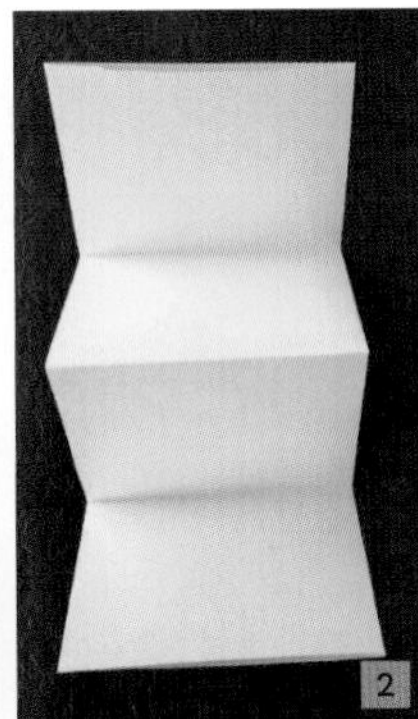
2

3

4

- 아코디언 모양의 몸 안쪽에 삑삑이를 넣어 집게처럼 잡고 소리 내도 아이들이 좋아합니다.
- 멸종위기 동물 알아보기 활동으로 연결해보세요.

책 놀이·43

내 소원도 가지고 가렴

《연아, 연아! 높이높이 날아라》
글: 이호철 | 그림: 임연기 | 고인돌

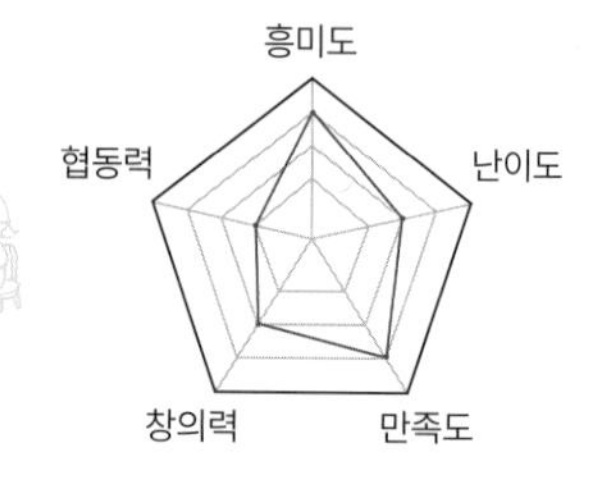

주인공은 연날리기를 좋아합니다. 여러 가지 재료로 연을 만들어 날리지만 매번 실패합니다. 그러다 마침내 주인공이 만든 연이 하늘 높이 날아오르자 세상의 모든 꿈과 희망을 얻은 듯한 성취감을 느끼게 되지요. 책 속의 친구들은 공책을 찢어 연을 만들기도 하고, 할머니가 숨겨 놓은 문종이를 몰래 가져다가 만들기도 합니다. 우리도 책 속의 친구들처럼 연을 만들어 꿈과 희망을 담아 하늘 높이 신나게 날려볼까요?

준비물 비닐봉지, 한지, 투명 테이프, 나무젓가락, 털실, 매직펜

놀이 방법
1. 매직펜으로 비닐봉지를 꾸미고 새해 소망을 적는다.
2. 한지를 길게 오려 비닐봉지 끝에 달아준다.
3. 나무젓가락을 봉지 입구에 테이프로 붙인 후 털실을 가운데에 묶는다.
4. 비닐봉지를 벌려 바람이 안으로 들어가게 해 날린다.

1

2

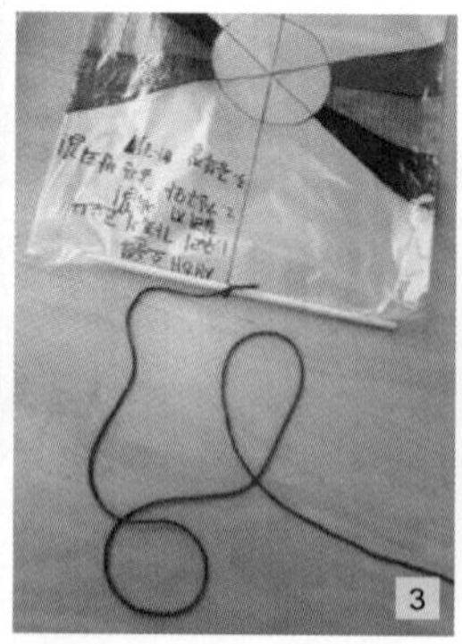
3

4

- 나무젓가락은 비닐봉지의 윗부분에만 붙여주세요.
- 연 날리기의 유래와 새해 소망에 대해 이야기하면 아이들이 더욱 집중해요.

소원 만두를 빚어요

《손 큰 할머니의 만두 만들기》
글: 채인선 | 그림: 이억배 | 재미마주

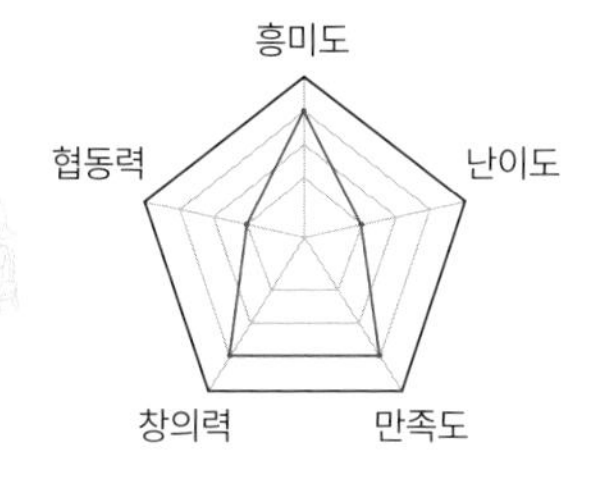

손 큰 할머니가 여러 동물 친구들과 함께 커다란 만두를 빚어 나누어 먹는 이야기입니다. 설날에는 떡국도 먹지만 복을 싸서 먹는다는 의미로 만두도 만들어요. 오늘은 아이들과 받고 싶은 복을 오동통한 만두 안에 가득 담아 만들어보면 어떨까요?

준비물 색종이, 천사 점토, 종이접시, 스티커, 필기 도구

놀이 방법
1 동화를 읽고 난 후 길게 자른 색종이에 자기가 바라는 소원을 적는다.
2 천사 점토를 이용하여 동그랗고 납작하게 빚은 후 위쪽에 소원 종이를 얹는다.
3 천사 점토를 그대로 만두 모양으로 만든다.
4 스티커 등으로 종이접시를 꾸미고, 다양한 모양의 만두를 올려 말린다.

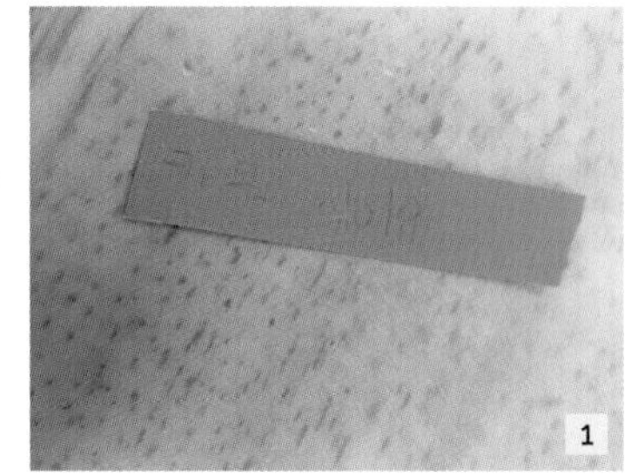
1

2

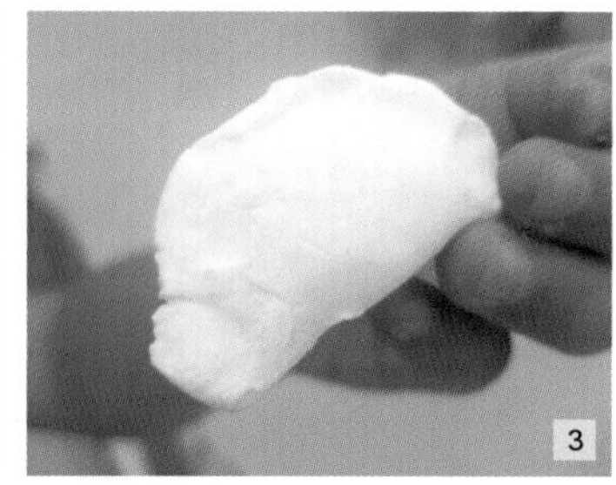
3

4

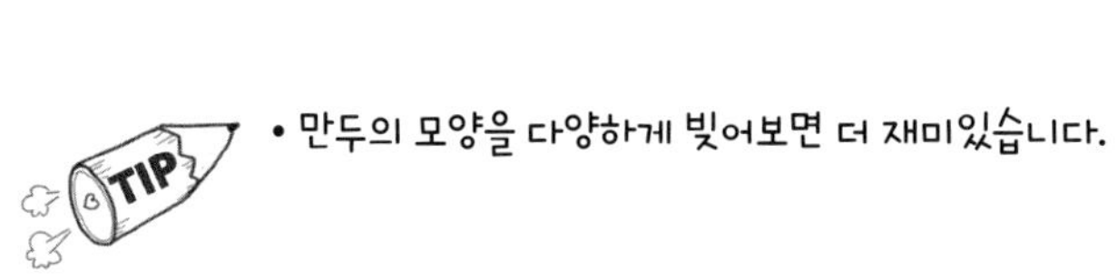

• 만두의 모양을 다양하게 빚어보면 더 재미있습니다.

책 놀이·45

어느 시계가 맞는 걸까요

《자꾸자꾸 시계가 많아지네》
글·그림: 팻 허친스 | 옮김: 신형건 | 보물창고

어느 시계가 맞는 걸까요? 다락방에서 우연히 발견한 시계가 맞는지 새로운 시계를 사서 침실에 놓았는데 볼 때마다 시간이 서로 다른 것을 알고 자꾸자꾸 새로운 시계를 사게 됩니다. 시간의 흐름과 시계 보는 방법을 재미있게 이야기하는 책입니다. 자기만의 시계를 만들어 자연스럽게 시계 보는 방법을 배워볼까요?

준비물 종이컵, 할핀, 가위, 벨크로 테이프, 스티커, 색칠 도구

놀이 방법

1. 종이컵을 8등분 해서 자른다.
2. 8등분 한 종이컵을 펼쳐서 양쪽 날개 2개만 남기고 윗부분까지 자른다. 시곗줄에 사인펜으로 그림을 그리거나 스티커를 붙여 꾸민다.
3. 시곗바늘을 할핀으로 고정하고, 손목에 맞게 양쪽에 벨크로 테이프를 붙인다.
4. 친구들과 시계를 차고 각자가 꼭 지켜야 할 시간 약속을 이야기해본다.

1

2

3

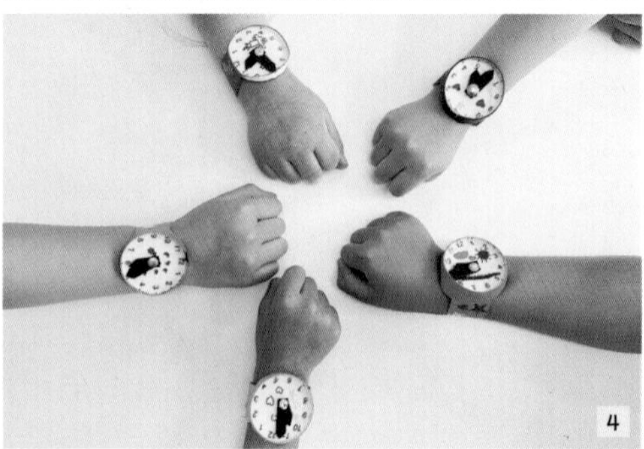
4

• 아이들의 손목에 맞는지 미리 종이컵을 잘라서 확인한 후 재료를 준비해주세요.

똥, 똥, 누구 똥

《누가 내 머리에 똥 쌌어?》
글: 베르너 홀츠바르트 | 그림: 볼프 에를브루흐 | 사계절

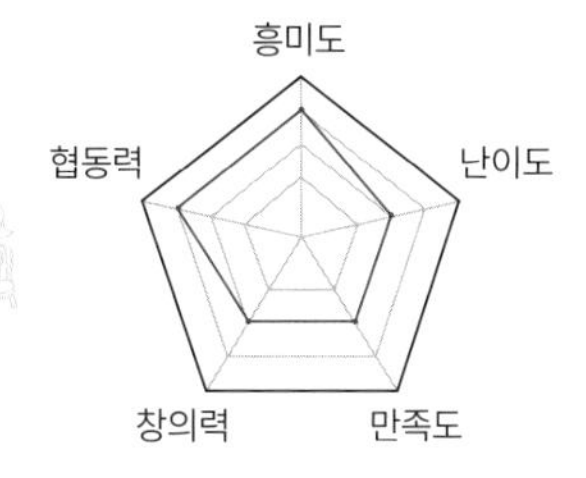

땅속 두더지 머리 위에 갑자기 누군가의 똥이 떨어집니다. 화가 난 두더지는 똥의 주인을 찾아다니면서 여러 동물들을 만납니다. 과연 누구의 똥일까요? 게임과 표현 활동을 통해 동화 속 내용을 기억하며, 동물의 이름과 똥의 특징을 알아보아요.

준비물 도화지, 클레이(찰흙), 색칠 도구

놀이 방법

1 동화 속 등장인물을 기억하고 '시장에 가면~' 게임에 등장인물을 넣어 릴레이 말놀이를 한다.
- '책 속에 가면 두더지도 있고.' '책 속에 가면 두더지도 있고, 비둘기도 있고~.'
- 활동 중 잘못 말하거나 틀릴 경우, 그 친구부터 다시 시작한다.

2 도화지에 동물 이름을 써서 칸을 나누어준다.
- 클레이를 이용하여 동물들의 똥 모양을 만들어 화장실에 놓아준다.

1

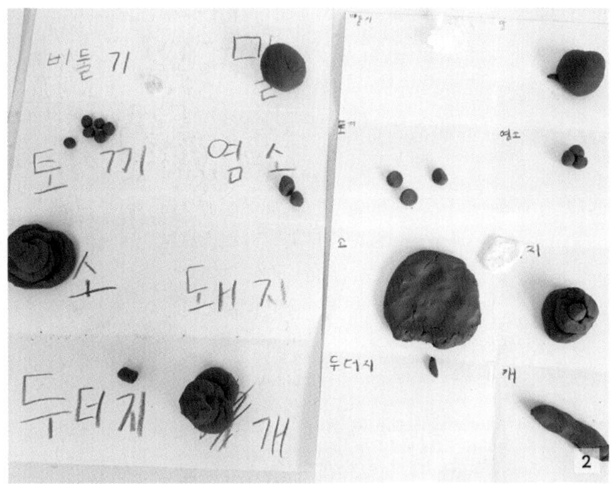

2

- 일부러 지거나, 엉뚱한 말로 게임을 방해하지 않도록 약속을 정하고 활동합니다.
- 동화 속 동물들 외에 다양한 동물의 똥을 점토로 만들며 특징을 알아보세요.

책 놀이·47

구구단을 외자

《구구단도 몰라?!》

글·그림: 스테파니 블레이크 | 옮김: 김영신 | 한울림어린이

주인공 시몽은 구구단을 몰라 친구들에게 놀림거리가 됩니다. 과연 시몽은 구구단을 배울 수 있을까요? 시몽에게 구구단을 빨리 배울 비법을 알려주려고 합니다. 이 활동을 통해 아이들과 함께 구구단을 외워 보면 어떨까요?

준비물 색종이 5장, 구구단표 도안, 고리, 펀치, 가위, 풀

놀이 방법
1 순서대로 색종이를 연필 모양으로 접어 총 5개를 만든다.
2 선생님이 미리 준비한 구구단표를 가위로 자르고 연필 모양에 순서대로 붙인다.
3 펀치로 연필심 부분에 구멍을 뚫고 고리를 연결하여 완성한다.

1

2

3

TIP
- '구구단을 외자!' 게임도 해보세요.
- 네이버 카페 <신나는 세모 놀이터> '책 놀이-구구단표 도안'을 참고하세요.

안녕, 우리 반

《안녕, 우리 집》
글: 스테파니 파슬리 레디어드 | 그림: 크리스 사사키 | 옮김: 이상희 | 비룡소

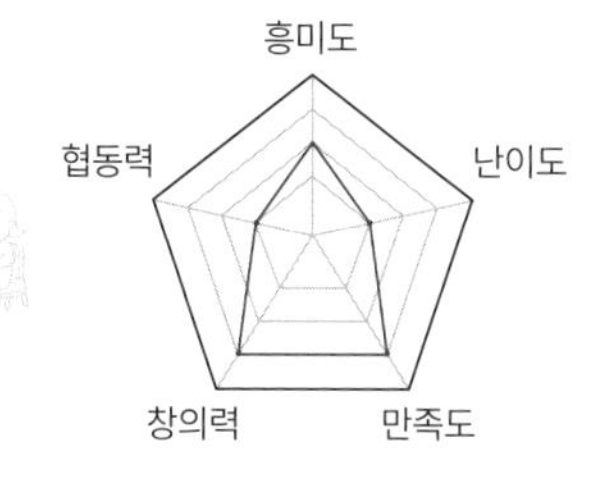

이 책은 정든 집을 떠나 새로운 곳으로의 이사가 함께해주는 물건들과 사랑하는 가족들이 있어서 두렵지 않다고 알려주지요. 우리 아이들도 새로운 학년이 되어 낯선 환경에 적응해야 하지만 여전히 함께하는 친구들과 선생님이 있으니 씩씩하게 맞이하면 좋겠습니다.

준비물 도화지(8절), 가위, 색칠 도구

놀이 방법
1. 도화지를 대문 접기로 접고 위를 사진처럼 잘라낸 다음 앞부분에 학교의 겉모습을 그린다.
2. 창문(가위로 위아래 부분과 가운데만 자르고 접음)을 만든다.
3. 도화지를 펼쳐 안쪽에 이제 헤어지게 될 교실의 모습과 친구들, 선생님을 그린다. 내 모습은 창문 위치에 그린다.
4. 대문을 닫고 창문을 통해 보이는 내 모습을 보며 추억을 떠올린다.

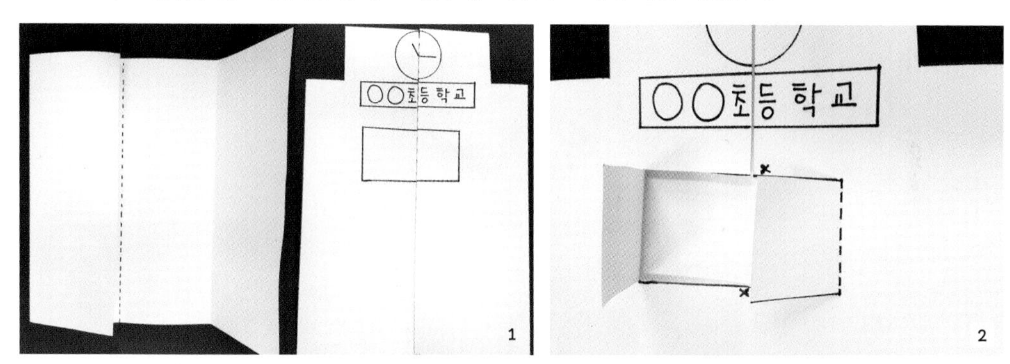

1 2

3

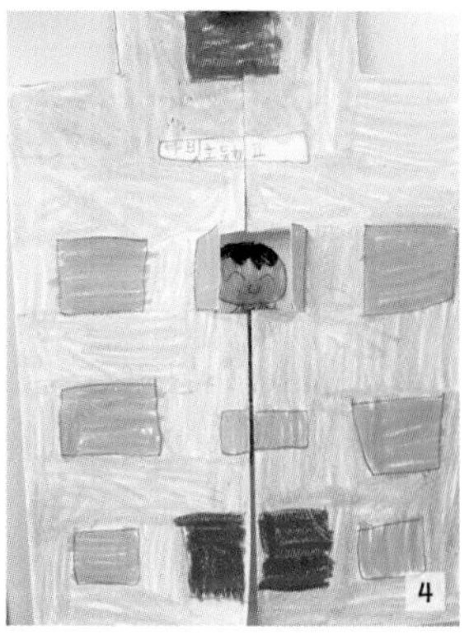

4

- 새로운 학급에서 일어날 멋진 일들을 상상해서 그려보아도 좋습니다.
- 뒷면에는 상급 학년이 되어 스스로 지킬 다짐을 적어보게 합니다.

6

상상력 톡톡!

창의 놀이 48가지

아이들에게 즐겁고 재미있는 기억을 심어주세요

창의력은 새로운 시각으로 사물을 바라보고 자신만의 독특한 문제 해결 방법을 찾아내는 능력입니다. 기존의 생각이나 개념을 새롭게 조합해 내는 능력인 창의력은 어떻게 키울 수 있을까요? 해답은 아이들의 놀이에 있습니다. 창의는 가르쳐서 얻는 게 아니라 아이 스스로 경험하여 얻는 능동적인 사고방식이기 때문입니다. 두뇌가 다 발달하지 않은 시기의 적절한 놀이와 체험은 아이의 두뇌를 발달시키고 놀이를 통한 즐겁고 재미있는 기억은 아이의 생각하는 힘을 자라게 하여 창의력도 발달합니다.

어떻게 하면 신나게 놀면서 창의력을 키울 수 있을까요? 바로 일상 생활용품이나 재활용품 등 주변에서 쉽게 볼 수 있는 재료들로 놀아 주는 것입니다. 놀이 방법이 정해져 있는 장난감은 아이의 흥미는 끌 수 있으나 시간이 갈수록 놀이의 한계를 느끼고, 단계별로 갖추어야 하는 비싼 교구들도 제대로 활용하지 않으면 아이의 호기심을 충족시켜주지 못하기 때문입니다.

이 책의 창의 놀이는 주변에서 구하기 쉬운 재료를 사용하고 혼자서도 쉽게 할 수 있습니다. 또한 아이들의 호기심과 자발성을 이끌어내 다양한 생각을 하게 만드는 활동들로 구성하였습니다. 똑같은 활동이라도 재료를 달리하거나 장소에 변화를 주면 호기심을 자극할 수 있고 아이들 스스로 고민하고 답을 찾아 또 다른 놀이로 발전할 수 있습니다.

놀이 후에는 아이와 함께한 활동에 대해 정리하는 시간이 필요합니다. 아이들은 자신의 생각과 마음을 표현함으로써 놀이를 기억하게 되기 때문입니다. 아이들에게 즐겁고 재미있는 기억은 열정을 가져오며 그 열정은 호기심을 유발하여 창의성의 원천이 될 수 있습니다. 정리하는 시간은 활동에 대한 평가가 되어서는 안 되며 아무리 엉뚱한 질문이라도 함께한 선생님이나 부모님이 성의있게 대답하여 아이의 창의력으로 이어질 수 있도록 도와주어야 합니다. 엉뚱한 상상이나 표현에 공감하고 질문에 반응하며 정리하는 시간을 통하여 아이는 활동의 내용을 그대로만 받아들이는 것이 아니라 다르게 생각하고, 한 번 더 생각해 보며 더 크게 생각할 수 있는 힘을 키울 수 있습니다.

이 책의 창의 놀이가 게임이나 휴대전화, 자극적인 장난감을 찾는 아이들을 다시 놀이로 끌어들여 잘 놀 줄 아는 아이로 만들고, 새로운 것, 신기한 것, 재미있는 것들을 직접 경험하게 하여 남다른 사고로 문제를 해결하며 창의성을 발휘할 수 있는 내적인 힘을 길러 줄 수 있기를 바랍니다.

〈연간 활동 계획 - 창의〉

월	시기	놀이명	월	시기	놀이명
3월	봄	무늬무늬~ 인형 옷	9월	가을	떠다니는 소금쟁이
		색깔들이 사라져요			너를 찾고 말 거야
		촛농이 똑똑			커피 향이 솔솔~
		잘 듣고, 내가 그린 그림			흙을 만들어요
4월		봄, 봄, 봄, 봄이 왔어요	10월		지형 이름을 맞혀봐
		벚꽃이 팡팡			우리 모두 잘잘잘
		꿈틀꿈틀 애벌레			빨대로 굴렁쇠를 굴려요
		행복한 봄동산이 찾아왔어요			낙엽 오목을 둬요
5월		잔디 머리카락이 자라요	11월		바늘구멍으로 세상을 봐요
		내 몸속에는 뭐가 있을까요			우리들의 성을 쌓아요
		3, 2, 1, 로켓 발사			종이에 코끼리를 통과시켜요
		내 반쪽을 찾아줘요			화석을 찾아라
6월	여름	달걀 아기를 키워요	12월	겨울	말랑말랑 밀가루 점토 놀이
		마술 빗자루를 만들어요			종이컵 인형이 움직여요
		빙글빙글 돌아가는 종이컵 요요			후프 글라이더를 날려요
		보글보글 퐁퐁퐁			미끄러져라, 얼음 물감아
7월		나는 마을 설계자	1월		신나는 카프라 놀이
		낙서로 그려요			그림자에 색깔이 있다고요
		찢어 그리는 테이프 그림			내가 만든 테셀레이션이에요
		나도 헤어디자이너			이런 빛은 처음이지
8월		돌멩이 퍼즐을 맞춰요	2월		이것도 책이 되나요
		말미잘이 춤을 춰요			우주를 표현해요
		꼬마 텐트를 쳐요			이 별은 나의 별, 저 별은 너의 별
		곤충 팔찌를 껴요			팡팡! 종이컵 폭죽

창의·1

무늬무늬~ 인형 옷

종이 인형의 옷 부분을 뚫어 코팅지를 붙여주고 학교 곳곳을 돌며 나무와 사물들에 인형을 대어보는 활동을 해보세요. 아이들이 평소와 다르게 사물을 바라보는 경험을 하며 관찰력과 상상력을 키울 수 있어요.

준비물 스케치북, 네임펜 또는 매직펜, 손 코팅지, 커터칼

놀이 방법

1. 도화지에 종이 인형을 그린다.
2. 옷 부분을 칼로 오려낸다. 손 코팅지를 칼로 오려낸 옷 부분의 앞뒤로 붙인다.
   - 기포가 생기지 않도록 코팅지를 문질러서 붙인다.
3. 완성된 종이 인형을 주변의 사물이나 여러 자연물에 대어본다.

- 종이 인형과 함께 산책을 하며 길가의 나무나 여러 자연물에 대어보면 더 다양한 인형 옷을 볼 수 있어요.
- 매직펜이나 네임펜을 이용하여 테두리를 진하게 표현해주세요.
- 네이버 카페 〈신나는 세모 놀이터〉 '창의 놀이-인형 도안'을 참고하세요.

색깔들이 사라져요

봄이 되어 얼음이 사르르 녹는 것을 보면 마술의 한 장면 같아요. 이런 마술을 우리도 할 수 있어요. 세제 속의 계면활성제 때문에 소수성(물과 친하지 않는 성질)인 우유들이 재배열을 하며 주변으로 퍼지게 됩니다. 아이들과 함께 과학의 원리를 재미있게 느껴보세요.

준비물 우유, 물, 주방 세제, 물감, 면봉, 접시, 약통

놀이 방법
1. 물과 우유를 각각의 접시에 담는다.
2. 두 접시에 물감을 섞은 물을 약통에 넣어 떨어뜨린다.
   (물에서는 물감이 잘 섞이지만, 우유는 응집력이 있어 잘 섞이지 않는다.)
3. 주방 세제를 묻힌 면봉을 각 접시의 액체 표면에 대어본다.
   - 섞이지 않았던 우유 위 물감이 면봉 주변으로 흩어지며 퍼진다.
   (세제 성분 중 계면활성제가 우유 응집력을 풀어지게 만들어 물감이 움직인다.)
   - 물이 담긴 접시에도 면봉을 대어보며 두 접시의 차이를 살핀다.

1

2

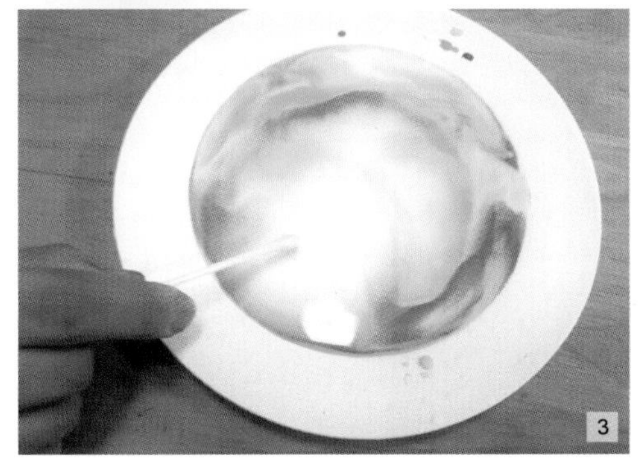
3

- 면봉을 꾹 누르고 있으면 파동처럼 계속해서 물감이 움직이는 모습을 관찰할 수 있어요.

창의·3

촛농이 똑똑

초의 재료인 파라핀은 석유에서 얻는데 물과 섞이지 않습니다. 초에 불을 붙이고 초가 녹는 모습을 관찰한 다음 흘러내리는 촛농을 도화지에 똑똑 떨어뜨려보세요. 촛농을 피해 크레파스로 구불구불 달팽이 길도 만들어보세요.

준비물 검정 도화지, 초, 크레파스, 성냥, 칼라 클레이

놀이 방법

1 초에 불을 붙이고 촛농이 녹는 모습을 관찰한다.

2 도화지에 초를 대고 촛농을 떨어뜨린다.

3 촛농이 골고루 떨어진 종이 위에 크레파스로 달팽이 길을 만들고 클레이로 달팽이를 만들어 놀이한다.

4 떨어진 촛농과 촛농 사이로 지나가는 달팽이 길을 보며 또 어떤 놀이를 할 수 있는지 이야기하며 새로운 놀이를 만들어본다.

1

2

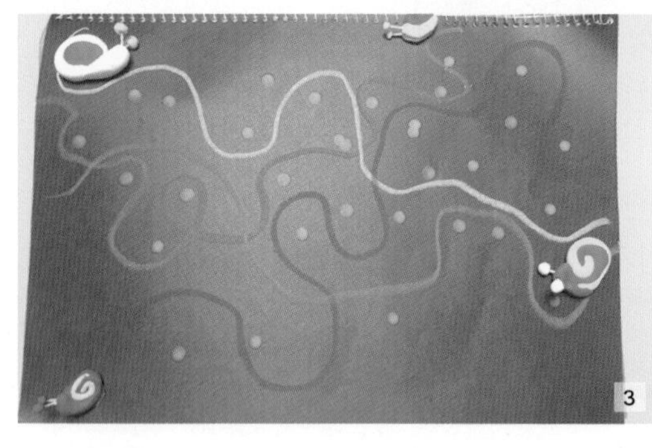
3

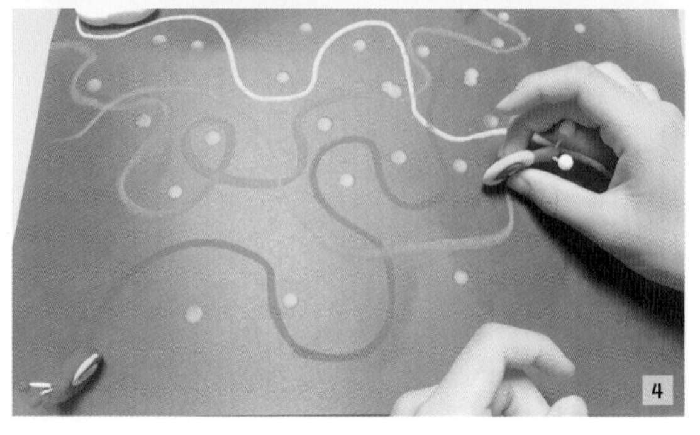
4

- 촛농이 뜨거우니 아이들에게 주의하도록 교육합니다.
- 촛농을 차가운 물 위에 떨어뜨리면 금방 굳어지는 것을 관찰할 수 있어요.
- 촛농을 떨어뜨리고 커다란 붓에 물감을 묻혀 색칠하여 디자인지를 만들어보세요.

잘 듣고, 내가 그린 그림

아이들은 다른 사람이 하는 말을 제대로 듣지 않는 경우가 많아요. 선생님이나 친구들이 지시하는 대로 그림을 그리게 하고 완성된 그림을 비교해보세요. 산만하고 집중을 못 하는 아이들도 귀 기울여 듣는 경험을 하게 되며 표현력까지 키울 수 있어요.

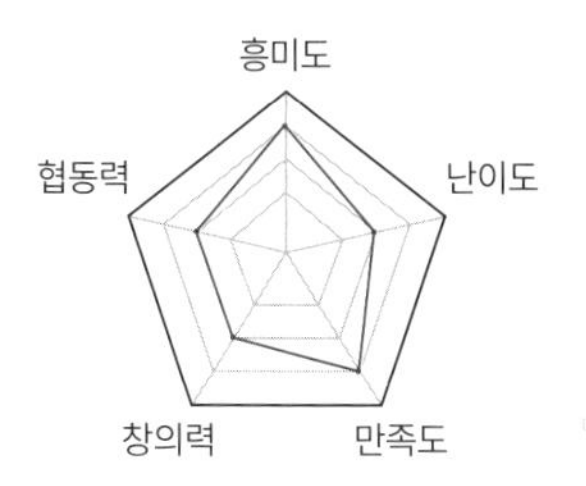

준비물 도화지, 색연필 또는 사인펜

놀이 방법

1 지시어를 듣고 하는 활동임을 이야기한다.

2 아이들의 이해도에 따라 네모, 사각형 등의 용어를 말하며 그림을 그리도록 한다.

예시: 곰돌이 그리기

- 도화지의 가운데 큰 동그라미를 그리세요.
- 큰 동그라미의 위쪽과 안쪽에 작은 동그라미를 2개씩 각각 그리세요.
- 큰 동그라미 안쪽 2개의 동그라미 밑 가운데에 동그라미를 그리세요.
- 마지막에 그린 동그라미 안에 큰 점을 그리고 아래에는 수염 모양을 그리세요.

3 다른 지시어를 주어 그리기를 한다.

4 완성된 그림을 비교해본다.

- 듣기를 힘들어하고 다시 질문을 한다면 천천히 반복하여 말해주세요.
- 한 사람씩 앞에 나와 지시하고 나머지 친구들이 그림을 그려도 됩니다.

224 세상의 모든 놀이

창의·5

봄, 봄, 봄, 봄이 왔어요

하얀 눈이 녹고 파릇파릇 나무들이 자기 색을 나타내는 듯한 자연을 닮은 실험이 있습니다. 수성과 유성의 성질을 알고 숨은 색을 찾아내는 오늘의 활동은 아이들의 함성이 넘쳐날지도 모르니 조심하세요~.

준비물 키친타월 2장, 접시, 수성 사인펜, 유성 사인펜, 물

놀이 방법

1. 키친타월 두 칸을 1장으로 겹치고 그 위에 유성 사인펜을 이용하여 그림을 그린다. (키친타월 뒤에는 이면지를 꼭 받친다.)
2. 뒷장의 키친타월에 배어 나온 그림에 수성 사인펜으로 색칠한다.
3. 다시 2장을 겹치고 키친타월을 물에 넣는다.
4. 색이 스며드는 모습을 관찰한다.

1

2

3

4

• 키친타월 1장이 두 겹일 경우 잘 안 배어져 나올 수 있으니 한 겹을 떼어 낸 후 실험해주세요.

창의·6

벚꽃이 팡팡

'오늘은 우리 같이 걸어요, 이 거리를~.' 아이들과 함께 팝콘 벚꽃 세상으로 풍덩 빠져보세요. 옥수수 낟알 속의 수분과 유분이 단단한 껍질에 갇혀 있다가 가열하면 압력을 버티지 못하고 '뻥!' 하며 고소한 향기와 함께 피어오르지요.

준비물 도화지, 색연필, 전자레인지용 팝콘, 지끈, 목공풀, 전자레인지

놀이 방법
1. 벚꽃을 본 경험에 대해 이야기 나누고, 벚꽃을 표현할 재료인 팝콘의 특징을 알아본다.
2. 전자레인지에 팝콘을 넣고 가열한다.
3. 지끈을 풀어 도화지에 붙여 나무를 만들고 색연필을 이용하여 나무 주변도 꾸민다.
4. 다 튀겨진 팝콘을 목공풀을 이용하여 나뭇가지에 붙여준다.

1

2-1

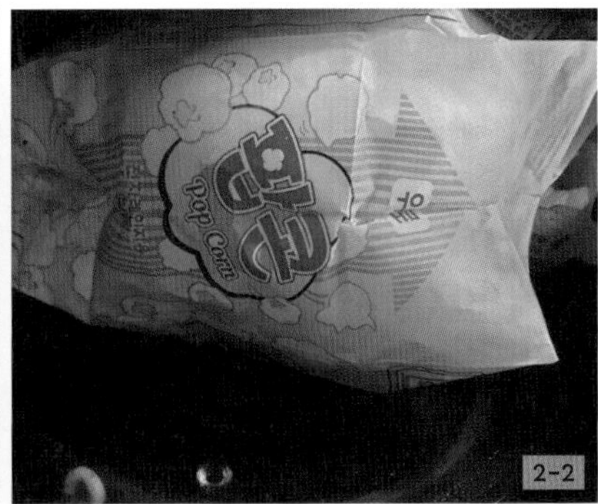

2-2

3

4

• 목공풀은 도화지에 먼저 칠한 뒤 팝콘을 붙여야 잘 붙습니다.

창의·7

꿈틀꿈틀 애벌레

다리가 없는 애벌레는 어떻게 움직이는지, 주름은 어떤 역할을 하는지 꿈틀이 애벌레를 만들어보면 알 수 있어요. 다리가 없어도 몸의 주름을 이용하여 움직이는 꿈틀이 애벌레를 만들고 곤충의 성장에 대해서 이야기 나누세요.

준비물 색지, 티슈, 사인펜, 굵은 빨대(3cm), 꼬치(20cm), 풀, 가위, 글루건

놀이 방법
1. 나무젓가락에 티슈를 돌돌 말고, 티슈의 한쪽 끝부분에 풀칠을 한 다음 나무젓가락을 뺀다.
2. 색지로 나뭇잎을 만들고, 줄기 부분에 3cm 정도로 자른 빨대를 글루건으로 붙인다.
3. 돌돌 말아놓은 티슈는 사인펜을 이용하여 눈과 무늬를 그려 애벌레처럼 꾸민다.
4. 꼬치(20cm)를 나뭇잎에 붙여놓은 빨대를 통과시킨다. 애벌레의 눈이 있는 앞쪽은 빨대를 통과한 꼬치에 붙이고, 애벌레의 꽁지는 빨대에 붙인 후, 빨대 속으로 꼬치를 앞뒤로 밀면 애벌레가 꿈틀꿈틀 움직인다.

- 티슈 대신 얇은 습자지를 말아 애벌레를 만들 수 있어요.
- 주름이 잡힌 애벌레를 여러 마리 만들어 나뭇잎 위에 붙여 움직여보세요.
- 우리 주변에 주름을 이용한 물건들은 뭐가 있는지 이야기 나누어보세요.

창의·8

행복한 봄동산이 찾아왔어요

살랑살랑 따뜻한 바람이 새봄을 알려줍니다. 움츠렸던 몸을 활짝 펴고 산책을 하며 따뜻한 날씨로 변한 주변 환경을 느껴보아요. 다같이 커다란 전지에 봄에 볼 수 있는 꽃과 나무들, 곤충들을 그리며 봄동산을 꾸며보세요.

준비물 전지, 색종이, 색연필, 사인펜, 풀, 가위

놀이 방법

1 학교 주위를 산책하며 봄이 되어 달라진 주변 환경에 대해 이야기 나눈다.
- 전지를 모둠 책상에 붙여주어 흔들리지 않도록 한다.
- 색종이를 접어 붙이거나 색연필, 사인펜 등을 이용하여 봄에 볼 수 있는 동식물을 표현한다.

2 모둠별로 꾸민 봄동산을 친구들에게 소개한 후 전시한다.

1

2

- 꽃 접기, 나비 접기 등을 활용하여 봄동산을 꾸밀 수 있어요.
- 산책하며 꽃잎과 나뭇가지들을 주워 봄동산 꾸미기에 활용해보세요.

228 세상의 모든 놀이

창의·9

잔디 머리카락이 자라요

원예 공예는 채소, 과일, 화초 등을 이용하여 장식물을 만드는 활동입니다. 잔디 씨를 스타킹 속에 넣고 흙을 담은 뒤 매일 물을 주어 정성껏 키워보세요. 잔디가 쑥쑥 자라는 모습을 보며 식물 관찰 일지를 쓰는 것도 좋습니다. 잔디 인형이 튼튼하게 잘 자라도록 긍정의 말을 많이 해주세요.

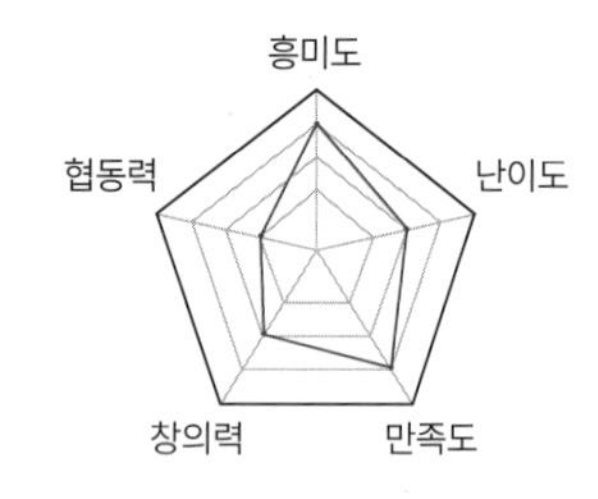

준비물 상토 3컵(종이컵), 잔디 씨 1숟가락, 플라스틱 컵, 구멍 뚫은 종이컵, 스타킹(소), 플라스틱 숟가락, 눈 스티커, 모루, 뽕뽕이, 분무기

놀이 방법

1 플라스틱 컵에 스타킹을 씌우고 잔디 씨 1숟가락을 넣는다.

2 가운데 구멍을 뚫은 종이컵을 플라스틱 컵에 끼워 상토 3컵을 스타킹 속에 플라스틱 숟가락으로 떠서 넣는다.

3 상토를 담은 스타킹을 플라스틱 컵에서 빼내 바닥에 톡톡 두드려 동그랗게 모양을 내고 묶는다.

4 눈 스티커와 뽕뽕이를 붙이고 모루로 머리 모양을 내고 꾸민 다음 플라스틱 컵에 올린다.
- 첫날은 물을 듬뿍 주고 플라스틱 컵에도 2/3만큼 물을 채운다.
- 다음 날부터는 매일 분무기로 잔디 인형 머리에 물을 뿌린다.

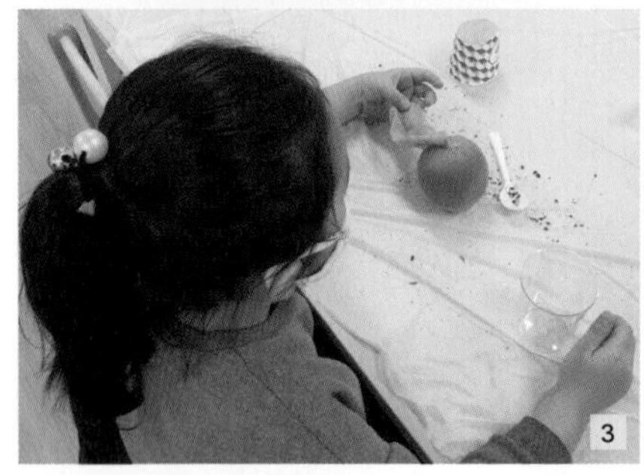

- 잔디 씨는 물에 하루 정도 불려서 쓰면 잔디가 빨리 자랍니다.
- 스타킹 속에 상토를 넣을 때 구멍 뚫린 종이컵을 이용하고 스타킹을 살살 흔들어 넣으면 잘 들어갑니다.
- 잔디 인형에게 이름을 지어주고 햇볕이 잘 드는 곳에 두고 키웁니다.
- 식물 관찰 일지 기록하기, 잔디 인형 머리 잘라주기 활동도 해보세요.

내 몸속에는 뭐가 있을까요

사람의 몸은 크게 머리, 목, 몸통, 2개의 팔과 다리로 이루어져 있으며 우리의 몸속에는 여러 가지 소화기관과 뼈가 들어가 있다고 합니다. 아이들과 함께 신비하고 궁금했던 몸속 여행을 떠나볼까요?

준비물 검은 도화지, 면봉, 흰색 크레파스, 색연필, 몸속 기관 도안, 목공풀, 가위

놀이 방법

1 내 몸속에는 무엇이 있을지 그려본다.
- 실제 나의 몸속 기관의 위치와 뼈를 만져보고, 소화기관과 뼈의 역할을 알아본다.
- 몸속 기관 복사물을 검은 도화지 가운데에 붙이고 흰색 크레파스로 얼굴과 몸을 그린다.
- 소화기관을 색연필로 색칠하고, 목공용 풀로 면봉을 붙여 뼈를 표현한다.

2 완성한 후 새롭게 알게 된 점이나 활동 느낌을 이야기한다.

1

2

- 인체를 직접 꾸미는 활동을 통해서 소중한 자신의 몸을 지키는 마음을 갖도록 합니다.
- OHP 필름과 할핀을 이용하여 움직이는 인체 골격 모형 만들기 활동도 해보세요.
- 네이버 카페 <신나는 세모 놀이터> '창의 놀이-몸속 기관 도안'을 참고하세요.

창의·11

3, 2, 1, 로켓 발사

빨대에 바람을 불어 넣으면 공기의 압력이 힘으로 바뀌어 종이 로켓이 날아갑니다. 아이들이 직접 만든 로켓을 보며 즐거워하고 성취감을 느끼며, 활동을 하면서 호흡 조절 능력을 발달시킬 수 있어요.

준비물 로켓 도안, 종이, 색연필, 사인펜, 빨대, 가위, 투명 테이프

놀이 방법
1 로켓이 프린트된 종이를 색칠해 나만의 로켓을 꾸민다.
2 종이 로켓을 자르고, 로켓 뒷면에 빨대로 종이를 말아 한쪽 끝을 막고, 투명 테이프로 고정해 붙인다.
3 종이 구멍 안에 빨대를 끼운다.
4 완성된 로켓의 빨대를 불어서 로켓 발사 놀이를 하고 발사된 원리를 설명해준다.

1

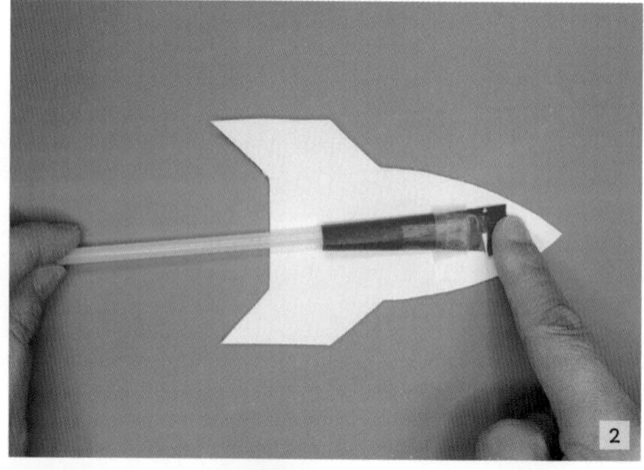
2

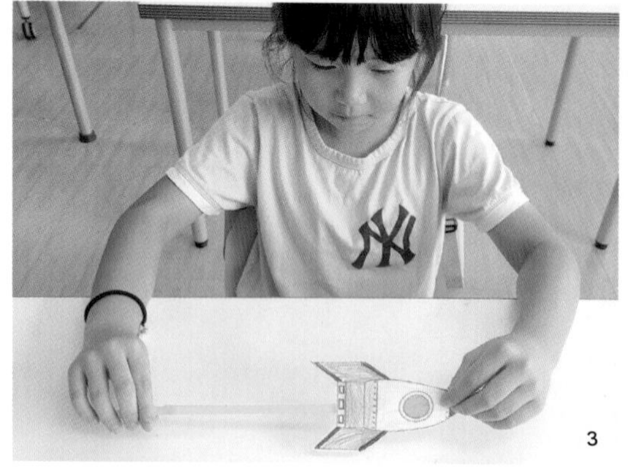
3

4

- 실제 로켓의 사진 자료를 보고, 아이들이 직접 로켓을 그리도록 해주세요.
- 로켓의 크기에 따라 날아가는 거리가 달라질 수 있습니다.
- 네이버 카페 <신나는 세모 놀이터> '창의 놀이-로켓 도안'을 참고하세요.

창의·12

내 반쪽을 찾아줘요

좋아하는 그림이나 사진의 절반을 잘라 반쪽만 붙이고 나머지 반쪽은 그리는 놀이입니다. 그림이나 사진을 좌우 대칭을 맞춰 그리기가 쉽지 않지만 몇 번 해보면 아이들의 관찰력이 좋아지지요.

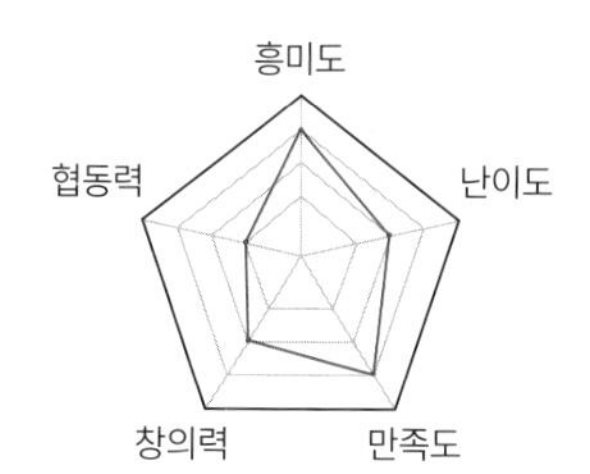

준비물 도화지, 신문이나 잡지, 연필, 색연필, 사인펜, 가위, 풀

놀이 방법

1 신문이나 잡지 등에서 아이들이 원하는 사진이나 그림을 선택한다.
- 선택한 그림을 오려서 반쪽을 잘라 도화지에 붙인다.

2 연필, 색연필, 사인펜을 이용하여 나머지 반쪽을 표현한다.
- 원래 그림에는 없지만 덧붙이고 싶은 부분이나 바꾸고 싶은 부분을 마음껏 표현해본다.

3 아이들 작품을 모아서 전시한다.

1

2

3

- 반쪽 그림이 완성되면 처음의 그림을 떼어내고 나머지 반쪽도 그려보게 하세요.
- 쉬운 그림부터 시작하여 반쪽을 완성할 수 있도록 해주세요.

창의·13

달걀 아기를 키워요

학교에서 지내는 하루 동안 엄마, 아빠가 되어 달걀 아기를 키워보세요. 깨지지 않도록 소중하게 보살피며 부모님이 내게 해주시는 많은 일들에 감사하는 마음을 가져봅니다.

준비물 삶은 달걀, 매직펜, 종이컵, 색종이, 달걀판

놀이 방법
1 삶은 달걀을 나누어주고, 매직펜을 이용하여 아기 얼굴로 꾸민다.
2 내가 키우는 달걀 아기의 이름을 짓는다.
3 종이컵이나 색종이, 달걀판을 이용하여 아기를 키울 공간을 만든다.
4 하루 동안 키워본 소감을 이야기하고, 부모님께 감사하는 마음을 갖는다.

1

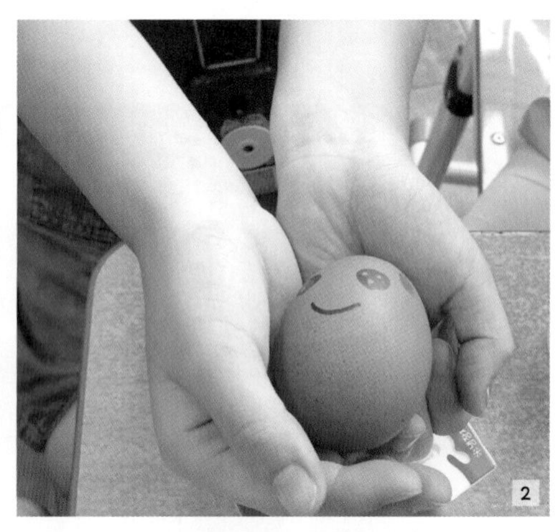
2

3

4

- 하루 동안 달걀 아기를 혼자 두지 않고 같이 다닌다는 규칙을 정합니다.
- 부모님이 내가 태어났을 때 쓴 '육아일기'가 있다면 읽어보고, 어떤 마음이 들었는지 이야기하는 시간을 가져보세요.

창의·14

마술 빗자루를 만들어요

마술 빗자루는 자석의 성질을 알아보는 과학 활동입니다. 플라스틱이 나 나무, 종이에는 자석이 달라붙지 않지만, 금속 성분인 클립에는 달라붙는 것을 보면서 재미있게 자석의 성질을 알 수 있지요.

준비물 색종이, 투명 테이프, 자석, 여러 가지 물건(클립, 플라스틱 블럭, 나무 집게, 지우개 등), 가위, 나무젓가락

놀이 방법
1. 색종이를 빗자루 모양으로 위는 2~3cm 남겨두고 아래만 가늘게 자른다.
2. 나무젓가락 끝에 자석을 붙이고 색종이로 감싸서 빗자루 손잡이를 완성한다.
3. 빗자루의 솔 부분을 자연스럽게 벌려준다.
4. 책상에 플라스틱, 나무, 고무, 종이, 클립 등 여러 가지 재질의 물건들을 준비한다. 마술 빗자루를 들고 책상의 물건들에 가까이 대보며 자석에 붙는 물건과 붙지 않는 물건을 알아본다.

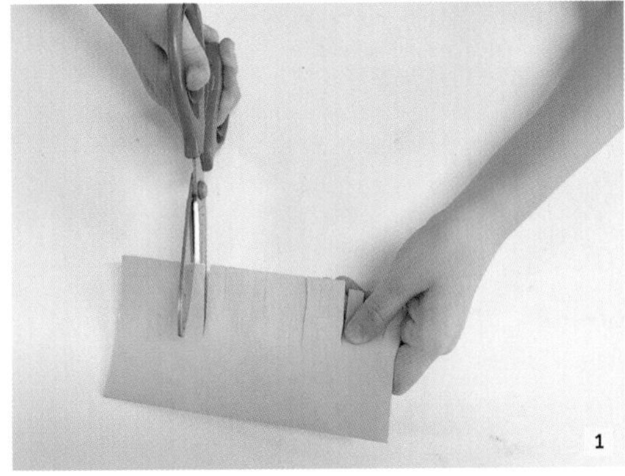
1

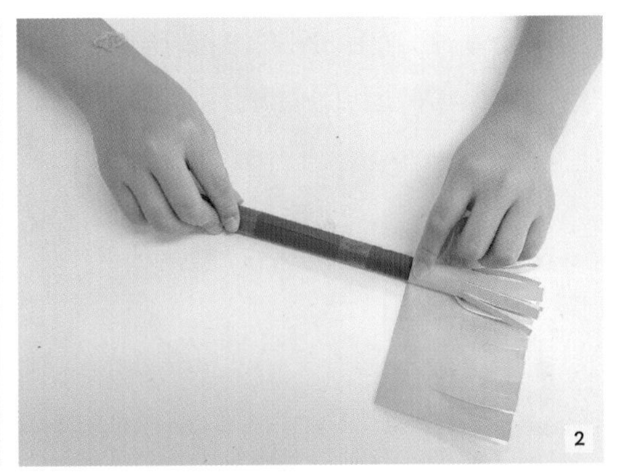
2

3

4

• 반 아이들과 누가 더 많은 클립을 붙일 수 있는지 시합해보세요.

창의·15

빙글빙글 돌아가는 종이컵 요요

종이컵 요요는 두 가닥의 실을 꼬아서 실이 감기고 풀리는 과정에서 요요가 회전하는 원심력과 관성을 이용한 과학 활동입니다. 요요가 돌아가면서 회전 속도가 빨라지면 원심력은 커지고 가속이 붙어서 더 빨리 돌아갑니다. 꼬인 실이 거의 풀리면 관성에 의해 실이 다시 감기면서 요요가 좀 전과는 반대 방향으로 회전하죠.

준비물 종이컵, 끈, 클레이(고무 찰흙), 투명 테이프, 사인펜, 송곳, 이쑤시개, 가위

놀이 방법

1 종이컵 2개를 사진과 같이 8등분 해서 자른다.

2 8등분 한 종이컵을 펼쳐서 날개 부분을 색칠하고 꾸민다.

3 날개 끝부분과 컵 안쪽 동그란 부분에 클레이를 붙인 다음 종이컵 윗부분을 송곳으로 뚫고 끈이 빠지지 않도록 이쑤시개를 꿰어 안쪽에 투명 테이프로 고정한다. 2개의 종이컵을 맞대고 투명 테이프로 붙여서 고정한다.

4 끈 2개를 꼬은 다음 잡아당겼다가 놓았다 하면 종이컵 요요가 오른쪽, 왼쪽으로 방향을 바꾸며 빙글빙글 돌아간다.

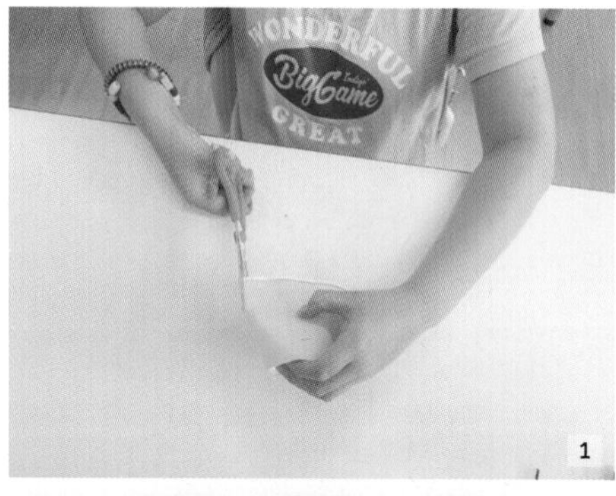

1

2

3

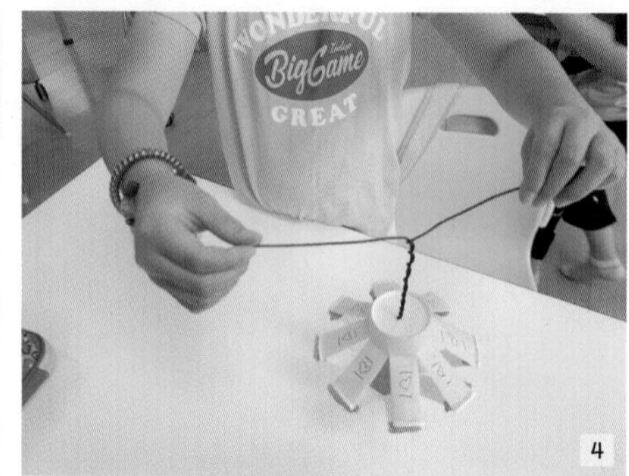

4

TIP

- 처음에는 요요가 잘 돌아가지 않기 때문에 줄을 몇 번 꼬아준 후 풀었다가 감았다가를 반복합니다.
- 종이컵 2개는 투명 테이프로 붙이기 전에 스테이플러로 고정시키면 더 튼튼합니다.

보글보글 퐁퐁퐁

물과 기름은 밀도가 달라 서로 섞이지 않고 층이 분리되지요. 이때 발포제를 넣으면 어떤 현상이 벌어질까요? 보글보글 끓어오르는 용암처럼 보이는 실험을 간단한 재료로 해보세요.

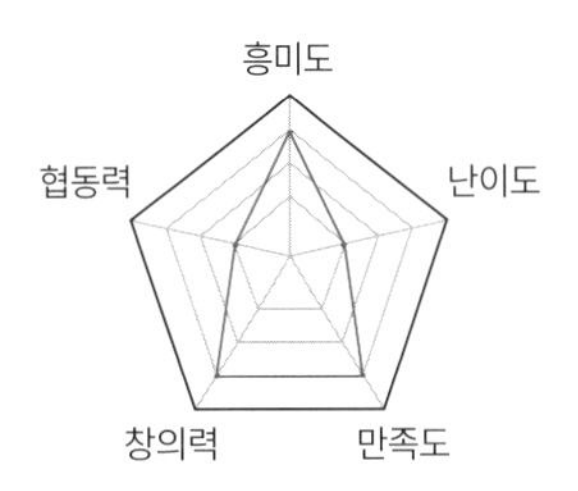

준비물 발포 비타민, 물감, 물, 기름, 약통, 투명 컵

놀이 방법
1 기름을 컵에 담는다.
2 물감을 섞은 물을 약통에 넣어 기름이 담긴 컵에 조금씩 떨어뜨린다.
3 발포 비타민을 떨어뜨린 후 어떤 변화가 생기는지 이야기 나눈다.

1

2

3

- 물감을 섞은 물보다 기름을 많이 넣어야 공기 방울을 쉽게 확인할 수 있어요.
- 발포 비타민의 공기 방울은 이산화탄소임을 이야기해주세요. 물감의 농도는 진할수록 좋습니다.
- 연상하는 과정 중 빨간색 물감은 용암, 마그마 등 관련 단어가 많이 떠오릅니다. 여러 가지 색깔의 물감으로 활동해보세요.

창의·17

나는 마을 설계자

우리 동네에는 어떤 가게가 있고 도로들은 어떻게 연결되어 있을까요? '우리 집 옆에 빵집이 있다면 매일 갈 수 있을 텐데….' '엄마가 버스 타기 좋게 도로가 가까우면 얼마나 좋을까?' 아이들이 살고 싶어 하는 동네를 직접 만들어보아요.

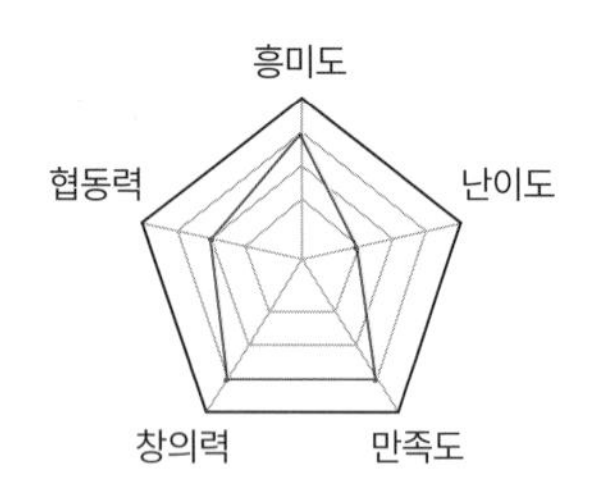

준비물 나무토막(카프라, 젠가 등), 색종이, 가위, 색연필

놀이 방법

1 내가 원하는 동네의 모습을 이야기 나눈다. 나무토막을 이용해 도로를 표현하고 구역을 나누어 내가 만든 건물들을 배치한다.

2 색종이에 색연필로 건물들과 자동차, 상점 등 동네에서 볼 수 있는 것들을 그려 오린 다음 동네에 배치한다.

- 종이로 만든 내 모습이나 피규어로 내가 만든 동네를 산책해 본다.

1

2

- 오르막길이나 높은 건물은 어떻게 표현하면 좋을지 이야기 나누어보세요.
- 작은 인형이나 피규어, 레고들을 이용하여 역할극을 할 수 있습니다.
- 여러 명이 합동으로 하나의 동네를 건설하여도 좋습니다.

낙서로 그려요

구불구불 선 위에 다양하게 낙서하다 보면 제법 그럴듯한 그림이 나온답니다. 그림 그리기를 어려워하는 아이도 쉽고 간단하게 그릴 수 있어요. 낙서로 시작했지만 작품이 되어 나오는 마법(?) 같은 활동을 해 보세요.

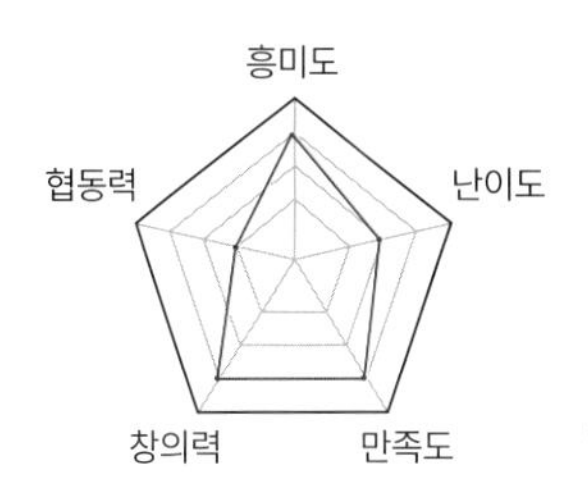

준비물 도화지, 색연필, 사인펜

놀이 방법

1 도화지에 사인펜을 이용하여 구불구불 선을 그린다.
2 선의 각 부분을 원하는 대로 색칠한다.
3 선 위에 사람이나 동물 등을 그리고 꾸민다.
4 완성된 작품을 발표하고, 전시한다.

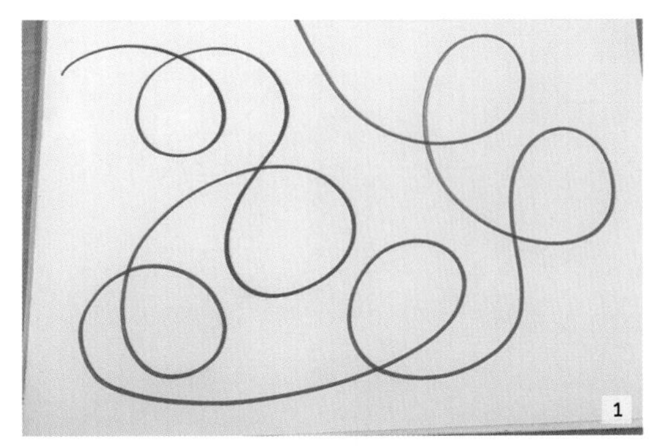
1

2

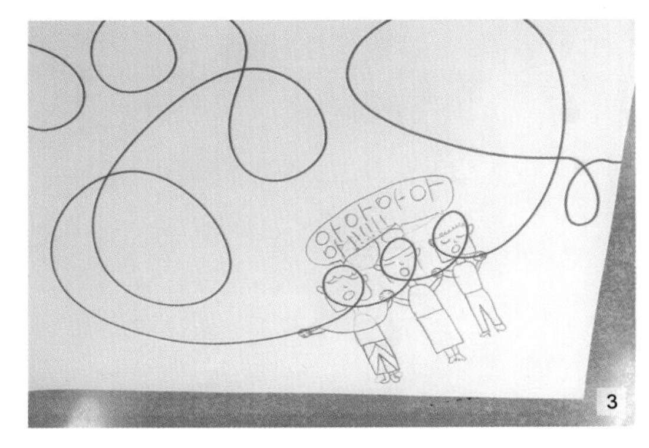
3

4

- 모둠이 함께 하나의 작품을 완성해도 즐거운 활동이 됩니다.
- 음악을 들으며 가사나 리듬에 맞춰 낙서해보세요.

창의·19

찢어 그리는 테이프 그림

커다란 비닐 위에 알록달록 종이 테이프를 붙여서 그림을 그리는 활동입니다. 테이프를 쭉 잡아당겨서 마음껏 붙이다 보면 재미있는 그림들이 순식간에 만들어지지요. 모둠별로 사이좋게 멋진 그림을 완성해보세요.

준비물 여러 가지 색의 종이 테이프, 비닐(투명 김장김치 봉투나 검정 쓰레기 봉투)

놀이 방법

1 모둠별로 앉아서 어떤 그림을 그릴지 이야기 나눈다.
- 커다란 비닐을 바닥에 펼치고, 종이 테이프를 길게 또는 짧게 잘라 원하는 그림이 되게 붙인다.

2 검정 쓰레기 봉투에도 종이 테이프 그림을 그린다.
- 모둠별 친구들의 협동화를 감상한다.

1

2

- 종이 테이프는 떼었다 다시 붙일 수 있는 장점이 있지만 같은 자리에 떼었다 붙이기를 반복하면 비닐이 찢어질 수 있어요.
- 비닐 위에 올라서서 장난치면 미끄러워 넘어질 수 있으니 주의를 시킵니다.
- 비닐 위에 핑거페인팅 그림 그리기 활동도 해보세요.

나도 헤어디자이너

어릴 때 한 번쯤은 가위로 머리카락을 잘라본 경험이 있을 거예요. 색지를 길게 잘라 머리카락 인형을 만들고 헤어디자이너가 되어 마음껏 잘라볼까요. 인형들을 멋지게 변신시키며 아이들이 새로운 재능을 발견할지도 모른답니다.

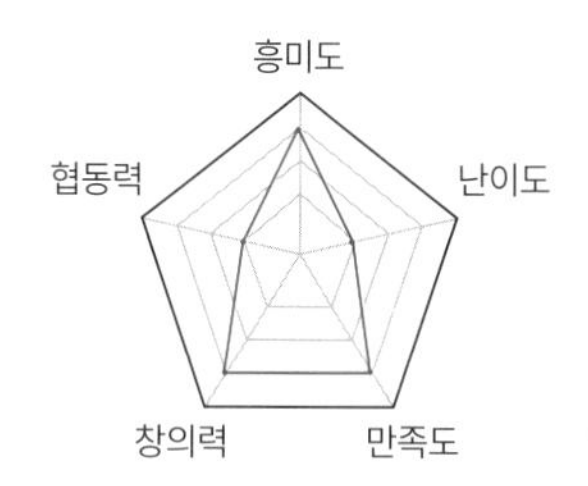

준비물 도화지, 색지, 양면 테이프, 가위, 색연필

놀이 방법

1 얼굴이 될 도화지에 눈, 코, 입을 그린다.

2 색지를 반으로 접고 접힌 부분이 5cm 정도 남게 두고 머리카락처럼 가위로 자른다.

3 얼굴이 될 도화지를 둥글게 말아 옆면을 붙이고 양면 테이프를 이용하여 머리카락을 도화지 위쪽에 붙인다.

4 머리카락을 얼굴에 맞게 헤어 스타일링을 한다.

1

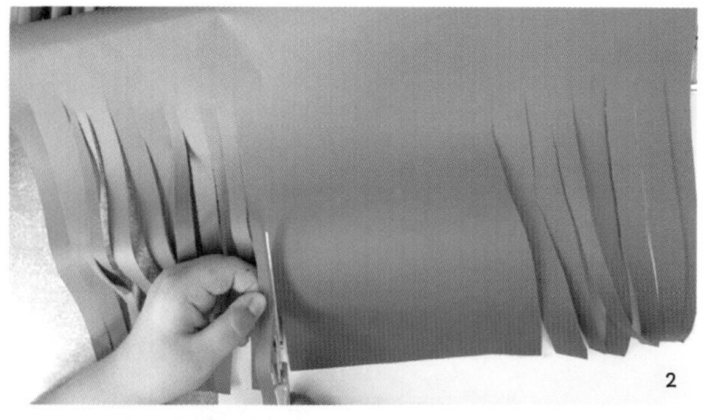
2

3

4

- 머리카락의 길이와 굵기를 달리하여 놀이할 수 있어요.
- 가위로 머리카락을 자르기 전에 색지를 말거나 구겨 다양한 헤어스타일을 만들어보게 하세요.

창의·21

돌멩이 퍼즐을 맞춰요

계곡이나 바닷가에서 쉽게 볼 수 있는 동글 납작 돌멩이들을 모아 돌멩이 퍼즐을 만들어보세요. 생각지도 못한 다양한 모양이 나옵니다. 퍼즐 조각을 맞추고 모양을 만들어내는 활동은 사고력과 공간 지각력 발달에 도움이 되지요.

준비물 돌멩이, 흰색 페인트 마커 또는 화이트 수정액

놀이 방법
1. 표면이 매끄럽고 납작한 돌멩이들을 주워 깨끗하게 씻는다.
2. 돌멩이에 페인트 마커 또는 수정액을 이용하여 여러 가지 모양의 선을 그린다.
3. 돌멩이들의 선과 선을 맞추어놓아 연결한다.
4. 돌멩이의 선을 계속해서 연결해서 재미있는 모양을 만든다.
5. 돌멩이의 위치를 바꾸거나 뒤집으며 새로운 모양을 만들어 놀이한다.

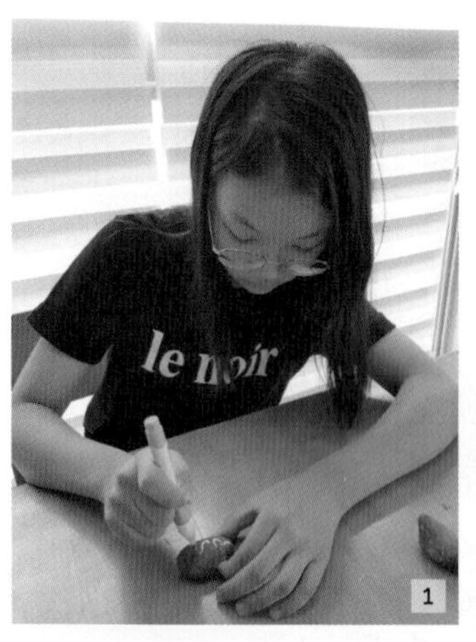

1

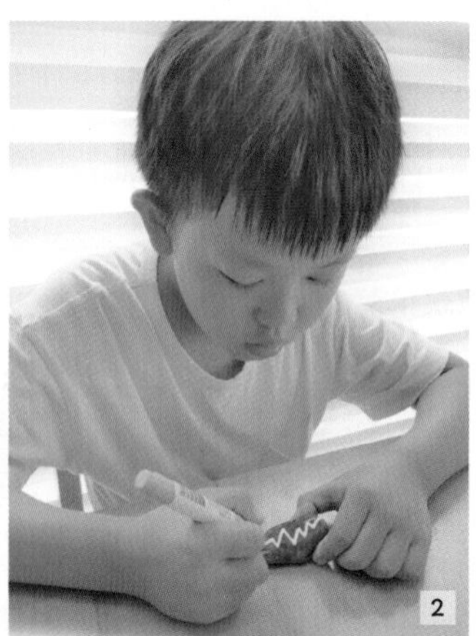
2

3

4

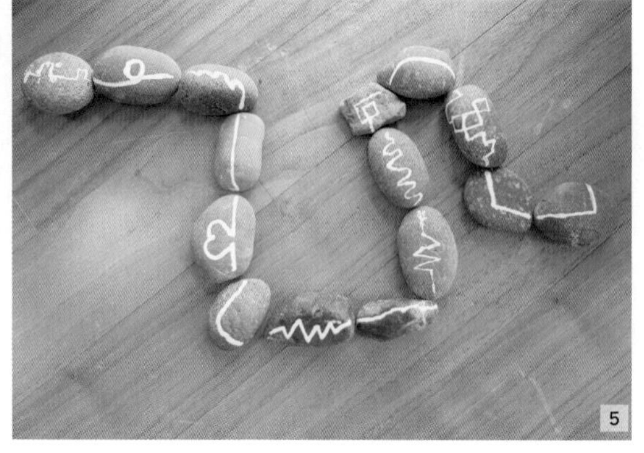
5

- 돌멩이의 개수가 많을수록 더 재미있는 퍼즐을 만들 수 있어요.
- 돌멩이의 앞뒤로 선을 그리면 더 다양한 퍼즐을 즐길 수 있어요.
- 스톤아트(돌멩이에 아크릴 물감으로 그림 그리기) 활동도 해보세요.

말미잘이 춤을 춰요

정전기는 마찰로 인해 전자가 이동하면서 생깁니다. 아크릴 판이나 풍선을 옷이나 머리카락에 문지른 후, 잘라놓은 종잇조각에 갖다 대어 보세요. 움직이는 종이를 보면 눈에 보이지 않는 정전기의 힘을 깨닫게 됩니다.

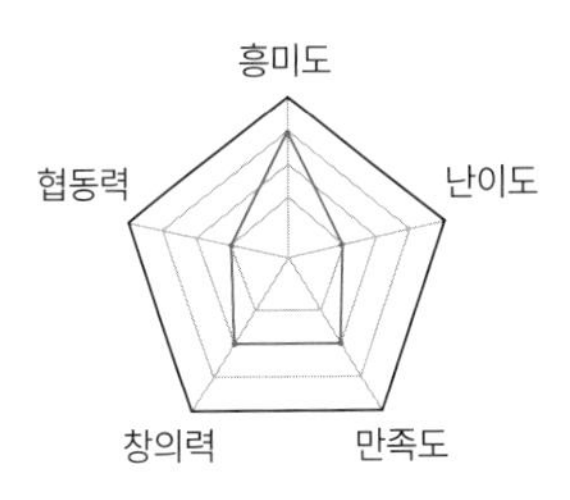

준비물 종이컵, 종이접시, 티슈, 풍선, 딱풀, 목공풀, 가위, 색연필

놀이 방법

1 티슈를 반으로 접어 두 겹으로 만들고 접힌 부분 2~3cm 남기고 가늘게 자른다.
2 종이컵 겉면에 딱풀을 칠하고 잘라둔 티슈를 붙인다.
3 티슈를 붙인 종이컵을 목공풀로 종이접시 위에 고정시키고 말미잘 모양으로 꾸민다.
4 풍선을 머리카락이나 옷에 대고 빠르게 문지른 다음 말미잘 위에 올려 티슈가 어떻게 되는지 관찰한다.

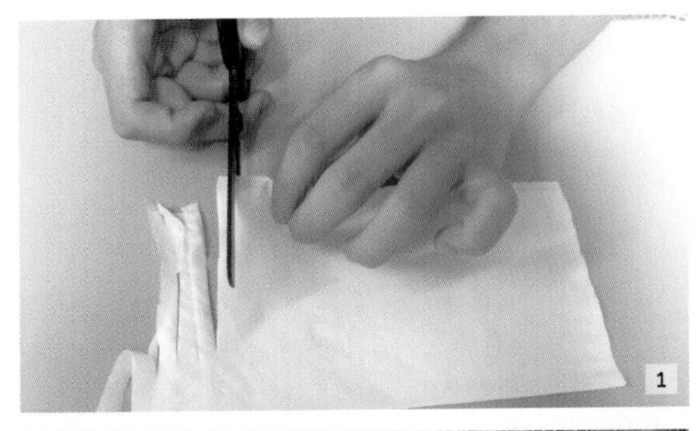
1

2

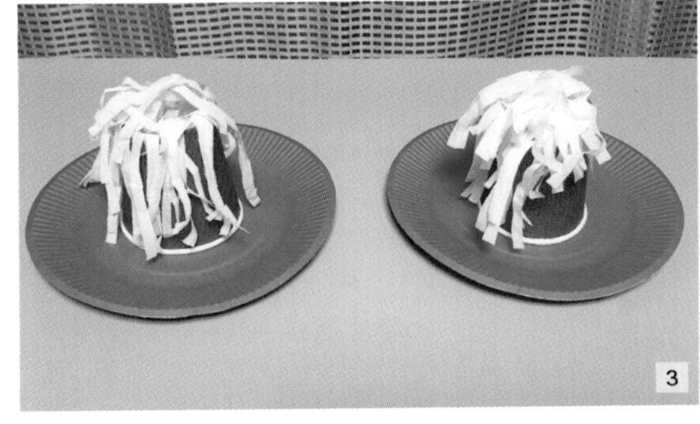
3

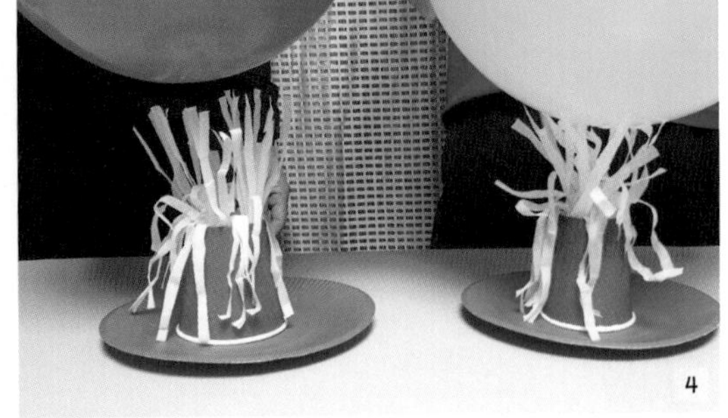
4

- 풍선을 빨리 문지를수록 정전기가 더 잘 일어납니다.
- 숫자를 세며 문질러주세요. 30 정도까지 세면 적당합니다.

창의·23

꼬마 텐트를 쳐요

푸른 산, 파란 바다가 보이는 자연으로 캠핑을 떠나볼까요? 아이들과 캠핑에 대한 이야기를 나누면 가장 먼저 떠올린 것이 텐트였습니다. 마음껏 즐기지 못한 여름의 아쉬움을 달래며 멋진 텐트를 만들어보고, 푸르른 자연 속 텐트를 상상해보세요.

준비물 마분지, 색연필, 사인펜, 종이접시, 빨대, 풀, 목공풀, 가위

놀이 방법

1 마분지를 20x5cm 길이로 자르고 텐트 모양이 되도록 접는 선을 만든다.

2 접는 선을 따라 접고 끝 부분에 풀칠을 하여 텐트 모양을 만든다.
- 마분지의 옆면을 사인펜이나 색연필을 이용하여 텐트로 꾸민다.
- 완성된 텐트에 빨대를 이용하여 뼈대를 만들어 붙인다.

3 종이접시에 텐트를 붙이고 나무와 풀, 사람들을 붙여 꾸민다.

4 완성된 작품을 보고 친구들과 텐트와 관련된 경험을 이야기 나눈다.

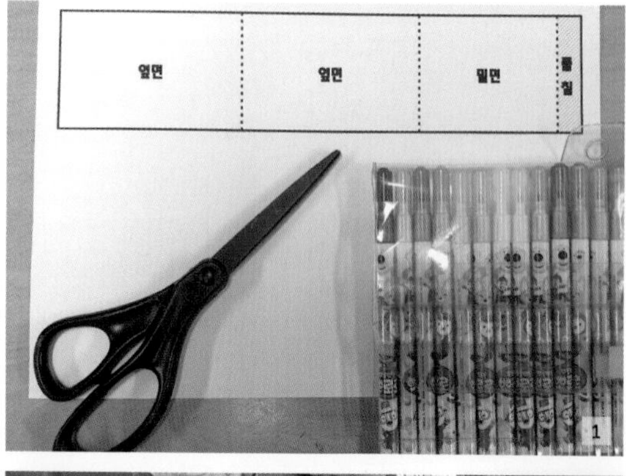

- 마분지의 크기를 달리하여 여러 가지 크기의 텐트를 만들어보세요.
- 종이접시 위에 돗자리, 여러 곤충, 돌멩이들을 놓아 멋진 캠핑장으로 꾸며보세요.
- 네이버 카페 <신나는 세모 놀이터> '창의 놀이-꼬마 텐트 도안'을 참고하세요.

곤충 팔찌를 껴요

여름이면 다양한 곤충들을 볼 수 있어요. 산과 바다는 물론 학교 운동장만 돌아도 많은 곤충들을 만나게 되지요. 다양한 색의 부직포를 이용하여 곤충 팔찌를 만들어 손목에 예쁘게 착용하고 곤충이 되어 보세요.

준비물 부직포(다양한 색), 벨크로, 접착 눈알(8mm), 목공풀, 글루건, 가위

놀이 방법
1 밑그림이 그려진 부직포를 가위로 자른다.
2 자른 부직포를 곤충 모양에 맞게 목공풀로 붙인다.
- 팔찌 부분이 될 부직포는 각자 팔목에 대어보고 알맞게 자르고 둥글게 말아서 끝에 벨크로를 붙인다.
- 만들어놓은 곤충을 팔찌 가운데 부분에 붙인다.
3 완성된 곤충 팔찌를 차고 놀이한다.

1

2

3

- 부직포에 목공풀이 잘 붙지 않으면 선생님이 글루건으로 붙여주세요.
- 네이버 카페 <신나는 세모 놀이터> '창의 놀이-곤충 도안'을 참고하세요.

창의·25

떠다니는 소금쟁이

봄부터 가을까지 웅덩이나 연못의 표면을 관찰하면 소금쟁이들이 물 위에서 빠르게 움직이는 것을 볼 수 있어요. 소금쟁이는 표면장력(물의 표면이 가진 힘)과 부력(물 속의 물체를 위로 밀어 올리는 힘)을 잘 이용하는 곤충이지요. 소금쟁이를 만들어 물 위에 띄워보며 물의 성질을 함께 알아보아요.

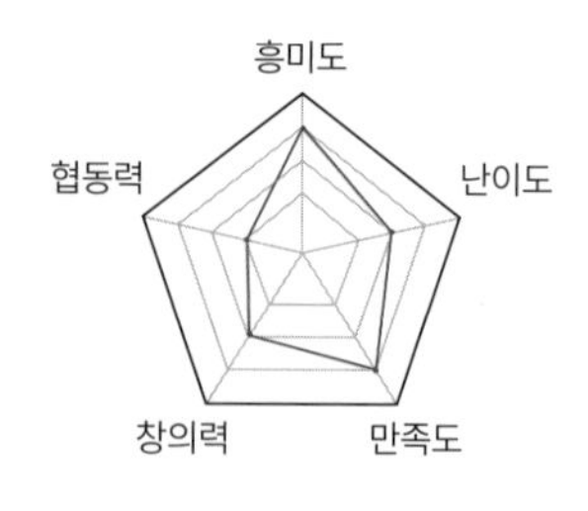

준비물 나뭇조각, 철사, 백업, 눈알 스티커, 글루건, 커터칼, 플라스틱 통(수조), 물

놀이 방법
1 나뭇조각에 눈알을 붙여 몸통을 만든다.
2 몸통에 철사를 감아 소금쟁이 다리를 만든다.
3 커터칼로 얇게 잘라놓은 백업을 끼우고 빠지지 않도록 끝을 오므린다.
4 플라스틱 통에 물을 담아 완성된 소금쟁이를 띄운다.

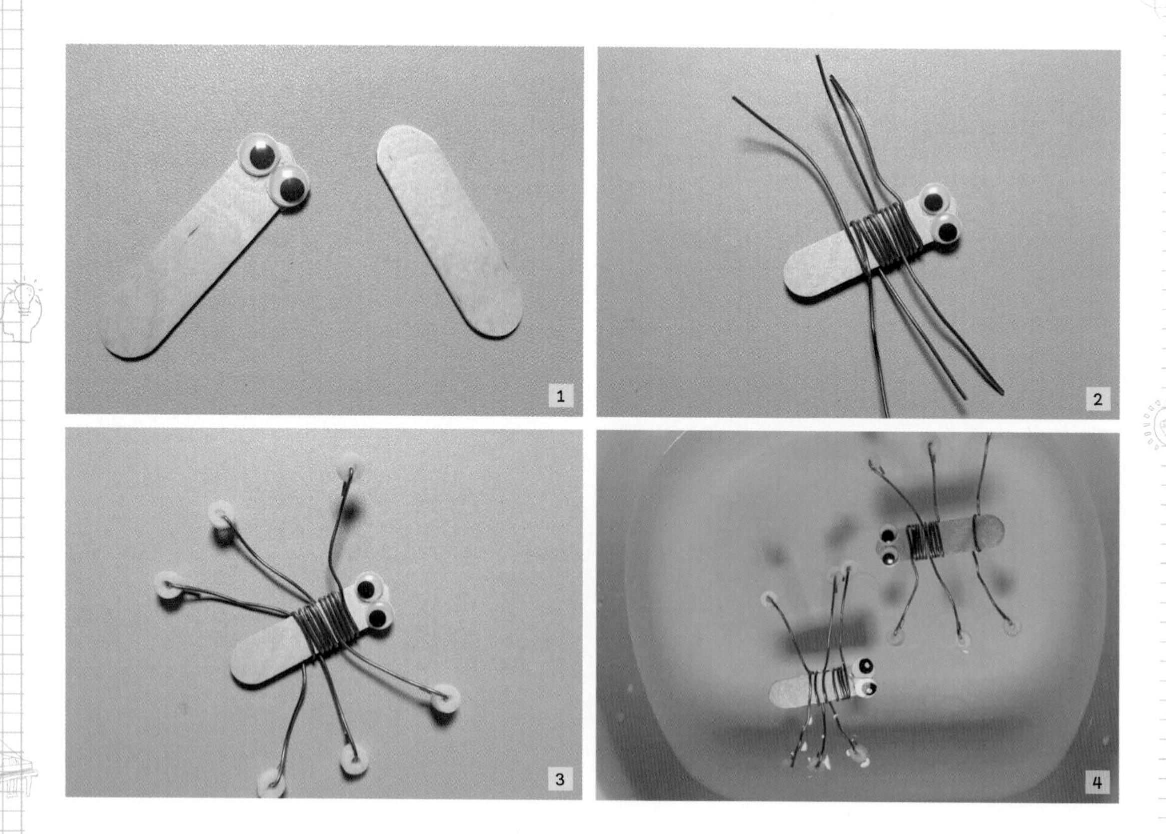

- 철사가 빠지지 않도록 글루건으로 한 번 더 붙여주세요.
- 나뭇조각을 구하기 힘들다면 쉽게 구할 수 있는 떠먹는 요구르트 숟가락을 이용하여 만들어보세요.

창의·26

너를 찾고 말 거야

'꼭꼭 숨어라, 머리카락 보일라!' 우리 눈에 보이지 않게 꼭꼭 숨은 숲속 친구들이 있습니다. 어떤 친구들이 숨어 있는지 이야기 나누며 그림으로 나타내보세요. 오늘 우리 아이들은 땅속 탐사대!

준비물 흰색과 검정색 도화지, OHP 필름, 매직펜, 색연필, 투명 테이프, 아이스크림 막대, 가위

놀이 방법

1 땅속 탐험 관련 영상을 시청한 후, 운동장에 나가 땅을 파보고 발견한 곤충, 벌레들을 관찰한다.
- 흰 도화지 절반에 검정 도화지를 붙이고 검정 도화지 위에 OHP 필름을 덧붙인다.
- 흰 도화지에는 땅 위, 검정 도화지 위 OHP 필름에는 땅속에 사는 곤충들을 그림으로 그린다.
- 흰 도화지를 동그랗게 오려 아이스크림 막대에 붙여 땅속을 관찰하는 돋보기를 만들고 검정 도화지와 OHP 필름 사이에 넣어 내가 그린 땅속이 잘 보이게 한다.

2 자신이 그린 땅속 곤충들은 무엇이 있는지 발표한 후 전시한다.

1

2

- 땅속에서 겨울잠을 자는 동물들에 대해서도 알아봅니다.

창의·27

커피 향이 솔솔~

많은 사람이 좋아하는 커피. 커피도 향긋한 색칠 도구가 될 수 있어요. 아이들과 함께 커피를 물감 삼아 멋진 그림을 그리고, 은은한 커피 향도 맡아보세요.

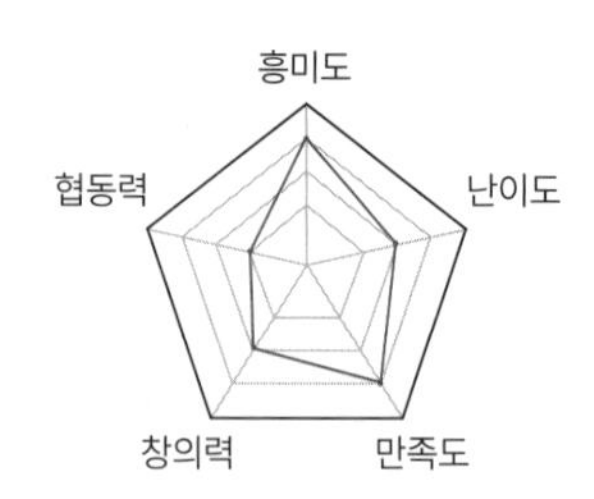

준비물 도화지, 물, 커피 가루, 물통, 붓, 색연필, 목공풀

놀이 방법
1 커피 물의 색과 향을 알아본 후 가을 색을 이미지화하고, 도안을 그린다.
2 커피 물을 붓에 묻혀 색칠한다.
3 그림 위에 목공풀을 바른 후 커피 가루를 뿌린다.
4 그림들을 모아 전시한다.

1

2

3

4

- 커피 물은 농도를 진하게 타 주어야 합니다.
- 붓질을 다르게 해 명도의 차이를 주는 것도 재미있습니다.
- 붓질을 너무 많이 해서 종이가 찢어지지 않도록 주의합니다.

창의·28

흙을 만들어요

<바위 돌 깨뜨려 돌덩이> 동요의 노랫말처럼 직접 활동을 통해 실현해 보아요. 다양한 도구를 이용하여 돌멩이를 갈아주면 아주 작은 알갱이의 흙으로 만들 수 있어요. 흙에 대해 어떤 생각을 하는지 먼저 알아보고, 아이들과 흙을 만들어보세요.

준비물 돌멩이, 흙을 만들 수 있는 도구들(플라스틱 숟가락, 병뚜껑 등), 흙 담는 그릇

놀이 방법

1. '흙'에 대해 이미지 지도를 그려본다.
2. 교내 주변에서 작은 돌들을 찾는다.
   - 다양한 도구를 활용하여 흙을 만든다.
   - 친구들과 팀을 이뤄 흙을 모으고 서로 비교해본다.
3. 돌을 깨뜨리거나 갈아서 흙을 만든 느낌에 대해 이야기 나눈다.

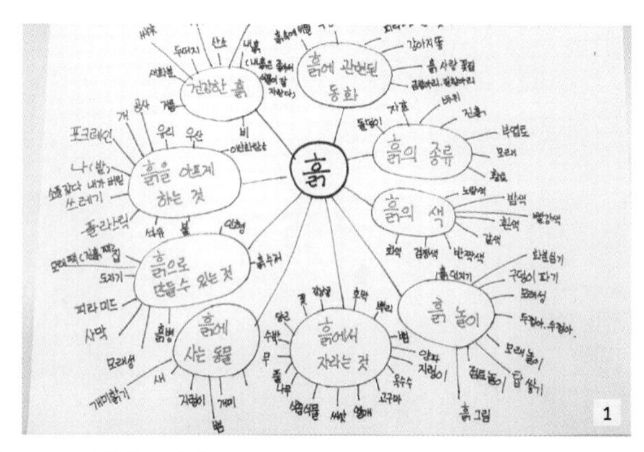

1

2

3

- 이 체험을 하고 나면 종류에 따라 잘 부스러져 흙으로 만들기 쉬운 돌들을 알 수 있지요.
- 만든 흙은 다시 자연으로 보내주세요.

창의·29

지형 이름을 맞혀봐

세계 지도나 우리나라 지도를 보면 여러 지형을 만나볼 수 있어요. 섬, 호수, 반도, 만, 지협, 해협에 대해 알아보고 지형 카드를 직접 만들어보는 창의 활동입니다.

준비물 스케치북, 갈색과 파란색 색지, 모형 지형 틀, 물, 매직펜, 종이, 가위

놀이 방법

1 여러 가지 지형 틀을 소개한다.
- 파란색 틀에 직접 물을 붓고 땅과 물의 이름을 설명해준다.
(예: 섬-사 면이 물로 둘러싸인 땅, 호수-사 면이 땅으로 둘러싸인 물
반도-삼 면이 물로 둘러싸인 땅, 만-삼 면이 땅으로 둘러싸인 물
지협-두 면이 물로 둘러싸인 땅, 해협-두 면이 땅으로 둘러싸인 물)

2 내가 알고 있거나 직접 가본 섬, 호수에 대해 이야기하고, 매직펜으로 지형 이름 카드를 직접 써서 올려본다.

3 파란색, 갈색 색지를 이용하여 지형 모양을 오려서 붙이고 설명을 써서 지형 카드를 만든다.

4 친구들과 지형 이름 알아맞히기 게임을 하면서 지형 이름을 익힌다.

1

2

3

4

- 모형 지형 틀이 없으면 일회용 스티로폼 용기와 찰흙을 이용하여 직접 만들어보세요.
- 세계 지도에서 섬, 호수, 반도, 만, 지협, 해협 지형 찾아보기 활동도 해보세요.

우리 모두 잘잘잘

전래동요는 리듬이 간단하고 반복되는 가사가 많아 아이들이 좋아하지요. <잘잘잘> 노래에 맞춰 즐겁게 율동을 만들어 친구들 앞에서 시범도 보이고, 다양한 타악기를 치며 스트레스도 풀어보세요.

준비물 <잘잘잘> 노래 동영상, 다양한 타악기

놀이 방법

1 예로부터 전해 내려오는 전래동요에 대해 알아본다.
- <잘잘잘> 노래 동영상을 보며 노래를 따라 부른다.
- 가사에 나오는 숫자에 맞는 율동을 각자 만들어본다.
- 모둠별로 앞에 나와 숫자에 맞춰 율동을 하고, 앉아 있는 아이들은 큰 소리로 노래를 부르며 앞에서 동작을 하는 친구를 따라서 해본다.

2 악기나 소도구를 이용하여 다함께 노래를 불러본다.
예: <잘잘잘> 부분에서만 탬버린 또는 소고 치기, 마라카스나 응원술 흔들기 등

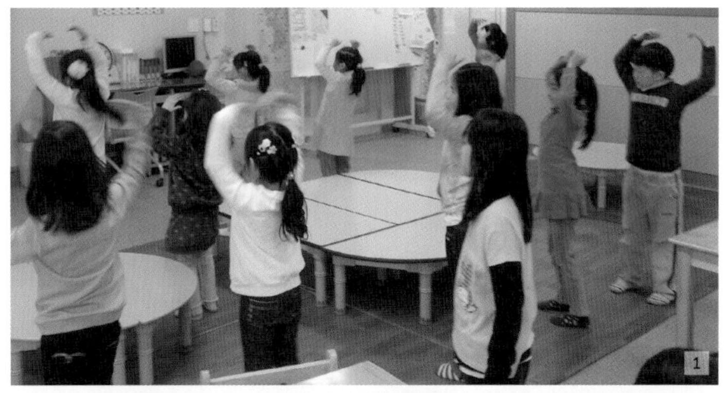
1

2

- <잘잘잘> 노래를 원래 전해 내려오는 가사대로 부를 수도 있지만 아이들이 바꿀 수도 있어요. 노래 가사 바꿔 부르기는 아이들의 어휘력 향상에 도움을 주므로 주제에서 약간 벗어난 이야기가 나와도 모두 수용하면 좋아요.
- 노래 가사에 나오는 도구들을 신문지나 다양한 재료를 이용하여 만들기 활동도 해보세요. (할머니 지팡이는 굵은 백업을 이용하거나 신문지로 만들기)

창의·31

빨대로 굴렁쇠를 굴려요

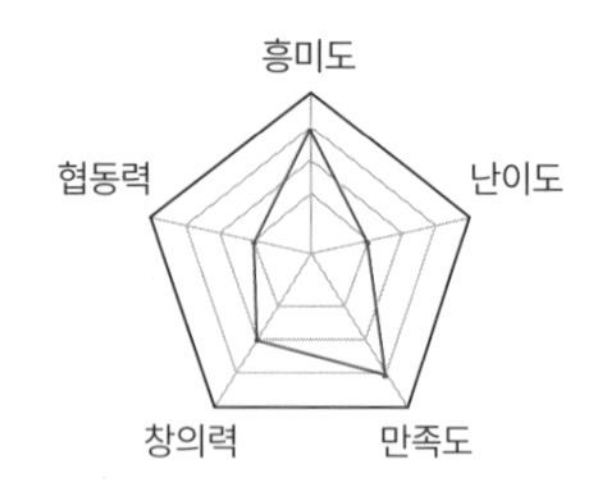

굴렁쇠는 굵은 철사를 둥글게 말아 붙인 것으로 굴렁대라는 채로 굴리며 놉니다. 그런데 굴렁쇠를 테이프 심을 이용하여 만들고 빨대로 바람을 불어 굴릴 수도 있지요. 아슬아슬 넘어질 듯 넘어지지 않게 균형을 잡도록 불어 굴렁쇠를 멀리멀리 굴려보세요.

준비물 테이프 심, 빨대, 다람쥐 도안, 투명 테이프. 가위

놀이 방법

1. 다 쓴 테이프 심 안쪽에 다람쥐 도안을 붙인다.
2. 빨대를 테이프 심 가까이 대고 불어 테이프 심이 굴러가게 한다.
3. 굴렁쇠의 어느 부분을 어떻게 불어야 넘어지지 않고 멀리 갈 수 있는지 여러 방향에서 불어 본다.
4. 책상 끝에 테이프 심 굴렁쇠를 두고 쓰러지지 않고 누가 더 멀리 굴리는지 경주한다.

- 빨대의 개수를 늘려 불어보게도 하세요.
- 테이프 심은 너무 굵지 않은 두께(12mm 또는 18mm)가 좋습니다.
- 네이버 카페 <신나는 세모 놀이터> '창의 놀이-다람쥐 도안'을 참고하세요.

창의·32

낙엽 오목을 둬요

놀이터에서 여러 가지 낙엽을 주워서 비교해보세요. 낙엽이 어느 나무의 나뭇잎이었는지, 왜 나뭇잎의 색깔이 변했는지 이유도 알아보세요. 오목이 바둑돌로만 할 수 있는 건 아니죠. 낙엽 모양으로 바둑돌을 만들어 오목 게임을 즐겨보세요.

준비물 코팅된 가을 낙엽 모형,(바둑돌 사이즈-자석 부착), 가을 동산 배경의 바둑판

놀이 방법

1. 가위바위보로 순서를 정한다.
2. 같은 종류의 가을 낙엽을 선택한다.
3. 같은 모양의 낙엽 5개를 놓으면 오목이 완성!
4. 먼저 오목을 완성시키고 "가을!"을 외치면 게임이 종료된다.

1

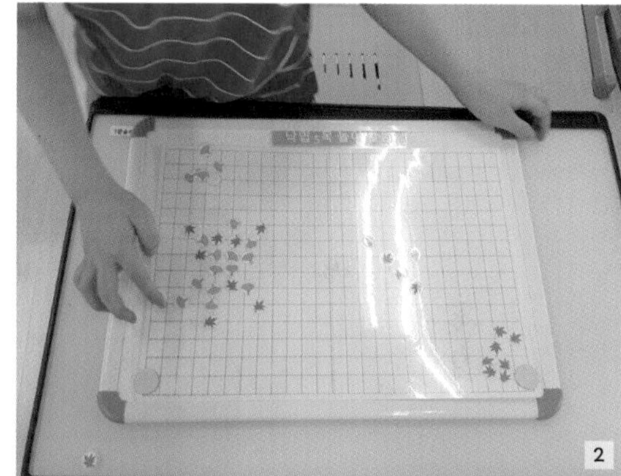
2

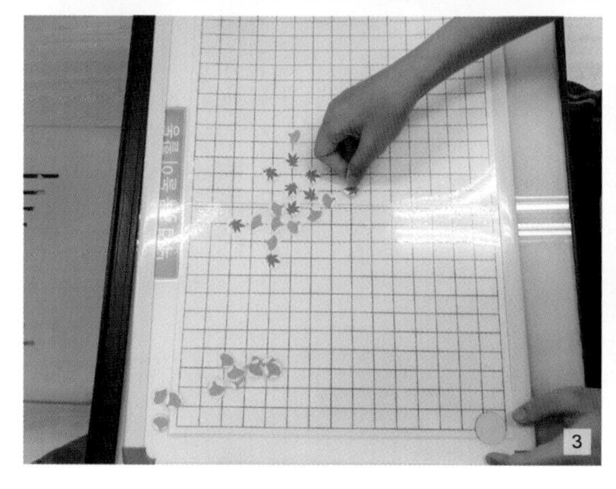
3

4

- 《가을이 오지 않는 나무》 동화를 읽고 활동하면 좋아요.
- 가을의 낙엽이나 곡식, 열매 모양으로 바꿔할 수 있어요.

바늘구멍으로 세상을 봐요

산도 하늘도 아름다움을 뽐내는 가을은 사진 찍는 소리가 많이 나는 계절이기도 합니다. 사진의 원리는 어떤 걸까요? 오늘은 아이들과 함께 사진기를 만들며 빛의 직진 현상과 줌 기능도 알아보는 시간을 가져보세요.

준비물 검은 도화지, 기름종이, 바늘, 투명 테이프, 풀, 가위

놀이 방법
1. 검은 도화지에 겉 상자, 안 상자 전개도를 그려 가위로 오린다.
2. 안 상자 윗면에는 기름종이를 투명 테이프를 이용해 붙인다.
3. 겉 상자 윗면에 구멍을 작게 만든다.
   - 선생님이 뚫어준다. 가늘고 작아야 한다.
4. 겉 상자 안에 안 상자를 넣어주고 앞뒤로 움직이며 물체를 보고 확인한다.

1

2

3

4

- 네이버 카페 <신나는 세모 놀이터> '창의 놀이-상자 전개도'를 참고하세요.
- 빛의 직진 현상으로 인해 기름종이에 맺히는 상은 반대로 보이며 바늘구멍과 안 상자의 거리가 멀어질수록 물체가 크게 보입니다.

창의·34

우리들의 성을 쌓아요

다른 나라의 성(궁)에는 어떤 사람들이 살았는지, 지금 우리가 사는 집과는 어떤 점이 다른지 이야기를 나누고, 우리나라의 경복궁, 창덕궁과 비교해보며 차이점을 찾아봅니다. 종이컵을 이용하여 멋진 성을 쌓고 성 안에 사는 사람들이 되어 역할 놀이를 해봅니다.

준비물 종이컵, 세계 여러 나라 성 자료

놀이 방법

1 세계 여러 나라 성(궁)의 사진을 보여준다. 성은 우리가 사는 집과 어떻게 다른지 이야기 나눈다.
- 우리나라의 성과 다른 나라의 성을 비교해본다.

2 모둠별로 나누어받은 종이컵으로 멋진 성을 쌓는다.

1

2

• 성을 실수로 무너뜨린 친구가 있어도 화내지 않고, 완성된 성을 부술 때는 모둠원들이 모두 찬성한 후 함께 무너뜨리기로 약속하고 시작합니다.

창의·35

종이에 코끼리를 통과시켜요

종이 1장을 끊어지지 않게 길게 잘라서 코끼리가 통과할 만큼 커다란 동그라미를 만들 수 있을까요? 코끼리가 통과하기 위해서는 동그라미가 얼마나 커야 할까요? 자르는 선의 간격을 다르게 하여 A4 용지를 자르다 보면 점점 커다란 동그라미를 만들 수 있습니다.

준비물 A4 용지, 자, 연필, 가위

놀이 방법

1. A4 용지를 길게 반으로 접고, 일정한 간격으로 선을 긋는다.
2. 순서에 따라 가위로 종이를 자른다. 한 번은 왼쪽 끝을 1cm 남기고, 또 한 번은 오른쪽 끝을 1cm 남기며 자른다.
3. 다 자른 종이를 펼쳐 끊어지지 않게 고리를 만든다.
4. 양쪽에서 고리를 잡아주고 친구들이 통과할 수 있도록 한다.

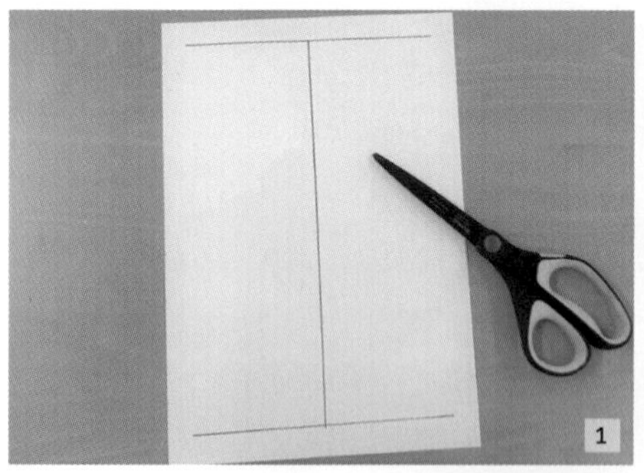
1

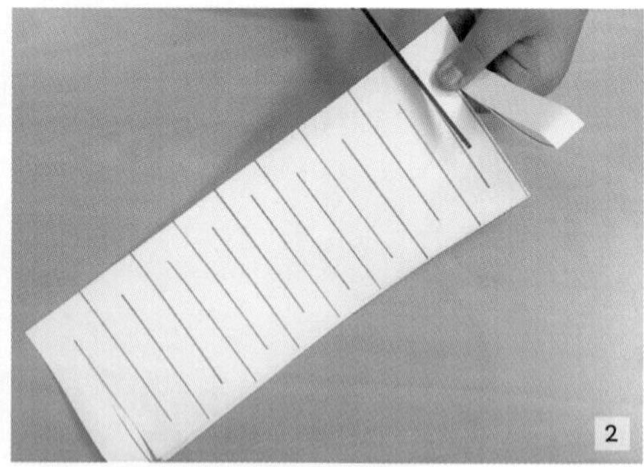
2

3

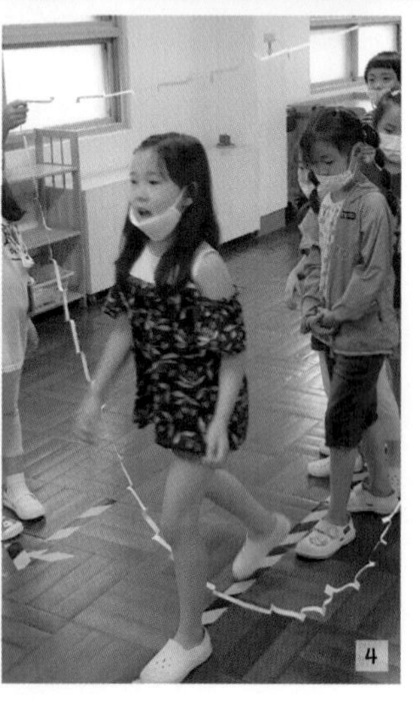
4

TIP

- 처음에는 선의 간격을 좀 넓게 그려서 자르도록 해주세요. 여러 번 하다 보면 아이들 스스로 선 간격을 좁혀 점점 큰 동그라미를 만들 수 있습니다.

창의·36

화석을 찾아라

화석은 주로 동식물의 골격 또는 흔적으로 발견되지만 어떤 동식물은 살아 있던 모습 그대로 발견되기도 해요. 화석이 만들어지기까지의 과정을 알아보고 아이들이 좋아하는 공룡 화석을 만들어보면서 과거로 여행을 떠나봅시다.

준비물 플라스틱 통, 찰흙, 공룡 장난감(소형), 석고

놀이 방법

1. 플라스틱 통에 찰흙을 넣고 잘 다져서 평평하게 만들고 공룡 장난감을 꾹 눌러서 모양을 찍는다.
2. 석고를 개어서 찰흙 위에 붓는다.
3. 석고가 굳고 나면 찰흙을 분리한다.
4. 찰흙을 털어내면 공룡 화석이 완성된다.

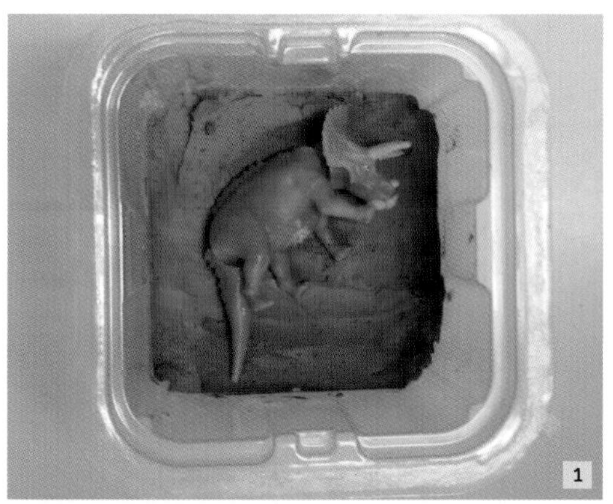
1

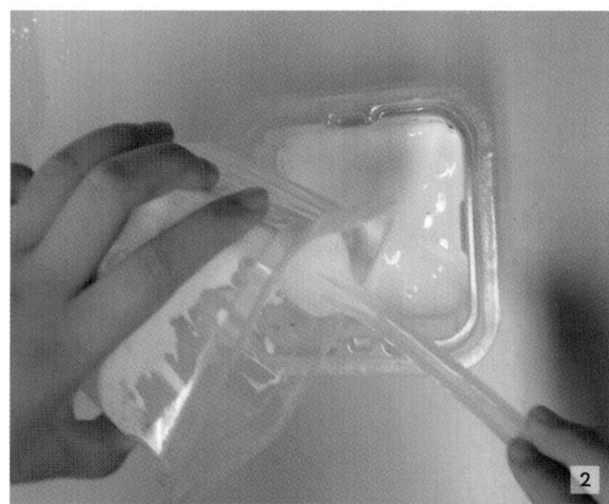
2

3

4

- 석고가 굳고 나서 찰흙을 분리해도 되지만 찰흙이 완전히 굳기를 기다렸다가 찰흙을 부수면서 공룡 화석 찾기를 진행하면 더 재미있습니다.
- 흙을 털어내고 석고에 에센셜 오일을 뿌려 방향제로 사용해도 됩니다.

창의·37

말랑말랑 밀가루 점토 놀이

말랑한 점토를 만지면 심리적으로 안정되고, 손가락 끝을 자극하여 두뇌 발달에도 좋다고 하죠. 식재료인 밀가루를 가지고 아이들이 좋아하는 점토를 함께 만들어보세요. 다양한 재료를 붙여서 꾸미기도 하고, 늘리고 자르며 소꿉놀이에도 활용해보세요.

준비물 밀가루, 베이킹 파우더, 소금, 식용유, 물, 식용색소 또는 물감, 반죽 그릇, 계량 수저, 계량 컵, 나무젓가락

놀이 방법

1 반죽 그릇에 밀가루 1컵, 소금 1/4컵, 베이킹 파우더 2작은술, 식용유 2작은술을 넣는다.
 - 1번 가루에 식용색소를 풀어 둔 물을 조금씩 붓고 젓는다.

2 어느 정도 반죽이 되직해지면 식용색소를 더 첨가해가며 여러 색깔의 점토를 만든다.

3 점토로 다양한 물건을 만들고, 재미있게 점토 놀이를 한다.

4 친구들과 함께 쿠키나 과자 세트 등을 만들어본다.

- 각각 모둠별로 색깔을 하나씩 만들어 교환하여 사용할 수 있어요.
- 사용한 점토는 지퍼백에 잘 담아두면 다시 쓸 수 있어요.

종이컵 인형이 움직여요

크기가 서로 다른 종이컵을 튼튼한 실로 연결하여, 움직이는 종이컵 인형을 만들어보세요. 자기의 고민거리나 비밀을 들어주는 새로운 움직이는 종이컵 친구에게 이름도 지어주고, 다양한 놀이를 즐겨보세요.

준비물 색깔 종이컵(대, 소), 컵라면 용기, 튼튼한 실, 바늘, 장갑, 양말, 솜, 글루건 , 색지, 가위, 눈 스티커, 색칠 도구

놀이 방법

1. 색깔 종이컵 중에서 큰 것과 작은 것을 번갈아가며 실을 끼운 바늘로 연결해서 팔과 다리를 만든다.
2. 컵라면 용기를 맞붙이고 얼굴을 꾸민다.
3. 얼굴 밑쪽으로 컵라면 용기를 붙여 몸통을 만든 후 팔과 다리를 연결한다.
4. 재활용 어린이 장갑이나 양말에 솜을 넣고 손과 발을 만들어 글루건으로 붙이고, 모자는 색지로 접어 씌워서 완성한다.

1

2

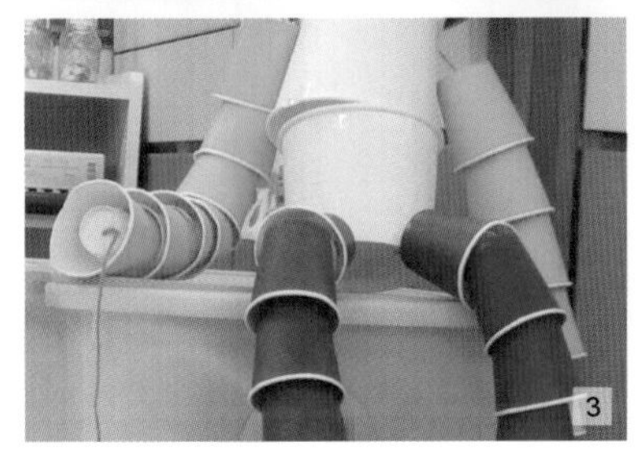
3

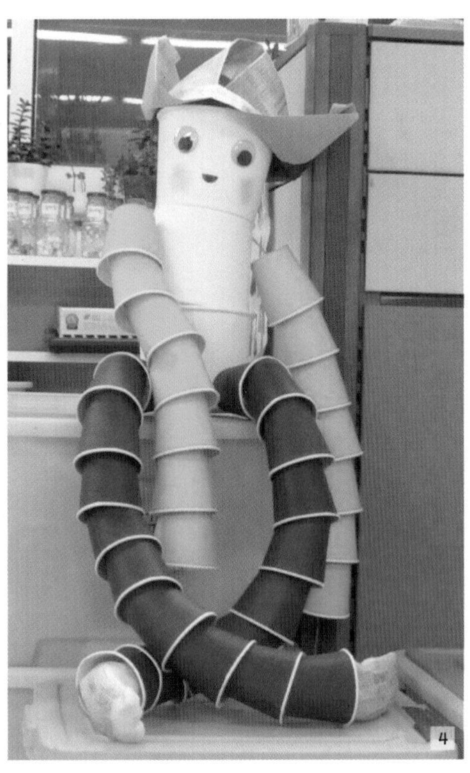
4

- 큰 종이컵과 작은 종이컵을 반드시 차례차례 번갈아가며 연결하고, 종이컵의 개수를 늘려서 긴 팔과 롱다리를 만들어보세요.
- 선생님께 하고 싶은 이야기나 소원, 비밀편지 등을 인형의 모자 속에 넣고, 나중에 읽어봅니다.

창의·39

후프 글라이더를 날려요

후프 글라이더(Hoop glider)는 2장의 종이와 빨대를 이용해 간단하게 만드는 비행기입니다. 후프 형태라 종이비행기보다 더 안정적으로 공기의 흐름을 유지시켜주지요. 아이들과 실내외 어디서나 후프 글라이더를 신나게 날려보세요.

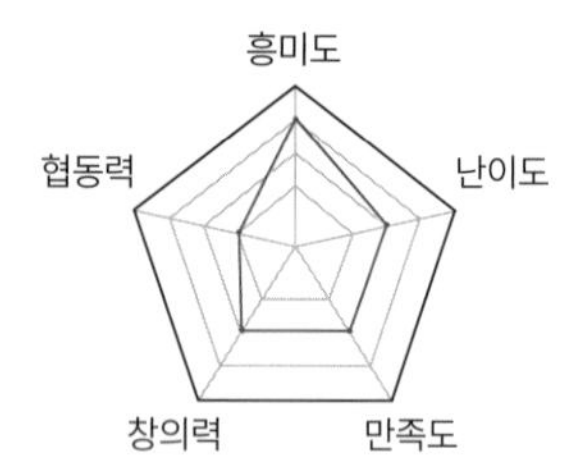

준비물 두꺼운 종이, 투명 테이프, 빨대 2개, 가위, 사인펜, 자

놀이 방법

1. 두꺼운 종이를 가로 4cm, 세로 29cm 1장과 가로 5cm, 세로 20cm 1장으로 자른다.
2. 자른 2장의 종이를 펼쳐서 색칠하고 꾸민다. 끝부분을 약 2.5cm 겹쳐서 투명 테이프로 잘 붙여서 원통 모양 2개를 만든다.
3. 두 원통의 위아랫부분을 빨대와 투명 테이프를 이용해 연결한다. 이때 빨대가 서로 180도로 마주 보도록 붙인다.
4. 완성된 후프 글라이더를 실내나 운동장에서 날린다.

1

2

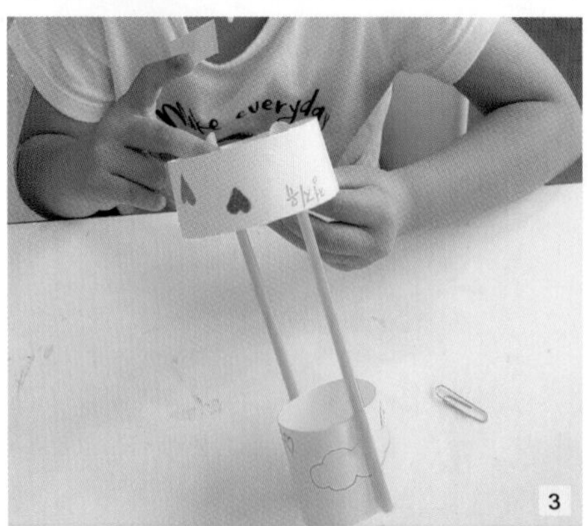
3

4

• 일반 종이보다 두꺼운 종이를 사용해야 좀 더 튼튼한 비행기를 완성할 수 있어요.

창의·40

미끄러져라, 얼음 물감아

겨울이면 꽁꽁 언 얼음들을 볼 수 있어요. 차갑기만 한 투명 얼음에 색깔을 넣는다면 어떨까요? 미끌미끌 미끄러운 얼음 물감을 만들어 재미있는 활동을 해보세요. 과연 미끄러운 얼음 물감으로 색칠을 할 수 있을까요?

준비물 도화지, 얼음 틀, 물, 수채화 물감, 접시, 하드 막대, 색칠 도구, 물티슈

놀이 방법
1 수채화 물감을 푼 물을 얼음 틀에 넣고 하드막대를 꽂아 얼린다. 완성된 얼음 물감을 관찰한다.
2 사용할 얼음 물감을 틀에서 떼어내 접시에 올려둔다.
3 하얀 크레파스로 도화지 위에 생각나는 것들을 그리고 얼음 물감의 표면을 물티슈로 닦아가면서 천천히 색칠한다.
4 색칠 도구로 추가로 그림을 그려 완성한 후 전시한다.

1

2

3

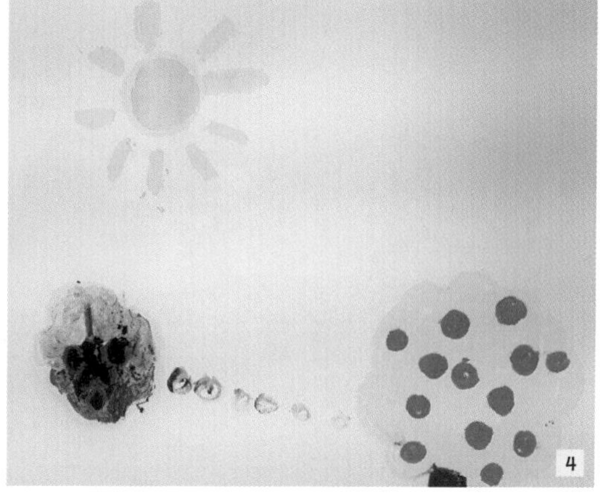
4

- 물감을 진하게 타서 얼려둡니다.
- 얼음 물감의 표면을 물티슈로 닦아가면서 그림을 그린다.

창의·41

신나는 카프라 놀이

가장 단순하면서도 완성도가 높은 교구 카프라를 이용하여 자유롭게 쌓고 무너뜨리는 활동을 하면 아이들은 무한한 창의성의 세계에 빠져듭니다.

준비물 카프라, 칼라 카프라, 실물 모형, 동물 모형, 미니카

놀이 방법
1. 카프라 소개와 사용법, 규칙을 듣고 만들고 싶은 모양을 생각한다.
2. 카프라를 자유롭게 쌓는다.
3. 여러 가지 실물 모형이나 동물 모형, 미니카 등을 이용하여 상상놀이를 한다.
4. 카프라로 기찻길 만들기, 동네 꾸미기, 동물원 꾸미기, 친구 몸 만들기 등 협동 놀이를 한다.

1

3

2

4

- 카프라 활동을 할 때 바닥에 매트를 깔아주면 소음을 줄일 수 있어요.
- 카프라로 하는 젠가 게임, 카프라로 세계의 건축물 만들기 활동도 해보세요.

그림자에 색깔이 있다고요

물체가 빛을 다 흡수하기 때문에 물체 뒤에서 나오는 그림자의 색은 언제나 검정색이지요. 하지만 투명한 OHP 필름에 빛을 더하여주면 아이들이 그린 그림의 그림자가 알록달록 예쁜 색으로 나타난답니다. 그림자의 변신을 본 아이들의 함성 소리가 끝날 때까지 계속되지요.

준비물 OHP 필름, 유성 매직, 플래시, 검정 도화지, 아이스크림 막대

놀이 방법
1 필름 위에 자유롭게 그림을 그린 후 완성된 친구들의 작품을 벽면에 플래시를 이용하여 비춘다.
- 앞뒤로 움직이며 크기의 변화도 보여준다.
2 검은 도화지로 배경을 만든 뒤 그림자 인형극을 한다.

1

2

- 필름 위에 두 가지 색을 덧칠하면 빛을 통과할 때 숨은 색이 보이기도 합니다. (노란 별 위에 검정색 밤을 칠하면 별이 그림자를 통해 보여요.)
- 필름을 오려서 아이스크림 막대에 붙여주면 아이들이 좋아하는 인형극을 할 수 있어요.

창의·43

내가 만든 테셀레이션이에요

테셀레이션이란 반복되는 도형의 무늬를 이용하여 어떠한 틈이나 포개짐 없이 평면이나 공간을 빈틈없이 꽉 채우는 활동입니다. 색종이를 자르고 이어 붙여 세상에 하나밖에 없는 테셀레이션을 만들어보세요. 창의력은 물론이고 수학 개념 향상에도 많은 도움을 준답니다.

준비물 흰 도화지, 도형 칼라 복사지, 풀, 가위

놀이 방법

1. 보도블록, 욕실 타일, 조각보 등 반복되는 패턴 그림 자료를 먼저 감상한다.
   - 정삼각형, 정사각형, 정육각형이 그려진 여러 가지 칼라 복사지를 준비한다.
   - 각자 원하는 도형과 색깔을 골라서 가위로 자른다.
2. 엽서 크기로 자른 흰 도화지 위에 선택하여 자른 도형들을 이용하여 빈틈없이 규칙적인 무늬를 만들어서 풀로 붙여서 완성한다.
3. 응용하여 다같이 도마뱀 테셀레이션을 만들어 전시할 수도 있다.

1

2

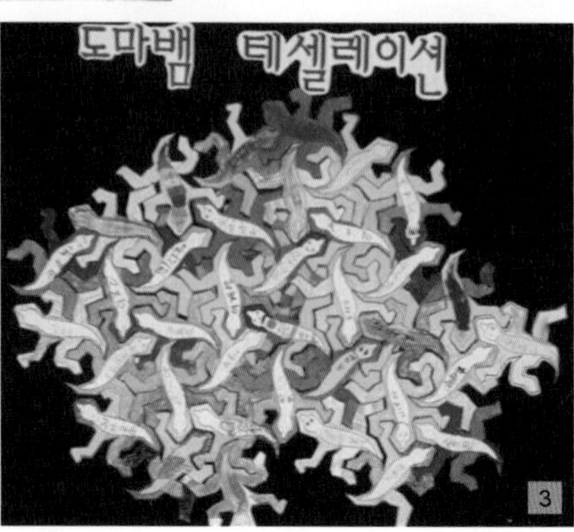

3

- 네덜란드의 테셀레이션 미술가 '에셔'의 작품 <도마뱀>을 보고 새, 나비 등의 곤충이나 동물을 이용한 협동작품 꾸미기를 해보세요.
- 네이버 카페 <신나는 세모 놀이터> '창의 놀이–도형 패턴과 도마뱀 도안'을 참고하세요.

창의·44

이런 빛은 처음이지

보로노이 빛 상자를 이용하면 수학, 과학, 미술의 복합적인 체험을 할 수 있어요. 아이들이 거울을 통하여 반사되는 예쁜 빛을 경험하게 해 주세요. 형광등 밑, 가을 파란 하늘 아래에서 빛 상자를 비춰보며 반사되는 아름다운 빛 색깔을 감상해보세요.

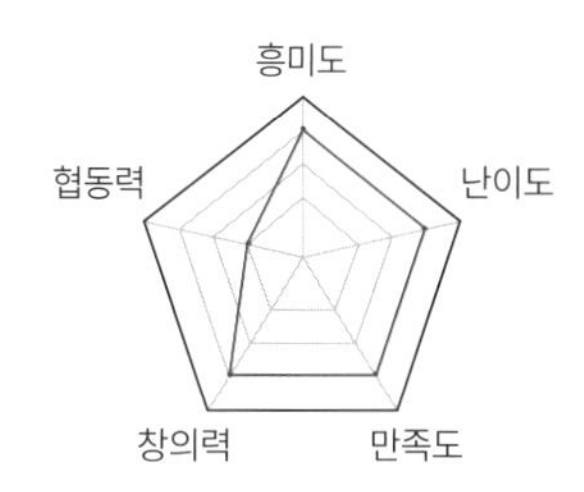

준비물 보로노이 다이어그램 도안 상자 전개도, OHP 필름(8.5x8.5), 기름종이(8.5x8.5), 양면 거울지, 투명 테이프, 양면 테이프, 유성 매직, 가위

놀이 방법

1 보로노이 다이어그램 도안 위에 OHP 필름을 얹고 유성 매직으로 색칠한다.

2 상자 전개도를 접는 선을 따라서 접어 완성한다.
- 상자 아래쪽 창에는 기름종이를, 위쪽 창에는 1의 OHP 필름을 붙인다.

3 양면 거울지를 내 마음대로 말아서 투명 테이프로 고정하고 상자에 채워 넣는다.

4 OHP 필름이 있는 쪽으로 빛이 들어오게 하여 기름종이를 붙인 쪽에서 관찰한다.

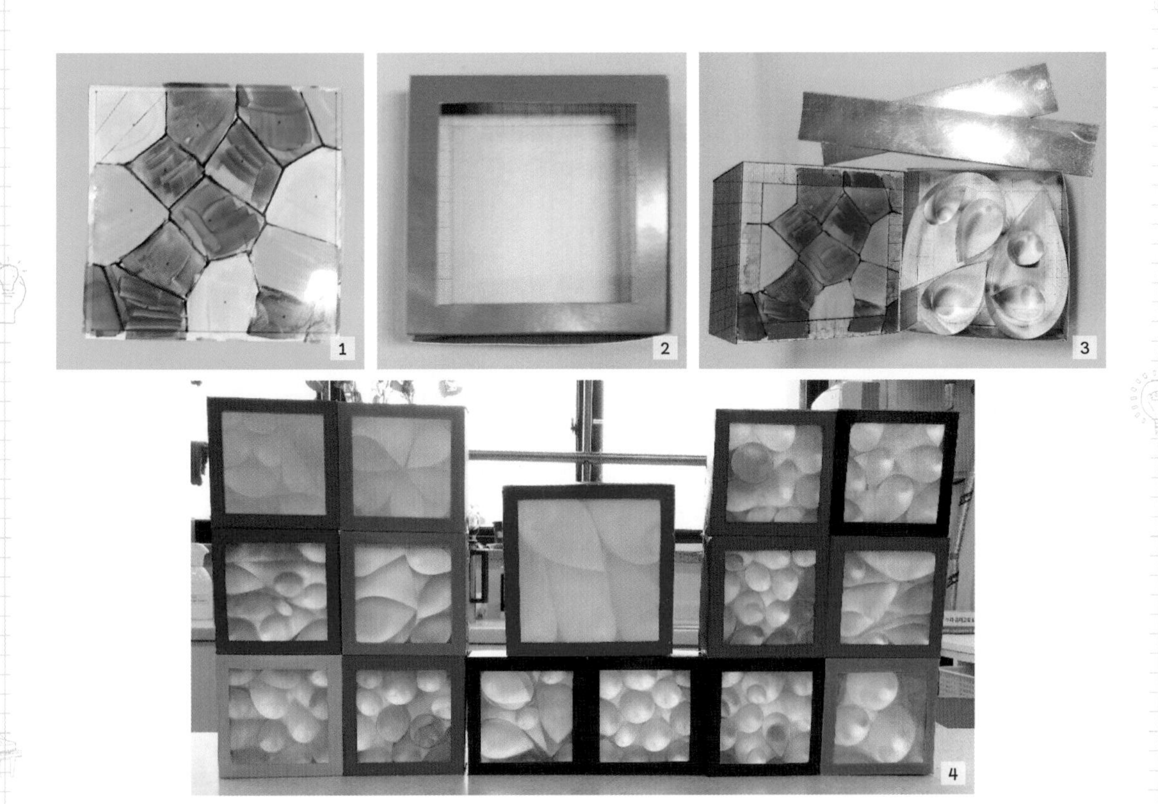

• 네이버 카페 <신나는 세모 놀이터> '창의 놀이-보로노이다이어그램 상자 도안, 상자 전개도'를 참고하세요.

창의·45

이것도 책이 되나요

하나의 책을 완성시키는 건 무척 의미 있는 일입니다. 크기, 내용 등을 아이들이 원하는 대로 정해 책을 만들어보세요. 자신이 만든 책을 친구들에게 자랑하며 작가의 꿈을 키울 수도 있답니다.

준비물 A4 용지, 색연필, 사인펜, 색종이, 가위, 리본, 골판지, 풀 등

놀이 방법

1. 만들 책의 주제를 정한다. 책의 크기를 정하고 종이를 잘라 엮고 표지를 만든다.
2. 색연필, 사인펜, 색종이 등을 이용하여 책 표지를 꾸민다.
3. 주제에 맞는 내용으로 책을 채워 나간다.
4. 완성된 책을 친구들과 바꿔 보거나 소개한다.

1

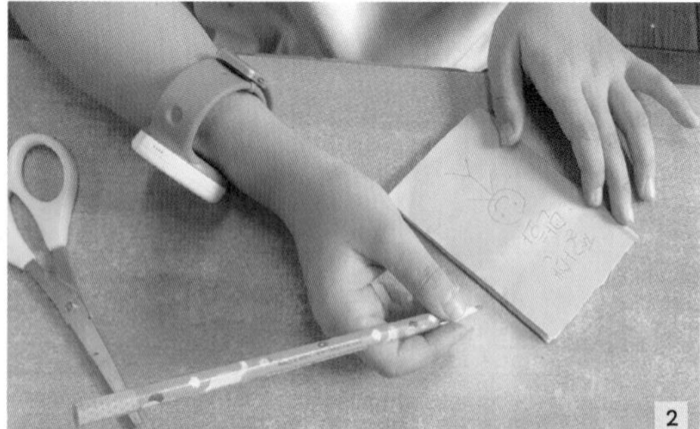

2

3

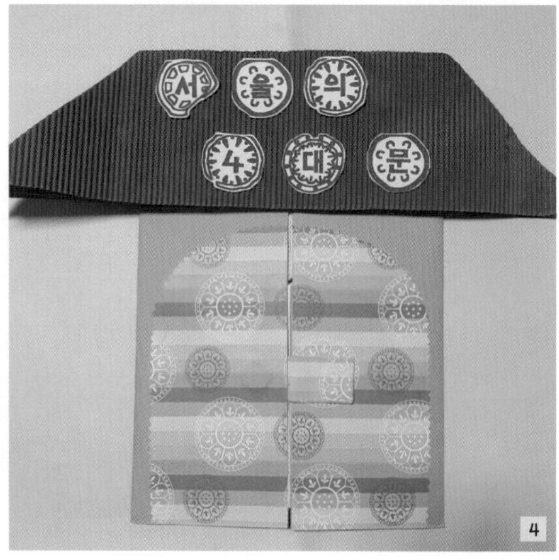

4

• 아이들이 그린 그림들을 모아 스테이플러로 찍고, 함께 표지를 만들어 붙여도 멋진 책이 완성됩니다.

창의·46

우주를 표현해요

재활용품을 활용하여 입체적이고 환상적인 우주 꾸미기를 해보세요. 마무리로 금색과 은색 락카를 뿌려주면 실감나는 우주를 표현해볼 수 있지요. 아이들의 작품을 한곳에 모아 붙이면 멋진 우주가 만들어진답니다.

준비물 검은 도화지, 금색·은색 락카, 색종이, 여러 가지 재활용품, 수수깡, 목공풀, 필기 도구, 색칠 도구

놀이 방법 검은 도화지에 각자 생각하는 우주의 모습을 연필로 그린다.

- 여러 가지 재활용품으로 우주에 있는 행성을 표현해 원하는 위치에 붙인다.
- 색종이로 우주선 접기를 해서 붙인다.
- 아이들 작품을 한곳에 모아 금색, 은색 락카를 뿌리고 잘 말린다.
- 환경판에 작품을 연결해 붙여서 우주를 완성한다.

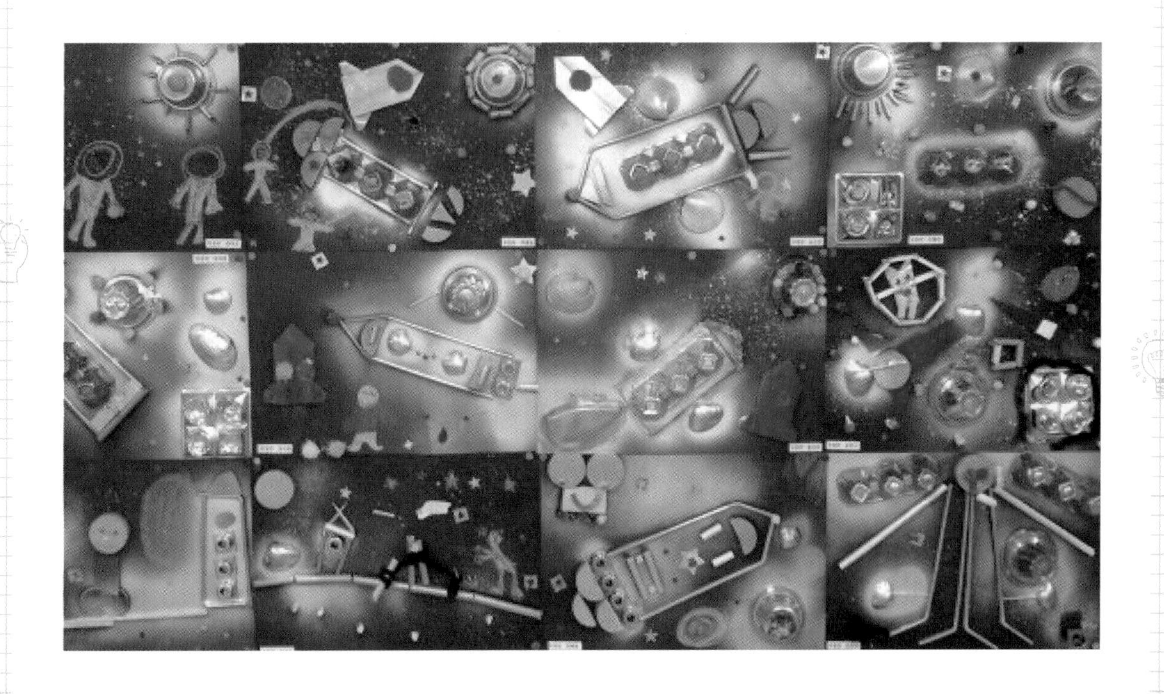

- 락카는 화학 성분이 강하니 바람이 잘 통하는 장소에서 뿌립니다.
- 끝없는 우주의 모험 이야기 찾아보기, 태양계 사전 만들기 활동도 해보세요.

창의·47

이 별은 나의 별, 저 별은 너의 별

'반짝반짝 작은 별~.' 아이들에게 자신의 별자리를 알려주고, 밤하늘의 많은 별 중에 반짝반짝 빛나는 자신만의 별자리를 만들어보게 하세요. 별자리에 관한 이야기를 들려주면 아이들 눈도 초롱초롱 빛납니다.

준비물 별자리 영상 또는 사진, 흰색 물감, 칫솔, 야광 별 스티커, 반짝이 스티커

놀이 방법

1. 별자리 영상이나 사진을 본다. 내 생일을 알고, 별자리를 찾은 후 검정 도화지에 흰색 물감을 칫솔에 묻혀 흩뿌린다.
2. 물감이 마르는 동안 내 별자리와 관련된 그림을 구상하고 반짝이 스티커를 붙인다.
3. 야광 별 스티커를 붙여 내 별자리를 완성한다.

1

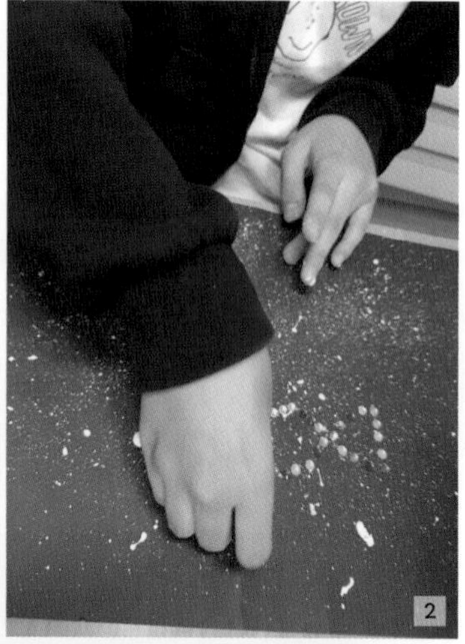
2

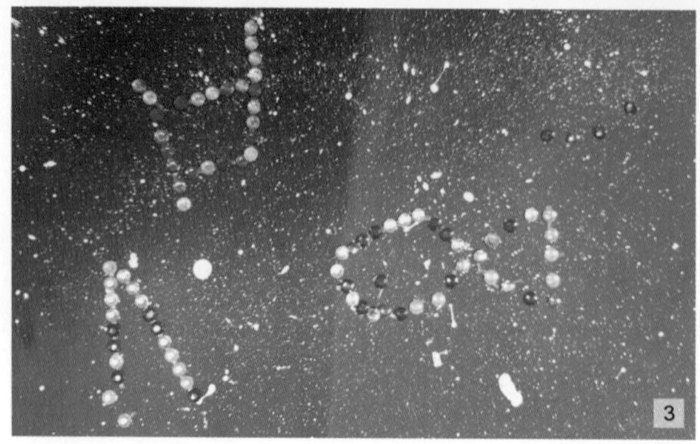
3

- 별자리를 따라 붙이기 어려워하는 경우 선생님이 별자리의 처음과 끝, 가운데를 붙여주어서 아이들이 궤도를 따라 붙일 수 있도록 해주세요.
- 칫솔로 물감을 흩뿌릴 때는 물감을 되직하게 묻히고 아래에서 위쪽으로 튕기세요. 이때 도화지를 상자 안에 넣고 활동하면 주변에 묻지 않습니다.

267 세상의 모든 놀이

창의·48

팡팡! 종이컵 폭죽

풍선의 탄성에 의해 순간적으로 재료가 밀려나오는 종이컵 폭죽을 만들어보세요. 색종이 조각들이 하늘에 날리는 모습을 보면서 희열을 느낄 수 있지요. 입학식이나 졸업식 등의 특별한 날과 축하해주고 싶은 날 활용해보세요. 만들기 쉽고, 아이들 반응 역시 최고랍니다.

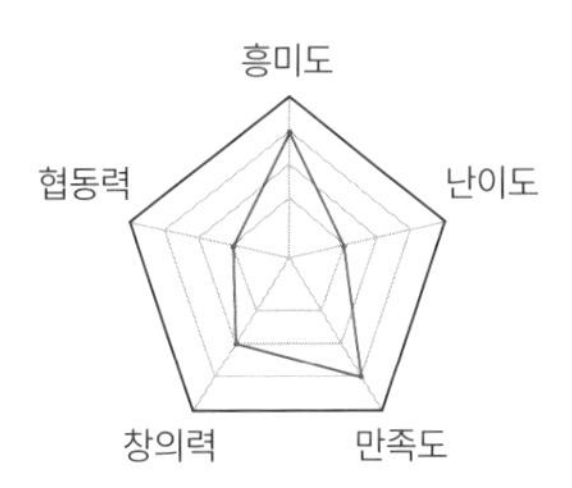

준비물 종이컵, 풍선, 색종이, 뽕뽕이, 가위, 칼, 색칠 도구 등

놀이 방법

1. 종이컵 밑면을 칼로 오린다.
2. 풍선의 둥근 부분을 자르고, 입구를 묶은 뒤 밑면을 오려낸 종이컵에 끼운다.
3. 종이컵을 꾸민다.
4. 여러 가지로 자른 색종이와 뽕뽕이 등을 풍선을 끼운 종이컵에 넣는다.
5. 종이컵의 풍선 부분을 한 손으로 잡고 다른 한 손은 묶은 풍선의 입구 부분을 세게 잡아 당겼다가 놓으며 폭죽을 발사한다.
6. 다양한 재료를 준비해 어떤 게 멀리 날아가는지 실험해본다.

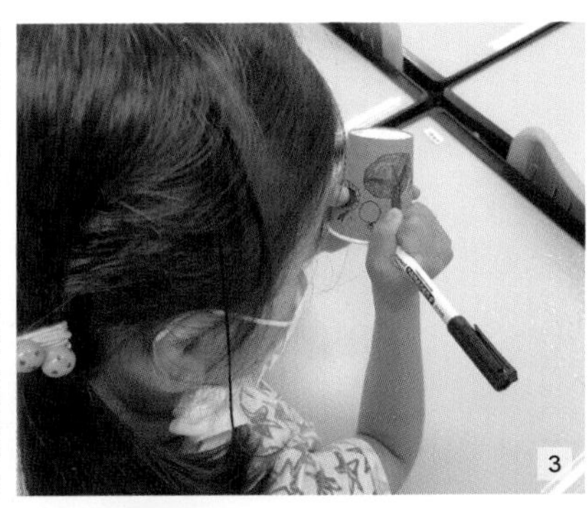

- 뽕뽕이는 멀리 날아가지 않아요. 색종이 외에 어떤 재료들이 멀리 날아갈 수 있을지 이야기 나누고 재료(습자지, 셀로판지 등)를 준비해주세요.
- 종이컵을 여러 개 겹쳐주면 단단해져 반복해서 놀 수 있어요.

7

전통미 솔솔,

전래 놀이 48가지

전래 놀이는 서로 어울려 놀면서 공동체 의식을 심어줍니다

우리는 대개 전통 놀이나 민속 놀이 또는 전래 놀이를 동일한 뜻으로 사용하는데 엄격히 말하자면 차이가 있습니다. 먼저 '전통 놀이'는 놀이가 최초로 생겨날 때의 골격을 지녔으며 당대의 시대 상황과 풍속에 영향을 받고 놀이 주체들에 의해 끊임없이 수정·보완됩니다. '민속 놀이'는 '전통 놀이'가 계승 변모한 형태를 말하며《한국 민속 대사전》에서는 '민간에서 발생하여 민간에 전해 내려오는 놀이'라고 기술하고 있어요. '전래 놀이'는 예부터 전해 내려오는 모든 놀이(궁정 놀이, 외래 놀이 중에 우리나라화된 놀이까지 포함)를 말합니다. 따라서 '전래 놀이'는 '전통 놀이'와 '민속 놀이'를 통칭하는 용어로 사용합니다.

전래 놀이는 협업 능력을 키울 수 있는 대표적인 놀이 활동입니다. 신체를 통한 놀이로 목표물을 맞히고, 뛰고, 달리고, 뒹굴고, 숨고, 쫓고, 밀고, 당기는 등 또래와 함께 움직이면서 정서를 표출합니다. 신체 건강은 물론이고 몸의 균형 감각과 대·소 근육 등 운동 능력이 발달되며 또래들과 서로 어울려 놀이 규칙을 만드는 과정에서 자기 생각과 행동을 조절하고 양보, 경쟁, 공정성과 같은 사회적 태도와 기능을 자연스럽게 터득합니다.

'구슬치기' 놀이를 하면서 집중력이 길러지고, '닭싸움' 놀이를 통해서 힘이 어떻게 분배되어야 가장 효율적으로 몸을 지탱하는지 알게 됩니다. 개인으로 겨루기도 하고 편을 먹고 겨루기도 하는 '윷놀이'는 아이들이 윷판에서 말의 움직임을 통해 수 개념을 익히고 일정한 규칙을 따르면서 또래와 협업해 상호의사존중의 가치를 자연스럽게 깨닫게 합니다.

우리 아이들은 택배 상자를 봐도 그냥 지나치지 않아요. 상자를 이용하여 대형 딱지를 만들어 그날은 종일 '딱지치기' 놀이를 하다가 또 다른 놀이도 구상합니다. 딱지를 차곡차곡 쌓아 올린 후 1장의 딱지로 가운데 부분을 쳐서 딱지 하나만 빠지게 하는 놀이를 만들기도 하지요. 전래 놀이가 시간의 흐름에 따라 조금씩 변화되고 그 형태를 달리하면서 다시금 다듬어져서 오늘날에 이른 것처럼 우리 아이들이 지금 이 순간 놀이하는 것들이 후대에 전해질 전래 놀이가 되지 않을까 생각합니다.

언제 어디서나 쉽게 할 수 있는 전래 놀이, 오늘은 또 어떤 놀이를 구상하고 새롭게 만들며 놀이에 빠져들까요?

연간 활동 계획 - 전래

월	시기	놀이명	월	시기	놀이명
3월	봄	너도나도 신발 뺏기	9월	가을	소리쳐, 생명의 주문
		어깨동무 씨동무			도망가자, 다방구
		우리 집에 왜 왔니			동동, 동대문을 열어라
		나는야 딱지치기 대장			한 발로 겨루는 닭싸움
4월		맑은 공기 놀이를 해요	10월		보자기로 제기차기
		깃발을 쓰러뜨리자			두껍아~ 두껍아, 새집 다오
		두 다리를 모아 돼지 씨름			노래하며 즐기는 손뼉치기
		내 쪽으로 당기는 줄 씨름			팽이 돌리기 왕중왕
5월		잡을 테면 잡아봐	11월		비빔밥, 비벼~ 비벼
		신나는 고무줄 놀이			둥근 딱지로 놀아요
		엄지 구슬치기 구슬왕			손에 손잡고 강강술래
		호흡 맞춰 해오름 놀이			남생이, 놀아라
6월	여름	얽히고설킨 실뜨기 놀이	12월	겨울	발을 밟는 돈가스
		다리를 접는 셈 놀이			꼬마야, 꼬마야
		눈 가리고 까막 잡기			콩주머니야, 제발 가운데로 슝~
		조심조심, 산가지 놀이			꼬리를 잡아라
7월		보리, 보리, 쌀!	1월		이 땅 모두 내가 접수
		폴짝폴짝 사방치기			여우야, 여우야~ 뭐하니
		무궁화 꽃이 피었습니다			삼팔선 놀이, 이랑 타기
		신나는 개뼈다귀 놀이			노래 부르며 수건을 돌려요
8월		윷이야, 모야	2월		미션, 색을 찾아라
		팔씨름으로 겨뤄봐요			땅강아지, 헐랭이 차기
		쫓고 쫓기는 8자 놀이			얼음! 땡!
		차거나 던지는 비석 치기			조준! 투호 놀이

너도나도 신발 뺏기

신발 한 짝을 빼앗는 사람과 지켜내려는 사람의 두뇌 싸움이 펼쳐집니다. 정해진 공간 안에서 민첩하게 술래를 피해 신발 한 짝을 꺼내야 합니다. 한 발로 균형을 잡고 빼앗아오기가 쉽지 않아요. 지금부터 한쪽 신발을 벗고 신발 뺏기를 시작해볼까요?

준비물 신발, 마스킹 테이프

놀이방법

1. 마스킹 테이프로 원을 그린 후 술래를 정한다.
2. 술래는 원 안에 있고 놀이하는 아이들은 자신의 신발 한 짝을 원 안으로 넣고 원 밖에서 한 발로 다닌다.
3. 술래는 원 안의 신발 한 짝들을 지키거나, 술래의 눈을 피해 신발을 빼내려는 아이들을 잡아 나머지 신발도 빼앗아올 수 있다.
4. 술래에게 신발을 다 빼앗기거나, 술래가 신발을 시간 내에 모두 지켰을 경우 놀이가 종료된다. 다시 술래를 정한 뒤 놀이를 지속한다.

1

2

3

4

- 술래는 원 밖으로 나가지 않으며 놀이하는 아이들은 한 발로 다니고 두 발로 설 경우 죽게 됩니다.
- 신발을 서로 가져가려고 밀거나 당기면 넘어지기 때문에 규칙을 지키며 놀이합니다.
- 술래 활동 영역을 세모, 네모 등 다양하게 변형할 수 있습니다.

어깨동무 씨동무

친구들이 서로 어깨를 감싸며 놀이하는 것으로 승부를 겨루는 게 아닙니다. 친구가 나를 데리러 온다는 믿음을 갖고 기다리며 친구가 다시 왔을 때 친밀감을 어깨동무로 표현하는 놀이입니다.

준비물 칼라콘 2개

놀이방법

1. 두 팀으로 나누고 같은 팀끼리 어깨동무를 한다.
2. '어깨동무 씨동무 보리가 나도록 놀아라. 동무동무 씨동무 보리가 나도록 놀아라.' 노래를 부르며 함께 칼라콘을 향해 걸어간다.
3. 노래가 끝나는 지점에서 친구를 1명씩 떼어놓는데 마지막 한 사람만 남을 때까지 반복한다.
4. 마지막 친구는 다시 아이들을 1명씩 데리고 돌아온다.

1

2

3

4

- 공간은 참여하는 아이들의 수를 고려하여 정합니다.

우리 집에 왜 왔니

'우리 집에 왜 왔니, 왜 왔니, 왜 왔니?' 노래를 같은 팀끼리 박자에 맞추어 부르며 움직이기 때문에 아이들이 흥겹게 놀이를 즐겨요. 친구의 이름도 자연스럽게 익히고 아무런 준비물 없이 재미있게 할 수 있는 놀이입니다.

준비물 없음

놀이방법

1 두 팀으로 나누고 같은 팀끼리 손을 잡고 상대팀과 서로 마주 보고 선다.
- 먼저 두 팀에서 1명씩 나와 가위바위보로 공격할 팀을 정한다.
- 수비팀이 '우리 집에 왜 왔니, 왜 왔니, 왜 왔니?' 노래를 부르며 모두 앞으로 나아가면 공격팀은 뒤로 뒷걸음질하며 물러선다.
- 이어서 공격팀이 '꽃 찾으러 왔단다, 왔단다, 왔단다' 하며 모두 앞으로 나아가면 수비팀은 뒷걸음질하며 물러선다.
- 수비팀이 앞으로 나아가면서 '무슨 꽃을 찾으러 왔느냐, 왔느냐' 하면 공격팀이 수비팀 중 1명의 이름을 노래 가락에 넣어 부른다. (예: ○○○꽃을 찾으러 왔단다, 왔단다.)

2 공격팀 중 1명의 아이와 수비팀의 이름이 불린 아이가 가위바위보를 해서 이름이 불린 아이가 이기면 그냥 공격과 수비가 바뀌고, 지면 이긴 팀으로 간다.
- 계속하다가 한쪽 팀이 없어지거나 인원이 적은 팀이 진다.

1

2

- 공격팀이 뛰면서 앞으로 나아가면 수비팀이 뒷걸음질하다 넘어질 수 있으니 안전에 유의합니다.
- 놀이의 승패로 다른 친구를 탓하지 않도록 미리 말해줍니다.
- 아이 이름 뒤에 꽃 대신 '별, 꿈' 등으로 바꾸어서 불러도 재미있어요.

나는야 딱지치기 대장

종이로 만든 딱지를 바닥에 놓고, 다른 딱지로 쳐서 뒤집거나 일정한 선 밖으로 나가게 하면 따먹는 놀이입니다. 힘껏 치기만 한다고 넘어가지 않아요. 여러 번의 경험을 통해 자신만의 딱지치기 비결을 터득해 보세요.

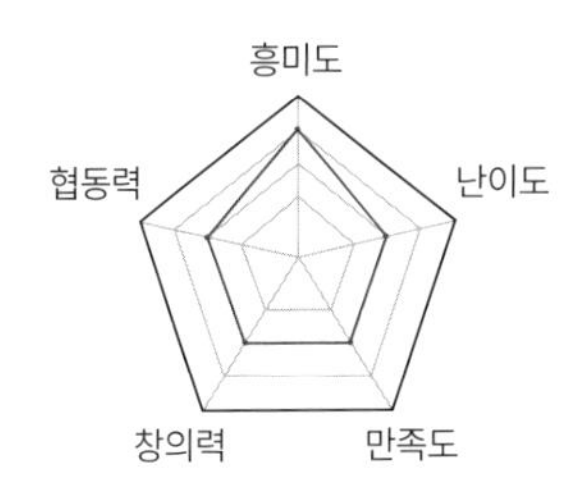

준비물 종이 딱지, 마스킹 테이프

놀이방법

1 넘겨먹기

- 가위바위보로 순서를 정하여 진 사람이 딱지를 바닥에 놓는다.
- 이긴 사람은 딱지를 잡고 힘껏 바닥의 딱지를 향해 내리치는데, 치는 방법은 두 가지가 있다. 하나는 '배꼽치기'라고 하여 위에서 아래로 딱지를 내리치는 방법, 다른 하나는 '발대기'라고 하여 딱지 바로 옆에 발을 대고 치는 방법이다.
- 딱지가 뒤집히면 따먹는다. 그러면 상대는 다시 딱지를 대주어야 한다.
- 딱지를 가장 많이 따먹은 사람이 딱지치기 대장이 된다.

2 밀어내기

- 마스킹 테이프로 바닥에 큰 원을 그리고, 가위바위보로 순서를 정한다.
- 진 사람은 딱지 1개를 원 가운데 놓고, 이긴 사람은 상대의 딱지를 쳐서 원 밖으로 밀어내면 이긴다.
- 자신의 딱지는 원 안에 있고 상대의 딱지만 밖으로 쳐내야 한다.
- 둘 다 원 밖으로 나가면 무효가 되고 상대에게 칠 기회가 넘어간다.
- 상대의 딱지를 쳤는데 자신의 딱지가 원 밖으로 나가면 '빵'이라 해서, 그 딱지는 상대에게 주어야 한다.

1

2

- 넘겨먹기에서는 딱지가 두꺼우면 배꼽치기를 하고 얇으면 발대기를 합니다.
- 밀어내기에서는 한 번에 밀어내기가 어렵고 보통 2~3회에 걸쳐 밀어냅니다.

전래·5

맑은 공기 놀이를 해요

맑은 공기 놀이는 손등 위에 공깃돌을 올려 낚아채는 5단계 '꺾기'가 없기 때문에 수월하게 놀이에 참여할 수 있어요. 작은 돌멩이나 도토리 등 자연물을 공깃돌로 사용해도 됩니다.

준비물 공깃돌 20~30개, 마스킹 테이프

놀이방법
1 3명(또는 4명)이 마스킹 테이프로 그린 동그란 원에 공깃돌을 넣고 가위바위보로 순서를 정한다.
2 순서대로 공깃돌을 4단계까지(1~4알 줍기) 던져 받는다. 받기에 성공한 공깃돌은 가져간다.
3 받다가 공깃돌을 놓치면 다음 사람에게 차례가 넘어간다.
 - 5단계인 '꺾기'는 없기 때문에 쉽게 할 수 있다.
4 공깃돌을 많이 획득한 아이가 이긴다.

1

2

3

4

- 공깃돌을 던져 받는 것을 어려워하면 '바보 공기 놀이'를 해도 좋아요.
- 바보 공기 놀이는 다른 공깃돌을 건드리지 않고 내 공깃돌을 던지고, 그 공깃돌이 땅에 떨어지기 전에 바닥의 공깃돌을 1~4알까지 단수에 맞춰 낚아오는 겁니다.

깃발을 쓰러뜨리자

모래 위에 깃발을 꽂고 순서대로 모래를 가져갑니다. 욕심을 부려 많이 가져가다 깃발을 쓰러뜨리면 지기 때문에 놀이에 집중해야 하며, 다른 아이들이 깃발을 넘어뜨리도록 모양을 만들어가야 합니다. 모래의 특성을 놀이를 통해 경험하고 이해할 수 있어요.

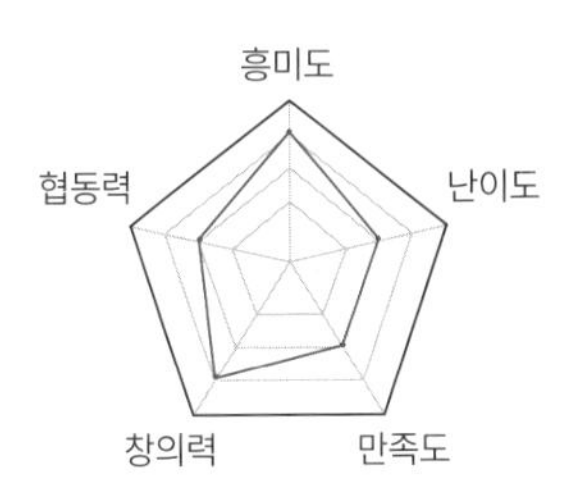

준비물 깃발, 모래

놀이방법
1. 모래 위에 깃발을 꽂고 가위바위보로 순서를 정한다.
2. 처음에는 깃발이 쓰러지지 않도록 조심하며 되도록 모래를 많이 가져간다.
3. 다음부터는 깃발이 쓰러지지 않도록 더 조심하며 가져간다.
4. 깃발이 쓰러지면 술래가 된다.
   - 술래는 모래를 모아 그 위에 깃발을 꽂고 다시 놀이를 진행한다.

1

2

3

4

- 개인전이나 팀별 놀이로 활용할 수 있어요.
- 모래를 한 번씩 가져가기, 두 번씩 가져가기 등 놀이 방법을 다양하게 적용할 수 있어요.

전래·7

두 다리를 모아 돼지 씨름

전통 씨름과 다르게 두 다리를 모아 앉아 두 손으로 발목을 잡고 하는 씨름입니다. 흔들거리는 몸의 균형을 유지하면서 상대방을 원 밖으로 밀어내거나 넘어뜨려야 하기에 아이들의 균형감이 발달하며, 민첩성과 순발력도 향상됩니다.

준비물 마스킹 테이프

놀이방법

1 마스킹 테이프로 바닥에 원을 그린다. 원 안에 2명의 선수가 쪼그리고 앉아 발목을 잡는다.

2 시작 소리에 맞춰 쪼그린 자세에서 두 발로 뛰어 이동하거나 엉덩이로 상대방을 원 밖으로 밀어낸다.

- 넘어지거나, 걷거나, 원 밖으로 밀리면 진다.

1

2

- 놀이의 규칙과 방법을 기억하고 지킬 수 있게 해주세요.
- 단체 놀이로 확장하여 원을 크게 그린 다음 같은 수의 사람이 함께 들어가고 시간 종료 후 남은 팀원의 수를 헤아려 승패를 결정할 수 있어요.

내 쪽으로 당기는 줄 씨름

줄넘기는 우리 아이들에게 매우 친숙한 신체 활동 도구 중 하나입니다. 늘 가지고 놀던 줄넘기를 이용해서 친구와 '줄 씨름'을 해보면 어떨까요? 줄넘기의 줄을 각자 허리에 감고 리듬감 있게 움직이다가 순발력을 이용해 상대방이 발을 먼저 움직이게 하면 이깁니다.

준비물 줄넘기

놀이방법

1 2명의 학생이 마주 보고 적당히 떨어져 서서 줄넘기 줄을 허리에 감는다.
- 줄을 잡은 한 손은 사용할 수 있지만, 나머지 한 손을 쓰면 반칙이 된다.
- 서로 줄을 당기거나 늦추거나 하면서 먼저 상대방이 중심을 잃고 발을 움직이게 유도한다.

2 상대방의 동작을 보면서 허리 리듬을 살려서 요령껏 중심을 잡아 발을 움직이지 않는다.
- 먼저 중심을 잃고 발을 움직인 사람이 진다.

1

2

• 서로 이기려는 경쟁심에 줄을 너무 세게 잡아당겨서 앞으로 넘어지거나 다치지 않도록 주의사항을 알려주고 놀이를 진행합니다.

전래·9

잡을 테면 잡아봐

출발선에서 술래가 아닌 사람보다 술래는 한 발 적게 뛰며, 술래는 팔 길이, 다리 길이 등을 이용하여 술래가 아닌 사람을 잡는 놀이입니다. 놀이를 통해 길이와 거리에 대해 자연스럽게 배울 수 있으며, 되돌아올 수 있는 거리를 유지하는 것이 이 놀이의 요령입니다.

준비물 없음

놀이방법

1 가위바위보로 술래를 정하고 출발선에서 술래가 아닌 아이들이 먼저 한 발을 뛴다.
- 술래는 출발선을 넘지 않고 아이들을 팔이나 다리를 길게 뻗어 잡는다.

2 술래가 아닌 아이는 잡히지 않도록 몸을 움직여 피한다.

3 술래에게 잡히지 않았으면 다시 한 발 뛰기로 되돌아온다.
- 술래에게 잡히거나, 뛰었던 수 안에 출발선으로 되돌아오지 못하면 술래가 되어 놀이를 계속한다.

1

2

3

- 놀이할 때 너무 멀리 뛰면 되돌아오기가 힘들다고 미리 말해줍니다.
- 잡혔을 때와 못 잡았을 때 벌칙은 아이들이 함께 정하게 하세요.

신나는 고무줄 놀이

고무줄의 탄력성을 이용한 놀이로 혼자 또는 2명 이상의 아이들이 노래를 부르며 다양한 발동작으로 고무줄을 넘고, 밟고, 뛰어야 합니다. 여러 미션을 통과하며 놀이의 즐거움을 경험하게 됩니다.

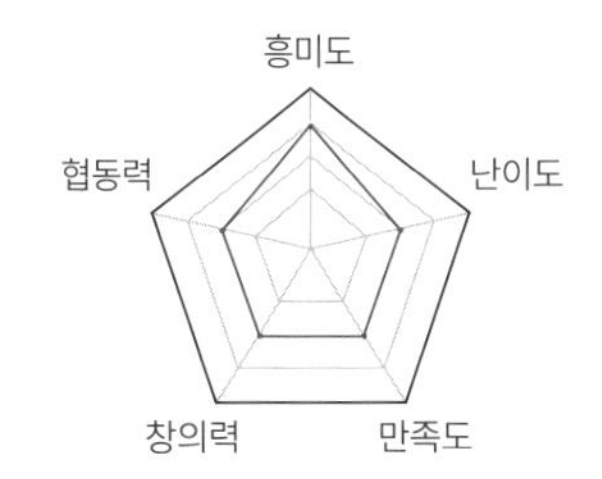

준비물 고무줄

놀이방법

1 고무줄을 잡아줄 도우미를 정하거나 없으면 의자나 책상에 묶는다.
- 팀을 나누고 가위바위보로 순서와 미션을 정한다.

2 노래를 부르며 고무줄을 뛰어넘는다.
- 예: 양쪽 뛰어넘기, 한쪽 뛰어넘기, 양쪽 발을 번갈아가며 고무줄 밟기 등
- 고무줄을 미션에 따라 뛰어넘지 못하거나 밟지 못하면 죽게 되고 다음 차례에게 넘어간다.

1

2

- 고무줄을 끊거나 놀이를 방해하지 않도록 규칙과 약속을 정합니다.
- 이 놀이는 이기고 지는 경쟁 놀이가 아니라 함께 즐기는 놀이인 것을 인식시켜 주세요.

엄지 구슬치기 구슬왕

구슬을 이용하여 정해진 구멍에 넣거나 삼각형 안의 구슬을 쳐서 따거나 잃는 놀이입니다. 상대 구슬을 맞히는 알까기, 벽에서 떨어뜨려 가장 멀리 굴러간 구슬이 이기는 벽치기, 손안에 몇 개의 구슬이 있는지 알아맞히는 홀짝 쌈치기 등 다양한 놀이가 있어요.

준비물 구슬, 마스킹 테이프

놀이방법

1 마스킹 테이프로 삼각형을 바닥에 그리고 동일 개수의 구슬을 각각 내어 삼각형 안에 넣는다.

2 일정 정도 떨어진 곳에서 순서대로 삼각형 안으로 구슬(엄지 구슬)을 던지거나 굴린다.

- 삼각형 안의 구슬이 밖으로 나오면 가져간다.
- 엄지 구슬이 삼각형 선에 닿거나, 안으로 들어가면 그동안 딴 구슬을 삼각형 안에 다 놓고 죽는다.
- 구슬이 남지 않았거나, 다른 아이들이 다 죽으면 놀이는 종료되고 다시 새롭게 시작한다.

1

2

- 엄지 구슬은 구슬 중 제일 큰 구슬(왕구슬)로 동의를 얻어 정할 수 있어요.
- 홀짝 쌈치기 놀이를 할 때는 내 구슬을 일정하게 걸고 홀수인지 짝수인지 말해야 확인이 가능합니다.

호흡 맞춰 해오름 놀이

탄성이 있는 헤어밴드에 명찰용 줄을 연결해 만든 '해오름 놀이' 도구로 떨어뜨리지 않고 컵을 날라야 해요. 반 친구들과 함께 호흡을 맞추면서 협동심을 키울 수 있는 놀이로 이를 통해 서로 돕고 소통하는 기회를 마련해줄 수 있어요.

준비물 플라스틱 컵, 탄성 있는 헤어밴드 줄 1개, 명찰용 끈 5~6개

놀이방법
1. 5~6명씩 한 팀으로 나누고, 플라스틱 컵 5개를 책상의 맨 앞에 놓는다. 헤어밴드 줄을 컵에 끼우고 간격에 맞춰 각각의 끈을 걸고 1명씩 잡는다.
2. 끈을 동시에 잡아당겨서 컵을 들어 올린 후 떨어지지 않도록 책상 끝으로 이동시킨다.
   - 옮기는 도중에 컵이 떨어지면 다시 들어서 진행하고 먼저 컵을 다 옮긴 팀이 이긴다.

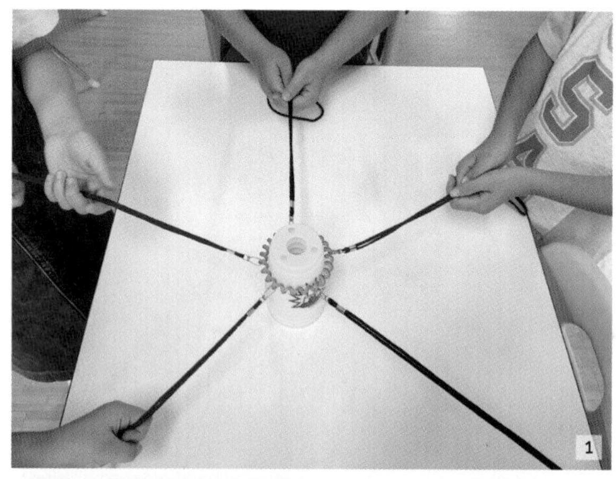
1

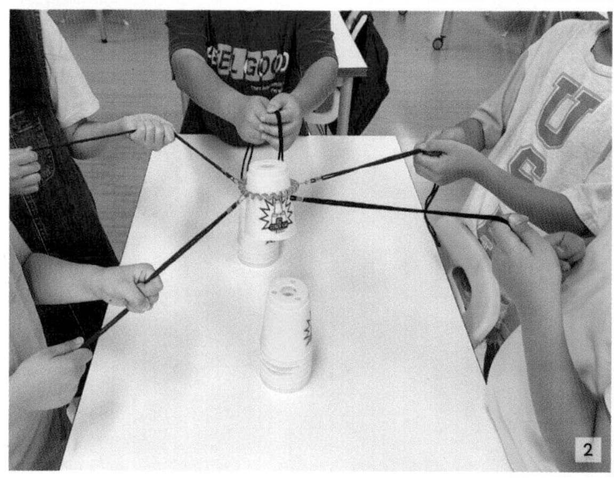
2

- 처음에는 서로 힘 조절이 잘 안 되기 때문에 친구들과 함께 제자리에서 컵을 올리고 내리는 연습을 먼저 한 후 놀이를 시작합니다.

얽히고설킨 실뜨기 놀이

2명이 손가락을 움직여 실로 여러 가지 모양을 만드는 놀이입니다. 차례대로 실 얽기를 통해 모양을 만드는데 실이 엉켜 움직일 수 없게 되거나 모양이 풀어지면 다시 처음으로 돌아가 시작합니다. 실만 있으면 어디서든지 누구나 할 수 있는 실뜨기 놀이, 함께해볼까요?

준비물 실

놀이방법

1 실을 묶어 원형을 만든다. 원형의 실 안에서 양손에 차례대로 1번씩 실을 감는다.
- 양쪽 가운데 손가락을 이용하여 맞은편 손바닥에 감긴 실을 당겨 날틀 모양을 만든다.

2 X자 모양의 실을 엄지와 검지를 이용하여 잡아 밖으로 돌려 위쪽의 선을 통과하여 아래쪽에서 실을 당긴다(바둑판 모양).
- 이외에도 젓가락, 베틀 등 다양한 모양 만들기로 놀이를 지속한다.

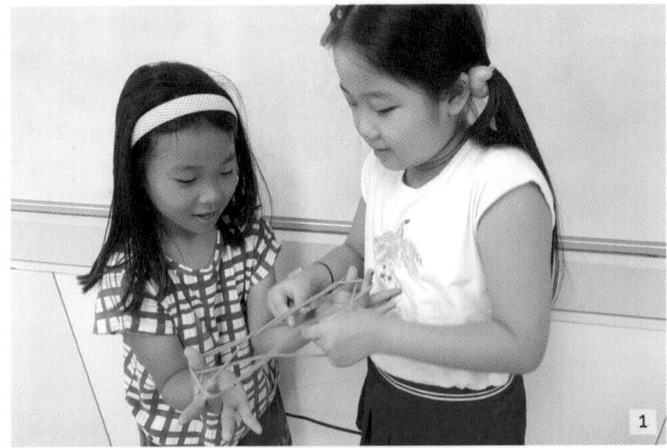
1

2

- 처음에 1명이 기본 실 모양(날틀 모양)을 만들면 참여하는 아이가 3명이어도 차례대로 실 모양을 바꿀 수 있어요.
- 이기기 위한 게 아닌 함께하는 놀이로 긍정적인 사회성이 발달됩니다.

다리를 접는 셈 놀이

여럿이 함께 다리를 펴고 맞물리게 앉아, 노래에 맞춰 순서대로 터치하다 노래가 끝날 때 터치된 다리를 한쪽씩 접는 놀이입니다. 맨 마지막까지 남는 다리의 주인이 왕이 되고 왕은 다른 아이들에게 미션을 줄 수 있습니다.

준비물 없음

놀이방법

1 여럿이 다리를 엇갈리게 끼워 앉고 시작 순서를 가위바위보로 정한다.
- 노래에 맞춰 엇갈린 다리를 순서대로 터치한다.

2 노랫말이 끝나는 순간 터치된 다리는 밖으로 빼거나 접는다.
- 제일 마지막에 남은 다리의 주인이 왕이 되어 심부름을 시키거나 미션을 주면 나머지는 그 미션을 따라야 한다.
- 미션 완성 후 다시 다리를 엇갈리게 끼워 앉아 놀이를 시작한다.

1

2

- 노래는 너무 길지 않은 동요나 민요 <이거리 저거리 각거리>도 가능해요.
- 네이버 카페 <신나는 세모 놀이터> '전래 놀이-<이 거리 저 거리 각거리> 민요'를 참고하세요.
- 왕이 되면 실현 가능한 미션을 주도록 안내합니다.

전래·15

눈 가리고 까막 잡기

눈을 가리고 친구를 찾는 놀이입니다. 둥글게 둘러싼 아이들 중에 각 팀에서 1명씩 나와서 서로 눈을 가리고 고양이와 쥐가 되어 고양이는 잡는 역할, 쥐는 손뼉을 치며 도망가는 역할을 하는 흥미롭고 짜릿한 놀이입니다.

준비물 눈을 가릴 수 있는 천이나 안대

놀이방법

1 2명씩 짝이 되어 서로 가위바위보를 해 두 팀으로 나눈다.
- 두 팀은 서로 1명씩 사이에 두고 원형으로 둥글게 둘러선다.
- 원 안에서 놀이를 하는 '고양이'와 '쥐'를 각 편에서 1명씩 뽑는다.
- 고양이와 쥐는 눈을 가리고 고양이는 잡는 역할, 쥐는 손뼉을 치며 도망가는 역할을 한다.

2 쥐가 잡히면 한 판의 놀이가 끝나고 다시 고양이와 쥐를 정해 놀이를 계속한다.

1

2

- 눈을 가리고 하는 활동이라 다치지 않도록 주의를 줍니다.
- 둥글게 손을 잡고 선 아이들은 고양이와 쥐가 된 친구들이 밖으로 나가지 못하게 하며, 친구들을 보호해줍니다.
- 쥐가 되어 손뼉 치며 달아나는 친구 목소리를 듣고 친구 이름까지 맞히기, 술래잡기 놀이로 응용합니다.

조심조심, 산가지 놀이

옛날에 나뭇가지를 꺾어서 가지를 떼어내거나 여러 가지 형태를 만들며 논 데서 유래했습니다. 아이들의 손 조정력, 수리력, 집중력 향상에 도움을 줄 수 있어요.

준비물 산가지 100개 이상(모둠별로 준비)

놀이방법

1 산가지를 한꺼번에 잡고 공중으로 던져서 흩어지게 한다.
- 가위바위보로 순서를 정해서 한 사람씩 산가지를 떼어낸다.
- 산가지를 떼어내다가 옆에 있는 다른 산가지를 건드리면 가져갈 수 없다.
- 순서대로 산가지가 모두 없어질 때까지 놀이를 계속 진행한다.

2 산가지가 모두 없어지면 자신이 가져간 산가지의 숫자를 세어보고 색깔에 따라 점수를 합산한다. 빨강-5, 주황-4, 노랑-3, 파랑-2, 초록-1점씩 점수를 부여해서 계산한다.
- 산가지 점수의 합이 가장 높은 사람이 승리한다.

1

2

- 놀이용 산가지를 구매해도 되지만 나무젓가락을 색칠해 사용할 수 있어요.
- 주사위를 던져서 나온 숫자만큼 산가지 가져가기 놀이로 응용할 수 있어요.

보리, 보리, 쌀!

한 아이는 두 손을 모아 엄지와 새끼를 맞붙여 공간을 만들고 다른 아이는 주먹을 쥐고 친구의 손에 보리나 쌀을 외치며 들어갔다 나오는 놀이입니다. '쌀'이라고 할 때 공격은 민첩하게 치고 나오고 수비는 잘 잡아내야 합니다. 탐색하고 집중하는 동안 아이들의 민첩성과 정확성이 향상됩니다.

준비물 없음

놀이방법

1 가위바위보로 공격과 수비를 정하고 수비는 두 손을 오므리고 공격은 주먹을 만들어 수비의 두 손 공간 속으로 '보리, 보리' 하며 들어갔다 나왔다를 반복한다.
- 순간 '쌀' 하고 들어갔다 나온다.

2 '쌀' 할 때 잡히면 공수가 바뀌며, 잡히지 않으면 놀이는 지속된다.

1

2

- 일부러 들어가는 공간을 작게 만들거나 주먹을 강하게 잡아 다치지 않도록 놀이 규칙을 알려줍니다.
- '보리, 보리, 쌀!' 대신 다른 용어로 바꿔 진행해도 됩니다.

폴짝폴짝 사방치기

1단계에서 8단계까지 선을 밟지 않고 신중하게 한 발 뛰기와 양발 뛰기, 뒤돌아 뛰기를 하면서 아이들은 몸을 조절하는 능력이 발달하고, 떨어진 망을 주어오기 위해 집중력과 민첩성까지 커집니다. 순서와 규칙을 지키며 함께 놀이하는 가운데 또래관계 역시 좋아집니다.

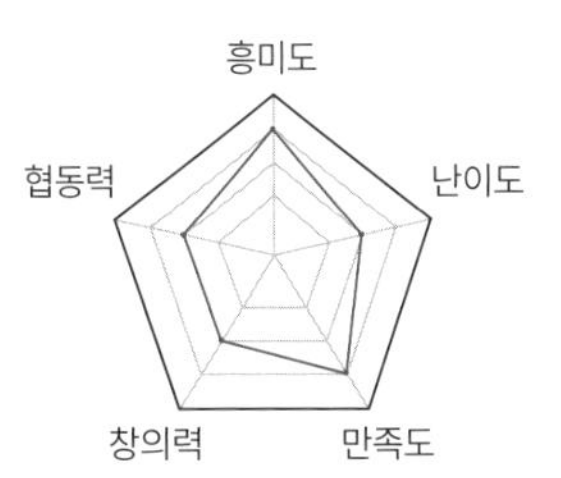

준비물 작은 돌멩이, 마스킹 테이프

놀이방법

1 바닥에 마스킹 테이프로 8단의 사방치기 판을 그리고 가위바위보로 순서를 정한다.
- 출발선에서 작은 돌멩이나 사물(망)을 1단계에 던진다.
- 1단계에 망이 잘 들어갔다면, 2단계부터 시작하여 한 발 혹은 두 발로 이동하는데 2, 3단계는 깨금발로 들어가고 4, 5단계는 양발을 동시에 디딘다.
- 6단계는 다시 깨금발, 7단계와 8단계는 양발을 동시에 디딘다.
- 7, 8단계에서 뒤돌아서 디디고 역순으로 가다 2단계에서 1단계의 망을 집고 밖으로 나온다.

2 망을 2단계에 던지고 앞의 방식대로 진행한다. 이런 식으로 8단까지 모두 완성하여 상대편보다 빨리 돌아오면 이긴다. 발이 틀리거나 망을 못 집으면 순서가 상대편으로 넘어간다.

1

2

- 동일한 던지기 재료(망)를 활용합니다(도토리, 공기, 돌멩이 등).
- 선을 밟거나 망을 줍지 못하면 죽게 됩니다.
- 다시 순서가 되었을 경우 죽었던 단계부터 시작하여 8단계를 완성합니다.

전래·19

무궁화 꽃이 피었습니다

고정된 장소에서 술래가 뒤돌아서서 '무궁화 꽃이 피었습니다!'라고 외치는 동안 친구들이 살금살금 또는 웃기는 모습으로 다가갑니다. 술래가 뒤돌아보았을 때 몸이 흔들리거나 움직이면 술래에게 잡혀갑니다. 술래에게 잡혀간 친구를 구하러 가볼까요?

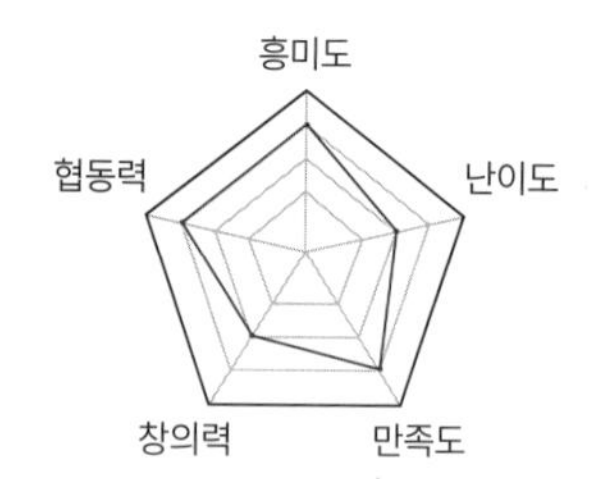

준비물 없음

놀이방법

1 가위바위보로 술래를 정하고 술래는 기둥 등 고정된 공간에서 뒤로 돌아 눈을 가리고 '무궁화 꽃이 피었습니다'를 외친다.

- 출발선에 선 아이들은 '무궁화 꽃이 피었습니다'를 외치는 동안 술래에게 가까이 다가간다.

2 술래는 '무궁화 꽃이 피었습니다'를 한 후 재빨리 뒤를 돌아본다. 그때 움직인 아이를 불러내서로 새끼 손가락을 건다. 여러 명이면 계속 연결한다.

- 남은 아이들은 술래에게 잡힌 친구들을 구하기 위해 술래 가까이 다가간다.
- 마지막에 술래에게 잡힌 친구들의 손을 가른 뒤 재빨리 출발선으로 되돌아온다.
- 술래에게 도망가다 잡히면 술래가 되어 놀이가 다시 시작된다.

1

2

- 웃긴 표정이나 동작 등으로 즐거움을 더하게 해주세요.
- 빠르게, 느리게 등 '무궁화 꽃이 피었습니다'를 외치는 속도를 조절할 수 있어요.
- 쫓고 쫓기는 동안 넘어져서 다치지 않도록 조심시킵니다.

전래·20

신나는 개뼈다귀 놀이

특별한 도구 없이도 바닥에 선만 그으면 언제 어디서나 할 수 있는 놀이입니다. 한 번도 안 해본 사람은 있어도 한 번만 해본 사람은 없다는 그 놀이, 개뼈다귀 놀이를 하면서 신나게 놀아볼까요?

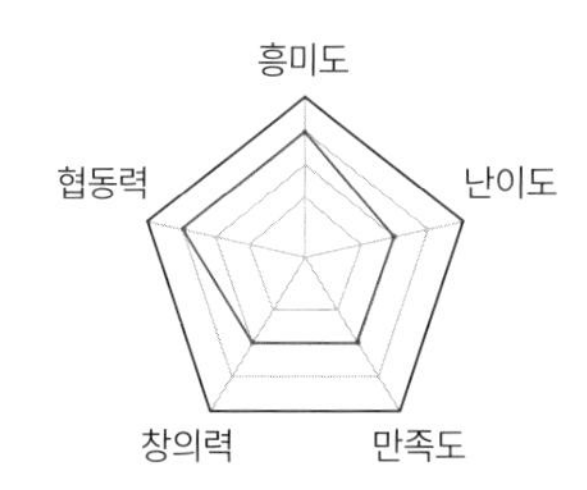

준비물 마스킹 테이프

놀이방법
1 땅에 개뼈다귀 모양으로 놀이판을 그리고 두 팀으로 나누어 가위바위보를 해서 수비와 공격을 정한다.
- 뼈다귀 안이 공격팀 집이고, 바깥이 수비팀 집인데 공격은 수비를 피해 건너편 집에 갔다가 돌아와야 하고 수비는 가지 못하게 막는다.
- 공격은 밖으로 나오거나 금을 밟으면 죽고 수비 역시 안으로 들어가거나 금을 밟으면 죽는다.

2 공격팀은 1명이라도 성공하면 모두 부활하여 다시 게임이 시작되고 수비는 상대팀이 모두 죽어야 공격을 할 수 있다.

1

2

- 공격팀이 건너편 집에 다녀오는 횟수는 서로 상의하여 3~5회 정도로 하는 것이 적당해요.
- 상대를 밀고 당기는 몸싸움을 하게 되므로, 되도록 옷을 잡아당기지 말고 신체의 일부를 밀고 당기도록 주의를 줍니다.
- 손톱으로 꼬집거나 할퀴지 않도록 미리 주의를 줍니다.

윷이야, 모야

윷놀이는 5개의 윷가락을 한꺼번에 던져 나온 모양에 따라 도(돼지-1칸), 개(개-2칸), 걸(양-3칸), 윷(소-4칸), 모(말-5칸)로 말판 위 말을 옮기는 숫자가 정해집니다. 뒤로 1칸 가는 '백도', 윷가락이 정해진 바닥 밖으로 떨어지면 한 번 쉬는 '낙', 말 2개, 3개가 함께 가는 '업고가기' 등을 잘 활용해서 말판을 다 돌아오면 이기는 놀이입니다.

준비물 윷판, 윷가락, 말판, 말

놀이방법

1. 두 팀으로 나눈 다음 가위바위보로 순서를 정하고 던질 윷을 줍는다.
2. 윷을 가지런하게 모아 잡는다.
3. 윷판 위에 윷을 던진다.
4. 나온 윷의 모양에 따라 말판 위 말을 움직인다.
   - 주어진 말들이 모두 말판을 돌아오는 팀이 이긴다.

1

2

3

4

- 말의 종류(도토리, 돌멩이 등)는 다양하게 활용할 수 있어요.
- 목각 윷은 너무 높게 던지면 다칠 수 있으므로 안전에 유의합니다.

팔씨름으로 겨뤄봐요

서로 손을 맞잡고 힘을 겨루는 놀이입니다. 상대편과 체격 차이가 심하게 날 경우 상대방을 배려하여 손목을 잡아줄 수 있어요. 단체 놀이로 여럿이 상대팀과 팔 힘을 겨뤄 승패를 가르거나, 토너먼트로 경기하여 최종 승자를 가릴 수 있어요. 가장 팔 힘이 센 사람으로 인정받으면 아이의 자존감이 높아져요.

준비물 없음

놀이방법

1. 두 사람이 엎드리거나 마주 앉아 손을 맞잡는다.
   - 잡은 손이 흔들리지 않도록 다른 손으로 팔꿈치를 잡거나 균형을 잡기 위해 바닥을 짚는다.
2. 시작과 함께 서로의 팔 힘을 이용하여 상대방의 팔을 넘긴다.
   - 손목이 꺾기거나, 손등이 바닥에 닿으면 진다.
   - 여럿이 차례대로 겨루어 가장 팔 힘이 센 사람을 가린다.

1

2

- 체격이나 힘의 세기가 비슷한 아이들과 시합을 할 수 있도록 조정합니다.
- 시작이라는 알림 전에 힘을 주어 넘기는 것은 반칙! 놀이의 규칙을 지키도록 해주세요.

전래·23

쫓고 쫓기는 8자 놀이

8자 모양을 그리고 그 안에서 아이들과 술래가 함께 도망가고 쫓는 놀이로 긴장감과 즐거움을 느낄 수 있어요. 8자의 끝쪽은 강으로 막혀 있는데 아이들은 두 곳의 강에서 1명씩 차례로 건널 수 있어요. 술래가 계획을 세워 강 쪽으로 아이들이 모이게 하면 쉽게 잡을 수 있습니다. 8자의 강을 건너 살아남을 방법을 찾아보며 놀이합니다.

준비물 마스킹 테이프

놀이방법

1. 마스킹 테이프로 8자를 크게 그리고, 가위바위보로 술래를 정한다.
   -술래는 8자의 한쪽 끝 강 앞에서 숫자를 10까지 큰 소리로 센다.
2. 놀이하는 아이들은 술래를 피해 멀리 달아난다.
3. 술래는 아이들을 잡으러 다니는데 8자의 두 강은 건널 수 없다.
   - 아이들은 술래를 피해 두 강을 건너다닐 수 있다.
   - 술래에게 잡히거나, 8자의 선을 밟으면 술래가 되어 놀이가 다시 시작된다.

1

2

3

- 8자 강에 너무 많은 아이들이 모여 서로 밀치다 넘어지지 않도록 주의를 줍니다.
- 옷이나 신체를 잡아당기지 않도록 합니다.
- 잡힌 아이가 술래가 되거나, 아이들이 모두 잡히면 가위바위보로 술래를 교체해도 됩니다.

차거나 던지는 비석 치기

오랜 역사를 지닌 전래 놀이로 일정한 거리에서 손바닥만 한 작은 돌을 발로 차거나 던져 상대의 비석을 쓰러뜨려야 합니다. 이 놀이는 2명이 할 수도 있지만, 여러 사람이 두 팀으로 나누어서 하면 더욱 재미있어요.

준비물 비석, 마스킹 테이프

놀이방법

1 두 팀으로 나누고 가위바위보로 어느 팀이 먼저 비석 치기를 할지 정한다.
- 진 팀이 바닥에 일정한 간격을 두고 나란히 비석을 세우고, 이긴 팀은 출발선에서 자신의 비석을 던져서 상대의 비석을 맞혀 쓰러뜨린다.

2 머리에 비석을 올리고 천천히 다가가 비석을 머리에서 흘러내리게 해 상대 팀 비석에 맞혀 쓰러뜨린다.
- 정해진 순서대로 비석을 모두 넘어뜨리면 그다음 단계로 넘어가서 계속 비석 치기를 할 수 있지만, 도중에 실패하면 상대편에게 기회가 넘어간다.

1

2

- 놀이 전에 비석 치기 방법을 동영상으로 시청합니다.
- 네이버 카페 〈신나는 세모 놀이터〉 '전래 놀이-비석 치기 동영상과 동작 방법'을 참고하세요.
- 도중에 실패했다고 친구를 비난하지 않도록 미리 주의를 줍니다.

전래·25

소리쳐, 생명의 주문

술래에게 잡히려는 순간 생명의 주문 '앉은뱅이!' 라고 외치며 그 자리에 앉으면 살 수 있어요. 술래를 피해 도망치고, 부지런히 '앉은뱅이'가 아닌 아이들을 쫓아다니며 아이들은 건강한 체력을 기를 수 있고 순발력과 민첩성이 향상됩니다.

준비물 없음

놀이방법
1 가위바위보로 술래를 정하고 술래가 숫자 10까지 세면 아이들은 술래 주변에서 멀리 달아난다.
2 술래에게 쫓겨 잡히게 되는 순간 '앉은뱅이'를 외치며 제자리에 앉는다.
3 술래가 다른 아이들을 잡으러 갈 때 다시 일어나 도망을 간다.
4 술래에게 잡히면 술래가 되어 놀이를 진행한다.

1

2

3

4

- 놀이 공간이 너무 넓으면 뛰다가 지칠 수 있으니 적절한 공간을 정합니다.
- '앉은뱅이' 동작 대신 '나무 붙잡기', '벽에 기대기' 등 다른 미션으로 바꾸어 놀이를 진행할 수 있어요.

전래·26

도망가자, 다방구

술래잡기 놀이가 변형된 '다방구'는 술래가 잡은 아이들을 손에 손을 잡고 한 줄로 끌고 다니면 다른 아이가 술래 몰래 다가와 잡힌 아이들의 손을 '다방구'라고 외치며 끊고 도망갑니다. 손이 끊긴 포로들도 다 도망가지요. 건강한 체력과 순발력이 커지고 서로에 대한 믿음을 통해 사회성도 발달하는 놀이입니다.

준비물 없음

놀이방법

1 술래를 정하고 술래는 숫자 10까지 천천히 센 후 아이들을 쫓아 달린다.
2 술래는 가까이에 있는 아이를 잡는다.
3 술래에 잡힌 아이는 술래와 손을 나란히 잡는다.
4 살아남은 아이가 술래 몰래 다가와 '다방구'라고 외치며 잡은 손을 가른다.
 - 술래가 아이들을 다 잡으면 한 판이 끝나고 다시 술래를 정해 놀이를 지속한다.

1

2

3

4

- 술래는 숫자를 반복해서 세거나, 무궁화 꽃이 피었습니다 등을 반복하며 놀이 시작을 알립니다.
- 놀이 공간을 넘어 뛰어다니지 않으며, 잡을 때 다치지 않도록 규칙을 지키게 합니다.

전래·27

동동, 동대문을 열어라

대문 놀이 중 하나인 '동동, 동대문을 열어라'는 4~5명만 모이면 할 수 있어요. 2명의 아이가 손을 맞잡고 높이 들어 대문을 만들면 다른 아이들은 노래를 부르며 대문을 통과하는 놀이입니다.

준비물 없음

놀이방법 가위바위보로 술래 2명을 정한다.

- 술래가 된 아이들은 두 손을 맞잡고 높이 올려 대문을 만든다.
- '동동, 동대문을 열어라, 남남, 남대문을 열어라' 노래에 맞춰 아이들이 차례대로 대문을 통과한다.
- 노래 끝의 '문을 닫는다' 하는 순간 대문을 통과하던 아이가 잡혀 술래가 된다.

- 여러 명의 아이들이 줄을 맞춰 통과하는 놀이이므로 충분한 공간이 필요합니다.
- 노래의 빠르기를 조절해 재미를 더할 수 있어요.

한 발로 겨루는 닭싸움

양손으로 다리 한쪽을 잡고 서로 다리를 부딪쳐서 잡은 다리가 먼저 풀어지면 지는 놀이입니다. 한 발로 오래 서서 상대방과의 겨루기를 통해 신체의 균형감을 키울 수 있어요. 체격이 크거나 힘이 세다고 꼭 이기는 것이 아닌 상대방의 약점을 잘 찾아야 해요.

준비물　마스킹 테이프

놀이방법
1 2명씩 겨룰 상대를 정한다.
2 양손으로 한쪽 다리를 올려 잡아 한 발로 서서 몸을 부딪혀서 상대방의 다리를 잡은 곳이나 무릎을 공격한다. 연결된 손이 풀어지거나 넘어질 경우 진다.
3 마스킹 테이프로 동그란 원을 그리고 원 안에서도 닭싸움을 해본다. 원 밖으로 나가면 진다.
4 3명이 원 안에서 닭싸움을 할 수도 있다.

1

2

3

4

- 다리를 들어 무릎으로 공격하도록 안내합니다.
- 무릎이나 몸 이외 손과 같이 다른 신체를 사용하면 안 되는 등 규칙을 미리 정합니다.
- 단체전일 경우 살아남은 아이들의 수를 합산하여 승리한 팀을 정합니다.

전래·29

보자기로 제기차기

보자기를 이용해 전래 놀이 중 하나인 제기를 여럿이 즐기는 단체 활동입니다. 1장의 보자기를 4명의 친구가 서로 맞잡고 하기 때문에 이 놀이를 통해 친구들 사이의 배려심과 협동심을 기를 수 있어요.

준비물 제기, 보자기

놀이방법

1 4명씩 팀을 나누고 제기와 보자기를 나눠 받는다.
- 보자기의 네 모서리를 친구들이 1명씩 잡는다.
- 제기를 보자기 위에 올려놓고 위아래로 던지고 받는다.

2 제기가 보자기 아래로 떨어지지 않도록 친구들끼리 모서리를 잘 잡고 제기를 튕겨 올린다. 이 과정에서 친구들 간에 서로 상의해 힘의 균형을 잡아야 한다.

1

2

- 일정 시간 동안 더 많이 한 팀이 이길 수도 있고, 동시에 게임을 시작해서 먼저 제기가 떨어진 팀이 지도록 하는 등 규칙을 정해 놀 수 있어요.

전래·30

두껍아~ 두껍아, 새집 다오

'두껍아~ 두껍아 헌 집 줄게, 새집 다오' 하는 노래를 들어본 적이 있나요? 옴두꺼비는 독사에게 먹히면서 독사 몸에 독을 뿜어 자신의 알들은 건강히 자라도록 하죠. 우리는 이 노래를 부르며 모래놀이를 많이 했답니다.

준비물 모래

놀이방법 참여 인원수에 따라 혼자 놀이 또는 여럿이 놀이로 할 수 있다.

- 노래를 부르며 모래를 손등 위에 올려 다른 손으로 두드리며 단단하게 다진다.
- 노래가 끝나면 모래 속 손을 모래가 무너지지 않게 조심스럽게 뺀다.
- 아이들과 함께 여러 개의 두꺼비 집을 지을 수 있고, 터널을 뚫어 집과 집을 연결할 수도 있다.

- 모래 놀이 이후 몸과 주변을 깨끗이 합니다.
- 다른 아이들의 두꺼비 집을 무너뜨리거나, 놀이를 방해하지 않도록 합니다.
- 다양한 자연물을 이용하여 집과 주변을 꾸밀 수 있고 학교, 병원, 백화점 등 다양한 공간도 만들 수 있어요.

노래하며 즐기는 손뼉치기

2명씩 짝을 지어 서로 마주 보고 노래에 맞춰 자기 손바닥과 상대의 손바닥을 교차하거나 손뼉을 치면서 노는 놀이로 '쎄쎄쎄'라고도 불려요. 노랫말에 맞게 정해진 동작을 기억하고 바르게 쳐야 하기 때문에 민첩성과 리듬감이 발달하며 사회성도 향상됩니다.

준비물 없음

놀이방법

1 2명씩 짝을 정하고 서로 마주 서거나 앉는다.

- 노래를 함께 부르며 노랫말에 맞춰 손뼉치기를 한다.

(예: "아침 바람 찬바람에 울고 가는 저 기러기 우리 선생 계실 적에 엽서 한 장 써 붙여서 구리구리구리구리 가위바위보.")

- 마지막 가위바위보를 통해 승패를 가른다.

2 <반달> 노래를 부르며 여러 손동작을 반복한다.

- 아이들이 손동작을 자연스럽게 하도록 여러 번 반복해서 놀게 한다.

1

2

- '손뼉치기' 동작을 할 때 너무 강하게 치지 않도록 주의를 줍니다.
- 손등 치기, 무릎 치기 등 신체 치기를 추가할 수 있어요.
- 네이버 카페 <신나는 세모 놀이터> '전래 놀이-노래하며 즐기는 손뼉치기의 손동작 방법과 노래'를 참고하세요.

팽이 돌리기 왕중왕

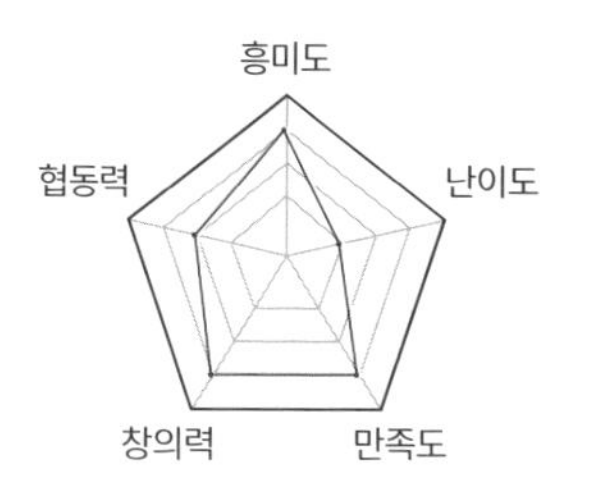

다양한 놀잇감과 블럭을 응용하여 팽이를 만들어 돌리는 아이들을 보면 우리 교실 아이들 모두 천재가 아닐까 하는 생각이 들기도 해요. 교실 안 재료들을 이용하여 팽이를 만들고 누구의 팽이가 가장 오랫동안 돌아가는지 시합도 해보세요.

준비물 각종 블럭, 다양한 놀잇감

놀이방법

1. 블록으로 팽이를 만든다.
2. 블럭 외의 다른 놀잇감과 색종이를 이용하여 팽이를 만든다.
3. 모두 모여 누구 팽이가 가장 오랫동안 돌아가는지 시합해본다.

1

2

3

- 팽이를 오래 돌릴 방법을 찾아 팽이를 수정·보완하고 돌리기 연습을 해봅니다.
- 팽이를 만든 재료가 모두 다르므로 팽이끼리 부딪쳐서 공격하는 놀이가 아니라 팽이를 누가 오래 돌리는지 시합하는 놀이를 합니다.

비빔밥, 비벼~ 비벼

여러 재료들이 섞여 자기 맛을 내면서도 조화로운 비빔밥. 우리 교실도 서로 개성은 다르지만 뜻을 모아 놀이와 학습을 하며 즐겁게 웃을 수 있는 비빔밥이 아닐까요? 오늘은 비빔밥 재료처럼 동그랗게 앉아 게임을 즐겨보는 것은 어떨까요?

준비물 의자

놀이방법

1 비빔밥 재료에 대해 이야기를 하고, 각자 비빔밥 재료 중 하나씩을 고른다.
- 동그랗게 둘러앉고, 가위바위보로 술래를 정하고 술래는 가운데 앉는다.
- '비빔밥을 만들자~' 구호를 외친 뒤 술래가 비빔밥의 재료 하나를 부른다.
- 불린 비빔밥 재료와 술래는 일어나 가위바위보를 해서 이긴 아이가 재료 자리를 차지한다.
- 진 아이는 술래가 되어 가운데 술래 자리에 앉는다.

2 술래가 '비빔밥'을 외치면 술래와 모든 재료의 친구들이 일어나 자리를 바꾼다.
- 자리를 바꿀 때 옆자리는 갈 수 없다.
- 같은 자리를 찾은 아이 2명은 가위바위보를 해서 이긴 사람이 앉는다.
- 술래가 3회 되는 친구는 벌칙을 받는다.

1

2

- 서로 술래 자리에 앉으려고도 하니 벌칙을 주어서 흥미를 더합니다.
- 너무 어려운 벌칙보다는 점프하기나 코끼리 코 돌기 등 수행하기 쉬운 것으로 정합니다.
- 뛰다가 부딪힐 수 있으니 조심합니다.

둥근 딱지로 놀아요

딱지치기는 경상도에서는 '때기치기', 평안도에서는 '땅지치기'라고 불렀어요. 손바닥으로 딱지를 치는 동안 손과 눈의 협응력이 증진되고, 입으로 불어 딱지를 넘기면 폐 기능도 향상이 됩니다. 뒤집기, 쳐내기, 벽치기 등 다양한 방법으로 놀이할 수 있어요. 이 놀이를 통해 아이의 사회성이 커져요.

준비물 둥근 딱지

놀이방법

1 상대편과 구분하기 위해 딱지를 그림이나 글로 꾸미고 순서를 정한다.
- 놀이 방법을 선택하여 입으로 불거나 손바닥으로 주변 바닥을 쳐서 상대편 딱지를 뒤집는다.

2 딱지를 모아 상대편과 대어 보고 많이 딴 아이가 이긴다.

1

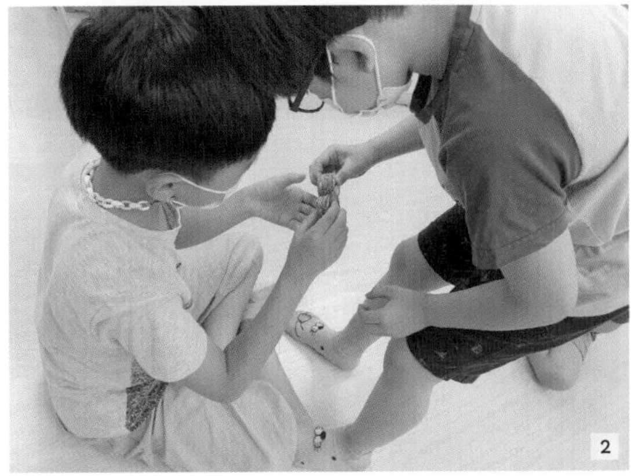
2

- 같은 수의 둥근 딱지로 놀이를 시작합니다.
- 놀이의 규칙과 방법은 다양하게 선택할 수 있어요.
  (딱지 놀이 범위를 정해 영역을 벗어나면 진다, 책상 위에서 떨어지면 진다 등.)
- 딱지 놀이는 손을 들어 손바닥으로 바닥을 치기 때문에 주변의 아이들이 다치지 않도록 살핍니다.

전래·35

손에 손잡고 강강술래

강강술래는 여러 사람이 함께 손을 잡고 둥글게 원을 만들어 돌면서 노는 활동입니다. 손을 잡고 노래를 부르며 걷거나 뛰기, 고사리 꺾기 등의 다양한 놀이 방법을 힘을 합쳐 해내기에 협동심과 친밀감을 기를 수 있어요.

준비물 없음

놀이방법

1 강강술래

- 다 함께 손을 잡고 둥글게 선다.
- 놀이 리더가 '강강술래' 하고 외치면 나머지 아이들도 같이 '강강술래'를 부르며 돈다.
- <강강술래> 노래에 맞춰 느리게 빠르게 걷고 뛰기 등 다양하게 돈다.

2 고사리 꺾기

- 손을 잡고 원을 만들어 앉는다. 한 아이가 일어서서 시계 반대 방향으로 돌면서 다음 사람의 맞잡은 팔 위를 넘는다. 이와 같이 차례대로 한 사람 한 사람 계속 넘어간다.
- 마지막 사람까지 넘고 나면 다시 둥근 원이 된다.

1

2

- 청어 엮기 청어 풀기, 국민 생활 댄스 강강술래 등 다양한 춤 동작을 하면서 함께 돌 수 있도록 놀이를 구성합니다.
- 아이들 수에 따라 충분한 놀이 공간을 확보해야 합니다.
- 네이버 카페 〈신나는 세모 놀이터〉 '전래 놀이-강강술래와 고사리 꺾기 동영상'을 참고하세요.

남생아, 놀아라

남생이는 민물 거북이를 말해요. 놀이의 대표가 '남생아, 놀아라' 하고 부르면 나머지 아이들은 손을 잡고 원형으로 돌다가 '촐래촐래가 잘 논다' 하며 신체를 이용하여 춤을 춥니다. 사람을 지정하여 순서대로 나와 웃긴 동작이나 동물들의 특징을 몸으로 표현하는 활동을 할 수도 있어요.

준비물 동물 이름 카드

놀이방법

1. 가위바위보로 놀이 대표를 정한다.
2. 다 같이 손을 잡고 원형을 만든다.
3. 대표가 리듬에 맞춰 '남생아 놀아라' 하고 말하면 아이들은 '촐래촐래가 잘 논다'라고 말하며 몸을 움직여 춤을 추며 돈다.
4. 남생이 대신 아이들의 이름을 부르면 그 아이는 원형 안으로 들어와 웃긴 동작을 하거나 동물 이름 카드를 보고 동물 흉내를 낸 후 제자리로 돌아간다.

1

2

3

4

- 여럿이 할 경우 원형으로 움직일 수 있도록 충분한 공간을 확보해주세요.
- 원 중앙에 들어가 다른 아이들의 주목을 받는 걸 너무 부끄러워하는 아이는 박수치기, 제자리뛰기 등 간단한 동작을 하도록 유도하며 격려해줍니다.
- '남생아 놀아라, 촐래촐래가 잘 논다'의 리듬을 빠르거나 느리게 하거나, 공간을 좁혔다 줄였다 하는 변화를 통해 다양하게 놀 수 있어요.

발을 밟는 돈가스

'돈' 할 때는 원을 한 발로 밟고 '가스' 하며 점프해 다른 한 발로 친구들의 발을 밟아 탈락시키는 놀이입니다. 공격해 들어오는 발동작을 피하고, 상대를 밟는 싸움으로 발을 밟히지 않고 마지막까지 남은 사람이 승리합니다. 원 하나로 신체를 조절하여 즐기는 동안 거리에 대한 공간 지각 능력과 운동 능력이 발달합니다.

준비물 마스킹 테이프

놀이방법

1 마스킹 테이프로 바닥에 원을 그린다. 가위바위보로 놀이 순서를 정하고 첫 주자부터 원 밖에서 원을 한 번 한쪽 발로 딛고(돈!), 원 밖으로 다른 한 발로 이동한다(가스).

2 모두 한 차례 이동하면 첫 주자부터 원을 한 번 딛고, 원 밖의 아이들의 발을 밟아 탈락시킨다.

3 상대방이 '돈' 하고 원 안으로 뛸 수 없도록 '가스'를 통해 길목을 막거나 거리를 벌리게 해 방해하거나 적극적으로 공격해 발등을 밟는다.

4 한 차례 공격과 수비가 끝나면 남은 사람들 중에서 순서대로 첫 주자부터 '돈' 하고 원 안으로 다시 들어온다. 이때 못 들어오면 탈락!

1

2

3

4

- 발을 세게 밟지 않도록 주의를 줍니다.
- 한쪽 발을 들고 있는 것이 풀어지거나, 원의 선을 밟거나, 넘어지면 탈락합니다.
- 원 밖으로 너무 멀리 나가면 다시 원 안으로 들어오기가 어려우므로 거리를 조절하여 뛰게 합니다.

꼬마야, 꼬마야

긴 줄을 2명이 잡아 돌리면 생기는 공간을 이용하여 땅을 짚거나, 뒤를 도는 등의 미션 동작을 수행 후 줄을 탈출하여 나오는 놀이입니다. 줄을 뛰어넘으며 미션을 수행해야 하기 때문에 공간지각 능력과 민첩성이 발달하며, 다양한 동작을 하면서 신체도 튼튼해집니다.

준비물 긴 줄

놀이방법

1 팀을 나누고 각 팀에서 줄을 넘길 2명을 정한다.
- 노래를 함께 부르며 줄을 돌리면 상대팀 아이가 차례로 들어와 줄을 뛰어넘는다.

2 다 들어오면 노래에 맞춰 '땅을 짚어라, 뒤를 돌아라, 박수를 쳐라, 만세를 불러라' 등의 미션을 수행한다.
- 놀이 도중 줄에 걸리면 놀이팀이 바뀌며, 다시 놀이가 진행된다.

1

2

- 너무 굵은 줄이나 얇은 줄은 피합니다.
- 줄을 세게 돌리면 맞거나 다칠 수 있으므로 적절한 속도를 유지하게 합니다.
- 토너먼트로 잘하는 1명을 뽑거나, 팀을 이뤄 팀 승패를 가르는 등 방법을 다양하게 할 수 있어요.

전래·39

콩주머니야, 제발 가운데로 슝~

콩주머니를 넣는 위치에 따라 점수가 달라지므로 자연스럽게 더하기를 배우는 놀이입니다. 더불어 아이들이 신체를 정교하게 쓰도록 만들어주죠. 과연 누구의 점수가 더 높을까요? 손은 물론 발등으로도 던지고, 책 위에 얹어서도 던져보자고요.

준비물 콩주머니 5개, 훌라후프 2개, 마스킹 테이프

놀이방법

1 마스킹 테이프로 출발선을 직선으로 표시해 붙인다. 1m 길이 정도의 간격을 두고 훌라후프 2개를 가운데 교집합이 만들어지도록 길게 놓는다.
- 처음에는 콩주머니를 손으로 던진다.

2 익숙해지면 발로 차도록 하며 더 익숙해지면 훌라후프를 좀 더 멀리 놓는다.
- 앞쪽 훌라후프는 1점, 뒤쪽 훌라후프는 2점, 교집합 부분은 3점, 훌라후프 바깥쪽은 0점 등으로 정한다.
- 손과 발로 각각 5회씩 던지거나 차서 콩주머니가 들어간 곳에 따라 점수를 합산한 후 가장 점수가 높은 친구가 승리!

1

2

- 콩주머니 대신 안전한 제기, 플라스틱 납작 블록 등을 이용해도 좋아요.
- 출발선과 훌라후프의 거리를 처음에는 1m 정도로 하는 것이 적당하나 아이들의 상태에 따라 더 가깝게 놓거나 익숙해지면 멀리 놓아 진행합니다.
- '어깨 위에 콩주머니를 올려놓고 어깨 움직여 멀리 보내기', '무릎 위에 콩주머니를 올려놓고 멀리 보내기' 등으로 활용해보세요.

꼬리를 잡아라

술래가 맨 마지막 아이에게 붙어 있는 꼬리를 잡는 놀이로 협동심, 또래 간의 긍정적 사회 관계 발달에 도움을 줍니다. 또한 꼬리를 잡거나 잡히는 과정 속에서 신체를 조절하는 능력과 민첩성이 향상됩니다. 누구나 참여할 수 있으며 쉽게 어디서든 놀이가 가능하답니다.

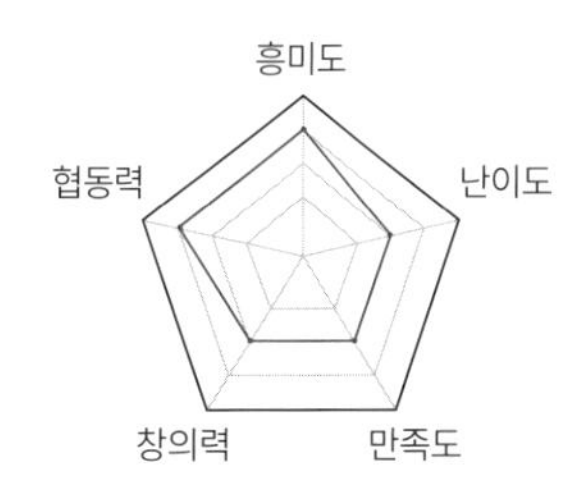

준비물 스카프

놀이방법 술래를 정하고 술래가 아닌 아이들은 한 줄로 서서 앞 사람의 허리를 잡는다.
- 술래는 맨 끝의 아이에게 붙여놓은 스카프를 잡아야 한다.
- 시작과 함께 술래에게 꼬리를 잡히지 않도록 함께 움직이며 피한다.
- 놀이 중 줄이 끊어지거나, 꼬리가 잡히면 진다.

- 꼬리로는 끈이나 스카프, 손수건 등을 다양하게 활용할 수 있어요.
- 시간을 정해놓고 하면 놀이에 더 집중합니다.
- 친구의 몸을 밀거나 위험한 행동을 하지 않도록 주의를 줍니다.

전래·41

이 땅 모두 내가 접수

전래 놀이인 땅따먹기 놀이 실내 버전입니다. 날씨가 추워 실외 활동을 하기 힘든 겨울철에 교실에서 할 수 있어요. 놀이가 끝난 후 따먹은 땅을 꾸미면서 재잘재잘 이야기를 나누는 아이들 목소리가 새소리나 노랫소리처럼 들립니다. 근사한 협동 작품도 완성!

준비물 전지, 투명 테이프, 바둑알, 색연필, 30cm 자, 색칠 도구

놀이방법

1 바닥에 전지를 깔고 투명 테이프로 움직이지 않게 고정한다.
- 가위바위보로 순서를 정하고 바둑알을 세 번 튕겨서 다시 집에 돌아오면 바둑알이 지나간 자리의 안쪽이 자기 땅이 된다.
- 바둑알이 지나간 자리는 일단 점을 찍은 후 성공하여 집으로 돌아오면 선을 연결한다.
- 세 번 만에 자기 집으로 돌아오지 못하면 죽게 되고, 다음 사람에게 차례가 넘어간다.
- 따먹을 땅이 없을 때까지 계속하고, 가장 많은 땅을 차지한 사람이 이긴다.

2 놀이를 마친 후 획득한 땅을 색칠 도구로 꾸며본다.

1

2

- 전지의 한 모서리를 각자 정하여 자기 집을 그립니다.
- 전지에 선생님 스티커를 군데군데 붙여두고 그 땅을 획득한 아동은 한 번 더 할 기회를 줍니다.
- 네이버 카페 <신나는 세모 놀이터> '전래 놀이-선생님 스티커'를 참고하세요.

여우야, 여우야~ 뭐하니

죽었다, 살았다의 결정을 여우가 하는데 '살았다'라고 하면 여우를 피해 도망가고 '죽었다'고 하면 움직여선 안 되는 놀이입니다. 여우가 어떤 결정을 할지 기다리는 순간 긴장감과 스릴이 생깁니다. 신속히 움직임을 정해야 하기에 민첩성도 높아지죠.

준비물 마스킹 테이프

놀이방법

1 술래 1명(여우)을 정한 뒤 출발선과 거리가 떨어진 곳에 마스킹 테이프로 여우 집(동그라미 등)을 그린다.
- 여우는 여우 집에 뒤돌아 앉아 있고, 다른 아이들은 출발선에 선다.

2 '한 고개 넘어서 아이구! 다리야~.' 이렇게 네 고개까지 노래를 부르며 여우에게 다가간다.

3 노래가 끝나면 '여우야, 여우야~ 뭐하니?' 하고 물어본다.
- '밥 먹는다.' '무슨 반찬?' '살았니? 죽었니?' 하며 번갈아 묻고 답한다.
- 여우가 '살았다' 하고 결정하며 나머지 아이들은 여우를 피해 출발선으로 되돌아가고 '죽었다' 고 하면 그 자리에 멈춰 있어야 한다.

4 여우에게 잡히거나, 죽었다고 했을 때 움직이면 술래가 되어 다시 놀이가 시작된다.

• 인원이 너무 많으면 혼란스러우니 인원수를 적절하게 구성하거나 팀을 나눠 놀이합니다.

전래·43

삼팔선 놀이, 이랑 타기

농사짓는 땅의 모양 안에서 공격과 수비로 나뉘어 잡고 피하는 놀이입니다. 한국전쟁의 영향을 받아 '삼팔선' 놀이로 불리기도 했어요. 수비의 빈틈을 찾아 재빠르게 통과하고 공격하는 아이의 동작을 관찰하여 잡는 과정 속에서 민첩성과 판단 능력이 향상됩니다.

준비물 분필 또는 마스킹 테이프

놀이방법

1 이랑을 그린다.
- 이랑의 간격은 양쪽 수비가 손을 뻗어 닿지 않는 거리로 하며 공격팀 이랑을 넓게 그린다.

2 두 팀으로 나눈 뒤 공격팀과 수비팀을 정한다.

3 수비팀은 각각의 이랑에 들어가 있고, 선 밖으로 나와서는 안 된다.
- 수비하는 사람이 공격자를 치면 공격자가 죽게 된다.
- 공격자가 수비하는 사람을 뒤에서 밀어 이랑을 벗어나게 하면 수비하는 사람이 죽게 된다.
- 공격팀과 수비팀 모두 금을 밟으면 죽고, 죽은 사람은 놀이판을 나와야 한다.

4 공격팀의 1명이라도 수비팀 이랑을 건너뛰어 반환점까지 갔다가 되돌아오면 승리한다.
- 공격팀이 모두 죽으면 공격과 수비를 바꾸어 다시 시작한다.

1

2

3

4

- 공격자가 1명 남으면 수비와 가위바위보를 해서 이기면 건너갈 수 있어요.
- 참여 인원수에 따라 3개, 4개 이상의 이랑을 만들 수 있어요.
- 평평한 공간에 이랑을 그려 놀이를 합니다.

노래 부르며 수건을 돌려요

여럿이 동그랗게 앉아 노래를 부르며 술래가 혹시 나에게 수건을 놓고 갔나 자꾸 뒤를 살피는 놀이입니다. 그러나 술래가 수건을 놓기 전에 뒤를 돌아보는 것은 반칙입니다. 술래가 슬쩍 허리를 숙였다면 혹시 내 뒤에 수건을 놓았는지 재빠르게 의심해야 합니다. 눈치 빠른 아이만이 벌칙을 면할 수 있어요.

준비물 수건

놀이방법

1 여럿이 함께 동그랗게 원을 만들어 앉는다. 노래에 맞춰 술래는 원 밖을 따라 걸으며 수건을 아이들 중 누구의 등 뒤에 놓을지 결정한다.

2 몰래 수건을 내려놓은 뒤 다시 원을 한 바퀴 돌아 수건이 놓인 위치로 달려온다.
- 앉아 있는 아이가 수건이 놓여 있는지 모른 채 잡히면 술래, 혹시 알았더라도 술래가 자기 자리에 앉기 전까지 잡지 못하면 술래가 된다.
- 술래는 수건을 놓은 그 위치에 가서 앉아야 하며, 다시 수건돌리기 놀이가 시작된다.

1

2

- 술래가 수건을 놓고 간 것을 알아도 다른 친구들이 알려주면 반칙입니다.
- 벌칙을 정해 술래가 되면 원 안에서 벌칙을 수행 후 놀이를 진행합니다.

미션, 색을 찾아라

세상의 다양한 색을 찾아 도망가고 쫓아가는 놀이를 통해 주변의 사물과 색깔 등 공간에 대해 자연스럽게 배울 수 있어요.내가 술래가 된다면 어떤 색을 찾으라고 할까요? 행복한 고민이 시작됩니다.

준비물 없음

놀이방법

1 가위바위보로 술래를 정하고 술래는 정해진 장소에서 '색을 찾아라'라고 외친다.
- 아이들은 술래와 거리를 두고 서거나 멀리 달아난다.

2 술래가 '빨간색' 하고 외치면 아이들은 정해진 색을 찾아 주변을 도망 다닌다.
- 술래가 정한 색을 찾지 못하고 잡히면 술래가 되어 놀이가 다시 시작된다.

1

2

- 술래의 팔이나 발목에 방울 달린 끈을 묶어 소리를 내는 확장 놀이도 가능합니다.
- 방울 소리가 점점 커질수록 아이들의 발걸음이 빨라지게 됩니다.
- 처음에는 기본색으로, 나중에는 혼합색으로 놀이를 심화시킬 수 있어요.

땅강아지, 헐랭이 차기

제기차기에는 땅강아지, 헐랭이, 양발차기 등 다양한 방법이 있어요. 제기가 떨어지는 거리에 맞춰 다리를 들어 차는 동안 눈과 다리의 협응력이 길러집니다.

준비물　제기

놀이방법
1 땅강아지(막차기)는 한 발로 제기를 차며, 찰 때마다 차는 발이 땅에 닿아야 한다.
2 헐랭이(발 들고 차기)는 제기를 차는 발이 땅에 닿지 않아야 한다.
3 양발차기는 양쪽 모두를 제기 차는 발로 사용한다.
- 팀으로 놀이를 할 때는 편을 나눠 제기를 순서대로 차서 제일 많이 찬 팀이 이긴다.

1

3

2

- 헐랭이 차기를 할 때 몸의 중심을 잡기 힘들면 한쪽 벽을 손으로 짚고 다리만 땅에 닿지 않게 할 수 있답니다.
- 발꿈치 뒤로 차기, 머리에 얹기, 귀 위까지 올려 차기 등 다양한 놀이와 방법으로 확장 놀이가 가능합니다.
- 놀이하기에 편안한 복장과 신발을 착용하면 제기 차는 수를 더 늘릴 수 있어요.

얼음! 땡!

'앉은뱅이'의 변형된 놀이로 술래를 피해 도망가다 잡히는 순간 '얼음!' 하고 그 자리에 정지할 수 있습니다. 그러면 술래는 다른 아이들을 잡으러 갑니다. 잡히지 않은 아이가 얼음이 된 친구들을 '땡!' 하고 쳐주어야 다시 움직일 수 있어요.

준비물 없음

놀이방법

1 술래를 정하고 놀이 공간 안에서 술래는 쫓고, 다른 아이들은 도망을 다닌다. 술래에게 잡힐 것 같으면 '얼음!' 하고 외치며 동작을 멈추고 그 자리에서 친구의 구출을 기다린다.

2 도망 다니던 아이가 술래를 피해 얼음이 된 아이를 '땡!' 하며 쳐주면 함께 도망간다.
- 잡힐 경우 술래가 되어 놀이를 다시 진행한다.

1

2

- 놀이 공간이 너무 넓으면 흥미가 떨어지므로 인원수에 맞는 공간을 정합니다.
- 신체를 강하게 당기거나 잡다 보면 다칠 수 있으니 규칙을 지키며 놀이합니다.

조준! 투호 놀이

항아리나 통에 화살이나 나무젓가락 등을 던져넣는 놀이입니다. 손과 눈의 협응력이 향상되며, 거리 감각을 배울 수 있어요. 통 안으로 화살이 들어가면 성취감을 맛볼 수 있습니다.

준비물 투호 통, 투호 화살

놀이방법

1. 항아리나 빈 통을 출발선에서 일정 거리 떨어진 곳에 놓는다.
   - 출발선에 순서대로 화살을 들고 선다.
2. 화살을 조준하여 통 안에 들어가도록 던진다.
   - 정해진 화살 개수만큼 던져 통 안에 들어간 수를 센다.
   - 제일 많이 들어간 아이가 이긴다.

1

2

- 단체 놀이일 경우 일정수의 화살을 나눠 던져 들어간 화살 개수의 합으로 승패를 가릅니다.
- 화살을 던질 때 안전거리를 확보하고, 놀이 규칙을 지키도록 안내합니다.
- 나무젓가락이나 공 등 다양한 재료를 활용할 수 있어요.

호기심 퐁퐁,

월별·계절별 특별 놀이 54가지

매달, 계절 따라 색다른 이벤트와 특별 놀이로 다채롭게 놀아보아요

요즘 아이들의 놀이 문화가 옛날과 많이 달라졌어요.

생일을 맞으면 친구들을 키즈 카페로 초대해서 파티를 하고, 블록 방에는 블록 놀이를 좋아하는 아이들이 모이고, 파자마 파티라 해서 친구 집에서 잠옷을 입고 함께 자기도 하고, 강아지를 좋아하는 아이들은 강아지와 함께 애견 카페에서 만나며, 특별한 미술 놀이 체험을 위해 각 주제별 체험관을 찾아가기도 하고, 직업 체험을 해보기도 합니다.

이제 교실에서도 아이들의 놀이 문화에 맞추어 일 년 사계절, 열두 달 다양한 이벤트와 특별 놀이로 좀 더 흥미롭고 신기한 경험을 제공해 아이들의 잠재된 무한 가능성을 끌어내봅시다.

이벤트는 그달의 주요 행사나 계절에 따라 누구나 한 번쯤은 경험해본 기본적인 것부터 처음 해보는 활동까지 준비해보았습니다. 봄에는 화전을 구워 먹고, 어린이날과 어버이날을 위한 다양한 이벤트와 여름에 맞는 놀이도 해보세요. 가을이 다가오면 추석맞이 송편을 빚고 또 하나의 행사로 자리 잡아가는 핼러윈도 즐겨봅시다. 찬바람이 부는 겨울이 되면 화이트 크리스마스를 기다리며 일 년을 마무리하고 수료 파티를 하는 날까지 매일 이벤트하는 기분으로 아이들과 함께 행복을 가득 채워보세요.

특별 활동은 예산(돈?)이 좀 들어가서 평소에 자주 하지 못하는 놀이들로 구성해보았습니다. 투자를 한 만큼 작품다워지는 것이 사실이라 아이들이 너무나도 좋아하지요. 결석한 아이도 다음 날 꼭 하려고 하는 특별한 재료가 들어간 놀이, 만드는 순간부터 "선생님, 이거 언제 집에 가져가요?"라는 질문이 나올 만큼 욕심나는 놀이예요.

정말 놀이는 끊임없이 많고 다양합니다. 한순간 찰나의 놀이 속에서도 아이들은 자기가 배운 것을 영원히 기억한다고 합니다. 놀이에는 정답이 없는 만큼 틀려도 괜찮다는 것을 알려주어 자신 있게 즐기고, 새롭고 특별한 놀이 경험을 많이 쌓게 해주어 미래를 이끌어갈 꿈 많은 우리 아이들의 창의성 개발에 보탬이 되고 상상의 날개가 더 빛이 나게 해주세요.

매달 색다른 이벤트와 특별 활동으로 다채롭게 놀아 순수한 우리 아이들의 얼굴에 환하고 행복한 미소가 크게 번지길 고대합니다.

연간 활동 계획 - 이벤트

월	시기	놀이명
3월	봄	우정을 전하는 날
		솜사탕 만드는 날
4월		예쁜 화전 굽는 날
		놀잇감 없는 날
5월		감사함을 전하는 어버이날
		신나는 우리들의 날
6월	여름	아나바다 시장 놀이하는 날
		명품 지갑 만드는 날
7월		방울, 방울, 비눗방울 부는 날
		뾰족뾰족 모래성 쌓는 날
8월		구수한 옥수수 찌는 날
		시원하게 더위 쫓는 날
9월	가을	요술 항아리 접는 날
		추석맞이 송편 빚는 날
10월		모두가 유령 되는 날
		내 장난감 자랑하는 날
11월		신문지로 패션쇼하는 날
		봉투로 가면 놀이하는 날
12월	겨울	자이언트 플라워에서 사진 찍는 날
		산타 할아버지 기다리는 날
1월		우정의 편지 쓰는 날
		친구를 특별하게 칭찬하는 날
2월		모두모두 생일 축하하는 날
		친구야, 안녕! 수료 파티하는 날

이벤트·1

우정을 전하는 날

새 학기가 되었으니 캔디 머신으로 사탕을 전하며, 친구끼리 우정을 나누는 건 어떨까요? '사탕데이'에 그냥 사탕만 주기보다는 재활용 플라스틱 컵으로 캔디 머신을 만들어보세요. 캔디 머신에서 사탕이 나오면 아이들이 무척 재미있어하지요.

준비물 캔디 머신(플라스틱 컵, 종이컵, 휴지 심, 색종이나 펠트지 약간, 투명 테이프, 글루건)

이벤트·2

솜사탕 만드는 날

구름처럼 부드럽고 달콤한 솜사탕! 설탕 한 숟가락이면 커다란 솜사탕이 만들어져요. 어른들 눈에도 솜사탕은 신기하기만 하지요. 기분이 좋아지는 솜사탕을 아이들과 함께 만들며 신나는 경험을 해보세요. 솜사탕 기계는 보육지원센터 등에서 무료로 대여할 수 있답니다.

준비물 솜사탕 기계, 설탕, 나무젓가락

318 세상의 모든 놀이

이벤트·3

예쁜 화전 굽는 날

봄을 알리는 진달래꽃! 익반죽한 찹쌀가루를 둥글납작하게 빚어 그 위에 진달래꽃을 붙여주세요. 설탕을 솔솔 뿌려 달달한 맛을 더해 구워주면 입안에서 향긋한 봄의 맛을 경험할 수 있어요. 간단하면서도 맛난 화전을 통해 봄의 음식을 만나보세요.

준비물 익반죽한 찹쌀가루, 식용 진달래꽃, 식용유, 프라이팬, 뒤집개, 불판, 포크, 설탕, 접시, 일회용 장갑

319 세상의 모든 놀이

이벤트·4

놀잇감 없는 날

놀잇감이 없는 교실을 상상해보았나요? 심심하고, 어떻게 놀아야 할지 걱정이 가득할 것 같지만 잠깐의 고민일 뿐이에요. 아이들과 함께 놀이를 계획하고, 즐겁게 즐기는 동안 몸과 마음이 오히려 단순하면서 행복해져요. 놀잇감이 없어도 함께 만들어가는 놀이의 세계로 초대해요.

준비물 즐겁고 신나는 마음

이벤트·5

감사함을 전하는 어버이날

부모님께 감사함을 전하는 어버이날! 여러 가지 재료로 바구니와 카네이션 꽃을 아이들과 함께 만들고 감사 카드도 써보게 하세요. 사랑과 정성이 가득한 마음까지 담아 전달하면 가족과 함께 하는 행복함이 더욱 커질 거예요.

준비물 　색종이, 풀, 색상지, 가위, 색칠 도구 등

이벤트·6

신나는 우리들의 날

5월 5일은 신나고 즐거운 어린이날! 동물이나 곤충 접기를 활용하여 달콤한 사탕을 넣는 선물 상자를 꾸며보아요. 만드는 즐거움과 함께 달콤한 캔디를 선물하는 행복을 경험할 수 있지요.

준비물 　색종이, 눈알 스티커, 투명 뚜껑, 투명 테이프, 사탕, 가위, 풀

322 세상의 모든 놀이

이벤트·7

아나바다 시장 놀이하는 날

아껴 쓰고, 나누며, 바꾸고, 다시 쓰는 아나바다! 지금은 사용하지 않는 내 소중한 물품들을 모아 아나바다 시장 놀이를 통해 서로 교환해보세요. 환경을 지키는 의미 있는 활동이자 아이들의 소중한 추억도 함께 얻을 수 있어요.

준비물 시장 놀이에 사용할 다양한 책상, 아나바다할 물건들

323 세상의 모든 놀이

이벤트·8

명품 지갑 만드는 날

종이접기로 자신만의 명품 지갑을 만들어보세요. 역할 놀이, 시장 놀이 등에서 활용할 수 있으며, 선물로 주고받을 수도 있어요. 세계의 다양한 돈을 함께 만들어 놀이를 확장할 수도 있고요. 멋진 지갑 디자이너로 변신하는 동안 우리 아이들의 얼굴에는 웃음꽃이 가득 피어날 거예요.

준비물 색종이, 풀, 금줄, 투명 테이프, 색칠 도구, 종이 테이프 등

이벤트·9

방울, 방울, 비눗방울 부는 날

무지갯빛 동그라미가 가득해요! 아이들과 함께 실외에서 비눗방울을 신나게 불어보세요. 동글동글 모여 꽃이 되다가, 바람에 톡 터져 사라지는 재미난 비눗방울 놀이. 오늘은 바람과 친구가 되는 비눗방울 부는 날!

준비물 비눗방울 놀이 도구

이벤트·10

뾰족뾰족 모래성 쌓는 날

살금살금, 조심조심! 모래로 아이들과 함께 튼튼하고 멋진 모래성 쌓기에 도전해보세요. 친구에게 모래 뿌리지 않기, 남이 쌓아놓은 모래성 부수지 않기 등 약속을 정하고 시작해주세요.

준비물 모래, 모래 놀이 도구

326 세상의 모든 놀이

이벤트·11

구수한 옥수수 찌는 날

아이들과 함께 껍질을 벗기며 옥수수를 자세히 관찰해보세요. 우리가 손질한 옥수수가 맛있게 익어가는 동안 글과 그림으로 옥수수에 관한 이야기를 표현하다 보면 금방 시간이 흐르지요. 잘 익은 옥수수를 나무젓가락에 끼워~ 앙! 구수한 옥수수 파티가 시작됩니다.

준비물 옥수수, 소금, 냄비, 가열 기구, 나무젓가락, 도화지, 색칠 도구 등

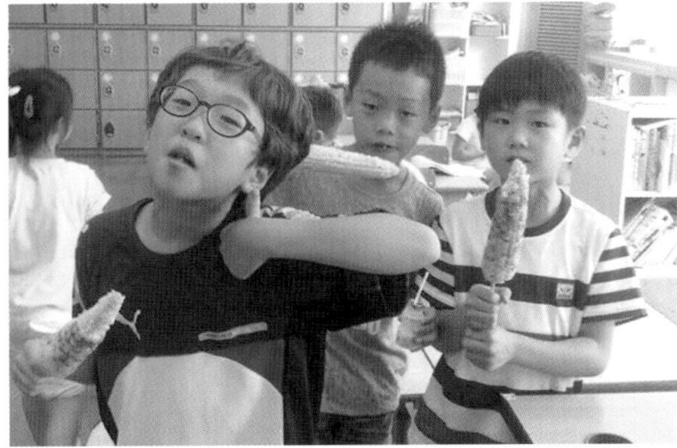

327 세상의 모든 놀이

이벤트·12

시원하게 더위 쫓는 날

우리는 더위를 쫓아내는 더위 사냥꾼! 시원한 물줄기를 피해 도망가고 쫓아가는 가운데 더위가 물러가요. 물에 옷이 홀딱 젖어도 웃음 가득한 물총 놀이! 하지만 친구의 얼굴을 향해 물총을 쏘는 것은 반칙! 안전하고 즐겁게 즐겨요.

준비물 물총, 여벌의 옷

328 세상의 모든 놀이

이벤트·13

요술 항아리 접는 날

전통 문양의 색종이를 이용하여 요술 항아리를 접어요. 비즈 또는 다양한 재료로 꼭지도 만들어 멋지게 완성해주세요. 속에 넣어둔 물건이 계속해서 나오는 신기한 요술 항아리. 아이들이 접은 항아리 속에 무엇을 넣을까 행복한 고민을 해보도록 하세요.

준비물 전통 문양 색종이, 풀, 비즈, 글루건 등

329 세상의 모든 놀이

이벤트·14

추석맞이 송편 빚는 날

추석 명절을 맞이하여 전통 음식인 송편을 아이들과 만들어보세요. 쌀가루에 뜨거운 물을 넣어 말랑말랑하게 만든 반죽 안에 깨와 콩을 쏘~옥 넣은 울퉁불퉁 송편들. 다양한 모습의 달콤하고 고소한 송편들을 잔뜩 만들면 즐거운 마음으로 함께 나눠 먹을 수 있어요.

준비물 뜨거운 물로 반죽해놓은 쌀가루, 깨, 콩, 일회용 장갑, 숟가락, 포크, 접시, 찜기, 가열 기구 등

330 세상의 모든 놀이

이벤트·15

모두가 유령 되는 날

10월 31일, 유령과 괴물 복장을 하고 즐기는 핼러윈 파티! "과자를 안 주면 장난칠 거야"라는 말을 하며 아이들끼리 사탕과 초콜릿을 나누세요. 아이들이 다른 나라 문화도 체험해볼 수 있어요. 교실 안에 꼬마 유령들이 가득. 웃음과 행복이 가득한 핼러윈 파티에 초대합니다.

준비물 　핼러윈 복장, 바구니, 사탕

331 세상의 모든 놀이

이벤트·16

내 장난감 자랑하는 날

장난감이 없는 날이 있다면, 내 장난감을 자랑하는 날도 있어요. 내가 제일 아끼며 소중히 여기는 장난감을 집에서 가져와 소개해요. 친구들과 놀잇감을 서로 바꿔 놀게 하면 어느새 즐거움과 사회성이 길러지지요.

준비물 　내가 제일 좋아하는 장난감

이벤트·17

신문지로 패션쇼하는 날

나는야 패션디자이너! 일상생활에서 쉽게 만나는 신문지를 활용하여 다양하고 창의적인 옷을 만들어보세요. 친구가 모델이 되어 신문지 옷을 입고 무대를 걷는 패션쇼! 우스꽝스러워도 웃음 가득한 패션쇼를 경험할 수 있답니다.

준비물　신문지, 투명 테이프, 가위 등

333 세상의 모든 놀이

이벤트·18

봉투로 가면 놀이하는 날

밋밋한 누런 봉투에 그림을 그리고 색종이를 붙이며 아이들과 특별한 가면을 만들어보세요. 완성된 가면을 쓰고 역할 놀이를 하게 해도 재미나지요. 완성된 후 기념 촬영도 잊지 마세요!

준비물　종이봉투, 가위, 색칠 도구, 색종이

334 세상의 모든 놀이

이벤트·19

자이언트 플라워에서 사진 찍는 날

아이들과 함께 자이언트 플라워를 만들어 포토존으로 꾸며보세요. 자이언트 플라워는 며칠 동안 계획하며 함께 만들어야 하지요. 완성된 후에는 너도나도 제일 멋진 포즈로 찰칵! 카메라로 찍어 나와 친구들의 멋진 모습을 출력하고 전시하여 행복한 순간을 남겨주세요.

준비물 　하드보드지, 색상지, 풀, 가위, 카메라, 프린트 등

335 세상의 모든 놀이

이벤트·20

산타 할아버지 기다리는 날

흰 눈이 내리는 화이트 크리스마스! 아이들과 함께 크리스마스 환경을 꾸며보고, 크리스마스의 의미를 알아보세요. 사랑과 행복을 나누는 화이트 크리스마스를 꿈꾸며 산타 할아버지를 기다려야죠. 아이들의 바람대로 좋은 선물을 가져다주시지 않을까요?

준비물 　다양한 색지, 풀, 가위, 테이프, 색칠 도구, 꾸미기 도구 등

이벤트·21

우정의 편지 쓰는 날

우리의 우정, 영원하라! 소중한 친구에게 우정 편지를 써보게 하세요. 글로 우정을 표현하는 것이 쑥스럽지만 진실한 마음을 담아 쓴 편지는 친구에게 행복한 감동을 전해줄 수 있지요. 친구야, 고맙다! 사랑한데이~.

준비물 편지지, 편지 봉투, 색칠 도구

이벤트·22

친구를 특별하게 칭찬하는 날

오늘은 친구를 특별하게 칭찬해주세요. 친구의 어떤 점을 칭찬하는지 그 이유를 말하며, 칭찬 스티커를 붙여주게 하세요. 교실 안을 돌아다니며 서로서로 칭찬하고 스티커를 붙여주다 보면 재미난 곳에 스티커가 붙어 있어서 웃음이 나고, 친구들에게 칭찬을 들어서 웃음이 납니다.

준비물 다양한 칭찬 스티커

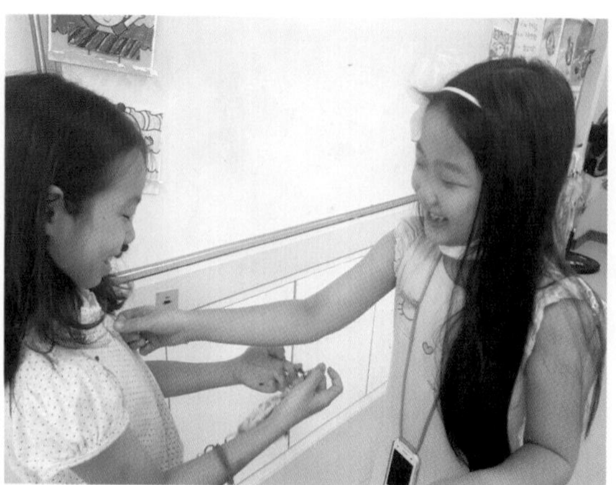

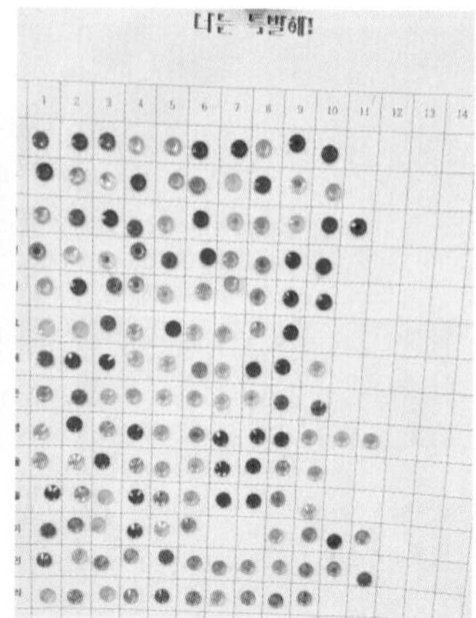

이벤트·23

모두모두 생일 축하하는 날

아이들의 생일을 축하해주세요. 진짜 생일날 축하해준다면 더 좋겠지만 일 년의 하루를 정해 고깔모자를 쓰고 케이크를 나눠 먹으며 함께 기쁨을 나누는 것도 의미가 있어요. 감사와 축하를 경험하며 다른 사람을 존중하고 이해하는 따뜻한 마음도 기를 수 있으니까요.

준비물 생일 케이크, 고깔모자, 종이접시, 포크 등

이벤트·24

친구야, 안녕! 수료 파티하는 날

1년간 함께한 소중한 친구들! 서로에 대한 아름다운 추억을 롤링페이퍼에 적어 글과 그림으로 표현해 전달하게 해주세요. 선생님은 아이들에게 개성 있는 상장을 하나씩 만들어주면 더 좋아요. 평소와 다른 특별 간식을 먹으며 서운하지만 행복한 수료 파티로 학년을 마무리해요.

준비물 다양한 간식, 롤링페이퍼, 색칠 도구

연간 활동 계획 - 특별

번호	시기	놀이명
1	봄	조물조물 클레이
2		내가 만든 비즈 세상
3		멋스러운 캘리그라피
4		먼지 먹는 틸란드시아
5		달콤한 행복 쿠키
6		환경 사랑 에코크래프트
7		나도 슈퍼스타 핸드 프린팅
8		상쾌함을 주는 석고 방향제
9	여름	종이 빨대 풀피리
10		알록달록 천연 염색 손수건
11		아기자기 플레이 콘 화분과 비치볼
12		나무꼬치 푸른 돛단배
13		세균 쫓는 손 소독제
14		핸드 메이드 모기 기피제
15		행복해지는 소리 핸드벨 연주
16		공기를 정화하는 숯 공예
17	가을	함께 만든 비즈 세상
18		말랑말랑 슬라임
19		마술사 슈링클스
20		한 땀 한 땀 가죽 공예
21		조상의 얼굴 전통 탈
22		휴지 심 전통 문양
23		선과 도형의 만남 스트링 아트
24		멋스러운 한지 공예
25	겨울	아름다운 냅킨 아트
26		습기를 조절하는 스칸디아모스
27		하얀 눈꽃 요소 트리
28		귀요미 양말 인형
29		빛을 만드는 양초 공예
30		오감각 토르티야 피자

340 세상의 모든 놀이

특별·1

조물조물 클레이

말랑말랑 부드러운 촉감에 마음도 평온해지는 클레이 놀이. 조물조물 다양한 모양을 쉽게 만들 수 있고, 다시 뭉칠 수도 있는 클레이로 액자를 꾸며보세요. 클레이에 아이들 각자의 상상이 더해져 멋진 작품이 탄생할 거예요.

준비물 클레이, 클레이 도구, 액자 모형

341 세상의 모든 놀이

특별·2

내가 만든 비즈 세상

손끝에 힘을 주어 한 알, 한 알씩 비즈를 모양판에 옮기다 보면 어느새 멋진 비즈 세상이 완성돼요. 도안에 맞춰 꾸며도 되고, 각자의 상상으로 꾸밀 수도 있어요. 완성된 비즈에 부속품을 달면 열쇠고리, 팽이, 냉장고 자석 장식품으로 변신하지요.

준비물 비즈, 도안, 모양판, 비즈 부속품, 기름종이, 다림판

342 세상의 모든 놀이

특별·3

멋스러운 캘리그라피

'아름다운 서체' 캘리그라피를 아시나요? 좋은 문구를 선택한 후 종이에 어떻게 쓸지 연필로 먼저 계획해보세요. 전체적인 구성을 끝내면 다양한 색깔의 붓펜을 이용하여 멋스럽게 글씨를 써보세요. 사랑을 가득 담아 완성했다면 멋진 작품이 되지요.

준비물 여러 색깔 붓펜, 우드락 액자, 글루건, 장식용품(리본, 조화 꽃), 색칠 도구, 필기 도구

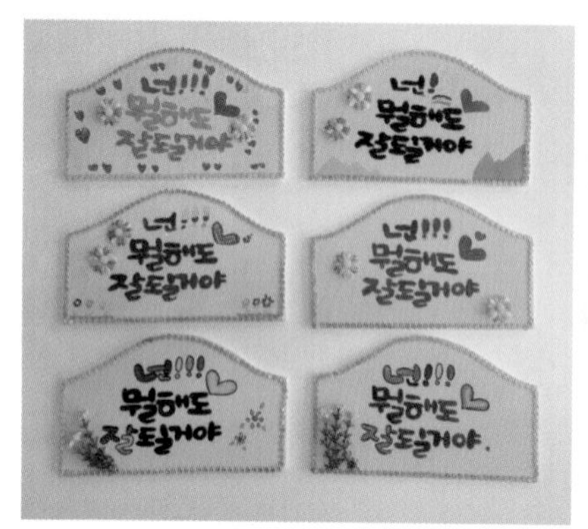

343 세상의 모든 놀이

특별·4

먼지 먹는 틸란드시아

공기 중의 먼지를 먹고, 밤에는 이산화탄소 대신 산소를 만들어주는 고마운 식물 틸란드시아. 실내 공기를 정화해주는 틸란드시아를 우리가 꾸민 화분에 담아 키워보세요. 교실과 집이 건강한 공간이 될 거예요.

준비물 틸란드시아, 플라스틱 컵과 뚜껑, 색 자갈, 유성 매직 등

특별·5 달콤한 행복 쿠키

오늘은 달콤한 행복 쿠키를 만들어봐요. 우스꽝스러워도 괜찮아요. 못생겨도 괜찮아요. 완성되면 맛있는 쿠키로 변할 테니까요. 달콤한 쿠키의 향이 가득해지면 우리 교실 어린이들 모두가 행복해질 거예요.

준비물 쿠키 반죽, 유산지(기름종이), 다양한 쿠키 틀, 포장 봉투, 오븐 등

특별·6 환경 사랑 에코크래프트

착한 공예 에코크래프트를 아시나요? 다 쓰고 버린 폐지나 골판지, 우유팩 등을 재생하여 종이 끈(에코크래프트)을 만들어요. 에코크래프트에 우리의 솜씨를 더해 화분을 담아놓는 바구니, 예쁜 가방, 귀여운 머리핀 등을 만들 수 있답니다.

준비물 에코크래프트, 빨래집게(고정용), 다양한 펠트지, 목공풀 등

346 세상의 모든 놀이
특별·7

나도 슈퍼스타 핸드 프린팅

슈퍼스타처럼 핸드 프린팅을 해요. 지점토에 손바닥을 꾸~욱! 그 위에는 자갈돌이나 조개 등 자연물을 올려놓고 눌러주세요. 마지막으로 위쪽에 구멍을 뚫어 고리도 달아줄까요? 와, 어느새 멋진 작품이 완성되었네요.

준비물 지점토, 비즈, 자연물(자갈돌, 조개 등), 송곳, 지끈

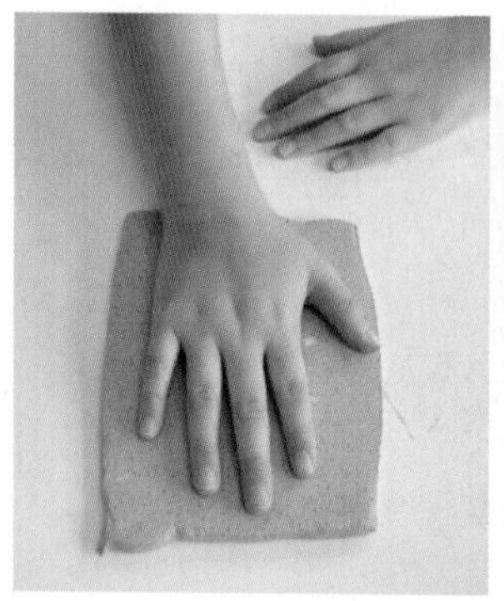

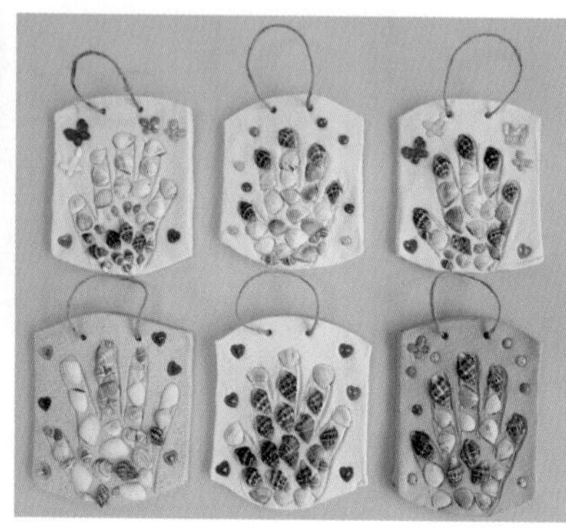

347 세상의 모든 놀이
특별·8

상쾌함을 주는 석고 방향제

어디서 이렇게 향긋한 냄새가 날까? 오늘은 석고 가루와 라벤더 오일을 이용하여 상쾌한 석고 방향제를 만들어보세요. 집 화장실, 방, 우리 교실 어디든 아이들이 만든 석고 방향제가 걸리면 상쾌한 장소로 바뀐답니다.

준비물 석고 가루 100g, 물 30ml, 라벤더 오일 5ml, 올리브 리퀴드 5ml, 몰드, 아이스크림 막대, 조개, 플라스틱 컵, 종이컵, 지끈과 라벨, 색칠 도구 등

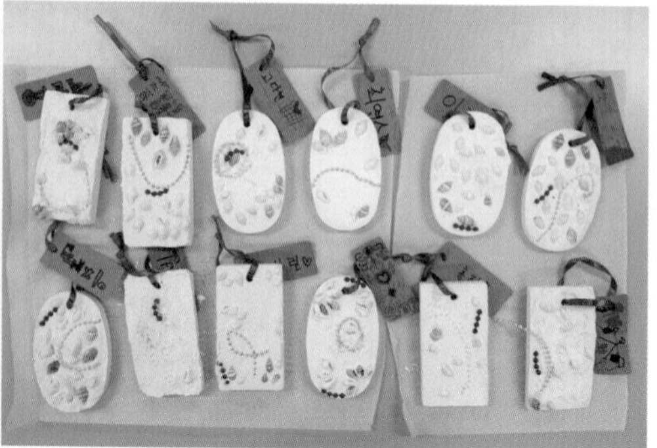

348 세상의 모든 놀이

특별·9

종이 빨대 풀피리

종이 빨대에서 풀피리 소리가 들려요. 나무장식과 장식용 수술로 꾸며보는 종이 빨대 풀피리. 친구들과 함께 풀피리를 연주하며 자연의 소리를 만들어보세요. 삐리리~ 삘릴리~~. 교실에서 들려오는 우리 아이들의 흥겨운 풀피리 소리!

준비물 종이 빨대, 풀피리(소), 나무 장식, 글루건, 장식용 수술, 색칠 도구

349 세상의 모든 놀이

특별·10

알록달록 천연 염색 손수건

요기조기 손수건을 꽁꽁 묶자! 고무줄에 묶인 자리는 예쁜 무늬로 바뀌어 세상에 하나밖에 없는 손수건이 되지요. 천연 염색으로 건강까지 생각한 손수건을 아이들과 함께 만들어보세요. 소중한 사람에게 최고의 선물이 될 수 있는 손수건 만들기 놀이를 같이해봐요.

준비물 치자 분말 염료, 백반 매염제, 고무줄, 스테인리스 용기, 손수건, 따뜻한 물

350 세상의 모든 놀이 특별·11

아기자기 플레이 콘 화분과 비치볼

옥수수 전분으로 만든 친환경 공예 재료 플레이 콘. 물이 풀이 되고, 테이프가 되어 플레이 콘을 딱 붙여주지요. 시간이 지나도 시들지 않고 예쁜 모습 그대로인 알록달록 플레이 콘 화분과 멋진 비치볼을 우리 같이 만들어요.

준비물 플레이 콘, 물 묻힌 스펀지, 리본 , 이쑤시개, 플라스틱 컵, 쿠키 포장지, 종이접시

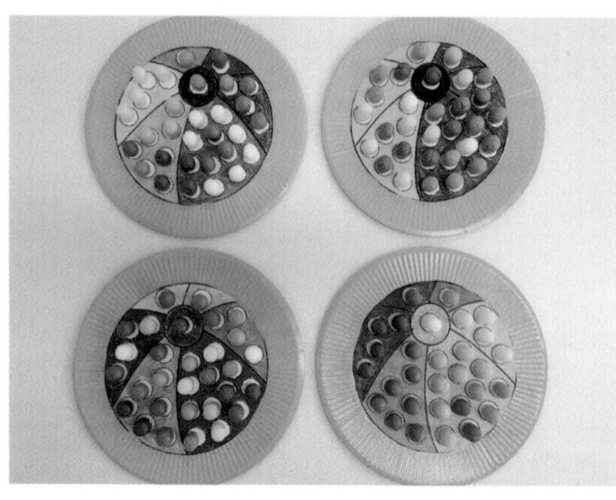

351 세상의 모든 놀이 특별·12

나무꼬치 푸른 돛단배

얇고 약한 나무꼬치가 우리의 솜씨로 튼튼한 푸른 돛단배가 되어 여행을 떠나요. 색지는 배가 되고, 나무꼬치는 돛이 되어 멋진 상상을 담아 물 위에 둥둥~. 다 같이 모험가가 되어 멀고 먼 바다 저편으로 함께 여행을 떠나요.

준비물 A4 색지, 가위, 목공풀, 실, 나무꼬치, 테이프 등

352 세상의 모든 놀이

특별·13

세균 쫓는 손 소독제

현미경으로 보면 세균이 우글우글한 우리들의 손, 오늘은 우리가 나서서 건강하고 안전한 생활을 위해 손 소독제를 만들어보아요. 휴대용 스프레이 용기에 담아 손뿐만 아니라 주변을 건강하게 소독해주세요. 세균아~ 물러가라! 건강 가득, 세균 쫓는 손 소독제.

준비물 식물성 에탄올(75ml), 정제수(25ml), 글리세린(40방울), 티트리 에센셜 오일(5방울), 스포이드, 눈금 있는 용기, 스프레이 용기, 저울

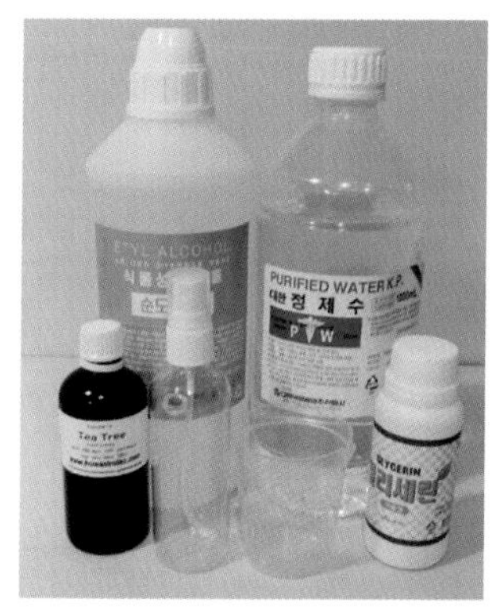

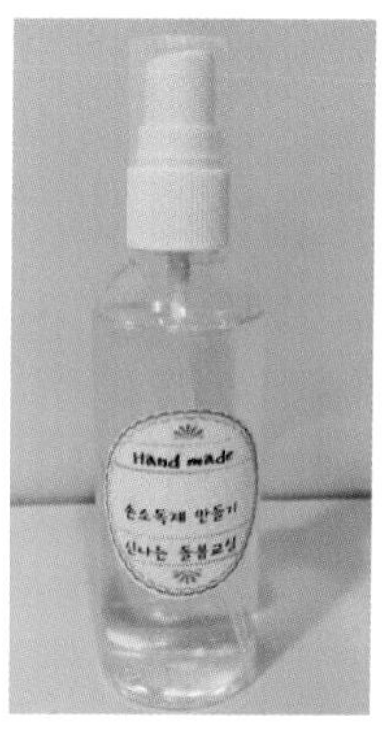

353 세상의 모든 놀이

특별·14

핸드 메이드 모기 기피제

위~~잉, 앗! 또 물렸다! 여름 밤 우리를 괴롭히는 모기는 원하지 않는 빨갛고 동그란 점을 만들어 주지요. 건강한 여름을 보내기 위해 모기 기피제를 만들어 뿌려보세요. 걸음아, 나 살려라 하고 도망가는 모기들~. 오늘은 편안하게 꿈나라로 여행 갈 수 있어요.

준비물 식물성 에탄올(50g), 정제수(48g), 시트로넬라 에센셜 오일(20방울), 레몬 에센셜 오일(20방울), 스포이드, 저울, 100ml 스프레이 용기

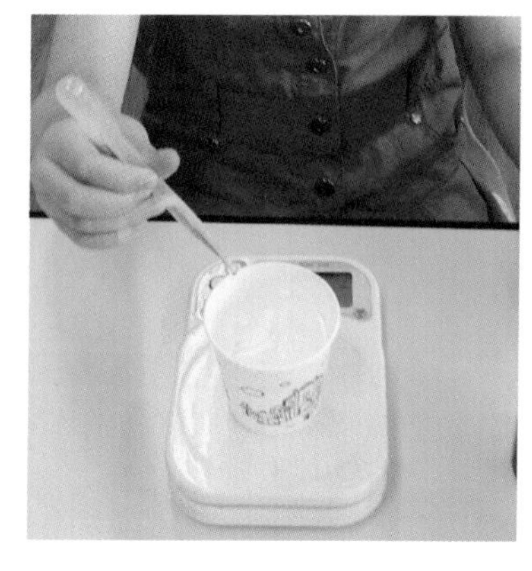

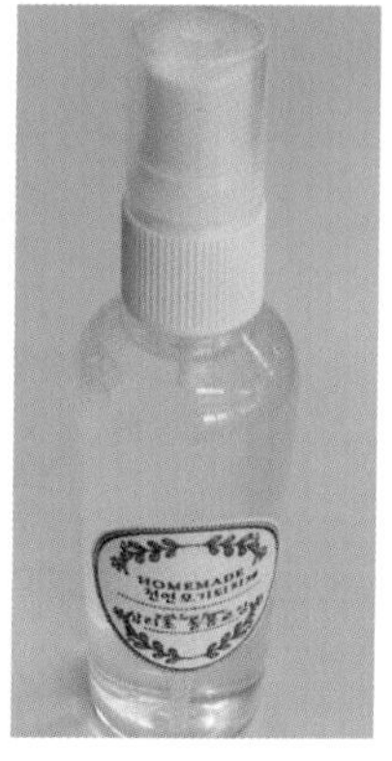

특별·15

행복해지는 소리 핸드벨 연주

아름다운 소리로 행복해지는 세상을 만들어볼까요? 어려운 곡은 힘들겠지만 친구들이 모두 아는 동요를 선택한 후 양손에 하나씩 핸드벨을 들고 연주해보세요. 마음 모아, 소리 모아, 함께 연주하면 친구들과의 우정도 더욱 돈독해지지요.

준비물 핸드벨, 악보집

특별·16

공기를 정화하는 숯 공예

까맣고 못생긴 숯덩이~ 친구가 없어 외로운 숯덩이를 아이들의 상상력이 가득한 멋진 천연 가습기로 바꾸어보아요. 먼저 숯을 아름답게 다듬고 풍란과 함께 꾸미세요. 행복한 숯덩이는 건강 지킴이로 우리의 건강을 지켜주지요.

준비물 참숯, 풍란, 실리콘, 신문지 등

특별·17

함께 만든 비즈 세상

생각을 나누며 함께해서 더 즐거운 비즈 세상. 나는 자동차, 너는 나무~. 하나하나가 모여 우리의 작품이 되지요. 웃음과 멋진 아이디어가 가득한 곳, 친구와의 우정은 보너스로 생기는 비즈 세상에 도전해보세요.

준비물 비즈, 모양판, 고무 자석, 우드락, 기름종이, 다림판 등

특별·18

말랑말랑 슬라임

말랑말랑 만지고 있으면 부드러운 촉감으로 나를 행복하게 하는 슬라임. 아이들이 직접 슬라임을 만들고 원하는 만큼 늘리고 줄여보게 하세요. 작은 구슬을 넣은 슬라임을 조물조물 만지고 있으면 재미난 소리도 나지요.

준비물 물풀(PVA 성분이 든 것)70g, 따뜻한 물 70g, 리뉴 2T, 베이킹소다 4꼬집, 식용 색소

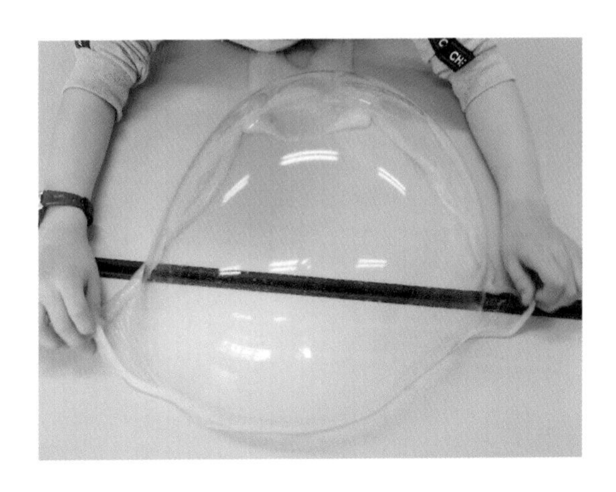

358 세상의 모든 놀이

특별·19

마술사 슈링클스

슈링클스 종이로 마술사가 되어보세요. 열을 가하면 크기가 1/6로 작아지고 두꺼워지는 특수한 종이, 슈링클스. 그림을 그리고 오븐 속에 넣어 구우면 멋진 장식품이 완성되지요. 슈링클스 작품을 오븐에서 꺼낼 때는 뜨거우니 조심해야 해요.

준비물 오븐, 슈링클스 종이, 색칠 도구, 가위, 끈, 펀치

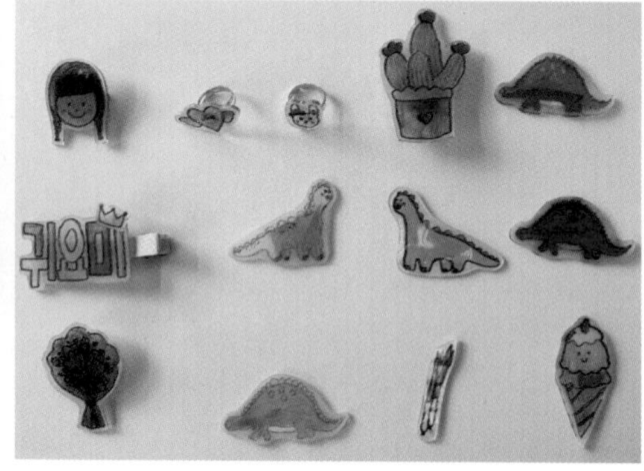

359 세상의 모든 놀이

특별·20

한 땀 한 땀 가죽 공예

뾰족한 바늘에 찔리지 않도록 조심, 조심~. 한 땀, 한 땀 정성 가득한 가죽 공예 작품에 도전해보세요. 아이들 스스로 안전을 지키기 위해 조심스럽게 바느질을 한답니다. 가죽의 특성을 탐색할 수 있고, 위험한 물건을 다루는 방법도 경험할 수 있어요.

준비물 가죽 공예 재료, 펀치, 목걸이 줄 등

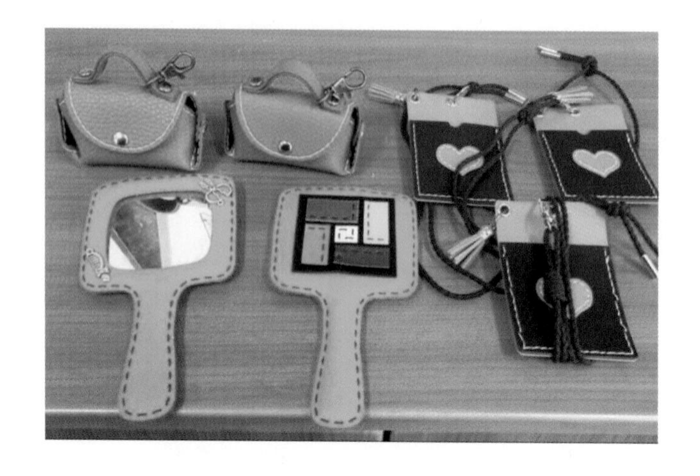

360 세상의 모든 놀이

특별·21

조상의 얼굴 전통 탈

덩기덕~ 쿵덕! 얼쑤~! 탈 모형에 다양한 색을 입혀 멋진 전통 탈을 만들어보세요. 탈이 완성되면 아이들이 얼굴에 쓰고 춤도 한 번 멋들어지게 추게 하고, 역할 놀이도 해보세요. 신나는 장단에 맞춰 탈춤 놀이를 하다 보면, 우리 문화의 소중함을 느낄 수 있지요.

준비물 탈 모형, 아크릴 물감, 붓, 고무줄, 신문지 등

361 세상의 모든 놀이

특별·22

휴지 심 전통 문양

다 쓴 휴지 심은 쉽게 버려지죠. 오늘은 이 휴지 심을 이용하여 멋진 전통 문양을 만들어보아요. 휴지 심을 같은 간격으로 자르고, 전통 문양대로 규칙적으로 붙인 후 여러 가지 물감으로 색칠해 보세요. 알록달록 멋진 문양이 만들어질 거예요.

준비물 빈 휴지 심, 목공풀, 도화지, 물감, 붓, 물 등

362 세상의 모든 놀이
특별·23

선과 도형의 만남 스트링 아트

여러 가지 색깔의 실을 이용하여 미술 작품을 만들 수 있어요. 직선과 곡선이 만나 아름다운 도형이 되는 스트링 아트. 다양한 실을 이용하여 일정 간격을 유지하며 규칙적으로 선을 연결하면 어느새 근사한 스트링 아트 작품이 완성되어요.

준비물 칼라 종이접시, 머메이드지, 여러 가지 색깔 실, 가위, 테이프, 도안

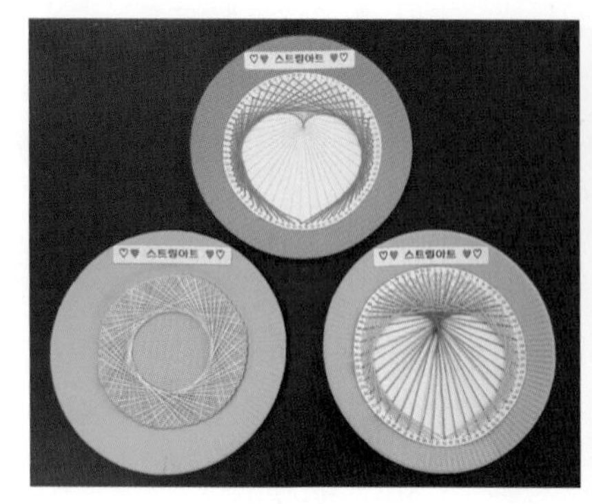

363 세상의 모든 놀이
특별·24

멋스러운 한지 공예

다양한 한지의 특성을 탐색하고, 한지를 이용하여 멋진 작품에 도전해보세요. 일상생활에서도 사용할 수 있는 개성 만점 한지 작품을 함께 만들어보세요.

준비물 종이 골격, 한지, 한지 전용 풀, 붓, 마감재 등

364 세상의 모든 놀이
특별·25

아름다운 냅킨 아트

냅킨이 예술 작품으로 변신해요. 살살살~~ 냅킨의 그림을 분리하여 오린 후 평평한 곳(곽티슈, 휴대폰 거치대 등)에 물티슈로 붙인 다음 볼 클레이나 보석 등으로 장식하면 멋진 작품이 되지요. 자, 이번에는 어디에 붙여 폼나게 꾸며볼까요?

준비물 예쁜 그림 냅킨, 볼 클레이, 보석 스티커, 물티슈 등

365 세상의 모든 놀이
특별·26

습기를 조절하는 스칸디아모스

북유럽의 천연 이끼 식물인 스칸디아모스. 공기에 숨어 있는 습기와 먼지를 먹고살면서 실내 공기를 정화해주죠. 물을 조금만 주어도 되기 때문에 키우기가 어렵지 않아요. 나무 액자에 아름답게 꾸며 집에 걸어두면 가족의 건강을 지켜주어요.

준비물 스칸디아모스, 나무 액자, 나무 막대, 목공풀, 작은 장식품, 색칠 도구 등

366 세상의 모든 놀이

특별·27

하얀 눈꽃 요소 트리

하얀 눈이 가득한 트리를 만들어볼까요? 먼저 종이 상자를 나무 모형으로 오려 색칠 도구로 꾸며주세요. 나무가 완성되면 안전을 위해 플라스틱 통에 담고 요소 혼합액을 스포이드로 뿌려주세요. 이제 기다리기만 하면 마법처럼 풍성한 눈꽃, 요소 트리가 완성되지요.

준비물 종이 상자, 요소 비료 3T, 뜨거운 물 50ml(종이컵 1/2), 목공풀 1T, 주방 세제 2T, 플라스틱 통, 숟가락, 스포이드, 색칠 도구

367 세상의 모든 놀이

특별·28

귀요미 양말 인형

양말이 귀여운 눈사람 인형으로 변신! 뚱뚱한 몸에는 쌀을 한가득 넣어주고, 양말 목은 모자로 바꿔보세요. 단추를 달고, 사인펜으로 얼굴을 그려주면 사랑스러운 인형으로 새롭게 태어나지요. 하지만 뾰족한 바늘에 찔리지 않도록 조심조심!

준비물 흰색 긴 양말, 바느질 도구, 단추, 가위, 솜, 쌀, 사인펜, 색칠 도구

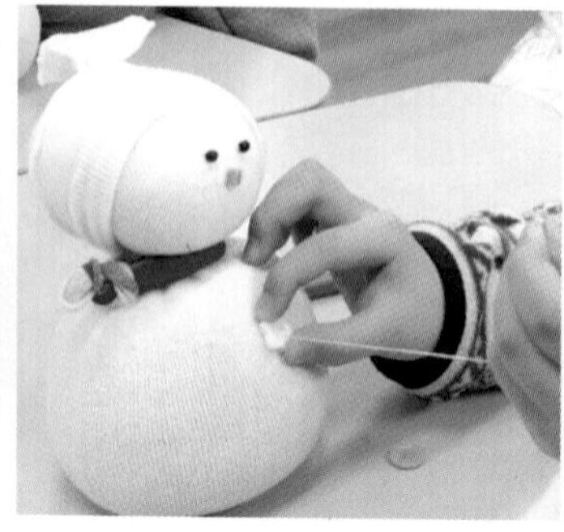

빛을 만드는 양초 공예

기둥 모양의 파라핀 양초 위에 점토 양초로 겨울 이야기를 꾸며보세요. 이 공예 활동을 통해 양초의 특성을 탐색하고 체험할 수 있어요. 완성된 작품은 고마운 사람에게 감사의 선물로 전하게 하세요. 따뜻한 마음도 함께 전달될 거예요.

준비물 파라핀 양초(기둥 모형), 점토 양초, 신문지, 선물 포장지 등

오감각 토르티야 피자

나는야 요리사~. 피자의 토핑으로 올라가는 다양한 재료를 탐색하고, 오감으로 즐기며 피자를 만들어보세요. 피자가 완성될 때까지 기다리기가 너무 힘드네요. 이 맛있는 피자를 오늘은 누구와 나눠 먹을까요?

준비물 토르티야, 피자 치즈, 각종 손질 채소, 스파게티소스, 유산지, 도마, 빵칼, 포장 용지, 오븐, 포크 등

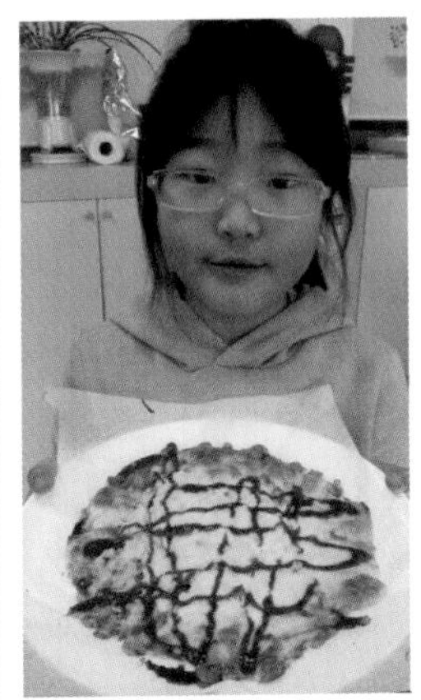

참고문헌

- 같이 놀자(2016). 《초등 수업을 살리는 놀이 레시피 101》. 천재교육
- 강다연(2010). 《엄마표 생활놀이》. 21세기북스
- 권혁준 외(2017). 《이렇게 재미있는 동화 수업 레시피》. 박이정출판사
- 김광웅(2006). 《처음 만나는 놀이 치료》. 숙명여자대학교 출판국
- 김길권(2006). 《아동미술의 이해와 지도》. 양서원(박철용)
- 김서연(2019), 《기적의 엄마표 놀이》. 이담북스
- 김지영(2020). 《비주얼 씽킹 창의 언어 놀이》. 사람in
- 김지영(2014). 《신나는 초등돌봄교실 만들기》. 아이북
- 김현미(2017). 《10대 덕목 중심의 인성교육의 이론과 실제》. 애니클래스
- 김현미 외(2017). 《10대 덕목 중심의 인성교육의 이론과 실제》. 애니클래스
- 남혜란(2019). 《신개념 독서교육 그림책놀이》. 렛츠북
- 류지원(2018). 《엄마표 초등통합 교과놀이》. 예문아카이브
- 마네타 비거스(2020). 《행복상자를 열어봐》. 아이북
- 박광철(2010). 《재미와 감동이 있는 협력놀이》. 테크빌교육
- 박지영(2016). 《엄마와 행복한 독후 놀이 시간》. 진선아이
- 박희진 외(2020). 《학교 적응 놀이》. 테크빌교육
- 서울초등상담연구회(2016). 《초등상담백과》. 지식프레임
- 서준호(2014). 《서준호 선생님의 교실놀이백과 239》. 지식프레임
- 서준호(2019). 《서준호 선생님의 강당 운동장 놀이 189》. 지식프레임
- 신배화(2017). 《결국 인성이 이긴다》. 오리진하우스
- 아니타 판 자안(2012). 《초등학교 때 꼭 해야 할 재미있는 과학실험 365》. 계림북스
- 안지영(2016). 《아티스트 맘의 참 쉬운 미술 놀이》. 길벗
- 염숙경(2009). 《아동의 증상과 특성별 놀이 치료》. 학지사
- 오카다 다카시(2018). 《조금 느린 아이를 위한 발달놀이 육아법》. 예문아카이브
- 윤&진(2020). 《말놀이》. 꼬마싱긋
- 이강숙(2017). 《수학시간에 놀이하자》. 지식프레임
- 이상호(2001). 《전래놀이 101가지》. 사계절
- 이임숙(2016). 《하루 10분, 엄마놀이》. 카시오페아
- 이주영(2008). 《아이들의 성장을 돕는 초등상담》. 우리교육
- 이희선 외(2020). 《놀이 중심 영유아 미술교육》. 어가
- 임은지(2018). 《자존감 초등미술》. 마인드빌딩
- 장유경(2016). 《장유경의 아이놀이백과》. 북폴리오
- 정주일 외(2016). 《꺼구리의 어린이 안전 백과》. 책고래출판사
- 조벽(2016). 《인성이 실력이다》. 해냄

- 주성환(2019). 《중학년 수업 놀이》. 지식프레임
- 창의전래놀이교육협회(2016). 《전통아 놀자 전래야 놀자》. 일일사
- 최외선 외(2007). 《미술치료 기법》. 학지사
- 한우리독서문화운동본부 교재집필연구회(2010). 《독서자료론 독서논술지도론》. 위즈덤북
- 황명숙(2002). 《아동 중심 놀이 치료: 아이 사랑 클리닉》. 창지사

참고논문

- 김소연(2011). <초등학생의 발달특성인식에 따른 교사의 학급 경영 전략 연구>. 서울교육대학교 교육대학원 석사 논문.
- 김태인(2009). <부적응 유아를 위한 교사놀이치료(Kinder Therapy) 과정의 교육적 의미>. 중앙대학교 대학원 박사 논문.
- 이윤영(2020). <동화를 활용한 통합적 안전교육활동이 초등돌봄 1학년 아동의 안전지식 및 안전문제 해결능력에 미치는 영향>. 서울교육대학교 교육대학원 석사 논문.
- 최지영(2015). <인성교육 프로그램이 아동의 자아존중감과 또래관계에 미치는 영향: 버츄프로젝트를 중심으로>. 가톨릭대학교 대학원 석사 논문
- 한경애(2017). <숲체험을 중심으로 한 생태 유아교육활동이 유아의 인성에 미치는 영향>. 서울교육대학교 교육대학원 석사 논문.

도움되는 사이트

- 공감과발달 아동청소년상담센터: gnbcenter.com
- 국민안전교육포털: kasem.safekorea.go.kr
- 광주교육대학 초등학교문화연구소: esc.re.kr
- 놀이연구회 놂: nol2i.com
- 한국콘텐츠진흥원 문화콘텐츠닷컴: culturecontent.com/main.do
- 베이비트리, '전래놀이가 협업능력을 키운다': babytree.hani.co.kr/31808028
- 한국교육학술정보원 에듀넷 티 클리어: edunet.net/nedu/main/mainForm.do
- 창의인성교육넷(크레존): crezone.net
- 한국심리상담센터: mykpcc.com
- 한국특수요육원: jape.co.kr

★ 안전교육에 유용한 정보 사이트

- 교육부 어린이 홈페이지 생활안전: kids.moe.go.kr/p/menu3/page1.jsp#
- 송파안전체험교육관: isafeschool.com
- 세이프키즈코리아: safekids.or.kr
- 안전 Dream: safe182.go.kr/index.do
- 보건복지부 한국보건복지인력개발원 아동안전교육센터: childsafe.kohi.or.kr/index.do
- 어린이 교통공원 노원: poli.hyundai.com/Park/Nowon.aspx
- 한국소비자원 어린이안전넷: isafe.go.kr/children/index.do
- 네이버TV <EBS 우당탕탕 아이쿠>: tv.naver.com/oopsikooo
- 케미스토리(어린이 환경과 건강 포털): chemistory.go.kr/kor/index.do
- 한국어린이안전재단: childsafe.or.kr/childSafetyFoundation